한미일 삼각안보체제

형성 · 영향 · 전환

한미일 삼각안보체제

형성·영향·전환

2019년 12월 27일 초판 1쇄 발행
2020년 10월 30일 초판 2쇄 발행

지은이 신욱희

편집 김천희
마케팅 최민규
디자인 김진운

펴낸이 윤철호, 고하영
펴낸곳 ㈜사회평론아카데미
등록번호 2013-000247(2013년 8월 23일)
전화 02-2191-1133
팩스 02-326-1626
주소 03978 서울특별시 마포구 월드컵북로6길 56

이메일 editor@sapyoung.com
홈페이지 www.sapyoung.com
ISBN 979-11-89946-41-8 93340

이 연구는 2016년도 한국연구재단 저술출판지원사업(NRF-2016S1A6A4A01018444)의 지원을
받아 수행되었습니다.

한미일 삼각안보체제
형성·영향·전환

신욱희 지음

사회평론아카데미

서문

지금은 동아시아 국제관계의 '대변동' 시대라고 해도 과언이 아닐 것이다. 북핵문제에 더해 기술 패권을 목표로 한 미국과 중국 사이의 대립과, 역사문제와 수출규제를 둘러 싼 한국과 일본 사이의 갈등이 심화되면서 한국전쟁 이후 가장 불안정한 국면이 전개되고 있다. 이러한 상황에 있어 인류학자인 재레드 다이아몬드가 쓴 『대변동』이라는 책의 '위기, 선택, 변화'라는 부제가 갖는 의미가 중요하게 다가온다. 다시 말해서 우리는 심각한 위기를 맞아 적절한 선택을 통해 긍정적인 변화를 모색해야 할 시점에 도달했다고 할 수 있는 것이다.

한미일 삼각안보체제의 과거와 현재를 다루는 이 책 역시 궁극적으로 한미일 관계의 미래를 위한 것이기도 하다. 하지만 이와 같은 미래 변화를 위한 선택은 과거 성찰을 통한 현재 위기의 구조화 과정에 대한 이해에서 출발해야 하는 것이며, 이는 동아시아 국제관계의 특수성에 대한 복합적인 논의를 요구하게 된다. 이 책의 1장부터 7장까지 각 장에서 강조되고 있는 주체-구조와 복잡성, 안보와 정치경제의 상관관계, 일본의 상대적 자율성, 한미일 관계 속 한일관계, 양면 안보딜레마, 샌프란시스코 체제의 전환, 그리고 지경학적 접근

문제의 검토는 모두 이러한 노력에 해당한다.

이 책의 원고는 오랜 기간 동안의 작업을 통해 완성되었다. 하지만 책 전체의 구상, 편집과 1장과 7장의 집필, 그리고 4장과 5장의 자료 수집과 집필은 전적으로 2016년도 한국연구재단 저술출판지원 사업의 지원을 받아 수행되었다. 3장은 한일공동연구팀, 그리고 6장은 동아시아지역질서 공동연구팀 프로젝트의 일환으로 함께 작성되었다. 한국연구재단의 너그러운 지원과 공동연구팀 여러 선생님들의 도움에 감사드린다. 또한 저자의 최근 저작과 마찬가지로 이 저술의 초고에 대해 상세한 논평을 해 주신 가톨릭대학교 박건영 교수님께 고마움을 표한다. 그리고 자료 수집과 원고 정리를 도와 준 서울대학교 대학원 외교학 전공의 김재영, 전여주, 오해연, 박선영, 신수안, 고용준 석사, 그리고 김선희 양에게 감사의 말을 전하고자 한다.

이 저서의 2장은 1992년에 제출되고 1993년에 영문으로 출판된 저자의 박사학위 논문에 해당한다. 완성된 지 이미 27년이 넘었지만 현재 한미일 관계의 이해에 나름대로의 의미가 있다고 생각해, 이후 연구를 반영하거나 수정하지 않고 원문 그대로 번역하였다. 지금 진행되는 한국, 미국, 일본 세 나라 사이의 안보, 정치, 경제관계의 복합적인 상호작용과 2장이 보여주는 냉전기 한미일 관계의 역동성은 유사한 방식의 분석을 필요로 하는 주제인 것이다.

이 책은 세 분 중 이미 두 분이 고인이 되신 저자의 예일대학교 대학원 지도교수님들께 헌정하려고 한다. 필자가 국제정치, 비교정치, 정치경제를 망라하는 논문 계획을 말씀드렸을 때, 학위 취득 후 직장 걱정을 하시면서도 이를 허락해주신 근대화 이론의 대가, 故

데이비드 앱터(David Apter) 교수님, W. 부시 대통령과 체니 부통령의 멘토였지만 이라크 침공은 반대하셨던, 필자를 존중하는 친구(esteemed friend)라고 불러주신 미 외교정책/국가정보의 전문가, 故 브래드포드 웨스터필드(Bradford Westerfield) 교수님, 그리고 필자에게 자신의 책과 논문을 아낌없이 빌려주셨던, 이제 미국을 대표하는 3대 국제정치이론가 중의 한 학자로 자리매김한 알렉산더 웬트(Alexander Wendt) 교수님이 그 세 분 교수님들이다. 그리고 필자를 '역사와 정치를 위한 맥아더 논문 펠로우(MacArthur Dissertation Fellow in History and Political Science)'로 선발해 주신 폴 케네디(Paul Kennedy) 교수님과 브루스 러셋(Bruce Russett) 교수님께도 감사드리며, 이러한 통합적 접근이 이후 필자 연구의 방법론적 기초를 제공해 주었음을 말씀드리고 싶다.

이 책을 내면서 위에 언급된 것처럼 저자의 공부가 많은 분들의 도움 아래 이루어졌고, 그리고 이루어지고 있음을 자각하게 된다. 다시 한 번 머리 숙여 감사드리며, 이를 향후 연구를 위한 채찍으로 삼고자 한다.

단풍이 물들기 시작하는 관악에서

저자

차례

1장

서론: 방법론과 내용

1. 접근법, 분석틀, 이론

한국, 미국, 일본 사이의 안보적 관계를 다룬 이 책은 7개의 장으로 이루어져 있다. 첫 번째 장인 서론에서는 이 책 전체를 아우르는 다양한 방법론적인 특성들을 설명하고 각 장의 내용에 대해 소개한다. 이 책 전체의 포괄적인 접근법은 통합적 접근(integrative approach)이라고 정의할 수 있다. 이 접근법의 첫 번째 유형은 학제적 통합인데, 그 중 하나는 정치학과 역사학 연구의 연결이다. 영국의 역사학자인 실리(Seeley)는 "정치학이 없는 역사학은 열매가 없고 역사학이 없는 정치학은 뿌리가 없다."라고 말한 바 있다. 좀 더 구체적으로 이는 국제정치이론과 외교사의 연결에 해당한다. 유사한 질적 사례연구를 수행하지만 서로 다른 목표를 가진 두 분야의 학자들 사이의 상호 보완적인 협력 가능성에 대해서는 많은 검토가 이루어져왔다. 국제정치학자인 레비(Levy)는 국제정치이론가들은 보편성에 주목하고 이론에 기반하며 확증의 논리에 집중하는 반면 외교사가들은 특수성에 주목하고 서술에 기반하며 발견의 논리에 집중한다고 지적했지만, 동시에 양자는 분석적 전제와 역사적 맥락에 대한 관심에 의해서 상보적일 수 있다고 지적했다.[1]

학제적 통합의 또 하나의 방식은 역사사회학적 접근이다. 영국의 사회학자인 에이브럼스(Abrams)는 역사사회학을 한편으로는 개별적 행위와 경험, 그리고 다른 한편으로는 사회적 조직 사이의 관계를 시간 속에서 지속적으로 구성되는 무엇인가로 이해하려는 시도라고 정의하고, 행위와 구조 사이의 관계 방식과 정도를 시간 속에서의 과정의 문제로 이해할 필요가 있다고 말했다.[2] 이 접근법은 앞으로 설명할 주체-구조 문제(agent-structure problem)나 구성주의(constructivism) 이론과도 관련되는데, 이러한 연구의 대표적인 작업으로 근대국제체제의 형성에 관한 틸리(Tilly)의 작업을 들 수 있다.[3] 워커(Walker)는 역사사회학의 연장선상에서 국제정치사회학(international political sociology)이라는 학제적 영역을 제시하고 있다. 그는 학제성이란 제도화된 분과의 부적실성을 드러내야 한다는 점에서 효과적으로 성취하기가 힘들다고 전제하면서 다음과 같이 주장했다.

따라서 국제정치사회학이란 특정한 학문적 분야의 한계점에 대한

---

1 J. Levy, "Explaining Events and Developing Theories: History, Political Science, and the Analysis of International Relations", C. Elman and M. Elman eds., *Bridges and Boundaries: Historians, Political Scientists, and the Study of International Relations*, Cambridge: The MIT Press, 2001을 보라.

2 필립 아브람즈 저, 『역사사회학』, 신용하 외 역, 문학과지성사, 1986, "서문"을 보라.

3 C. Tilly, "War Making and State Making as Organized Crime", P. Evans et al. eds., *Bringing the State Back In,* Cambridge: Cambridge University Press, 1985.

자각에서 부분적으로 등장하며 좀 더 적절한 학문적 정향을 요구하는 독특한 역동성에 대한 인식에서 부분적으로 출현하게 된다.[4]

통합적 접근의 두 번째 유형은 상위정치와 하위정치 간의 상호작용에 관한 것이다. 이는 사실상 주류이론과 비판이론 모두에서 정치경제학이라는 분야로 이미 중요한 학문적 탐구의 대상이었으며, 세계화의 전개와 국제정치경제 분과의 발전에 따라 다양한 주제에 대한 검토가 이루어져왔다. 이 책에서 좀 더 주목하는 것은 안보와 정치경제 사이의 상호작용이라고 할 수 있는데,[5] 이 주제는 최근 '국가전략의 정치경제' 혹은 '지경학(geoeconomics)'이라는 통합의 형태로 연구되어 왔다. 브롤리(Brawley)는 신고전적 현실주의의 입장에서 국가 대전략의 정치경제적 측면을 검토했으며,[6] 블랙윌(Black-will)과 해리스(Harris)는 국가의 지정학적인 목적에 따른 경제적 수단 사용의 사례들을 고찰했다.[7]

---

4   R. B. J. Walker, "Only Connect: International, Political, Sociology", T. Basaran et al. eds., *International Political Sociology: Transversal Lines,* London: Routledge, 2017, p.21. 한·미·일 관계를 연구한 이 책도 이와 유사하게 기존의 분과적 접근의 한계와 그것이 갖는 특별한 역학의 존재에 대한 인식에서 통합적 접근을 취한다.

5   초기의 관련 연구를 살펴보기 위해서는 H. Milner and D. Baldwin eds., *The Political Economy of National Security: An Annotated Bibliography*, Boulder: Westview Press, 1990; E. Kapstein, *The Political Economy of National Security: A Global Perspective*, New York: McGrow Hill, Inc., 1992를 보라.

6   M. Brawley, *Political Economy and Grand Strategy: A Neoclassical Realist View*, London: Routledge, 2010을 보라.

7   R. Blackwill and J. Harris, *War by Other Means: Geoeconomics and Statecraft*, Cambridge: Belknap Press, 2016을 보라. 이들은 지경학을 "국가 이익을 증진하고 수호하기 위해, 그리고 이익이 되는 지정학적 결과를 산출하고 지정학적 목표에 대한 다른 나라들의 경제적 행동에 영향을 미치기 위해 경제적 도구들을 사용하는 것"으로 정의한다. Blackwill

통합적 접근의 세 번째 유형은 국제정치와 국내정치 사이의 상호작용을 포함한 개인, 국가, 체제의 분석 수준의 통합이라고 할 수 있다. 일찍이 로즈노(Rosenau)는 연계이론을 통해 국제관계 연구에서 국내와 국제, 즉 안과 밖을 분리시키는 방식의 한계를 지적한 바 있는데,[8] 이를 극복하기 위해서는 밖에서 안으로의 내재화 과정, 안에서 밖으로의 외연화 과정, 그리고 양자의 상호작용 과정을 검토해야 하는 것이다.[9] 외교정책분석(foreign policy analysis)으로 지칭되는 분과의 주장은 이와 같은 통합의 측면에 대한 강조를 잘 보여준다.[10]

리플리(Ripley)는 외교정책분석 연구가 궁극적으로 모든 수준의 정치학을 연관시키는 가교적 분야라고 지적하면서 이것이 라카토스(Lakatos)적 기준에 따라 신현실주의에 준하는 독립적인 연구 프로그램이 되어야 한다고 주장했다. 그에 따르면, 신현실주의가 국제체제에 의해서 국가에 부과되는 제약과 기회에 대한 국가행위의 밖에서 안으로의 설명이라면 외교정책분석은 국가의 내부적 특성에 기반한 국가행위의 안에서 밖으로의 설명에 해당한다. 또한 신현실주의가 외교정책을 갈등적인 세계 안에서 국가에 의한 안보의 추구로 이해하는 반면, 외교정책분석 연구에서 외교정책은 인지적이고 조

and Harris, 2016, p.20.

8 J. Rosenau ed., *Linkage Politics: Essays on the Convergence of National and International Systems,* New York: The Free Press, 1969를 참조하라.

9 이를 위해서는 H. Muller and T. Risse-Kappen, "From the Outside In and from the Inside Out: International Relations, Domestic Politics, and Foreign Policy", D. Skidmore and V. Hudson eds., *The Limits of State Autonomy: Societal Groups and Foreign Policy Formulation,* Boulder: Westview Press, 1993을 보라.

10 이 분과의 논의를 살펴보기 위해서는 V. Hudson, *Foreign Policy Analysis: Classical and Contemporary Theory,* London: Rowman & Littlefield Publishes, Inc., 2007을 참조하라.

직적인 제약하에서 움직이는 목표 지향적 엘리트에 의한 문제해결로 가장 잘 파악될 수 있다. 이를 위해서는 개인의 인지적 과정과 함께 한 국가의 사회적이고 제도적인 역동성도 아울러 고려해야 한다는 것이다.[11] 이는 국가행위를 설명하기 위해 체제적 요인과 더불어 국가의 정책결정자의 인식과 정치적 구조를 고찰해야 한다고 보는 신고전적 현실주의의 주장과도 일치한다.[12]

철학자인 홀리스(Hollis)와 국제정치학자인 스미스(Smith)는 국제정치학의 방법론적 통합을 논의하면서 한편은 전체적 접근과 개별적 접근으로 다른 한편은 설명의 방식과 이해의 방식으로 구분되는 2×2 행렬을 제시했다. 이는 외부적 구조(전체적-설명), 집합적 규칙(전체적-이해), 합리적 선택(개별적-설명), 이유 있는 선택(reasoned choice: 개별적-이해)의 고찰에 해당한다. 이들이 중요하게 여긴 것은 이러한 고찰들 중 어느 하나의 강조나 모두의 종합이라기보다는 각 고찰 사이의 소통의 필요성이었다.[13] 따라서 한·미·일 관계의 형성, 영향, 전환이라는 주제를 적절하게 검토하기 위해서도 이러한 노력, 즉 정치학과 역사학이나 사회학과 같은 다른 학문과의 소통, 그리고 국제정치, 비교정치, 정치경제라는 정치학 분과 간의 통합적 접근이 요구되는 것이다.[14]

---

11 B. Ripley, "Psychology, Foreign Policy, and International Relations Theory", *Political Psychology*, 14(3), 1993을 보라.

12 신고전적 현실주의의 내용을 살펴보기 위해서는 N. Ripsman et al., *Neoclassical Realist Theory of International Politics*, Oxford: Oxford University Press, 2016을 참조하라.

13 M. Hollis and S. Smith, *Explaining and Understanding International Relations*, New York: Clarendon Press, 1991, ch.9를 보라.

14 20세기 "사회과학의 분업체제가 많은 부분 냉전의 부산물"이라는 점에서 볼 때 통합적 접근을 통해 냉전기를 탐구하는 것은 흥미로운 일이라고 할 수 있다. 권헌익, "탈분업의 사회

이 책에서 사용된 주요한 분석틀은 체제(system), 주체-구조 문제, 삼각관계(triangular relationship)라고 할 수 있다. 이 책에서는 영국학파(English School)의 부잰(Buzan)과 리틀(Little), 독일의 사회학자인 루만(Luhmann)이 상정한 체제 개념을 원용하여, 한·미·일 삼각안보체제를 역사적·분석적으로 고찰하고자 한다. 캐플런(Kaplan)은 자신의 1968년 논문에서 체제이론이란 이론이 아닌 '개념의 집합'이라고 지적하면서 다음과 같이 말했다.

(뇌 과학자인) 애슈비(Ashby)에 따르면, 하나의 체계(혹은 체제)는 그것이 어떠한 상호 의존성을 갖는가에 상관없이 선택되거나 추상화된 일련의 변수의 집합으로 이루어진다. 정치적 체제이론은 통상적으로 '체계'를 좀 더 제한된 의미에서 정의하고 있다. 하나의 체계는 각각 체계 내에서 최소한 다른 하나의 변수와 상호 의존적인 변수의 집합으로 구성된다. 그리고 체계는 자신의 환경과 구분된다. 체계의 경계를 가로지르는 상호 교환은 투입과 산출로 지칭된다.[15]

주지하는 바와 같이 국제정치학의 대표적인 체제이론은 월츠(Waltz)의 신현실주의 이론인데, 이는 체제의 거시적 구조를 다룬다고 할 수 있다. 하지만 동질적이고 영속적인 국가(단위)를 전제한 후 이러한 국가들의 능력의 분포에 의한 구조를 상정하고 이러한 구조가 국가행위를 규제한다는 월츠의 개략적인 이론은[16] 역사적 고려와

과학", 『대학신문』, 2016. 5. 23을 보라.
15 M. Kaplan, "System Theory and Political Science", *Social Research*, 35(1), 1968, p.32.

비교적 시각이 결여되었다는 비판을 받았다.[17] 부잰과 리틀은 현재주의, 몰역사주의, 유럽 중심주의, 무정부성에 대한 집착을 주류 국제관계이론의 문제점으로 지적하면서[18] 다음과 같은 대안적인 국제체제 논의를 제시했다.

주류 국제관계학에서 국제체제의 개념은 거의 예외 없이 일차원적인 견지에서 묘사되어왔다. 따라서 결과적인 주장들은 부분적이되었고, 이처럼 복잡한 현상들을 개념화하기 위해서 좀 더 포괄적인 접근이 필요하다는 인식은 일반적으로 부재했다. 이렇게 미발전된 국제체제의 개념은 (국제관계) 영역의 획일화된 구속복(straight-jacket)이 되었다. 우리는 체제의 지배적인 단위의 속성을 미리 판단하거나, 경제에 대한 정치의 우위처럼 한 분야의 행위를 다른 것보다 강조하거나, 과정에 대한 구조의 우위처럼 한 설명의 방식을 다른 것보다 선행하지 않는 방식으로 좀 더 열린 접근을 개발함으로써 (이 절에서 논의된) (이러한) 약점들을 극복하고자 한다. 우리는 이러한 목표를 실현하기 위해서 이론과 역사 모두에서 광범위한 도움을 구할 것이다.[19]

16 K. Waltz, *Theory of International Politics*, Reading: Addison-Wesley, 1979, ch.5를 보라.
17 앞에서 언급된 역사사회학적 입장을 취하는 학자들이 대표적인 비판자라고 할 수 있다. S. Hobden and J. Hobson eds., *Historical Sociology of International Relations*, Cambridge: Cambridge University Press, 2002를 참조하라.
18 B. Buzan and R. Little, *International Systems in World History: Remaking the Study of International Relations*, Oxford: Oxford University Press, 2000. pp.18-22.
19 Buzan and Little, 2000, p.22.

월츠의 이론의 (장점이자) 또 하나의 단점은 간결성(parsimony)이라고 할 수 있다. 하지만 국제체제나 지역체제를 이해하기 위해서는 권력 요인뿐만 아니라 제도나 규범, 정체성과 같은 다른 변수들을 고찰하는 것이 요구되며 이들 체제의 형성과 변화 과정을 설명해야 할 수도 있다. 이러한 점에서 루만의 체계이론이 유용성을 갖는다고 생각한다.[20] 루만의 논의 중 한·미·일 삼각안보체제의 분석에 사용되는 첫 번째 개념은 체제(또는 체계)의 '창발적 성격'이다. 그는 이에 대해 파슨스(Parsons)를 원용하면서 다음과 같이 말했다.

파슨스는 행위, 즉 개개의 행위는 전적으로 실재의 창발적 성격이라는 전제에서 출발한다. 다시 말해 행위를 가능하게 만들기 위해 반드시 결합하여야 할 요소들이 존재한다는 것이다. 그리하여 사회학적 분석을 행하는 연구자들의 과제는 그러한 요소들을 확인하거나 그러한 요소들로부터 행위에 관한 분석적 이론을 기획하는 것이라고 한다. 파슨스는 '분석적 실재론'이라는 용어를 사용하는데, 이 용어는 곧 현실의 행위의 창발성과 관련해 '실재론'을 취한다는 것을 의미한다. 따라서 파슨스의 행위이론은 개념적 구성이 아니라 행위가 가능하기 위한 조건들을 감안하고, 이 점에서 행위가 행위로 등장하는 모든 사례에 대해 서술하는 이론이라고 한다. 이에 반해 이 이론은 행위가 성립하기 위해 결합되어야 할 요소들을 확인하긴 하지만 이들 요소 자체는 행위가 아니라는 점에서 '분석적' 이론이다. 그렇기 때문에 어쩌면 이 이론은 행위라는 현상을 개별적 요소들로

---

20 이 책에서는 루만의 이론적 주장을 본격적으로 검토하지는 않으며, 그가 제시한 개념들을 분석적으로 활용할 것이다.

분해하지만 이들 개별적 요소들 자체는 행위의 연쇄나 행위들로 구성된 체계에 편입될 수 없다고 보는 이론이라고 말할 수 있다. 즉 이 이론에 따르면 행위를 구성하는 개별적 요소들은 소단위의 행위가 아니다.[21]

이 전제는 아래와 같이 루만의 이론의 핵심인 체계와 환경의 구별, 그리고 복잡성에 대한 설명으로 이어진다.

(…) 체계들이 활동하는 방식에 관해 중요하고 또한 계속 타당성을 갖는 통찰이 존재하긴 했지만 그러한 활동을 할 수 있도록 만드는 체계 자체가 과연 무엇이고 체계의 기저에 무엇이 자리 잡고 있는가 라는 물음에 대한 대답은 전혀 이루어지지 않았다. 실제로 체계이론과 관련된 모든 발전은 바로 이 물음에서 시작하지 않을 수 없었다. (…) 이에 관련해 나는 특히 두 가지 관점을 자세히 다루도록 하겠다. 하나는 어떤 대상으로서의 체계에 대한 물음으로부터 체계와 환경 사이의 구별이 어떻게 성립하는가라는 물음으로 변경한다는 관점이다. 체계는 이 구별의 한쪽에 해당하고, 다른 한쪽은 환경이다. 이 관점에서는 어떻게 이러한 차이를 재생산하고 유지할 수 있으며, 또한 진화를 거쳐 어떻게 구별의 한쪽에 해당하는 체계에서 갈수록 더 높은 정도의 복잡성을 갖도록 발전할 수 있는가라는 물음을 다룬다. 또 다른 관점은 어떻게 그러한 구별을 재생산하고 어떠한 작동을 토대로 삼고 있는가라는 물음에 해당한다.[22]

---

21 니클라스 루만, 『체계이론 입문』, 디르크 베커 편, 윤재왕 역, 새물결, 2014, p.26.
22 루만, 2014, pp.76-77.

이에 따르면, 우리는 한국, 미국, 일본 사이의 관계가 '만들어내는' 체제의 '창발적' 속성을 규정할 수 있으며[23] 이러한 삼각안보체제를 동아시아 혹은 아시아·태평양이라는 지역적 체제와 구별할 수 있다.[24]

한·미·일 관계의 분석에 활용되는 루만의 두 번째 개념은 '분화(differentiation)'이다. 그는 전체와 부분 사이의 관계 차이에 따른 분화 형태를 네 가지로 구분한다. 즉, 부분 체계들이 서로 평등한 '분절적 분화', 불평등이 존재하는 '중심과 주변에 따른 분화', '계층적 분화', 평등과 불평등이 모두 성립하는 '기능적 분화'가 그것이다.[25] 월츠의 신현실주의나 불(Bull)의 국제사회론에서 말하는 근대 국제관계의 형성은 분절적 분화를 기반으로 하고 있는데,[26] 이에 대한 루만의 견해는 다음과 같다.

주권국가의 특징은 국가권력에 대한 제한들을 제한하는 데 있다. 사람들은 이제 오로지 영토적 관계만을 받아들이는데, 하지만 이 한계만은 절대적인 것으로 받아들인다. 다른 모든 제한들은 떨어져나간다. 다만 이것이 뜻하는 것은 그러한 제한들이 상황에 따라 정치화되

---

23 국제정치학자인 저비스(Jervis)도 자신의 저서에서 루만에 대한 언급 없이 체제란 그 자체가 단위 수준으로 환원될 수 없는 창발적 성격을 갖는다고 지적했다. R. Jervis, *System Effects: Complexity in Political and Social Life,* Princeton: Princeton University Press, 1997, ch.1을 보라.

24 루만은 자신의 이론에서 포괄적인 사회체계로서 세계사회의 등장에 대한 설명과 함께 지역적 차이를 갖는 부분체계에 대한 논의도 제시하고 있다. 니클라스 루만, 『사회의 사회 1, 2』, 장춘익 역, 새물결, 2012, 1장을 보라.

25 루만, 2012, pp.710-711.

26 Waltz, 1979와 H. Bull, *The Anarchical Society: A Study of Order in World Politics,* London: MacMillan, 1977을 보라.

고 '국가이성'의 정치적 계산으로 들어간다는 것이다. (…) 정치적 계산의 과제는 정치권력의 자기 보존이다. 이것은 한편으로는 통치하고 있는 왕조의 지배와 관련되지만 또한, 그리고 무엇보다도, 영토의 존속과 관련된다. 국경이라는 이 새로운 원리는 마치 그물처럼 예전의 계층화 질서를 뒤엎고, 이 질서로 하여금 이 국가 혹은 저 국가에 자신을 편입시키도록 강제한다. (…) 이제는 전쟁 수행도 하나의 정치적 문제일 따름이다. 사회는 그에 대한 결정을 정치체계에 위임한다.[27]

하지만 루만의 분화이론을 원용하는 국제정치학자들은 현재의 국제관계에서 다음과 같은 계층적 분화의 존재를 지적했다.

국가를 넘어서는 정치적 권위는 국가들 사이의 불평등을 강화시키고 따라서 국가들 간의 계층적 분화를 증대시키게 된다. (…) 좀 더 공식적인 의미에서 일부 국가들은 국제제도들 내에서 위임된 특권적인 역할을 갖는다. (…) 이 정치적 권위의 전환이 갖는 또 하나의 의미는 각기 다른 정치적 단위 사이의 분업 형태라고 할 것이다. (…) 이러한 점에서 지구적 거버넌스는 다층적 거버넌스로 묘사될 수 있다.[28]

이러한 복합적인 분화 양상은 냉전기 동아시아 국제관계의 사례에서도 마찬가지로 실재했다. 즉, 한·미·일의 남방삼각관계와 북·

27 루만, 2012, pp.828-829.
28 M. Albert et al. eds., *Bringing Sociology to International Relations: World Politics As Differentiation Theory,* Cambridge: Cambridge University Press, 2013, pp.18-19.

중·러의 북방삼각관계의 형성은 통상적인 국제체제나 '무정부적 사회'의 등장이라기보다는 미국과 러시아를 중심으로 하는 중심과 주변에 따른 분화의 성격을 띠었다. 특히 일본의 평화헌법과 한국의 전쟁을 통한 미국으로의 작전권 이양이라는 '불완전한 주권'의 특성은 기본적으로 한·미·일 관계의 계층적 분화 양상을 보여준다고 할 수 있다.[29]

주체-구조 문제는 웬트(Wendt)가 1987년에 자신의 논문을 *International Organization*에 게재한 이후에 구성주의 이론의 존재론적 논쟁의 핵심을 차지하게 되었다.[30] 그는 자신의 논문에서 월츠의 신현실주의와 월러스틴(Wallerstein)의 세계체제론을 '개체론적 환원주의'와 '구조의 물신화'로 각각 비판하고 기든스(Giddens)의 구조화(structuration) 이론을 대안으로 제시했다. 그의 결론은 행위주체와 체제의 구조가 서로를 구성한다(co-constitute)는 것이었는데, 그는 이러한 상호 구성 과정의 고찰을 위해 '구조적-역사적' 연구방법의 사용을 제안했다. 그는 이를 인과적 권력이나 관습, 그리고 국가들이 이익을 정의하는 방식에 대한 '추상적인' 분석과 특정한 사건에 이르게 되는 인과적으로 중요한 국가들의 선택과 상호작용의 진행 과정을 추적하는 '구체적인' 분석의 결합이라고 설명했다.[31]

---

29 사회학자인 콜로미(Colomy)는 이와 같은 불균등 분화(uneven differentiation)가 불완전한 제도화(incomplete institutionalization)로 이어진다고 주장했다. P. Colomy, "Uneven Differentiation and Incomplete Institutionalization: Political Change and Continuity in the Early Amerian Nation", J. Alexander and P. Colomy eds., *Differentiation Theory and Social Change: Comparative and Historical Perspectives,* New York: Columbia University Press, 1990을 보라.

30 A. Wendt, "The Agent-Structure Problem in International Relations Theory", *International Organization,* 41(3), 1987을 참조하라.

따라서 주체-구조의 문제의식은 앞에서 언급된 통합적 접근과 역사사회학적 방법론의 목표와 밀접하게 연관된다고 할 수 있다.

이후 크로츠(Krotz)와 린치(Lynch) 같은 학자들은 주체와 구조 사이의 상호작용 과정에서 매개로 작동하는 정체성(identity)의 역할 분석을 위한 구체적인 연구 전략을 검토했다. 그들은 아래와 같이 이야기한다.

구성주의자들은 주체와 구조 사이의 상호 구성의 존재론을 유지하면서 정체성을 시기와 맥락에 따라 변화하는 사회적 관계로 간주하고 있다. (…) 따라서 그들은 경험적 연구에서 자아(self)에 대한 의식, 그것의 의미들과 그것들의 재귀적인 영향의 전개에서 맥락과 행위를 연결하는 과정을 탐구한다.[32]

이 문제에 대해서는 이후 주체, 구조, 과정이 갖는 복잡성, 상호 과정의 비대칭성, 주체 간의 차별성, 인간 주체의 문제 등을 중심으로 논의가 이어져왔다.[33]

사회학에서 먼저 논의되었던 분석적 개념인 삼각관계는 많은 국제정치학자들이 사용했는데, 대표적 학자로 저비스를 들 수 있다. 저

31 역사적 접근을 사용하는 국제정치이론가들의 '구체적인' 분석 도구 중 하나는 과정추적(process tracing) 방법이라고 할 수 있다. 최근의 논의로 A. Bennett and J. Checkel eds., *Process Tracing: From Metaphor to Analytic Tool,* Cambridge: Cambridge University Press, 2015를 참조하라.

32 A. Klotz and C. Lynch, *Strategies for Research in Constructivist International Relations,* Armonk: M. E. Sharpe, 2007, p.65.

33 이에 대해서는 신욱희, "국제정치이론에서 주체-구조 문제 논의의 재검토", 서울대학교 국제문제연구소 편, 『미래국가론: 정치외교학적 성찰』, 사회평론아카데미, 2019를 볼 것.

비스는 가장 단순한 복잡성의 유형으로 삼각관계의 틀을 상정하고,[34] 횡적연계(lateral linkage), 즉 각각의 양자관계의 상호 의존성과 그 안에서 나타나는 중추적 행위자(pivot)의 역할을 설명했다. 그에 따르면, 체제 내의 행위자들은 전략적으로 상호적인 관계에 있고 하나의 행위는 예상치 않은 복합적인 결과를 낳는다. 하지만 중추적 행위자는 물질적 능력의 상대적 분포와는 달리 관계에서 도출되는 협상력을 가질 수 있다고 보는데, 이는 기본적으로 구조의 비결정성을 전제하면서 주체성과 관계의 존재론적 의미를 부각시키는 것으로 이해된다. 저비스는 다음과 같이 주장했다.

두 국가 간의 관계는 그들 각자와 제3의 국가 사이의 현존하거나 기대되는 관계에 의해 강하게 영향을 받는다. 체제 내의 상호 연계는 두 국가들 사이의 관계 변화가 광범위하고 종종 예기치 않은 결과를 초래하기 때문에 파생된 영향을 생산하게 된다. 국가들은 서로 협상할 때 상대보다 더욱 많은 대안을 갖기를 원하게 되는데, 그 원인과 결과 모두로 인해 삼각관계에서 중추적 역할을 차지하기를 바란다. 구조는 국가들의 필요와 대안에 큰 영향을 미치지만 결과적으로 협상력을 만들어내기도 한다. 물리적 자원이 취약한 국가들은 체제가 구조적으로 다극적이고 행태적으로 양자적일 때 더욱 큰 영향력을 갖게 되는데, 이러한 경우가 그들을 필요로 하게 되고 취약하게도 만들기 때문이다. 그러나 양극성하에서도 인지된 필요성과 대안들은 우리에게 언제 약한 동맹국들이 큰 레버리지를 갖게 되는지를

---

34 Jervis, 1997, ch.5를 보라. 그러한 면에서 삼각관계체제는 루만이 말한 대로 자신과 외부적 환경이 구별되면서 복잡성이 관리·감축되는 분석 대상이라고 볼 수 있다.

알려준다.[35]

저비스는 한편으로 어떠한 경우에 체제가 일관된 유형을 갖게 되는가를 설명했는데, 여기에서 중요한 것 중 하나는 공동의 적, 즉 행위자의 공유된 위협인식의 존재였다.[36] 이 책에서 다루고 있는 한·미·일 삼각안보체제의 역동성에서도 역시 위협인식이 변수로서 중요한 역할을 한다고 볼 수 있다.

이 책에서 전반적으로 기반하고 있는 이론은 구성주의와 비대칭적 동맹이론이다. 비판이론의 한 갈래로 출발해서 현재는 주류 이론의 세 패러다임 중 하나로 인지되고 있는 구성주의는 신현실주의와 신자유주의에 비해 몰역사적이지 않은 성찰적 이론으로 평가된다. 구성주의 이론의 핵심 내용 중 첫 번째는 국제정치적 현실의 사회적 구성 측면이라고 할 수 있다. 즉, 이론화의 대상인 국제관계의 속성이 이미 일방적으로 주어진 것, 영속적인 것이 아니라 '역사적, 그리고 간주관적으로 구성되었고 재구성될' 것이라는 점이다.[37] 두 번째 핵심 내용은 관념 변수와 주체의 역할에 대한 부분이다. 즉, 물질적 요인이나 체제의 구조적 영향을 강조하는 다른 이론과 달리 구성주의는 정체성과 같은 관념적 요소와 개별 행위자가 행사하는 주체성에 상대적 비중을 두고 있다.[38] 또한 신현실주의가 상정하는 구조

---

35 Jervis, 1997, p.209.

36 Jervis, 1997, ch.6을 보라.

37 웬트의 다음 논문 제목이 그 전형을 보여준다고 할 수 있다. A. Wendt, "Anarchy Is What States Make of It: The Social Construction of Power Politics", *International Organization*, 26(2), 1992.

38 이에 관한 상세한 내용을 살펴보기 위해서는 신욱희, "구성주의 이론", 우철구·박건영

가 구성단위 사이의 권력의 분포라는 물질적 측면을 의미하는 것에 반해, 구성주의는 이와 함께 체제나 단위 수준에서 존재하는 관념적 구조의 영향을 중시한다.[39]

구성주의가 이 책에 갖는 적합성은 이 이론이 냉전체제의 형성과 전환의 분석에 적합하다는 점에서 찾을 수 있다.[40] 역사학자인 웨스테드(Wested)는 다음과 같이 말했다.

현실주의에 대해 새로이 제기되는 의문으로부터 상당한 이득을 보고 있는 국제관계의 새로운 연구방법은 구성주의라고 지칭되는데, 이 접근법에서는 한 국가가 행동하는 사회적이고 문화적인 맥락을 강조한다. 대부분의 구성주의자들은 이러한 맥락이 국내적이고 국제적인 차원에 모두 존재한다고 본다. 국내적인 수준에서는 문화와 신념체계에 대한 연구가 한 국가의 목표와 국가가 어떻게 행동하는가에 대해 아마 합리적 선택의 접근법에서 얻는 것보다 더 많은 것을 우리에게 말해줄 수 있을 것이다. 냉전의 경우에는 기원뿐만 아니라 갈등의 심도를 이해하기 위해 이 점이 핵심적이라고 주장할 수 있을 것으로 보인다. 국제적인 수준에서는 규범의 확산과 관념의 전파에 대한 연구가 게임이론의 접근보다 변화에 대한 우리의 이해를 더 깊게 할 수 있을 것이다. 구성주의는 어떻게, 그리고 왜 냉전이 끝났는가를 설명하는 데 필수적이라고 강조할 수 있다고 생각된다.[41]

편, 『현대 국제관계이론과 한국』, 사회평론, 2004를 보라.

39   이러한 점에서 구성주의는 신고전적 현실주의와 유사하게 인간 주체나 국내정치와 같은 다양한 분석수준을 함께 고려한다고 할 수 있다.

40   대표적인 작업으로 T. Hopf, *Reconstruction of the Cold War: The Early Years, 1945-1958,* New York: Oxford University Press, 2012를 참조하라.

이 책에서는 국제정치학의 보편적인 동맹이론에 더하여 비대칭적 동맹이론의 주장들을 참고하고 있다. 동맹에 대한 고전적인 연구는 주로 동맹이 형성되고 쇠퇴하는 이유, 동맹의 응집력과 효율성을 좌우하는 요인, 그리고 동맹의 연속성과 변화의 유형에 대한 논의를 중심으로 이루어졌다.[42] 하지만 동맹 내부의 구체적인 정치적 역학에 대한 연구는 많지 않았는데, 이러한 점에서 소위 방기(abandonment)와 연루(entrapment)의 딜레마를 중심으로 한 스나이더(Snyder)의 동맹게임 연구는 큰 의미를 갖는다고 할 수 있다.[43] 이를 비대칭적 동맹의 경우에 적용하면 상위국가는 연루의 문제를, 하위국가는 방기와 연루의 문제를 함께 갖는 것으로 생각된다. 데탕트와 탈냉전의 시기는 한미동맹에서 이와 같은 동맹게임의 딜레마가 등장했던 기간으로 볼 수 있을 것이다.

비대칭적 동맹이론의 두 번째 예는 모로(Morrow)의 안보-자율성 교환모델(autonomy security trade-off model)이다. 그는 두 국가가 하나의 동맹으로부터 모두 안보를 제공받는다고 가정하는 능력결집모델(capability aggregation model)과는 달리 비대칭적 동맹관계에서 상위국가는 동맹으로부터 상대적으로 자율성의 이득을 얻고 하위국가는 안보의 이득을 얻는다는 대안적 모델을 제시했다.[44] 장

41 O. A. Wested, "Introduction", O. A. Wested ed., *Reviewing the Cold War: Approaches, Interpretations, Theory,* London: Frank Cass, 2001, p.8.

42 G. Liska, *Nations in Alliance: The Limits of Interdependence,* Baltimore: The Johns Hopkins University Press, 1962, chs.2, 3, 4; S. Walt, *The Origins of Alliance,* Ithaca: Cornell University Press, 1987; S. Walt, "Why Alliances Endure or Collapse", *Survival,* 39(1), 1997을 보라.

43 G. Snyder, "The Security Dilemma in Alliance Politics", *World Politics,* 36(4), 1984.

44 J. Morrow, "Alliances and Asymmetry: An Alternative to the Capability Aggrega-

노순은 이를 변용하여 다음과 같이 한미동맹의 특수성과 그 지속의
양상을 설명했다.

> 비대칭 안보동맹에서 안보와 자율성에 대한 상호교환성은 안보를
> 제공받는 국가에 훨씬 불리하게 작용할 수 있다. 피후견국은 자체
> 의 군사력과 경제력 수준이 크게 향상되고 외부 환경이 유리하게 전
> 개됨으로써 동맹국의 군사력에 대한 안보의 의존 정도를 줄일 수 있
> 다. 그러나 자국의 군사력으로 안보 수준을 향상시킬 수 있는 여건
> 을 마련했음에도 불구하고 의존도를 크게 해소시키지 못한 결과를
> 가져올 수도 있다. 제로섬의 특징을 많이 내포하고 있는 민족 내 갈
> 등에서 억지력을 강조하는 비대칭 안보동맹은 강대국의 안보 제공
> 이란 절대적인 영향력이 쉽게 약화되지 않을 수 있음을 보여준다.
> 즉 국제체제의 구조 변화는 기존의 동맹관계를 유지하는 양식에서
> 변화를 초래할 수 있으나 피후견국의 자율성이 보장되는 것은 아니
> 다. 한미안보동맹은 '교환동맹모델'에서 설명하는 안보와 자율성의
> 상호교환성이 효과적으로 역비례를 유지하기 어려운 사례이다.[45]

따라서 한·미·일 관계에서 비대칭성이란 단순히 무정부 상태에
서 권력 분포에 따라 결정되는 것이 아닌 좀 더 복잡한 특성을 갖고
있다고 할 수 있다. 이러한 점에서 국제정치학에서 근래에 등장한
위계성(hierarchy)과 지위(status)에 대한 논의가 갖는 시사점을 생

tion Model of Alliances", *American Journal of Political Science,* 35(4), 1991.
45 장노순, "'교환동맹모델'의 비교환성: 비대칭적 한미안보동맹", 『국제정치논총』, 36(1),
1996, p.99.

각해볼 필요가 있다.[46] 이 연구는 앞에서 언급한 것처럼 다양한 방식의 통합적 접근법과 체제, 주체-구조, 삼각관계 등의 분석틀, 구성주의와 비대칭적 동맹이론과 같은 이론적 논의를 바탕으로 수행되었다. 다음 절에서는 이 책을 구성하는 장들의 내용을 소개하고자 한다.

2. 각 장의 내용

1장의 서론에 이어 2장에서는 냉전기 한·미·일 관계의 형성과 그 국내정치적, 정치경제적 영향을 다룬다. 2장은 6개의 절로 이루어져 있는데, 첫 번째 절에서는 동북아시아 국가들의 정치적·경제적 발전을 설명하는 기존 연구의 한계를 지적하고 지정학적 요인을 독립변수로 하는 새로운 접근법을 제안한다. 두 번째 절에서는 외부적 영향과 내부적 역동성의 고찰을 위한 후견-피후견 국가관계와 국가전환의 분석틀을 제시한다. 세 번째 절에서는 한·미·일 삼각안보체제의 형성이라는 외부적 맥락을 미일관계, 한미관계, 한일관계의 순서로 검토하며, 네 번째 절에서는 미군정, 제1공화국, 제2공화국, 군정, 제3공화국으로 이어지는 한국의 국가전환 과정을 다룬다. 다섯 번째 절에서는 그러한 지정학적 환경과 그 속에서 만들어진 국가 특성의 경제적 영향을 고찰하며, 여섯 번째 절인 결론에서는 냉전체제의 전

---

46 대표적인 연구로 D. Lake, *Hierarchy in International Relations,* Ithaca: Cornell University Press, 2009; T. V. Paul, et al. eds., *Status in World Politics,* Cambridge: Cambridge University Press, 2014를 보라.

환 양상과 연구의 의미를 언급한다. 이 장은 냉전기 한국의 사례연구를 위한 국제정치, 비교정치, 정치경제라는 세 영역의 통합 필요성을 잘 보여주고 있다. 즉, 냉전기 국제정치적 변수의 검토를 통해 왜 한국이라는 국가가 특정한 속성을 갖게 되었으며 그것이 어떻게 다른 제3세계 국가의 경우와 다른 경제적 결과를 낳게 되었는가를 이해할 수 있게 되는 것이다.

냉전기 미일동맹의 정치경제를 다룬 3장에서는 일본의 주체적 역할에 초점을 맞춘다. 전반부의 이론적 논의에서는 일본에 대한 반응국가(reactive state) 개념을 비판적으로 검토하고 그 대안으로 주체-구조의 틀을 제시한다. 후반부의 역사적 고찰에서는 기시(岸) 수상을 중심으로 미국의 대아시아 정책과 미일관계에서 일본이 행사한 역할을 검토하고 안보적 요인과 경제적 요인 사이의 상호작용에 대해 알아본다. 3장은 냉전의 초기 형성 과정에서 미일관계에 존재했던 복잡한 위계성과 일본의 상대적인 주체성을 적절하게 드러내고 있다고 할 수 있다.

냉전체제의 첫 번째 전환기인 데탕트 시기의 한·미·일 관계에 관한 4장에서는 이른바 '한국조항'의 문제를 검토한다. 먼저 상대적으로 미국 정책의 변수를 강조하는 신현실주의적 입장을 비판적으로 고찰한 후에 역시 주체-구조 문제의 틀을 바탕으로 보완적 설명을 시도한다. 역사적 사례 부분에서는 일본의 사토(佐藤), 다나카(田中), 미키(三木) 수상 시기의 미일 정상회담에서 '한국조항'의 등장, 부재, 수정의 측면을 살펴보고 미국 요인 이외의 다른 체제적 요인과 일본 수상이라는 개인 변수의 역할을 찾아본다. 이를 통해 한·미·일 관계 속의 한일관계가 갖는 복잡성과 상대적 자율성을 보여주고자 하는 것이다.

탈냉전기 한일관계의 국제적·국내적 차원의 상호작용을 고찰한 5장에서는 이명박, 박근혜 정부 시기 한일관계의 갈등 양상을 다룬다. 분석틀 부분에서는 표상적 접근과 정체성의 사회적 형성 과정에 대한 구성주의적 논의와 그에 따라 발생하는 양면 안보딜레마의 프레임을 소개하고, 경험적 부분에서는 이명박 대통령의 독도 방문과 박근혜 대통령 시기의 위안부 합의 사례를 중심으로 그러한 과정 전개에 대한 시계열적 분석을 시도한다. 이와 같은 사례연구는 관념과 국내정치적 요인이 중요한 역할을 하는 탈냉전기 한일관계의 상대적 특성을 보여주는 것을 그 목적으로 한다.

2장과 3장에서 논의된 한·미·일 관계의 탈냉전적 전환을 다룬 6장에서는 중국의 부상이라는 환경의 변화가 기존의 '샌프란시스코 체제'에 미친 영향과 그에 따른 한국의 전략적 고려 문제를 검토한다. 또한 부상하는 중국에 대한 다양한 해석을 알아보고, 한·미·일 삼각안보체제가 그 핵심을 차지하고 있는 샌프란시스코 체제의 형성과 구성, 전환의 양상을 살펴본 후에 미국의 역할과 중국의 부상이 상충하는 부분에 대해 고찰한다. 마지막으로 그러한 맥락에서 한국의 주체적 선택의 가능성과 한계에 대해 논의한다. 6장에서는 앞에서 언급한 통합적 접근, 체제·환경과 주체-구조의 분석틀, 그리고 비대칭적 동맹이론에 기반하여 현재 한국이 직면한 대외정책의 문제를 성찰하고자 하는 것이다.

마지막 7장 결론에서는 냉전, 데탕트, 탈냉전으로 이어지는 체제적 변환에 따른 한·미·일 삼각안보체제의 역동성에 대해 간략히 역사적 서술을 하고, 그 과정에서 분석 수준, 요인, 단위 사이의 인과관계가 보여주는 복잡성, 위계성, 복합성에 관한 분석이 이루어진다.

2장

후견-피후견 국가관계의 동학[*]

* 이 장은 Wookhee Shin, *Dynamics of Patron-Client State Relations: The United States and Korean Political Economy in the Cold War,* American Studies Institute, Seoul National University, 1993을 번역, 수정한 것이다.

1. 새로운 접근법을 찾아서

1) 서론

동북아시아 발전모델은 1980년대의 발전경제학, 비교정치학, 정치경제학 분야의 연구에서 많은 주목을 받아왔다. 첫 번째 관심은 동아시아 신흥산업국들의 '경제적 기적'을 설명하기 위한 노력의 형태로 나타났다. 이와는 다른 측면에서 한국과 대만에서의 민주화의 상대적인 유보와 경제적 발전과 정치적 발전 사이의 격차 문제도 또다른 학문적 쟁점을 제공했다. 하지만 국제정치학자들은 이 논쟁에서 큰 역할을 하지 않았다. 발전 전략, 경제정책, 국가구조, 국가-사회 관계 등이 논의된 주요 변수였으며, 지정학적, 군사적, 전략적 요인들은 간혹 언급되었으나 체계적으로 분석되지 않았다.[1]

---

1 몇몇 학자들, 특히 커밍스(Cumings)는 안보 요인을 동북아시아 사례에서 중요한 변수로 지적한 바 있다. B. Cumings, "The Origins and Development of the Northeast Asian Political Economy", *International Organization*, 38(1), 1984를 보라. 이 글에서 '지정학적',

이 장에서는 한국의 사례를 중심으로 냉전기의 지역안보체제의 형성과 제도화가 동북아시아 국가들의 국가기구의 전환과 경제적 변화에 영향을 미친 방식을 분석하고자 한다. 이는 국제정치학의 연구를 비교정치학과 발전경제학과 연결하고 정치와 경제발전의 문헌에서의 일정한 공백을 메우면서 좀 더 적절한 동북아시아 정치경제 모델을 제공하고자 하는 시도에 해당한다.

서로 다른 학자들 사이의 상반된 주장은 그들이 관찰한 시기에 따라 달라지기도 한다. 동북아시아 국가들의 발전에 대한 대부분의 연구에서는 1940년대 후반부터 1960년대까지의 시기를 충분히 고려하지 않았다. 또한 1940년대 후반에 한국, 대만, 심지어 일본에서도 국가를 형성하고 발전 전략을 채택하는 데 상당한 정도의 탄력성이 존재했다는 사실을 경시하고 있다. 당시에 등장했던 냉전적 환경에서 국가형성과 경제발전의 과정은 외부적인 안보 연계에 크게 영향을 받았다. 특히 한국전쟁 이후 미국이 중심적인 역할을 하게 된 지역안보체제의 제도화는 동북아시아 국가들의 정치경제에 주요한 요인으로 작용했다.

이 장에서는 1940년대 후반부터 1970년대 초반까지의 시기를 주로 다루고 있다. 주지하고 있듯이 1990년대 초 소련의 해체 이후 사회주의 국가들은 급격한 내부적 전환을 겪었고 냉전기에 형성되었던 지구적·지역적 체제는 커다란 변동을 맞이하게 되었다. 양극체제의 경쟁적 구도에 기반하고 있던 기존의 구조가 변화함에 따라 국가행위자 사이의 상호작용은 더욱더 활발해졌고, 내부적인 정치적·경

'군사적', '전략적', '안보적'이라는 형용사가 혼용되고 있다는 점을 언급한다.

제적 변화도 더욱더 크게 진행되었다.[2] 이와 같은 변화의 원인, 과정, 한계를 이해하기 위해서는 그 이전의 조건들이 어떻게 구조화되었는가를 먼저 고려해야만 한다. 이 장에서는 이와 같은 목적을 위해서도 유용한 틀을 제공하고자 한다.

이 장에서는 두 가지 질문에 답하려고 한다. 첫째, 한국의 국가 성격은 동북아시아의 냉전적 환경에서 어떤 영향을 받았는가? 둘째, 외부적 맥락과 그것이 형성한 국가전환은 한국의 경제성장의 유형을 어떻게 규정했는가? 이 절에서는 동북아시아의 정치경제를 설명하기 위해 기존에 채택되었던 이론적 접근법들을 먼저 검토하고 지정학적·전략적 요인이 중요한 설명 변수인 새로운 접근법을 소개할 것이다.

2) 기존 접근법

(1) 신고전주의

몇몇 학자들, 특히 발전경제학자들은 동북아시아 국가들의 대외지향적, 수출주도적 정책이 급속한 경제성장을 가능하게 한 반면 부분적인 정치사회적 문제들을 만들어냈다고 주장한다. 그들의 분석에서 가장 중요한 요인은 국가에 의해 채택된 발전 전략과 경제정책이라고 할 수 있다.

한국 경제는 1960년대 초반에 이전의 수입대체화에 대한 강조에서 수출 주도로 재편되었다. 크루거(Krueger)는 이 사례가 "예외적

---

2 M. Ng-Quinn, "The Internationalization of the Region: The Case of Northeast Asian Regions", *Review of International Studies*, 12, 1986, pp.118-122.

으로 명석하고 성공적인 변화의 예"라고 지적했다.[3] 동일한 시기에 대만도 국제통상에서 가공품의 수출이 농산품을 넘어서는 공격적인 수출지향정책을 채택했다. 많은 학자들은 한국과 대만의 경험이 대외적인 경제 연계의 높은 수준에도 불구하고 빠르고 지속 가능한 경제성장을 보여주었다는 점에서 종속이론가들의 비관적인 예측을 뛰어넘은 것으로 간주했다.[4]

이 접근법에 따르면, 1960년대 한국과 대만의 가속화된 경제성장은 수출 주도의 비약적 성장 기회를 만들어낸 시장 순응적 정책에 따른 것이었다. 쿠즈네츠(Kuznets)는 이러한 정책들이 전반적으로 그 안에서 경제적 성과들을 자극할 수 있었던 시장경제적 요소들을 포함한 자유주의적 정책 기제들이 채택되는 재구조화를 제공했다고 말했다.[5] 환율, 양적 통제, 수출 촉진 등에 관한 정책적 전환이 '수출로의 편향'을 통해 빠른 경제성장을 하기 위한 조건들을 만들어낸 '자유주의적 시도'의 일환으로 시행되었다는 것이다.[6]

3   A. Krueger, *The Developmental Role of the Foreign Sector and Aid*, Cambridge: Harvard University Press, 1979, p.82.
4   윈클러(Winckler)는 한국과 대만이 초국가적인 과정이 국가 발전에 미치는 영향에 대한 재검토를 위한 특징적인 기회를 제공하고 있다고 지적했다. E. Winckler, "Contending Approaches to East Asian Development", E. Winckler and S. Greenhalgh eds., *Contending Approaches to the Political Economy of Taiwan*, Armonk: M. E. Sharpe, Inc., 1988, p.22. 대만에 대한 유사한 논의를 살펴보기 위해서는 R. Barnett and M. Whyte, "Dependency Theory and Taiwan: Analysis of a Deviant Case", *American Journal of Sociology*, 87(5), 1982; C. Clark, "The Taiwan Exception: Implications for Contending Political Economy Paradigms", *International Studies Quarterly*, 31, 1987을 보라.
5   P. Kuznets, *Economic Growth and Structure in the Republic of Korea*, New Haven: Yale University Press, 1977, p.91.
6   A. Krueger, *Liberalization Attempts and Consequences*, Cambridge: Ballinger Publishing Company, 1978, pp.297-299.

한국이나 대만과 같은 자원이 부족한 나라에서는 효율적인 경제 전략의 중요성이 강조된다는 점에서 신고전주의적 접근은 타당성이 있다. 하지만 이는 그와 같은 정책적 전환이 어떻게 쉽게 이루어지고 유지될 수 있었는지를 충분히 설명하지 못한다. 예를 들어 크루거는 '수출 잠재력'의 존재가 성공적 변환의 하나의 요인이라고 지적했지만, 남미의 사례들은 유사한 수출 잠재력을 가졌던 나라들이 오랜 수입대체산업화의 기간 동안 수출 주도로 전환할 수 없었다는 점을 보여주었다.[7] 그 원인은 주로 신고전주의 경제학으로 설명될 수 없는 정치사회적인 요인에 기인했다.[8]

동북아시아의 정치경제에 대한 이러한 '자유주의적' 해석은 정부의 역할에 대해서도 양면적인 입장을 보였다. 즉, 한편으로는 시장을 기반으로 한 개방경제의 긍정적 기능을 강조하면서 다른 한편으로는, 특히 한국과 대만의 사례에서 '강한' 국가의 중심적 역할을 인식했던 것이다. 이와 같은 견해에 따르면, 동북아시아의 사례들은 자유화의 성공적인 예이지만 이 국가의 정책들은 자유방임적 접근을 따르지 않았다고 해석된다. 따라서 이 접근법은 다음과 같은 질문에 명쾌한 답을 줄 수 없었다. 동북아시아 국가들은 자유주의적이었는가, 아니면 중상주의적이었는가?

7　수입대체화 시기의 유산은 심지어 전환 이후에도 산업수출에 부정적인 영향을 미쳤다. A. Hirschman, "The Political Economy of ISI in Latin America", A. Hirschman ed., *Bias for Hope*, New Haven: Yale University Press, 1971; N. Leff, *Economic Policy-Making and Development in Brazil, 1947-1964*, New York: Wiley, 1968을 참조하라.

8　즉, 이 남미 국가들에는 수입대체화산업의 지속을 지지하는 정치사회적 여건이 존재했던 것이다.

(2) 국가주의

많은 정치학자들, 특히 주로 비교정치학자들은 동북아시아 국가들의 경제적 전환의 정치사회적 조건들과 국가의 특성들을 관심의 대상으로 삼았다. 그들은 이 경제적 변화가 '국내적인 정치적 과정과 구조'에 뿌리를 두고 있다고 지적했으며[9] 경제정책과 사회정책을 선택하기 위한 상대적 자율성을 갖고 있었던 국가의 역할을 강조했다. 이러한 설명에서는 국가구조와 국가가 다른 사회적 행위자와 갖고 있었던 관계가 주된 변수가 되었다.

이러한 국가중심적 논의는 거센크론(Gerschenkron)이나 헌팅턴(Huntington)의 초기 작업에서 발견되었다. 거센크론은 "(후발도상국들의) 산업발전이 보여준 속도와 특성에서의 차이점은 기존의 산업화된 국가들에게서는 찾을 수 없는 제도적 기제 적용의 결과이다."라고 주장했다.[10] 헌팅턴은 "근대적 변화를 가져오는 국가의 능력을 향상시킬 수 있는 관료적 정체에서의 권력의 집중화"를 강조했다.[11] 많은 학자들은 동북아시아 국가들의 사례에서 중요한 것은 비록 국가가 정치적으로 다른 사회세력들을 압도하기는 했지만 변화하는 외부적인 발전 환경의 도전들에 적절하게 대응할 수 있었던 강한 국가의 능력이었다고 지적했다.[12] 즉, 동아시아 모델이 그 발전 과정에

9 S. Haggard and C. Moon, "The South Korean State in the International Political Economy: Liberal, Dependent, or Mercantile?", J. Ruggie ed., *The Anatomies of Interdependence*, New York: Columbia University Press, 1983, p.185.

10 A. Gerschenkron, *Economic Backwardness in Historical Perspective*, Cambridge: Harvard University Press, 1962, p.7.

11 S. Huntington, *Political Order in Changing Societies*, New Haven: Yale University Press, 1968, p.167.

12 F. Deyo ed., *The Political Economy of the New Asian Industrialism*, Ithaca: Cornell

서 제3세계 국가의 유형과 역할에서의 분석적인 차별성을 제공했다는 것이다.[13]

쿠즈네츠와 같은 경제학자들도 경제정책 결정을 수월하게 했던 광의의 정치사회학적 맥락의 존재를 언급한 바 있다. 그는 "(한국) 정부가 권위주의적이었고 경제적 이익 기반을 갖고 있지 않았기 때문에 임금과 소비를 억제시키고 농촌의 이익을 상당한 정도로 무시했으며 산업화를 통한 빠른 성장에 집중할 수 있었다."라고 말했다.[14] 챈(Chan)에 따르면, "아시아·태평양 연안 국가들의 '분배 연계의 상대적 취약성'은 그로 인한 특별한 저항적 이해관계에 따라 저지될 수도 있었던 생산과정이 '허용됨'에 따라 국가적 경제성장에 공헌했다."[15] 바르단(Bardhan)은 한국에 대해 "시장기제의 영역보다 더 중요했던 것은 경제정책 결정의 구도를 정치과정의 후견주의적 요구로부터 분리시킬 수 있었던 체제의 능력이었다."라고 말했다.[16] 다시 말하면 국가주의적 접근에서는 국가의 상대적 자율성이 동북아시아의 발전 유형을 설명해준다고 주장했다고 볼 수 있다.[17]

University Press, p.15, 182.

13   P. Evans, "Class, State, and Dependence in East Asia: Lessons for Latin Americanists", Deyo ed., 1987; A. Varshney, "Does Development Require A Minimal State?: State and Industrialization in India and South Korea", Mimeograph, Massachusetts Institute of Technology, 1987을 보라.

14   Kuznets, 1977, p.85.

15   S. Chan, "Growth with Equity: A Test of Olson's Theory for the Asian-Pacific Rim Countries", *Journal of Peace Research,* 24(2), 1987, pp.144-145.

16   P. Bardhan, *The Political Economy of Development in India*, Oxford: Basil Blackwell, 1984, p.72.

17   즉, 이 접근에서는 국가가 자신의 목적을 추구하는 데에서 경쟁적인 사회세력들보다 우위에 있었다고 간주했다.

이러한 국가중심적 접근은 국가가 어떻게 정책과 다른 사회적 집단과의 유형화된 관계를 통해 정치적, 사회적, 경제적 과정에 영향을 미쳤는가를 적절하게 설명했지만 그러한 국가의 특성이 어떻게 등장했고 진화했으며 변화했는가를 분명히 규명하지는 못했다. 오도넬(O'Donnell)과 에번스(Evans)는 남미의 맥락에서 이와 같은 권위주의적 강성국가의 기원을 분석하려고 했다. 오도넬은 관료적 권위주의(Bureacratic-Authoritarian, BA) 모델에서 '수평적 성장의 한계'와 산업화에서 '심화'의 필요성, 해외로부터의 투자에 대한 관심이 정치적으로 활발한 집단의 배제와 강압적인 'BA' 정권의 등장을 가져온다고 설명했다.[18] 그러나 한국의 사례에서는 수입대체산업화의 시기가 충분히 길지 않았고 제2공화국(1960~1961년)의 불안정성은 주로 정치적인 현상에 해당했다. 즉, 남미의 경우와 달리 동아시아의 산업화는 민중주의적인 정치적 활성화나 경제 위기의 심화와 같은 과정에 조직적으로 연결되어 있지 않았던 것이다.[19]

에번스는 '종속적 성장'이라고 부른 과정에서 국지적 경제에 대한 초국적 기업의 침투가 경제에서 주된 역할을 하는 강한 국가의 등장으로 이어진다고 말했다.[20] 하지만 이와 같은 유형의 경제적 침

18 G. O'Donnell, *Modernization and Bureaucratic Authoritarianism,* Berkeley: Institute of International Studies, University of California, Berkeley, 1979를 보라.
19 J. Kil, "Development of Authoritarian Capitalism: A Case Study of South Korea", Unpublished Ph.D. Dissertation, Yale University, 1987, pp.79-80. 코튼(Cotten)은 한국의 사례에서 산업화의 심화가 권위주의의 등장으로 이어진 것은 아니었다고 지적했다. J. Cotton, "Understanding the State in South Korea", *Comparative Political Studies,* 24(4), 1992, p.523.
20 P. Evans, "Transnational Linkages and the Role of the State", P. Evans et al. eds., *Bringing the State Back In,* Cambridge: Cambridge University Press, 1985, p.197.

투는 한국과 대만의 사례에서는 그다지 심각하게 이루어지지 않았다. 오히려 자본의 축적 과정은 이미 내부적 자율성을 획득하고 있던 국가에 의해서 공적인 방식으로 주도되었다. 따라서 외부적 의존의 차별적인 유형으로 인해 남미 국가들의 사례는 동북아시아 국가들에 적용되기에는 한계를 보였던 것이다.

국가주의적 접근법은 정치적이고 경제적인 변화를 제도화하는 과정에서 국가의 역할과 그러한 전환의 국내적 맥락을 정확하게 강조하지만, 이러한 변화의 외부적 차원, 국내적 요인과 국제적 요인과의 상관관계에 대해서는 충분히 고려하지 않았다.[21] 즉, 국가행위의 구조적 제약과 기회를 함께 검토하려면 국내적 환경과 더불어 국제적 조건도 살펴보아야 한다.

(3) 종속이론과 세계체제론

카르도주(Cardoso)와 팔레토(Falleto)는 남미의 사례에 대한 저작에서 "사회적 과정의 특정한 차원에만 집중하는 대신 사회적 구조의 지구적이고 역동적인 동학에 대한 이해"를 모색할 것을 강조했다.[22] 월러스틴은 "근대세계체제의 특정한 시점에서 다양한 국가기구의 강도"를 "그 시기의 세계경제에서 그 나라가 수행한 역할"의 견지에서 설명할 수 있다고 주장했다.[23] 이와 같은 종속이론과 세계체제론

---

21 이러한 점에서 맥락은 다르지만 에번스의 연구는 의미가 크다고 할 수 있다.
22 F. Cardoso and E. Falleto, *Dependency and Development in Latin America*, Berkeley: University of California Press, 1979, p.ix.
23 I. Wallerstein, "The Rise and Future Demise of the World Capitalism System: Concepts for Comparative Analysis", I. Wallerstein ed., *The Capitalist World-Economy*, Cambridge: Cambridge University Press, 1979, p.21.

의 접근에서는 자본주의적 생산의 지구적 과정에서 한 나라의 위치
와 세계경제의 구조적 맥락을 제3세계 국가의 발전을 조건 짓는 가
장 중요한 변수로 간주했다.[24]

이 접근법에서는 일반적으로 동북아시아 국가들의 국제경제에
의 활발한 연계에 대해 비판적인 견해를 제시했다. 하트-랜스버그
(Hart-Landsberg)는 동북아 국가들의 수출주도형 산업화가 "국내적
으로 유기적이고 자기팽창적인 경제"로의 발전을 저해하게 될 것이
라고 말했고,[25] 페이어(Payer)는 한국이 해외자본에 대한 의존 때문
에 경제발전을 왜곡시키는 '부채의 함정'에 빠질 것이라고 예측했
다.[26] 다른 학자들은 한국과 대만이 '전형적인 생산-순환 산업화' 혹
은 '국제적 노동분업구조'의 유형에 따라 움직이고 있기 때문에 세
계경제에서의 상향적 움직임에는 한계가 있을 것이라고 주장했다.

동북아시아 국가들의 경우 대외적인 자본과 기술에 대한 의존이
경제에 대한 외부적 영향력을 증대시킨 것은 사실이다. 그러나 한국
과 대만의 사례는 오히려 종속이론 패러다임에서 예외적인 경우에
속했다. 다른 학자들은 이 접근법들의 경험적 오류와 함께 동북아시
아 경제를 이해하는 데에서 종속이론이 갖는 이론적 부적합성도 아

---

24 이 접근법에서는 초국적 맥락이 국가의 발전에 주는 제약을 강조하면서 이것이 한 국가
의 발전을 전적으로 저해하거나 아니면 국내적 수요보다 국제적 수요를 충족시키는 방향으
로 왜곡시킨다고 비판했다. Winckler, 1988, pp.22-23.

25 M. Hart-Landsberg, "Export-led Industrialization in the Third World: Manufacturing Imperialism", *The Review of Radical Political Economics,* 11(4), 1979, p.58. 한국의
사례에 대해 분석하기 위해서는 M. Hart-Landsberg, *The Rush to Development: Economic Change and Political Struggle in South Korea,* New York: Monthly Review Press, 1993
을 보라.

26 C. Payer, "Pushed into th Debt Trap: South Korea's Export 'Miracle'", *Journal of Contemporary Asia,* 5(2), 1975, p.162.

울러 지적했다. 바론(Barone)은 비록 종속이론이 불균등 성장을 설명하는 데 유용한 접근이기는 하지만 그것이 "자본주의 성장의 전제조건과, 자본과 팽창적인 규모로의 생산의 사회적 관계의 재창출 모두에 필요한 조건을 제시하는 데는 실패했다"는 점에서 (한국의 사례에) 부정확하다고 주장했다.[27]

　비록 이 접근법에서 국제적 요인을 강조했지만, 이것이 갖는 취약점은 상대적으로 지정학적·안보적 요인들이나 국가 간 체제와 자본주의 세계정치 사이의 역동적인 상호작용을 무시했다는 점이다. 다시 말하면 제3세계 국가들의 정치경제적 전환을 설명할 때 이는 단지 '세계경제의 구조적 제약'만을 강조한 것이었다.[28] 하지만 군사적이고 전략적인 변수도 한 나라의 국내적·정치경제적 변화의 의미 있는 대외적 요인이었다. 젱하스(Senghaas)가 지적했던 것처럼, 비록 중심과 주변의 축적 과정에서 물리력이 갖는 영향이 일반적으로 인지되고 있었지만 발전과 저발전의 과정에 대한 토론에서 군사적 동학에 대한 분석은 그다지 활발하지 않았던 것이다.[29]

27　C. Barone, "Dependency, Marxist Theory, and Salvaging the Idea of Capitalism in South Korea", *The Review of Radical Political Economics,* Spring, 1983, p.43.
28　L. Gonick and R. Rosh, "The Structural Constraints of the World Economy on National Political Development", *Contemporary Political Studies,* 21(2), 1988을 보라.
29　D. Senghaas, "Militarism Dynamics in the Contemporary Context of Periphery Capitalism", A. Eide and M. Thee eds., *Problems in Contemporary Militarism*, London: Croom Helm, 1980을 참조하라.

3) 차별적 접근법의 제안: 독립변수로서의 지정학적 맥락

(1) 변수 사이의 인과성

이 장에서는 앞의 접근법들과 달리 한국의 국가기구의 전환과 그 정치적·경제적 결과를 상대적으로 자율적이었던 지정학적 맥락의 견지에서 설명하고자 한다. 동북아시아의 발전 유형을 규명하려면 지역적인 안보 요인과 경제적 현상 사이의 관계를 분명하게 고찰할 필요가 있다. 이에 따르면, 동북아시아 정치경제에서 지정학적 요인은 중요한 독립변수였으며 국가는 의미 있는 매개변수로 작동했다고 볼 수 있다. 이러한 접근에 따른 변수 간의 인과성은 다음과 같이 표시된다.

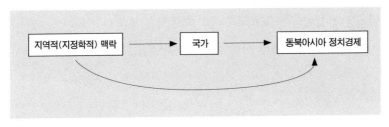

그림 1. 변수 간의 인과성 (1)

정치적·제도적 변화에 대한 외부적·지정학적 맥락의 영향에 관한 이와 같은 설명은 국가 간 체제의 형성과 국가 간 전쟁이 특정한 유럽 국가의 주요한 형성자였다고 지적했던 틸리의 견해와 유사하다. 그는 이러한 외부적 환경이 국가에 수취와 강압을 위한 동기를 제공했다고 결론지었다.[30] 졸버그(Zolberg)도 마찬가지로 "우리는 서구 국가들의 형성과 발전과 분화를 분석할 때 국제적인 전략적 요인을 하나의 설명변수로 포함해야 한다."라고 주장했다.[31] 스토퍼 (Stauffer)는 제3세계의 발전에 대한 설명모델에서 특별하게 국가 간 체제 변수가 결여되어 있다고 보았다.[32] 구레비치(Gourevitch)가 주장했던 것처럼, 차별적인 정치발전은 국가안보와 관련된 차별적인 외부 환경에 따라 설명될 수 있는 것이다.[33]

지정학적인 맥락은 제3세계 국가들의 경제적 변화에도 직접적·간접적으로 영향을 미쳤다. 대부분의 학자들은 경제적 종속의 정치적 결과에 초점을 맞추었지만, 몇몇 학자들은 군사비 지출과 경제성장, 주변부 발전에 대한 군사적 원조의 영향 또는 특정한 역사적 조건의 경제적 영향 등을 분석했다.[34] 이 장에서는 동북아시아 맥락에서 전략적·군사적 의존의 경제적 영향을 체계적으로 분석하고자 한다. 또한 이 과정에서 국가가 '매개자'로서 역할을 수행했기 때문에 이러한 복합적인 구조에서의 국가 행동도 검토하려고 한다.

동북아시아 지역의 사례들은 틸리가 유럽 절대주의의 맥락에서

30   C. Tilly ed., *The Formation of National States in Western Europe*, Princeton: Princeton University Press, 1975를 보라.

31   A. Zolberg, "Strategic Interactions and the Formation of Modern States: France and England", *International Social Science Journal*, 32(4), 1980, p.713.

32   R. Stauffer, "Great-Power Constraints on Political Development", *Studies in Comparative International Development*, 6, 1971, p.243.

33   P. Gourevitch, "The Second Image Reversed: The International Sources of Domestic Politics", *International Organization*, 32(4), 1978.

34   J. Hartman and P. Walters, "Dependence, Military Assistance and Development: A Cross-National Study", *Politics and Society*, 14(4), 1985; E. Benoit, *Defence and Economic Growth in Developing Countries*, Lexington: Lexington Books, 1973; T. Szentes, "The Economic Impact of Global Militarization", *Alternatives*, 10, Summer, 1984; M. Kahler, "External Ambitions and Economic Performance", *World Politics*, 40(4), 1988을 참조하라.

파악했던 '국가, 군사력, 자본 축적 사이의 유기적인 관계'를 보여주었다.[35] 동북아시아의 냉전적 환경은 한국과 대만의 국가 건설과 산업화의 초기 과정에 커다란 영향을 미쳤다. 한국과 대만 모두에서 시기적으로 이른 수출주도산업화가 미국으로부터 정치적·군사적 지원을 받는 권위주의 정부에 의해 시작되었던 것이다. 군사원조와 경제적 지원과 같은 외부적·지정학적 연계는 이 나라들의 정치적 구조와 발전 전략을 한편으로는 구성하고 다른 한편으로는 제약했다.[36]

(2) 분석 수준과 시공간적 고려

이 장에서는 기본적으로 국가 간 체제와 지정학적 역학의 상대적 자율성을 전제로 했다. 그러나 물론 외부적인 군사적 요인에 대한 강조가 내부적 요인이나 외부적인 경제적 요인의 의미를 무시하는 것은 아니며, 외부적 맥락과 내부적 역학 사이의 상호작용, 지정학적 역학과 지구적인 자본 축적 과정 사이의 상호작용을 함께 고려하는 것이다.[37] 이 장에서의 주요 주장 중 하나는 다양한 요인들의 중요성이 지역과 시기에 따라서 각기 다르다는 것이다. 다시 말해서 어떠한 요인은 특정한 시기와 지역에서 더욱 더 자율적이고 의미 있는

---

35 Tilly, 1985, p.179. 그러나 발전도상국의 사례는 이 관계에서 중요한 역할을 한 것이 국가 간의 대칭적인 관계가 아닌 강대국과의 비대칭적인 관계였다는 차이점을 보여주었다.

36 Deyo, 1987, p.239.

37 이 논쟁을 이해하기 위해서는 A. Zolberg, "Origins of the Modern World System: A Missing Link", *World Politics,* 33, Jan. 1981; C. Chase-Dunn, "Interstate System and Capitalism World Economy: One Logic or Two?", *International Studies Quarterly,* 25, Mar. 1981; W. Thompson, "Uneven Growth, Systemic Challenges, and Global Wars", *International Studies Quarterly,* 27(3), 1983; J. Lovering, "Militarism, Capitalism, and the Nation-State: Towards a Realist Synthesis", *Society and Space,* 5, 1987을 보라.

역할을 수행한다고 본다. 예를 들어 1950년대의 동북아시아와 1920년대의 남미를 비교할 수 있다. 졸버그가 지적했듯이, 분석 대상의 지역과 시기를 한정함으로써 좀 더 높은 이론적 적합성을 얻을 수 있는 것이다.[38] 이러한 시도는 지역적 차원의 '중범위 이론'을 구축하면서 제3세계 정치경제에 대한 종합적인 이해를 도모하려는 의미 있는 노력에 해당한다.

시공간적인 위치의 차이에 따라 한 나라의 외부적 맥락은 차별적인 국가 간 관계의 유형과 차별적인 초국가적 연계를 통해 내재화된다. 그리고 국가의 전환과 그 정책의 차이는 특정한 환경에서 상대적으로 다른 정치적·경제적 결과를 가져오게 된다. 이에 따르면, 〈그림 1〉은 아래와 같이 보완될 수 있다.

인과적 구조의 의제는 분석 수준의 문제와 밀접하게 연결되어 있다.[39] 어떤 학자들은 우리가 사회이론과 정치이론의 논의에서 상호

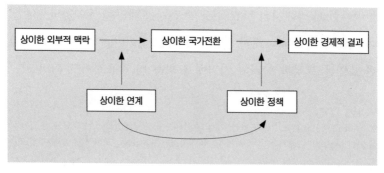

그림 2. 변수 간의 인과성 (2)

38   Zolberg, 1980, p.714.
39   국제관계를 이해하는 데에서 어떤 분석 수준의 논의가 가장 중요한가라는 전형적인 논의와 달리 여기에서는 '수준들' 사이의 인과성이 고려된다고 할 수 있다.

연결된 역사적 구조의 세 가지 수준(국내, 국가, 세계체제의 구조)을 함께 고찰해야 한다고 주장했다.[40] 콕스(Cox)에 따르면, 세 가지 '행위 영역'은 다음과 같다. 첫째, 생산, 좀 더 특정하게는 생산과정에서 만들어지는 '사회세력'에 관련된 조직, 둘째, 국가-사회 복합체의 연구에서 파생되는 '국가의 형태', 셋째, '세계질서', 즉 국가의 조합에서 전쟁과 평화의 문제를 연이어 지속적으로 움직이는 특정한 힘들의 구성이다.[41] 이 삼각관계 모델은 이러한 요인들의 상호적 관계를 분석하는 데 유용한 틀을 제공하지만,[42] 의도와 달리 기술적이고 정적인 것으로 받아들여질 수도 있다. 따라서 우리는 선택적 설명의 위험성이 존재한다고 할지라도 이와 같은 서로 다른 수준의 구조 아래 존재하는 인과적 규칙성과 다양성을 좀 더 명확하게 관찰하고, 역동적인 과정을 이해할 필요가 있다. 이러한 관점에서 이 장에서는 외부적 지정학적 환경이 국가 제도의 속성과 경제적 변화에 끼치는 인과적 경로를 상대적으로 강조하고 있다.

이 장에서는 변화를 야기하는 원인과 요인 자체가 변화한다는 생각을 잘 소화하고 있는 모델이 가장 정확한 모델이라는 도건(Dogan)과 펠러시(Pelassy)의 견해에 동의한다.[43] 하나의 특정한 경로에 대해 상대적인 강조를 하려면 연구 대상이 되는 지역과 더불어 시간

40　한국의 학자들 중 일부는 한국의 사례에서 또 하나의 '매개적' 구조, 즉 '분단구조'의 존재를 지적했다. 손영원, "분단의 구조: 세계사회적 계기의 내재화와 역사적 국가형성의 한 국면", 『국가이론과 분단한국』, 한울, 1985를 보라.

41　R. Cox, "Social Forces, States and World Orders: Beyond International Relations Theory", *Millennium,* 10(2), 1981, pp.137-138.

42　이러한 상호작용은 특정한 역사적 사례의 검토로 가장 잘 관찰될 수 있는 것이다.

43　M. Dogan and D. Pelassy, *How to Compare Nations,* Chatham: Chatham House Publishers, 1984, pp.166-167.

의 변수에 따라 변화할 수 있다는 점을 고려해야 한다. 시간을 분석의 차원으로 포괄하는 이론적 틀은 사건들의 연계를 명확하게 하고 특정적인 변수의 핵심적 역할을 설명하는 데 용이하다. 하지만 이런 유형의 분석도 한계를 갖는데, 인과적 지체의 문제가 그 중 하나이다. 크래스너(Krasner)가 주장했듯이, 한 시기의 제도적 구조는 그 당시의 요인뿐만 아니라 특정한 역사적 정황의 산물일 수도 있다.[44]

또한 분석은 매개변수가 유동적일 경우에도 좀 더 복잡해질 수 있다. 매개변수로서의 국가의 속성도 '지속적으로 새로운 형태를 창출하는 것'으로 간주되어야 한다.[45] 그러므로 하나의 제도적 구조를 만들어낸 역사적 조건과 시간에 따른 그 구조의 전환 내지는 재생산의 측면을 함께 분석할 필요가 있다. 따라서 이 장에서는 웬트가 말한 국가 주체의 존재 조건에 대한 '구조적 분석'과 사회적 구조의 기원과 재생산을 설명하는 '역사적 분석'의 결합을 모색하고자 한다.[46]

이 장의 2절에서는 이론적 틀과 주된 가설을 제시하고, 3절에서는 특정한 역사적 조건, 특히 냉전기 동북아시아의 지정학적 맥락을 검토한다. 4절에서는 이러한 맥락에서 한국 국가의 특정한 제도적 구조의 형성과 변화를 살펴보고, 5절에서는 이와 같은 국제정치적, 국내정치적 환경의 경제적 결과를 고찰한다. 그리고 6절에서는 냉전의 종언 이후에 대한 논의로 마무리한다.

---

44 Zolberg, 1980, p.714.
45 Cox, 1981, p.266.
46 Wendt, 1987, p.365.

2. 분석틀

1) 외부적 영향: 후견-피후견 국가관계

(1) 개념

이 절에서는 연구의 주요 가설과 함께 외부적 맥락과 내부적 전환을 각각 설명하기 위한 두 가지 분석틀을 제시한다. 많은 학자들이 국내 정치경제의 외부적 요인에 대한 연구에서 세계체제의 구조적 영향을 분석하고자 노력했다. 남미의 사례를 바탕으로 한 이와 같은 모델은 1절에서 언급했던 것처럼 한국의 경험과 같은 동북아시아 사례에 적용하기에는 한계가 있다.[47] 동북아시아에서 중요한 역할을 하는 외부적·지정학적 맥락을 좀 더 잘 고찰하기 위해서 이 절에서는 국가 간의 비대칭적 관계의 특정한 유형을 나타내는 '후견-피후견 국가관계'라는 개념을 사용했다.[48] 아래에서는 이 개념을 간략하게 소개한 후 그 일반적인 특성과 발전의 문제와 관련된 의미들을 제시한다.

후견-피후견 관계는 "제도적 질서의 핵심적인 측면을 규정하는 특징적 형태—사회에서의 자원의 흐름, 교환, 권력관계의 구조화"라고 정의되었다.[49] 후견-피후견 관계의 연구는 인류학에서 시작되었

---

47 이 한계의 주된 원인은 두 지역의 정치경제를 형성한 다양한 요인들의 상대적 중요성의 차이이다. 동북아시아에서는 국제적·전략적 요인들이 매우 중요했지만, 남미에서는 국내적· 경제적 요인에 비해 이 요인들의 영향력이 상대적으로 크지 않았다.

48 한국의 사례에서 북한과의 '대칭적' 경쟁은 또 다른 중요한 지정학적 맥락이었다. 하지만 이 장의 주된 목적은 한국이 미국과 가졌던 '비대칭적'인 지정학적 관계의 분석이다.

49 S. N. Eisenstadt and L. Roniger, "Patron-Client Relations as a Model of Structuring

는데,[50] 몇몇 정치학자들은 이 개념을 한 나라 안에서 '정치적인' 후견, 피후견주의에 의해서 행해지는 사회적 교환관계를 설명하는 데 사용했다.[51] 이와 같은 정치적 후견주의 체제에는 다음과 같은 네 가지 필요조건이 있다고 지적되었다. 첫째, 핵심적인 자원은 한 사회 내의 특정한 집단에 의해 통제되어야 한다. 둘째, 후견인은 피후견인에게 자원을 할당하는 행위가 가치 있을 만큼 피후견인에 의해 제공되는 서비스를 원하거나 필요로 해야 한다. 셋째, 하나의 집단으로 간주되는 피후견인들이 후견인들에 의해 통제되는 자원에 접근하기 위해 협력하는 것은 제지되어야 한다. 넷째, 자원이 분배되고 교환되는 것에 대해 효과적으로 적용되는 규범이나 보편적으로 받아들여지는 기준은 존재하지 않는다.[52]

후견-피후견 '국가'관계에서는 이러한 특정한 유형의 사회적 관계가 세계사회 내의 몇몇 국가행위자 사이에서 구조화된다. 후견-피후견 국가관계는 다음과 같은 세 가지 면에서 국가 간의 통상적인 유형의 다른 양자관계와 구별된다. 첫째, 포함되는 국가 간에 군사적 능력의 분명한 차이가 존재한다. 따라서 피후견국은 자력으로 자국

Social Exchange", *Comparative Study of Society and History,* 22, 1980, p.49.

50 카니(Carney)는 "후견-피후견 관계의 개념은 종족 혹은 지역 내의 특정한 지도자-추종자 관계를 묘사하기 위한 인류학 연구에서 기원"했으며 이와 같은 환경에서 종족의 지도자, 즉 후견인은 그들의 신민, 즉 피후견인에게 충성의 대가로 특정한 호의를 제공했다."라고 지적했다. C. Carney, "International Patron-Client Relationships: A Conceptual Framework", *Studies in Comparative International Development,* 24(2), 1989, p.43.

51 J. Scott, "Patron-Client Politics and Political Change in Southeast Asia", J. Scott et al. eds., *Friends, Followers and Factions: A Reader in Political Clientelism,* Berkeley: University of California Press, 1977; C. Clapham ed., *Private Patronage and Public Power,* London: St. Martins, 1982를 보라.

52 Clapham, 1982, p.78.

의 안보를 보장할 수 없다. 둘째, 피후견국은 후견국이 관여하는 경쟁에 현저한 역할을 수행한다. 후견국은 피후견국과의 연계를 통해 경쟁국에 비해 얻는 이득이 많을수록 때로는 많은 물질적 비용을 지불할지라도 이 관계에 더 많은 가치를 두게 된다. 셋째, 상당한 기간에 걸친 두 국가 간의 지속적인 연계에 의해 파생된 이 관계는 중요한 인식적 차원을 갖는다. 이와 같은 연계는 다양한 수준에서 발생할 수 있다. 하지만 후견국과 피후견국이 밀접하게 연결되어 있다는 것이 국제체제의 다른 관찰자들에게 명백하게 드러나야 한다.[53]

후견국과 피후견국 사이의 '안보 이전(security transfer)'은 비록 피후견국이 지역 혹은 세계의 안보에서 의미 있는 역할을 담당한다고 하더라도 대부분의 경우 후견국에서 피후견국으로의 일방적인 방향으로 이루어진다.[54] 이 교환은 공식적으로는 집합적 혹은 상호 의존적인 안보 체계, 즉 동맹을 형성하지만, 이러한 이전 과정은 실질적으로 후견국과 피후견국 사이에서 후견 국가의 안보와 관련된 일종의 '기능적인 노동분업'을 만들어내게 된다.[55] 후견국은 안보적 지원의 부재 시에 피후견국이 스스로 담당해야 했을 안보적 기능을 수행하는 데 직접적·간접적으로 도움을 주며, 그 결과 피후견국은

53 C. Shoemaker and J. Spanier, *Patron-Client State Relationships*, New York: Praeger Publishers, 1984, p.13.

54 Shoemaker and Spanier, 1984, p.13.

55 이 맥락에서의 안보란 경우에 따라서는 통상적인 '국가안보(national security)'와 차이가 있을 수도 있다. 이는 외부적 위협뿐만 아니라 내부적 취약성으로부터의 '좁은 의미의 국가안보(state security)'를 의미하기도 한다. 아유브(Ayoob)는 제3세계 국가의 안보를 다루기에 충분한 설명력을 갖는 패러다임은 외부적 안보만이 아니라 내부적 안보의 측면을 포함하는 차별적인 안보 개념에 기반해야 한다고 지적했다. M. Ayoob, "The Third World in the System of States: Acute Schizophrenia or Growing Pains?", *International Studies Quarterly*, 33, 1989, p.78.

그렇지 않았더라면 택했을 안보적 선택보다 좀 더 많은 (아니면 최소한 다른) 대안들을 갖는다.[56]

후견-피후견 국가관계에서 피후견국은 자국의 정치적·군사적 자율성의 감소를 받아들이면서 안보적 지원을 받게 되며 취약성을 가진 피후견국은 주어진 틀에서 후견국의 요청을 수용하고 하위 역할을 담당한다. 이와 같은 불평등한 교환관계는 대부분의 경우 '위협의 환경'에서 파생된다.[57] 국제정치학자들은 국가들이 중대한 위협에 직면했을 경우 균형을 이루려고 하거나 아니면 우세한 편에 가담한다고 지적한다.[58] 상대적으로 약소국의 경우 우세한 편에 가담하는 것이 통상적으로 좀 더 쉽고 가능한 선택이 되는 경우가 많다. 후견국과의 연합을 통해서 피후견국은 심리적이고 물질적인 불안정성을 경감시키고 다른 하위의 행위자들에 비해 자국의 위치를 향상시키게 된다. 후견국은 피후견국의 순응을 받아들이고 자국의 '영향력의 영역'에서 지배적인 힘을 행사하지만[59] 자국의 패권적 지위와 후견국으로서의 능력을 유지해야만 한다. 이 관계의 범위와 기간은 위협의 성격과 정도, 피후견국의 전략적 가치, 후견국의 신뢰도에 따

---

56 A. Wendt, "The State System and Global Militarization", Unpublished Ph.D. Dissertation, University of Minnesota, 1989, p.270.
57 앞에서 언급한 것처럼 후견국들은 외부적 위협뿐만 아니라 내부적 위협에 대응하는 수단으로도 외부적 동맹을 형성한다. M. Barnett and J. Levy, "Domestic Sources of Alliances and Alignments: The Case of Egypt, 1962-73", *International Orgnization*, 45(3), 1991, p.378.
58 S. Walt, "Testing Theories of Alliance Formation: The Case of Southwest Asia", *International Organization*, 42(2), 1988을 참조하라.
59 P. Keal, "On Influence and Spheres of Influence", J. Triska ed., *Dominant Powers and Subordinate States*, Durham: Duke University Press, 1986을 보라.

라 좌우된다.[60]

(2) 특성

여기에서는 후견-피후견 국가관계의 특성을 주로 국제정치경제 영역에서의 중심-주변 관계와의 비교를 통해 분석한다. 세계경제에서의 중심-주변 관계가 주로 이익을 중심으로 만들어지는 것에 반해, 후견-피후견 국가관계는 기본적으로 군사적이고 전략적인 이익에 의해 형성된다. 전자는 주변부 경제가 세계시장에 편입되는 과정과 기제를 나타내며, 후자는 취약한 국가가 지역 혹은 지구적 안보 네트워크에 연결되는 과정을 의미한다. 주로 발전된 중심과 저발전된 주변 간의 종속과 적대(내지는 타협)로 특징지을 수 있는 중심-주변 관계는 자본주의 세계경제의 논리에 따르며, 후견-피후견 국가관계는 근본적으로 국가 간의 경쟁과 갈등에 의해 특징지어지는 국가 간체제 혹은 '불안정한 공동체'의 차별적인 논리에 따라 움직인다.[61]

　국지적인 자본과 다국적 기업과 같은 '사적인' 행위자들이 포함되는 중심-주변 관계와 비교해서 후견-피후견 국가관계는 성격상좀 더 '공적인' 관계에 해당하며 국가행위자가 다른 사회적 행위자에 비해 좀 더 중요한 역할을 행사한다. 여기에서 '국가(state)'는 국제관계의 통상적인 분석단위인 '나라 전체(country as a whole)'와다르며, 한 나라 안에서 폭력수단을 정당하게 독점하는 정치적 조직

60　다시 말해서 후견-피후견 국가관계의 안정성은 변화하는 환경에서 그들이 주고받는 이익이 무엇이든 간에 후견국과 피후견국이 이 관계를 지속적으로 원하는가의 여부에 달려 있다.
61　후견-피후견 국가관계는 문화적이고 이념적인 요인도 포함한다. 하지만 이 장에서는 주로 이 관계의 군사적·전략적 요인들을 분석 대상으로 한다.

인 국가의 행위를 설명하는 원칙은 나라 사이의 상호작용을 설명하는 원칙과 차이가 있다.[62] 국가는 국내적인 행위자인 동시에 국제적인 행위자이며, 모든 국가는 그들의 행동을 유도하거나 제어하는 내부적·외부적 요인의 대상이다. 따라서 우리는 국제체제의 다른 국가들과의 관계와 함께 주어진 영토 내의 다른 사회적 행위자들과의 관계도 함께 고려해야만 한다.[63]

중심-주변 관계의 수직적인 연계와 달리 후견-피후견 관계는 복합적인 교차관계를 특징으로 한다. 경제적 종속의 수직적인 상호작용에서는 교환되는 대상이 서로 다르다. 즉, 중심국가는 생산수단을 공급하고 주변국가는 자원과 시장을 공급하는 식이다. 후견-피후견 국가관계에서는 양자적 동맹관계를 통해 양쪽에 단일한 '공공재'가 생겨난다. 중심-주변 관계가 상대적으로 강압적이거나 착취적인 반면, 후견-피후견 국가관계는 비록 비대칭적이지만 상호적이기도 하다. 핸들(Handel)은 다음과 같이 주장한다.

그들(후견-피후견 국가관계들)은 후견국에 대한 서비스나 충성 내지는 복종을 보호나 물질적인 상품과 교환할 때 (순수한 강압과는 다른) 상호성에 기반한다. 이 과정에서 나타나는 상호성은 대부분 후견국에 유리한 비대칭적인 것이기는 하다. (…) 이 교환은 쌍방 간에 서로 가치가 있는 것으로 여겨진다. 강압, 조종, 권위가 관계의 기저

---

62 이러한 개념을 구분하기 위해서는 F. Halliday, "State and Society in International Relations: A Second Agenda", *Millennium*, 16(2), 1987, pp.217-218을 보라.

63 홀리데이(Halliday)는 국가행위에 대한 이와 같은 두 차원의 접근이 특정한 사회 내의 모든 행위자들에게 정책이 수행되고 갈등이 발생하는 데에서 국제적인 차원이 그들에게 중요하다는 점을 알려준다고 지적했다. Halliday, 1987, p.222.

에 놓여 있기는 하나 압도적인 것은 아니다. (…) 그 관계는 자발과 강압 사이의 균형에 가까운 것이다.[64]

몇몇 학자들은 비대칭적인 경제적 상호 의존이나 종속의 사례에서도 일정한 협상의 공간이 있다고 지적한다.[65] 그러나 중심-주변 관계에 비해 후견-피후견 국가관계의 구조는 약한 국가에 상대적으로 많은 협상 기회를 제공한다. 슈메이커(Shoemaker)와 스패니어(Spanier)는 후견-피후견 국가관계가 "근본적으로 각 국가가 최소한의 비용으로 상대로부터 다른 가치 있는 양보를 끌어내려고 하는 협상관계"라고 주장한다.[66] 약한 국가들이 특정한 조건에서 자국의 핵심적 이익을 저해하지 않는 한 강대국들을 활용할 수도 있다는 것이다.[67]

휴즈(Huges)에 따르면, 다음의 네 가지 조건에서 피후견 국가들이 어떠한 상태에 있는가 하는 점이 그들의 협상력을 좌우하게 된다. 첫째, 이익에 대한 무관심 대(對) 전략적 자원으로, 여기에서의 관건은 '수요를 이끌어내는 후견국의 능력과 그에 대응하는 피후견국의 능력'이다. 둘째, 보상의 독점 대 가능한 대안으로, 여기에서 중요한 문제는 '경쟁에 대한 조직화된 제어의 정도'이다. 즉, 협상이 근

---

64 M. Handel, *Weak States in the International System*, London, Frank Cass, 1981, p.132.

65 H. Wagner, "Economic Interdependence, Bargaining Power, and Political Influence", *International Organization*, 42(3), 1988을 보라.

66 Shoemaker and Spanier, 1984, p.24.

67 M. Handel, "Does the Dog Wag the Tail or Vice Versa?: Patron-Client Relations", *The Jerusalem Journal of International Relations*, 6(2), 1982를 보라.

본적으로 양자적인가 아니면 주요한 측면에서 다자적인가이다. 셋째, 강압적인 반발의 제어 대 강압적 능력으로, 여기에서의 쟁점은 '우월한 자원을 가진 국가에 대항하는 갈등에서 강압적인 힘'의 역할이 존재하는지의 여부이다. 넷째, 적절한 가치의 근원 대 필요성을 감소시키는 관념으로, 여기에서 중요한 것은 '후견국이 제공해야 하는 서비스를 위한 필요를 심화시키는 사회적 가치와 그러한 필요를 경감시키는 반대 이념 사이의 관념적인 갈등'이다.[68]

후견국의 협상력은 당연히 피후견국의 그것보다 크기 마련이고, 후견국의 자원과 후견국이 제공하는 보호는 강력하게 독점적 요소를 갖고 있다. 후견국은 협상에서 유리한 점을 바탕으로 피후견국을 통제하고 이념적 합치, 전략적 이득, 국제적 혹은 지역적 연대 등의 특정한 목표를 추구함으로써 피후견국의 순응적 행위를 유도하려고 한다. 이와 같은 목표를 달성하기 위해 후견국은 군사적이고 강압적이며 정치적인 개입에 따르고 경제적·이념적·문화적인 다양한 통제 기제를 사용한다.[69] 그러나 피후견국도 제한적이기는 하지만 대개 어느 정도의 협상력을 갖고 있으며, 때로는 후견국이 가치 있는 전략적 이익을 제공하는 피후견국과의 연계를 유지하기 위해서 큰 비용을 지불하기도 한다.

협력적인 동시에 갈등적일 수 있는 관계의 속성에 따라 후견-피후견 국가관계는 중심-주변 관계보다 더 불안정할 수 있다. 국가행

---

68 J. Huges, "On Bargaining", J. Triska ed., *Dominant Powers and Subordinate States*, Darhom: Dake University Press, 1986, pp.178-185.
69 P. Johnson, "The Subordinate States and Their Strategies", Triska, 1986, pp.294-297.

위자 사이의 후견-피후견 관계에 대한 수요는 국제체제의 구조와 성격에 따라 변화한다. 이 관계는 국가들 사이의 고정된 상호작용이라기보다는 유동적이며 변동이 심한 제휴관계이며 위기상황에서 가장 잘 정의된다.[70] 관계의 양편으로부터의 수요는 높은 긴장과 갈등의 시기에 가장 커진다. 외부적·내부적으로 큰 위협이 존재할 때 후견국들은 피후견국들을 얻기 위해 경쟁을 하며 피후견국들은 후견국들의 요구에 적극적으로 따르게 된다. 냉전 시기는 그 전형적인 사례라고 할 수 있다.

(3) 발전 문제에 관한 의미

어떤 학자들은 피후견 국가의 발전을 형성하고 통제하는 데에서 후견-피후견 국가관계가 갖는 역할에 대해 말한다. 통상적으로 후견-피후견 국가관계는 정치적 혹은 경제적 발전의 문제와 큰 연관이 없는 것처럼 여겨지지만,[71] 이 지정학적 맥락은 피후견 국가에 발전을 위한 구조적인 제약과 기회를 함께 제공한다. 후견-피후견 국가관계는 대부분의 경우 한 주권국가가 택할 수 있는 이념적·정책적 선택의 범주를 제한한다. 후견-피후견 국가관계의 동맹체제는 "지배적인 세력(후견국)의 정부와 의존적인 나라(피후견국)의 국가 주체 사이에서 전자가 후자의 정책결정 과정에 다양한 방식으로 침투할 수 있는 다층적 연계"를 만들어낸다.

후견국과 피후견국 사이의 일차적인 상호작용은 안보적이고 군사적인 관계와 관련된다. 피후견국은 통상적으로 군사적 영향력을

---

70 Shoemaker and Spanier, 1984, p.16.
71 Shoemaker and Spanier, 1984, p.15.

미칠 수 있는 두 종류의 수단을 갖는다. 첫째, 군사적 의존을 가져오는 군사원조와 무기 판매, 둘째, 후견국이 피후견국의 군부 엘리트에 영향을 미칠 수 있는 군 장교와의 접촉이다.[72] 이러한 연계를 통해 피후견 국가는 부분적으로 '군사화'되며[73] 군부는 발전 과정에서 중요하고 복합적인 역할을 수행하게 된다. 이러한 군사적 연계는 정치적 미발전의 주된 요인 중 하나로 간주되지만,[74] 이는 최소한 단기적으로는 긍정적인 경제적 영향을 미칠 수 있다.[75] 동북아시아에서의 후견-피후견 국가관계는 정치발전과 경제성장 사이의 이와 같은 절충의 예를 보여주었다.

외부적 위협에 기인한 피후견 국가의 안보에 대한 강조는 군부의 영향력을 증대시키고 이로 인해 정치적 자유화에 반하는 군사화 경향이 생기면서 정치적 통제를 위한 기초를 제공하게 된다. 후견국으로부터의 군사적 원조는 정치적 과정에서 피후견 국가의 군사적 행위자의 역할을 증대시킨다. '종속적 군사화' 과정을 통해 일반 대중과 상대적으로 괴리된 전문화되고 기능적인 군부가 형성되고 이로

72 C. Rice, "The Military as an Instrument of Inference and Control", Triska, 1986, p.245.
73 '군사화'의 개념은 '국가 성격의 군사적 잠재력의 지속적인 증대'를 의미하며 "이러한 증대는 대부분 경제·사회·정치 영역, 국제 문제를 포함한 국가적 사안에서 군사적 제도의 역할 증가를 수반하게 된다." Stockholm International Peace Research Institute(SIPRI), *World Armament and Disarmament: SIPRI Yearbook 1982*, London: Tayler and Francis, 1982, p.393.
74 뮬러(Muller)는 "제3세계 국가에서의 민주주의의 붕괴는 종종 2차 세계대전 이후의 양극적 국제체제에서 정치군사적 이득을 얻기 위한 초강대국 사이의 경쟁의 산물이다."라고 주장했다. E. Muller, "Dependent Economic Development, Aid Dependence on the United States, and Democratic Breakdown in the Third World", *International Studies Quarterly*, 29, 1985, p.451.
75 Benoit, 1973을 볼 것.

인해 다시 외부적 지원에의 의존이 강화된다. 군부의 증대된 조직력과 전문성은 정치적 개입 가능성을 높이는 반면, 권위적인 기제와 외부적 의존은 그들이 정당성의 결여를 경험하게 할 수도 있다.

하지만 후견-피후견 국가관계에서 후견국은 자국의 체제를 다른 경쟁자의 체제보다 우월하게 보이기 위한 이념적·군사적 이유에서 피후견국의 경제를 지원하기도 한다. 후견국으로부터의 양자적인 경제 지원은 단순한 원조가 아니라 전략적 동맹의 표현인 것이다. 하트먼(Hartman)과 월터스(Walters)는 안보적 이익에 기반한 대외원조는 다른 종속수단보다 경제성장에 긍정적인 역할을 한다고 지적했다.[76] 그들에 따르면, 군사원조는 피후견국의 국가를 강력하게 하고 이는 대외지향적 산업화에 필요조건을 만들어내게 된다. 경제적 종속에 의한 산업화에 비해서 안보적 의존에 의한 산업화는 초국적인 자본의 영향으로부터 상대적으로 독립적이다. 후견-피후견 국가관계에서 주된 자본 흐름인 경제원조와 공적차관은 다국적 기업으로부터의 직접투자나 상업차관과 같은 '사적인' 재정적 연계와는 다른 정치적·경제적 결과를 가져온다.[77] '공적인' 자원을 통한 외부적 재정 조달은 '국가중심적인' 산업화에서 중요한 역할을 담당하는 것이다.

몇몇 학자들은 집중적인 군사지출이 산업의 효율성을 증대시키기도 한다고 말한다. 케일러(Kahler)는 한국과 대만에서의 안보에

---

76 Hartman and Walters, 1985, p.432.
77 볼드윈(Baldwin)은 경제원조와 사적인 직접투자 사이에 부정적 상관관계가 있음을 지적했다. D. Baldwin, *Economic Statecraft*, Princeton: Princeton University Press, 1985, p.302.

대한 강력한 관심이 자본과 기술 집약적인 산업화를 촉진시켰다고 지적했고,[78] 베노잇(Benoit)은 한국의 사례에서 방위와 관련된 프로 그램들이 상대적으로 낮은 투자율을 보완하는 역할을 수행했다고 말했다.[79] 그러나 높은 방위비 지출이 지속되면 장기적으로 성장에 부정적으로 작용하기도 한다. 하트먼과 월터스는 외부적인 안보적 연계를 통한 발전 전략은 지속 가능한 자율적인 장기 발전을 성취하 기에 적합한 수단이 아니라고 주장했다.[80]

후견-피후견 국가관계에서는 안보적 고려가 정치적·경제적 상 호작용의 주된 동기가 된다. 냉전기에 동북아시아가 가졌던 전략적 의미는 초강대국들에 (순수하게 경제적 관점에서 볼 때) 상대적으로 과도한 이해관계를 갖도록 했다. 뒤의 3절에서 이 시기의 미국과 동 북아시아 국가들, 특히 한국의 후견-피후견 국가관계의 형성을 고찰 할 것이다. 3절의 주요 가설은 다음과 같다.

- 동북아시아에서 미국의 군사적·전략적 관심은 경제적 이익에 대한 고려를 압도했다.
- 냉전기의 특정한 역사적 조건은 한국의 정치적·경제적 발전에 대해 특정한 외부적 환경(미국과의 후견-피후견 국가관계)을 만 들어냈다.

78 Kahler, 1988, p.446.
79 Benoit, 1973, pp.241-242.
80 Hartman and Walters, 1985, p.453.

2) 외부적 영향하의 내부적 역동성: 국가전환의 행렬

(1) 개념

여기에서의 주된 내용은 후견-피후견 국가관계가 국가-사회 관계나 경제성장의 유형과 같은 피후견 국가의 국내정치경제의 특성들에 어떻게 영향을 미치는가에 대한 분석이다. 국가행위자는 세계정치의 기본적인 특성과 국내적인 정치경제 과정을 매개하는 역할을 수행한다.[81] 국가형성과 정권 정착의 역사적 차별성으로 인해 제3세계의 국가구조는 서구 국가들에 비해 충분히 제도화되어 있지 않다. 따라서 후견-피후견 국가관계의 외부적 연계는 후견국보다는 피후견국에 많은 영향을 미치게 되며, 외부적 영향은 피후견 국가를 통해서 국내의 정치적·경제적 공간에 투사된다. 4절과 5절에서는 냉전적 맥락에서의 동북아 국가, 특히 한국의 국내적 동학을 분석한다.

4절에서는 한국에서의 국가전환 과정을 다룬다.[82] 여기에서 '국가란 무엇인가'라는 문제는 제기하지 않으며, 국가를 '하나의 집행적 권위에 의해서 일정 정도 조율되는 행정, 경찰, 군사 조직의 집합'으로 정의한 스카치폴(Skocpol)의 견해를 일반적으로 따른다.[83] 마르크스주의자가 아닌 학자들은 국가를 보편적으로 관료기구와 제도

---

81 국내적 맥락과 국제적 맥락 사이에서의 국가 위치에 대한 논의에 관해서는 J. Caporaso, "Introduction: The State in Comparative and International Perspective", Caporaso ed., *The Elusive State*, Newbury Park: Sage Publications, 1989를 참조하라.

82 이 분석에서 국가를 상대적으로 강조한다고 해서 사회 영역을 제외하는 것은 아니다. 국가 성격의 변화는 필연적으로 정치사회와 시민사회와의 관계 변화와 연결되어 있다.

83 T. Skocpol, *State and Social Revolutions*, New York: Cambridge University Press, 1979, p.29.

화된 법적 질서의 총체로 개념화한다.[84] 크래스너는 주권국가를 다음의 요소로 정의했다. 첫째, 주어진 영토 내에서의 최종적 권위의 주장이고, 둘째, 사람들과 자원, 자본, 문화의 초국경적 움직임에 대한 통제 노력이다.[85] 4절에서는 국가의 권위적 요구와 그것을 실행하는 능력이 국내적인 행위와 동시에 국제적·초국적 행위와의 관계 속에서 어떻게 변화해왔는가를 검토한다. 그리고 주권국가의 제도적 구조가 어떻게 자신을 재생산하고 정책적 대안과 제도적 변화의 범주를 제한하는가를 고찰하기 위해서는 주권의 개념을 해체해보는 것이 필요하다는 크래스너의 견해에 동의한다.[86]

여기에서는 국가의 전환과 제도화를 자율성, 능력, 정당성의 견지에서 해석하려고 하며 이를 통해 국가 '강도(strength)'라는 모호한 개념을 피하고자 한다.[87] 2×2 행렬 2개를 후견-피후견 국가관계의 기능에 따른 국가전환의 경로를 묘사하는 개념적·역사적 틀로 사용한다. 첫 번째 행렬은 국가 자율성의 내부적 차원과 외부적 차원을 구분하고, 두 번째 행렬은 국가 능력과 국가 정당성을 비교한다. 이 소절에서 이 개념들의 정의와 가능한 지표들에 대해 알아보고, 이어지는 두 소절에서는 외부적 영향에 의해 만들어지는 이와 같은 특성의 변화에 대해 검토한다. 마지막 소절에서는 이러한 내부

---

84 Krasner, 1984, p.224.

85 S. Krasner, "Sovereignty: An Institutional Perspective", *Comparative Political Studies,* 21(1), 1988, p.86.

86 Krasner, 1988, p.72.

87 국가 강도라는 개념은 다양하게 논의되어왔다. 국제관계를 연구하는 학자들은 이를 나라 사이의 국력 비교 관점에서 사용해왔으며, 비교정치학자들은 국내적·국제적 환경을 상대하는 국가기구의 효율성 측면에 적용해왔다. 따라서 국가의 특성을 구체적으로 이해하기 위해서는 광의의 개념을 분화시킬 필요가 있다.

적·외부적 맥락에 의한 경제적 결과를 다룬다.

'국가 자율성'은 정책 결정을 할 때 내부적이고 외부적인 행위자들로부터 독립되어 있는 정도에 따라 정의된다. 국가행위에 대한 어느 정도의 제약이 항상 존재한다는 점에서 '자율성'은 절대적이기보다는 상대적이다. 많은 이론가들은 다른 국내적 사회세력들과의 관계에서 국가가 갖는 상대적 자율성에 대해 논의했다. 예를 들어 오페(Offe)는 국가가 자신의 존재를 유지하기 위해 자본 축적에 의존하고 있다는 점에서 국가기구가 자본의 이익을 나름대로 대변하고 있는 것은 사실이지만 국가는 직접적 혹은 구조적인 측면에서 어떤 체계적인 자본 계급으로부터도 '독립적'이라고 주장했다.[88] 여기에서는 국가의 계급적 속성에 대해서 중요하게 다루지 않고[89] 국가의 상대적인 내부적 자율성은 국가 건설 과정을 통해 어느 정도 획득되며 자율성의 정도는 탄력적인 것으로 간주한다. 해밀턴(Hamilton)이 지적했듯이, 국가 자율성은 특정한 상황의 역사적 분석을 통해 논의되어야 하는 것이다.[90]

주권국가들은 공식적으로 서로에 대해 독립적이다. 하지만 주권이 완전한 독립을 제공하는 것은 아니다. 전략적 그리고/또는 경제적인 상호 의존이나 종속을 수반하는 관계들은 통상적으로 대부분의 국가들의 영토적 경계를 침투하게 되며, 이러한 침투는 국가들의

---

88 M. Carnoy, *The State and Political Theory*, Princeton: Princeton University Press, 1984, p.6에서 재인용했다.

89 국가 자율성의 도구적·구조적 해석의 문제에 대해서는 N. Hamilton, *The Limits of State Autonomy*, Princeton: Princeton University Press, 1982, pp.8-13을 참조하라.

90 Hamilton, 1982, p.13.

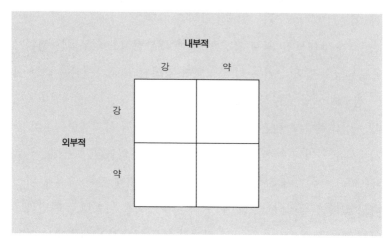

그림 3. 국가 자율성의 행렬

실질적인(*de facto*) 자율성을 제약한다.[91] 이와 같은 자율적인 국가 행동에 대한 제약은 작은 나라들의 사례에서 더욱 현저하다. 군사적 혹은 경제적 의존의 틀 안에서의 하부국가의 순응적 외교정책 행태는 국가의 외부적 자율성의 상대적 부재를 보여준다.

'국가 능력'의 개념은 국가가 국내정책과 대외정책을 수행하는 데 가용할 수 있는 물질적 수단을 주로 의미한다.[92] 여기에서는 이 중에서 두 측면, 즉 억압적 능력과 재정적 능력을 다룬다.[93] 힌체(Hintze)는 모든 국가 조직이 근원적으로 군사 조직, 즉 전쟁을 위한 조직이

91 Wendt, 1989, pp.238-239.
92 국가 자율성과 국가 능력의 두 차원은 서로 밀접하게 연결되어 있다는 점을 지적해야 할 것이다.
93 이수훈은 제3세계 국가형성을 다룬 저작에서 가장 중요한 국가 능력의 확대로 억압, 수취, 포섭 능력의 증대를 꼽았다. S. H. Lee, *State Building in the Contemporary Third World*, Boulder: Westview Press, 1988, chs.6-8을 보라.

라고 서술한 바 있다.[94] 군사제도와 군사 능력의 발전은 국내적·국제적으로 국가의 억압적 능력의 증대에서 중요한 역할을 하는데, 이는 경쟁적 국가 간 체제의 논리와 밀접한 관계를 갖고 있다. 안정적인 재정적 하부구조의 발전은 국가형성의 필요조건이며, 이는 조세를 통해 대내적 자원을 획득하고 해외원조나 차관을 통해 대외적 지원을 확보하는 것을 포함한다.[95] 이와 같은 과정을 통해 만들어지는 국내적·국제적 '자본'과의 구조적 관계는 국가 자율성에 중요한 영향을 미치게 된다.

국가 능력이 주로 도구적 성격을 갖는 반면, 국가 정당성은 평가

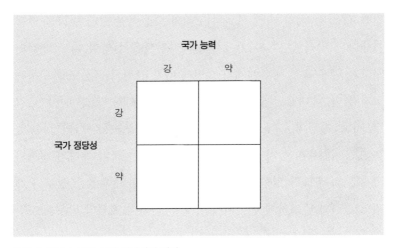

그림 4. 국가 능력과 국가 정당성의 행렬

94 O. Hintze, "Military Organization and the Organization of the State", F. Gilbert ed., *The Historical Essays of Otto Hintze,* New York: Oxford University Press, 1975, p.181.
95 국가의 억압적 능력과 재정적 능력의 확대 역시 국가형성 과정에서 서로 밀접하게 연결되어 있다. 틸리는 "지상군의 형성은 유럽의 국가형성의 장기적 과정에서 수취를 위한 가장 강력한 하나의 동기를 부여했으며 가장 큰 단일한 국가 억압의 수단이 되었다."라고 주장했다. Tilly ed., 1975, p.73.

적인 성격을 갖는다. 립셋(Lipset)은 정당성이란 현존하는 정치적 기제가 사회를 위해 가장 적합한 것이라는 믿음을 만들어내고 유지하는 정치체제의 능력이라고 말했다.[96] 한 국가의 정당성은 국내적·국제적 정책에 의해 영향을 받으며 국가 능력의 증대가 반드시 국가 정당성의 확보로 이어지는 것은 아니다. 여기에서는 국가 정당성을 논의할 때 국가전환의 과정을 통한 대중적 지지의 변화와 함께 헌법적·이념적 측면을 함께 고려한다.

(2) 국가 자율성의 변화

졸버그는 '초-사회적(meta-societal) 과정'이 국가나 레짐의 형성과 전환 같은 한 국가 내의 사회적 조직의 핵심적인 형태 변화를 만들어낸다고 지적했다.[97] 여기에서는 국가전환을 설명할 때 국내적인 구조가 국제(혹은 지역)체제의 요인에 따라 규정되는 정도에 주목하고자 한다. 국내정치에 대한 외부적 영향의 결과는 특정한 사건, 결정, 정책, 레짐의 유형, 제휴 방식 등 다양한 모습으로 나타날 수 있는데,[98] 여기에서는 자율성, 능력, 정당성이라는 국가 특성의 변화와 그 제도화에 대한 영향을 살펴본다.[99] 국가전환의 과정은 정부나 레짐의 변화와 밀접하게 연결되지만, 이를 인과적 지체의 변수를 포함

---

96 S. Lipset, "Social Conflict, Legitimacy, and Democarcy", W. Connelly ed., *Legitimacy and the State,* New York: New York University Press, 1984, p.88.

97 A. Zolberg, "Beyond the Nation-State: Comparative Politics in Global Perspective", J. Berting and W. Blockmans eds., *Beyond Progress and Development,* Aldershot: Avebury, 1987, p.47.

98 Gourevitch, 1978, pp.882-883.

99 크래스너는 제도화를 "행위 유형, 규범, 공식적 구조가 시간을 통해 지속되는 경향"이라고 정의했다. Krasner, 1988, p.74.

하는 좀 더 점진적이고 진화적인 것으로 이해해야 한다.

후견-피후견 국가관계의 외부적 맥락은 피후견 국가의 전환에 중요한 역할을 수행한다. 후견국의 입장에서 안보 공약은 특정한 국가행위자나 영토적 경계보다는 특정한 '국가적 구조'에 부여된다. 후견국은 피후견 국가가 국제(혹은 지역) 네트워크 안에서 특정한 위치, 형태, 성격을 갖도록 하는 것이 유리하다.[100] 따라서 이를 통해 피후견국이 내부적·외부적 안보 유지에 협업하게 되는 안보 연계의 기능적 분업은 피후견국의 국가 유형이 형성되는 데 핵심적인 영향을 미치게 된다.

어떤 학자들은 외부적 위협의 존재가 우리가 '안보국가'라고 부르는 유형의 국가가 제도화되는 필요조건들을 제공하는 사례에 대해 언급했다. 힌체와 앤더슨(Anderson)은 경쟁적 국가체제가 근대 초기 절대주의의 형성에 영향을 미쳤다고 주장했다.[101] 라스웰(Lasswell)은 '병영국가' 가설에서 국가가 위험의 사회화를 통해 통합된 기능적 조직으로 변모함에 따라 폭력의 전문가들이 사회적 삶의 전반적인 문제들을 담당하게 된다고 말했다.[102] 거(Gurr)는 폭력적인 갈등이나 잠재적인 갈등과 연관된 국가들이 강압에 특화된 제도를 만들어내거나 유지하고 인지된 위협에 대한 대응으로써 강압을 허용하는 엘리트 정치문화를 발전시킨다고 주장했다.[103]

---

100 틸리는 여러 국가들이 한 국가를 연계 내의 특정한 부분으로 위치시키는 데 공동의 노력을 하는 '전쟁 수행의 연계'의 간헐적 존재를 지적했다. Tilly, 1985, p.184.

101 Hintze, 1975와 P. Anderson, *Lineages of the Absolutist State*, London: NLB, 1974를 보라.

102 Zoberg, 1987, pp.59-60에서 재인용했다.

103 T. Gurr, "War, Revolution, and the Growth of the Coercive State", *Comparative*

위협 환경에 기초한 후견-피후견 국가관계의 틀을 통해서 피후견 국가는 내부적으로는 상대적으로 자율적이 되지만 지정학적으로는 상대적으로 의존적이 된다. 만(Mann)에 따르면, 국가 자율성은 영토적으로 중앙화된 조직 형태를 제공하는 국가의 특징적인 능력으로부터 주로 파생된다. 국제적인 국가 연계에의 참여는 국가의 영토 내의 사회적 집단이나 경제적 협의에 대한 국내적 행위의 자율성의 기반이 된다.[104] 피후견 국가는 군사적·경제적으로 후견-피후견 국가관계의 초국적 연계를 내부적 자율성의 증대를 위해 사용한다.[105] 상대적으로 자율적인 국가 관료기구는 '위로부터의 혁명'의 과정에서 사회적·경제적 변화를 위한 새로운 전략을 부과할 수 있게 되지만,[106] 이 선택들은 대외적 의존과 외부적 자율성의 결여에 의해 제약된다.

(3) 국가 능력과 국가 정당성의 변화

국가의 외부적 위치가 국가의 내부적 상황과 능력에 따라 좌우되는 한편,[107] 한 국가의 국제적 기능은 국가기구의 내부적 작동에 영향을

Political Studies, 21(1), 1988, p.50.

104 E. Nordinger, On the Autonomy of the Democratic State, Cambridge: Harvard University Press, 1981, p.23에서 재인용했다. 그러나 이를 통한 동맹 체결에 따라 대외적 자율성을 상실할 가능성은 항상 존재한다. Barnett and Levy, 1991, p.372.

105 테트롤트(Tetreault)는 피후견 국가의 레짐이 국내적 사회 집단에 자신의 권력을 투사하기 위해서 다양한 '후견주의적 도구'들을 사용할 수 있다고 지적했다. M. Tetrault, "Autonomy, Necessity, and the Small State: Ruling Kuwait in the Twentieth Century", International Organization, 45(4), 1991, p.567.

106 이 개념을 살펴보기 위해서는 E. Trimberger, Revolution from Above: Military Bureaucrats and Development in Japan, Turkey, Egypt, and Peru, New Brunswick: Transaction Books, 1978을 참조하라.

미치게 된다. 피후견 국가는 후견-피후견 국가관계의 대외적 연계를 통해 내부적 능력을 강화할 수 있으며, 외부적으로 획득되는 자원에의 접근성은 국가의 내부적 동원과 수취 유형을 변화시킨다. 이러한 외부적 자원은 국가가 자신을 지지하는 사회세력에 보상하는 능력을 증대시키고 그렇지 않은 세력에 반하는 능력을 사용함으로써 내부적인 국가 자율성의 확대에 기여한다.[108]

후견국이 지원하는 군사조직과 무기는 피후견국에서 군부의 중요성을 증대시키고, 제3세계의 군부는 다양한 형태의 안보 지원과 군 장교의 교육을 통해 강대국과의 우호적인 연결고리가 된다. 또한 군사조직은 국가가 영토와 국민을 통제할 수 있도록 핵심적 역할을 담당한다. 따라서 피후견 국가는 외부적 원조를 통해 강압적 능력을 증대시키게 되는 것이다. 틸리는 이에 대해 다음과 같이 적절하게 지적했다.

> 근래에 탈식민화나 주요 국가들의 영토 재설정에 의해 탄생한 국가들은 군사조직을 지배층과 피지배층 사이의 상호 견제라는 내부적 과정 없이 외부로부터 획득하게 된다. 외부적 국가가 물자나 군사동맹 혹은 양자 모두의 대가로 군사 물자나 전문가들을 지속적으로 공급하는 한, 새로운 국가들은 영토 내에서 다른 세력을 쉽게 압도할 수 있는 강력하고 제어되지 않은 조직을 만들어낸다. 외부적 국가가 그들의 경계를 확보해주는 한, 이러한 군사조직의 관리자들은 그 안

107 M. Mastanduno et al., "Toward a Realist Theory of State Action", *International Studies Quarterly*, 33, 1989, p.460.
108 Tetrault, 1991, p.569.

에서 특별한 권력을 행사하게 되는 것이다. 군부의 유리함은 점점 더 분명해지고 그 이점을 통해 국가 전반을 장악하려는 동기는 점점 더 강해진다.[109]

국가는 관료기구를 지원하고 군을 유지하며 정치적 규제를 계획하고 강제하며 공적인 기업을 육성해야만 한다. 이를 위해서는 안정된 재정적 구조의 형성이 필수적이다. 수취를 통한 경제적 자원의 통제가 국가가 내부적 능력을 증대시키는 첫 번째 수단이다. 이와 같은 수취 노력의 성공 여부는 사회 내에서 국가가 갖는 구조적 지위를 중요하게 결정한다. 또한 국가는 경제원조나 공공차관과 같은 외부적 자원을 통해 재정적 능력을 증대시킬 수 있다. 국가는 재정적 자원을 대외적으로 확보함으로써 대내적인 '자본에 대한 구조적 의존' 정도를 경감시킨다.[110] 외부적 재정의 통로는 후견국과 피후견국 사이의 중요한 연계 중의 하나인데, 이러한 '공적인' 자본의 흐름은 이들의 내부적 분배 과정을 통해 피후견 국가의 내부적 자율성도 증대시키게 된다.[111]

안보적 의존은 피후견 국가의 성격을 변화시키는 것과 더불어 하위국가의 정책적 범주를 제한하고 정치발전의 형태에 영향을 끼치게 된다. 외부적인 동맹 형성은 피후견국의 경제나 일부 행위자들에

109　Tilly, 1985, p.186.

110　이 개념을 살펴보기 위해서는 A. Przeworski and M. Wallerstein, "Structural Dependence of the State on Capital", *American Political Science Review*, 82(1), 1988을 보라.

111　이와 같은 모든 외부적인 군사적·경제적 지원은 피후견 국가의 기반 강화에 도움을 주고 이러한 지원이 없을 때보다 국가 지배를 더 길게 지속적으로 할 수 있도록 한다. Carney, 1989, p.49.

게 이익을 제공하기도 하지만, 후견-피후견 국가관계의 지속은 종종 대외적인 정치적·군사적 자율성을 감소시키고 피후견 국가의 정당성을 약화시키기도 한다.[112] 어떤 제3세계 국가들은 (유엔과 같은) '세계적인 정당성의 동의'에 의해 인정받고 존속하기도 하지만,[113] 이미 내부적 정당성의 부재로 인해 불안정한 피후견 국가는 후견-피후견 국가관계의 연계 때문에 상충적인 요구를 받게 될 수도 있다. 제3세계 국가의 정치적 구조와 제도의 취약성으로 인해 취약한 정당성은 국가의 내부적 안보에 위협이 되기도 한다. 틸리는 다음과 같이 말했다.

> 1945년 이후의 세계에서 외부적 강제와 (내부적) 불안정성 사이의 관계는 점점 더 증대되었다. 상품의 수출이나 강대국의 군사적 원조를 통해 재원을 확보하는 지배자의 능력 덕분에 하위적인 시민들과의 협의는 배제되었고 광범위한 국가기구가 시민들의 동의나 지원 없이 성장했다. 특정한 국가제도와 국민 내부의 주요한 사회계층 사이의 강력한 연결이 결여됨으로써 무력에 의한 권력 획득이나 정부 형태의 왜곡이 이어질 수 있게 되었다.[114]

외부적 영향 하의 국가전환에 대한 이러한 이론적 주장들은 4

---

112 카니는 어떠한 경우에는 후견국의 지원이 피후견 국가의 압제와 연결되어 국내적 소요로 이어지는 경우도 있다고 지적했다. Carney, 1989, p.48.

113 J. Meyer, "The World Polity and the Authority of the Nation-State", A. Bergesen ed., *Studies of the Modern World-System*, New York: Academic Press, 1980을 보라.

114 C. Tilly, *Coercion, Capital, and European States, AD 990-1990*, Oxford: Basil Blackwell, 1990, pp.207-208.

절에서 살펴볼 한국의 사례에 적용된다. 4절의 주요 가설은 다음과
같다.

- 냉전기의 지정학적 요인들은 후견-피후견 국가관계를 통해 한
  국에 강압적인 국가가 제도화되는 필요조건들을 제공했다. 이
  요인들은 한국의 국가가 내부적 자율성을 증대시키도록 한 반
  면, 외부적 자율성은 감소되도록 했다.
- 후견-피후견 국가관계의 초국적 연계를 통해 한국의 국가는
  능력을 증대시키고 정당성은 감소시키게 되었다.

(4) 경제적 결과

외부적 조건에 의한 안보적 요구는 피후견국의 경제에도 영향을 미
치게 된다. 높은 수준의 군사비 지출이 지속됨으로써 산업과 재정의
구조가 변화하게 되며 군사와 방위에 관련된 산업들이 이 맥락에서
중요한 역할을 하게 된다. 국내산업의 역량을 초월하는 방위 부담은
높은 수입 수준을 요구하며 이는 통상 분야에 중요성을 부과하게 된
다. 안보적 연계는 피후견국의 경제를 국제(혹은 지역)경제와 연결시
키는 중요한 고리로 기능하며, 피후견국은 후견국의 시장과 자본을
유리하게 활용할 수도 있다. 따라서 후견-피후견 국가관계의 지정학
적 맥락은 피후견국이 외부지향적 방향으로 발전 전략을 채택하는
데 핵심적 역할을 수행하게 된다.

해외원조와 공적차관은 피후견국의 안보와 경제성장의 주요한
근원이다. 외부적 재정의 네트워크는 피후견 국가의 경제적 역할을
증대시키며, 원조와 차관의 국내적 배분은 국가주도적 산업화에 기

여하게 된다. '공적인' 근원을 통해 재정을 확보함으로써 대외적 자본에 대한 접근과 더불어 국내적인 자본이나 은행에 대한 국가의 통제가 가능해진다. 피후견 국가는 이렇게 증대된 내부적 자율성과 능력을 바탕으로 시장의 재편을 위해 경제에 좀 더 효과적으로 개입할 수 있게 되는 것이다. 외부적으로 의존적인 국가가 다른 내부적인 행위자에 대해 상대적인 강점을 갖게 되는 국가-사회 관계는 국가에 의한 다양한 형태의 사회경제적 계획의 수립과 수행을 용이하게 만든다. 다시 말해서 후견-피후견 국가관계의 외부적 맥락은 최소한 단기적으로는 강력한 국가의 통제에 의한 대외지향적 경제성장 단계를 피후견국에 조성할 수 있게 되는 것이다.

냉전기 한국의 산업화는 이러한 특성을 보여주고 있다. 5절에서는 안보적 연계 내에서의 한국의 발전 전략과 경제성장의 유형 변화를 검토한다. 5절의 주요 가설은 다음과 같다.

- 후견-피후견 국가관계에 의해 부여된 증대된 수단을 통해서 한국의 국가는 산업화 과정에서 경제정책을 좀 더 자율적으로 수행할 수 있었다.
- 냉전기의 외부적·지정학적 맥락은 한국에 대외지향적 성장의 전제조건들을 제공한 반면, 부분적으로 의존적인 군사적 산업화의 특성을 배태시켰다.

3. 외부적 맥락

1) 냉전적 환경

(1) 세계체제로서의 냉전

이 절에서는 냉전기 동북아시아 국가들의 대외적 구조의 형성과 제도화의 측면을 다룬다. 전반부에서는 특정한 역사적 조건으로서 냉전의 특성과 이 시기 미국의 대전략의 정치경제를 검토하고, 후반부에서는 미국, 일본, 한국 사이의 삼각안보체제의 형성에 대한 분석을 통해 이러한 특성이 어떻게 동북아시아 지역에 투사되었는지를 고찰한다. 미국과 한국 간의 후견-피후견 국가관계의 제도화가 이 절의 주된 분석 대상이지만 이와 밀접하게 연관된 미일관계, 한일관계 주제도 함께 다룬다.

　동북아시아의 초기 냉전은 1940년대 후반부터 1960년대까지의 시기를 포괄하는데, 미국의 대중국 정책의 변화가 이 구분에 중요하게 작용한다. 비록 유럽의 냉전은 일찍이 시작되었지만, 아시아의 냉전은 1940년대 말까지 본격적으로 시작되지 않았다. 1940년대 말까지 미국의 아시아 개입은 사실상 감소하고 있었고, 1949년 중국과 핵 독점의 동시적인 '상실'로 인해 유럽 지향적이었던 트루먼(Truman)의 냉전정책이 아시아로 확대되었다.[115] 다른 한편으로 유럽의 냉전은 1960년대 중반에 완화되기 시작했지만 아시아의 냉전은 1960년대 후반까지 지속되었다. 미국과의 데탕트는 1968년에 중

115　Y. Nagai and A. Iriye eds., *The Origins of the Cold War in Asia,* Tokyo: University of Tokyo Press, 1977, pp.430-431.

국에 의해 시작되었는데, 미국은 1969년에 이를 호의적으로 받아들였다.[116] 한국전쟁과 중국 요인 이외에 미국의 베트남 개입이 동아시아에서의 냉전적 환경을 좀 더 오래 유지시켰다.

지역적 맥락을 검토하기 전에 세계체제로서의 냉전의 전반적인 논리를 먼저 살펴볼 필요가 있다. '냉전'이라는 용어는 서구와 소련 사이에 등장한 적대적인 관계를 묘사하기 위해서 1940년대 후반에 사용되었다.[117] 양 진영 사이의 작용과 반작용의 결과로서 냉전적 상황은 특정한 역사적 시기 내에서 국가행위자의 행태에 크게 영향을 미치는 하나의 세계체제를 구성했다. 크레이그(Craig)와 조지(George)는 이러한 지구적 전환을 다음과 같이 설명했다.

서구 국가들과 소련 사이의 관계가 1940년대에 악화되자 국제적 무대의 양극적 구조화가 등장했다. 두 초강대국은 각각 전 세계적인 동맹체제를 조직하고 지배하기 위해 재빨리 움직였다. 다자적인 세력균형체제가 재등장하기에는 상대적으로 균등한 국력을 가진 강대국의 수가 충분하지 않았다. 두 초강대국은 약한 동맹국을 압도했고 동맹을 철저한 통제 아래 유지했다. 약한 국가들에는 동맹을 형성하거나 전환하는 데 유연성이 거의 존재하지 않았다. 미국과 소련은 아주 약소한 국가일지라도 하나의 동맹국 상실을 동맹 전체에 주는 영향의 견지에서 인식했다. (…) 두 강력한 동맹체제의 등장은 이전 세기 전환기의 유럽 세력균형체제의 두 동맹(two-alliance) 유형

---

116 A. Whiting, "Mao, China and Cold War", Nagai and Iriye, 1977, p.265.
117 G. Craig and A. George, *Force and Statecraft*, New York: Oxford University Press, 1983, p.117.

의 특성보다 훨씬 더 철저한 양극적 구조를 국제체제에 부여했다.[118]

여기에서 제기되는 하나의 질문은 냉전체제가 '정상적인' 세계체제인가 그렇지 않은가 하는 것이다. 톰슨(Thompson)은 세계체제란 일정 정도 상호 의존적인 정치적, 경제적, 문화적 하위체제들로 특징지어지며 근대세계체제는 15세기 말 정도에 정형적인 형태를 갖추었다고 주장했다.[119] 비록 세계체제 분석에 다양한 이론적 접근이 존재하지만(예를 들어 신현실주의, 네오마르크스주의, 지구적 문화론 등), 많은 이론가들은 국가 간 체제와 자본주의 세계경제가 본질적으로 유기적인 연계에 의해 서로 연결되어 있다고 지적했다. 에번스, 뤼셰마이어(Rueschemeyer), 스티븐스(Stephens)에 따르면, 자본주의 세계체제의 형성과 특성은 한편으로는 지정학적 투쟁, 다른 한편으로는 세계적인 자본축적에의 갈등 사이의 복합적인 상호작용의 결과이다.[120] 하지만 냉전체제의 특성에는 이와 같은 국가와 시장의 지구적인 체제의 특성과는 상대적으로 다른 부분이 존재했다.

양자체제에서의 미국은 유럽의 다자체제적 의미에서의 '고전적인' 패권국이 아니었다. 모델스키(Modelski)는 세계적 리더십의 장주기 이론에서 포르투갈, 네덜란드, 영국, 미국이 '근대세계체제의

---

118 Craig and George, 1983, p.118.

119 W. Thompson ed., *Contending Approaches to World System Analysis*, Beverley Hills: Sage Publications, 1983, p.8.

120 P. Evans et al. ed., *States versus Markets in the World System*, Beverley Hills: Sage Publications, 1985, p.11. 하나의 예로 1914년 전의 유럽에서는 주요한 군사적 경쟁이 광범위한 통상관계와 병행되었다. B. Buzan, "A Framework for Regional Security Analysis", B. Buzan and G. Rizvi eds., *South Asian Insecurity and the Great Powers*, London: MacMillan, 1986, p.12.

지도적 단위' 역할을 담당했고, 각각의 나라들은 특정한 세기에 패권국가가 될 수 있는 조건을 갖추고 있었다고 주장했다.[121] 많은 이론가들은 패권의 안정과 쇠퇴 문제를 논의하면서 '팍스 브리타니카'와 '팍스 아메리카나'의 사례를 비교했다.[122] 그러나 대부분의 학자들은 냉전체제에서 미국의 동맹 유형과 경쟁 양상이 과거의 유럽의 패권국들과 달랐다는 사실을 무시했다. 제국주의 시기와 달리 미국의 지정학적 경쟁국은 다른 자본주의 국가들이 아닌 제3세계에서 실질적으로 통상에 대한 이해를 갖지 않았던 소련과 그 공산주의 동맹이었다.[123] 나아가 일본이나 독일과 같은 미국의 경제적 경쟁국은 사실상 미국의 전략적 동맹국이었던 것이다.

이와 같은 양극성의 특성은 역설적으로 선진산업국들 사이의 '협력의 구조적 조건'이 되어왔다.[124] 코헤인(Keohane)은 냉전기의 안보적 요인과 경제적 요인 사이의 연계에 대해 다음과 같이 언급했다.

적대적인 세력의 공격으로부터 국제정치경제를 방어하기 위한 충

---

121 모델스키는 이 나라들이 섬나라였거나 그에 준한 조건을 지녔고 북대서양에 위치했으며 전성기에 독점적인 해양 권력을 보유했고 강력한 정치경제적 능력을 지녔지만 압도적인 문화적·이념적 사명은 내세우지 않았던 국민국가로 조직된 선도적인 정치와 더불어 선도적인 경제의 지원을 받았다고 말했다. G. Modelski, "Long Cycles of World Leadership", Thompson, 1983, p.118.

122 R. Keohane, *After Hegemony*, Princeton: Princeton University Press, 1984; A. Stein, "The Hegemon's Dilemma: Great Britain, the United States, and the International Economic Order", *International Organization*, 38(2), 1984를 참조하라.

123 R. King, *The State in Modern Society*, London: MacMillan, 1986, p.241.

124 S. Haggard and B. Simmons, "Theories of International Regimes", *International Organization*, 41(3), 1987, p.504; W. Thompson and D. Rapkin, "Collaboration, Consensus, and Detente: The External Threat-Bloc Cohesion Hypothesis", *Journal of Conflict Resolution*, 25(4), 1981을 보라.

분한 군사적 능력은 실제로 성공적인 패권의 필요조건이다. 2차 세계대전 이후 미국은 소련에 대한 '봉쇄' 전략을 추진하면서 이와 같은 힘을 유지해왔다. 이 군사적 능력의 보호 아래 미국은 다자적 원칙에 기초한 세계정치경제를 구축했고 자국이 승인한 규칙을 구체화했다. 세계정치경제에서 미국의 리더십은 북대서양조약기구(NATO)와 분리되어 존재하지 않았으며, 근래에 양자는 서로를 더욱 강화시켰다. 미국이 보호를 철회할지도 모른다는 유럽의 우려는 미국의 요구에 순응하는 동기를 부여했다. (…) 미국의 군사력은 미국이 주도하는 국제정치경제를 보호하는 방패로 기능했는데, 이는 경제적 문제의 협상 배경에 주요한 요인으로 존재했다.[125]

전후 양극체제는 2차 세계대전 이후의 군사력의 편재를 현실적으로 반영했다.[126] 다른 한편으로는 다른 권력의 영역, 특히 경제력에서 몇몇 국가는 미국과 소련을 추격하거나 거의 능가하는 모습을 보여주었다. 특히 많은 미국인들은 1990년대에 이르러 비록 일본이 군사국가가 아닌 통상국가의 전략을 채택했음에도 불구하고 일본의 경제력이 러시아의 군사력보다 미국에게 더 큰 위협이 될 수 있다고 믿게 되었다.[127] 코헤인의 견해와 달리 냉전기의 독특한 동맹 유형으로 인해 미국은 경제적 경쟁국들을 상대하는 데 군사적 패권을 효과적으로 사용할 수 없었던 것으로 여겨진다. 따라서 세계경제에서의

125   Keohane, 1984, pp.136-137.
126   J. L. Gaddis, *The Long Peace: Inquiries into the History of the Cold War*, New York: Oxford University Press, 1987, pp.221-222.
127   J. Nye, *Bound to Lead*, New York: Basic Books, 1990, p.67.

미국 패권의 쇠퇴는 이와 같은 냉전체제의 구조적 요인과 부분적으로 연결되어 있었던 것이다.

일반적으로 말해서 냉전체제에서는 이전의 체제에서보다 정치적이고 안보적인 차원이 좀 더 자율적인 역할을 수행했다.[128] 양극체제 내에서 자본주의 국가들 사이의 국가 간 경쟁(서-서 갈등)은 주로 통상 문제에 한정되었던 반면 동-서 갈등은 실질적인 정치적·경제적 체계의 차별성에 기반했다. 그러므로 이는 19세기와 20세기 초반의 고전적인 제국주의적 경쟁과 달랐던 것이다.[129] 반면에 냉전적 환경은 지속되는 전쟁과 이를 위해 사회적 자원을 동원하는 능력에 토대를 두었고 국가들이 근본적으로 지정학적 (그리고 이념적) 행위자였던 '전쟁 수행과 국가형성'의 시기와 유사점을 지녔다.[130] 란도 (Landau)는 "트루먼 독트린으로 나타난 영속적인 적(소련)의 창출과 공약의 확장으로 인해 (미국은) 세계 도처에서 열전과 냉전을 수행할 수 있는 방대한 관료조직의 발전을 필요로 했으며 국가안보국가가 평시의 미국을 관리하는 새로운 방식이 되었다."라고 지적했다.[131]

소련과의 경쟁은 미국에 그것을 통해 외교정책을 구상하는 명확하게 정의된 대척점을 부여했다.[132] 미국 외교정책에서 전략적 고려

---

128 부잰은 이를 '경제적 안보와 군사적 안보 사이의 불균형'이라고 표현했다. Buzan, 1986, p.13.

129 King, 1986, pp.246-247.

130 Tilly, 1985를 보라.

131 S. Landau, *The Dangerous Doctrine*, Boulder: Westview Press, 1988, p.46.

132 M. Cox, "From the Truman Doctrine to the second Superpower Detente: The Rise and Fall of the Cold War", *Journal of Peace Research*, 27(1), 1990, p.31. 한 의회 보고서에서는 "미래의 상당한 기간 동안 미국 외교정책의 주된 목표는 소련의 위협에 대한 방어가 될 것"이라고 지적했다. "Foreign Policy and Mutual Security: Draft Report Submitted to the Committee on Foreign Affairs"를 보라. *American Foreign Policy*, Department

의 주안점은 애치슨(Acheson)과 니치(Nitze)가 작성한 「NSC-68」에 잘 나타나 있었다.

2차 세계대전 종전 이후의 세계에는 일시적인 왜곡이 아닌 국가들 사이의 장기적이고 근본적인 재배열의 견지에서 고찰해야 할 새로운 권력관계가 만들어졌다. 이는 러시아 혁명과 전 세계적인 공산주의 운동의 확산, 무제한적인 파괴력을 가진 핵무기의 개발이라는 두 역사적 사건에서 유래되었다. 미국과 소련은 이러한 새로운 국제적인 축의 궁극적인 두 중심이다.

소련의 정책은 세 가지의 주된 목적을 갖는다. 첫째, 공산 진영의 이념적이고 권력적인 중심으로서 자신의 위치를 보존하고 강화하는 것, 둘째, 새로운 위성국의 획득에 의해 그러한 권력을 확대하고 공고히 하는 것, 셋째, 공산주의의 세계 패권을 위협하는 어떠한 경쟁적인 권력에도 반대하고 그것을 약화시키는 것이다.

이와 같은 목표는 자유와 존엄에 기반한 미국의 이상에 반하는 것이다. (…)

미국적 삶의 이러한 개념과 목표는 점점 더 위협 아래 놓이게 될 것으로 예측되어야 한다. 미국인이 보호받으려면 어떠한 비용과 희생을 치르더라도 이러한 목표가 지속되고 확대될 수 있는 삶의 환경을 국내와 국외에서 보존하려는 결심을 해야 할 것이다. 우리는 평화로운 수단을 통해, 그리고 이에 공감하는 다른 사람들과의 협력을 통해 이를 추구해야 한다. 하지만 평화로운 수단이 실패한다면 우리

of State, Bureau of Public Affairs, 1957, p.1504에서 재인용했다.

는 싸워야 하고 그럴 준비가 되어 있어야 한다. (…)

이와 같은 전제에서 미국과 서구에 한정되지 않은 긴장과 위협의 시간이 예견되고 있다. 이 시기는 단기간의 위기라기보다는 국제관계의 형성에서 영속적이고 근본적인 전환으로 정의되어야 한다. 이 새로운 환경에 맞서기 위해서 미국에는 네 가지의 가능한 노선이 주어져 있다.

첫째, 현재의 국방예산 감축과 제한된 군사적 능력의 추세를 지속하지만 자유세계의 안보에 대한 공약은 축소하지 않는 것.

둘째, 이러한 공약들을 포기하고 현재의 군사적 수준을 유지하면서 '미국의 요새'로 후퇴하는 것.

셋째, '예방전쟁'을 통해서 세계 세력균형의 빠르고 급격한, 하지만 좀 더 유리한 변형을 추구하는 것.

넷째, 소련 진영을 능가할 수 있도록 서구의 방어 능력의 과감하고 광범위한 재구축을 시도하고 새로운 도전에 즉각적이고 확실하게 대응하는 것. 이와 같은 프로그램에서는 미국을 진영 내 다른 자유국가들의 정치적이고 물질적인 중심에 두어야 한다. 이러한 동맹의 힘은 구성국 각각의 힘이 강력한 한 능가할 수 없게 될 것이다.

이러한 네 번째 노선이 불가피하게 선호되는 선택이다. 이 노선의 성취는 미국이 '중심'에서 시작되어 퍼져나가는 서구 진영의 신속하고 실질적인 방어 능력의 달성에서 선도적인 역할을 담당할 것을 요구하고 있다. 이는 실제적으로 미국이 자국의 안보와 세계의 안보를 구별하는 것을 포기하는 것을 의미한다. 또한 이는 안보적 요구를 전통적인 예산의 제한 속에 두는 것, 즉 "우리가 얼마만큼의 안보를 제공할 수 있는가?"라는 질문의 종언을 의미한다. 다시 말해서 이제부터 안보가 국가예산의 주된 요인이 되어야 하며 다른 요인은 이에 연동되어야 한다는 것이다.[133]

「NSC-68」은 2차 세계대전 이후 미국 국가전략의 최초의 종합적인 선언으로 간주되고 있다.[134] 이는 기본적으로 1940년대 후반의 냉전적 상황에 대한 대응이기 때문에 당시 미국의 군사적 필요성에 주안점을 두고 있었다. 관료정치와 1950년의 재정 문제도 이러한 정책 결정에 영향을 미쳤다. 해먼드(Hammond)에 따르면, 외교정책 결정자들은 다른 행위자들이 비합리적일 수 있다고 예상하는 것이 적절한 불완전한 정보와 불확실한 추론의 실제 세계에서 기존의 정책을 수정하기 위해서는 비록 자신이 비합리적으로 보일 수도 있는 희생을 감수하더라도 특별하고 심지어는 비합리적인 수단을 채택해야만 한다.[135] 그러나 그 결과로 외교정책에서 군사적 수단에 대한 과중한 강조가 냉전기 미국의 행동을 제한하게 되었다고 볼 수 있다.[136]

냉전체제의 주요한 특성은 '지구적 군사화', 즉 조직적 폭력 능력

133 C. Phillips, *The Truman Presidency*, New York: MacMillan, 1966, pp.306-308에서 재인용했다.

134 S. Huntington, *The Common Defense*, New York: Columbia University Press, 1961, p.51.

135 W. Schilling et al. eds., *Strategy, Politics, and Defense Budgets*, New York: Columbia University Press, 1962, pp.377-378을 보라. 하나의 예로 니치는 「NSC-68」의 분석에서 소련의 위협을 과장하고 자신이 독자들로부터 예상한 다른 방향의 비합리성을 교정하기 위해서 이 보고서를 자신이 원하는 방향으로 덜 합리적으로 만들려고 했다. Schilling, 1962, p.376.

136 이와 같은 점이 케넌(Kennan)이 「NSC-68」의 전반적인 정책 방향에 반대했던 이유였다. Schilling, 1962, p.376.

의 축적이었다.[137] 현대 국가 간 체제의 군사화의 속성은 그 구성원의 다양한 능력 차이에도 불구하고 놀랄 만큼 유사했다. 비록 미국의 정책결정자들이 2차 세계대전 이후 '평화로운 세계질서'를 구축하려고 노력하기는 했지만, 그들은 실제적으로 세계를 '군사화'하게 되었다.[138] 기든스는 다음과 같이 주장했다.

> 국가의 주권에 영향을 미치는 것에서 가장 핵심적인 것은 의심할 여지 없이 세계군사질서이다. 전쟁의 산업화는 공간에서 더 이상 국지적이 아니고 지구적인 동맹국들 사이에서 군사력을 산업 능력과 기술적 발전에 밀접하게 연결시킨다. (…) 현대 민족국가의 군사비 지출은 주로 지구적인 민족국가체제와의 정치적 연계의 견지에서 파악되어야 한다. (…) 병영국가는 병영화된 세계에서 등장하고, 그 안에서는 조직적인 폭력의 위협 또는 사용에의 의존이 다소간 만연하게 된다.[139]

(최소한 강대국들 사이에서) 핵 시대에 전쟁의 방법이 '공공정책'의 단순한 연장이 될 수 없게 되면서 지정학적인 갈등의 역학은 경제적인

---

137 이 개념을 살펴보기 위해서는 Wendt, 1989, pp.210-220을 참조하라. 웬트는 이것이 지구적인 이유는 군사화의 관습이 지구적 또는 체제적 수준의 사회적 관계에 의해 구조화되었기 때문이라고 지적했다.

138 덜레스(Dulles)는 상원에서의 발언에서 안정된 세계질서의 구축은 "국제적인 변화를 달성하기 위한 무력의 사용 또는 그 위협의 해소"를 필요로 하며 그것을 위해서 미국은 집단안보체제를 공고히 해야 한다고 주장했다. 그는 미국이 막대한 부와 힘을 통해 "미래의 세계에 대해 건설적인 영향을 행사할 수 있다."라고 덧붙였다. *American Foreign Policy*, 1959, pp.7-14.

139 A. Giddens, *The Nation-State and Violence,* Berkeley: University of California Press, 1987, p.245, 249, 285.

경쟁의 역학과는 독립적으로 발전했다. 따라서 냉전기에는 군사질
서가 이전보다 좀 더 중요한 독립변수로 기능했던 것이다.

(2) 미국 냉전 전략의 정치경제

앞에서는 냉전기 동안 미국이 부의 추구보다는 힘의 추구에 더 많이
관심을 보이는 모습을 살펴보았다. 다시 말해서 미국의 관료들은 국
가 간의 경제학보다 국가 간의 정치학에 더 신경을 썼다고 할 수 있
다. 그에 더해서 미국에서 국제정치학이란 거의 대부분 소련과의 경
쟁에 해당되는 것으로 인식되었다.[140] 그러나 신고전주의나 네오마
르크스주의 이론가들은 모두 같은 시기 동안 미국 전략이 갖는 경제
적 동기 부분을 강조했다. 이들은 봉쇄와 재군비 전략이 경제적 문
제를 해결하기 위한 것이었다고 주장했다. 신고전주의 이론가들은
다른 국가들이 경제적 능력을 소진했을 때 미국이 어떻게 국제경제
질서의 개혁을 적극적으로 추진해나갔는가를 지적했다. 하지만 소
련은 이와 같은 경제적 문제의 해결에 협조하지 않았는데, 동구권
국가들과의 구상무역 협약을 서구와 통상적인 관계를 종결하는 것
으로 결론지었고 브레튼우즈 협약을 비준하는 것을 거부했다.[141] 따
라서 봉쇄 전략은 미국의 이러한 경제적 동기와 관련되어 악화된 미
소관계에 그 기원을 두고 있다는 것이다.

다른 한편으로 네오마르크스주의자들은 미국 냉전정책의 기원을

---

140 S. Chan, *East Asian Dynamism: Growth, Order, and Security in the Pacific Region,* Boulder: Westview Press, 1990, p.58.

141 R. Pollard and S. Wells Jr., "1945-1960: The Era of American Economic Hegemony", W. Becker and S. Wells Jr. eds., *Economic and World Power,* New York: Columbia University Press, 1984, p.339.

새로운 형태의 제국주의에서 찾았고 미국의 자본주의를 기본적으로 팽창적 체제로 간주했다. 맥도프(Magdoff)는 다음과 같이 주장했다.

경제적, 정치적, 군사적 이익 사이의 근본적인 갈등이란 존재하지 않는다. 차이점은 비즈니스 집단, 사회적 계층과 계급의 특별한 이해, 정부 관료들이나 군사 엘리트들의 관심 간의 상충되는 이익에 존재하고 또 지속된다. 그러나 이로 인해 파생되는 불일치는 어떻게 하면 비즈니스 체제의 성장과 팽창을 가장 잘 담보할 수 있는가, 그리고 세계의 좀 더 많은 부분을 사적인 기업, 특히 미국의 기업에 자유롭도록 확보할 것인가에 대한 전략과 전술의 선택과 연결된다.[142]

이 견해에 따르면, 냉전기 미국의 대전략은 다른 초점을 가진 제국주의의 또 다른 유형, 즉 제국주의 체제의 수축을 막으려는 노력에 해당한다. 셔먼(Schurmann)은 미국이 '제국을 수립하기로' 결정했기 때문에 파생되었다고 주장했고 미국의 외교정책을 미국 내의 국제주의적 분파와 민족주의적 분파 사이의 갈등의 산물로 간주했다.[143] 홀리데이(Holliday)와 같은 학자들은 미국의 독점자본이 그 기간 동안 '군사경제'를 통해 팽창할 수 있었기 때문에 냉전이 형성되고 지속될 수 있었다고 말했다.

하지만 이러한 네오마르크스주의자들의 주장과는 달리 냉전기의

---

142 H. Maddoff, *The Age of Imperialism,* New York: Monthly Review, 1969, pp.21-22.
143 F. Schurmann, *The Logic of World Power,* New York: Pantheon Books, 1974, pp.60-65. 그는 국제주의와 민족주의 사이의 알력이 자본주의 체제에 내재하는 현상인 불균등 성장에서 파생된다고 주장했다.

미국 정책은 종종 사적·경제적 이익이 좀 더 포괄적인 미국의 정치적·안보적 이익에 의해 통제되도록 해왔다. 폴러드(Pollard)와 웰스(Wells)는 다음과 같이 주장했다.

미국의 기업과 재정적 이익은 미국 정책에 거의 영향을 미치지 못했다. 광범위한 정치적·전략적 목적이 특정한 비즈니스 이익의 요구와 상충했을 때 미국의 정책결정자들은 자신들의 수단으로 후자의 이익을 포기시켰다. 트루먼 행정부는 부분적인 비즈니스와 재정 부문의 단호한 반대에도 불구하고 1945년의 대영 차관 협의와 마셜 플랜, 관세 및 무역에 관한 일반협정(GATT) 협상에서 통상정책과 재정정책의 자유화를 추진했다. 또한 정치적·전략적 목적 때문에 소비에트 진영 국가들에 대해 수출 통제를 부과하면서 동부 유럽에서 미국 기업들의 기회를 소멸시켰다. 아이젠하워(Eisenhower) 행정부도 이와 유사하게 재계의 반대에도 불구하고 보호주의 세력들을 견제하고 해외원조 프로그램을 지속시켰다.[144]

해외원조와 공공차관 정책은 이와 같은 미국 냉전 정책의 전형이었다. 트루먼과 아이젠하워 행정부의 해외원조 프로그램은 실제로 경제적인 목적보다는 전략적인 목적에 부합하도록 기획된 상당한 액수의 군사 혹은 군사 관련 원조를 포함했다. 수출입은행과 다른 미국 정부기관들은 (1940년대 후반에 이탈리아, 그리스, 중화민국, 그리고 1950년대에 한국, 남베트남, 터키에서 그랬듯이) 순수하게 경제적 계

144 Pollard and Wells, 1984, p.385.

산으로는 정당화될 수 없는 '정치적' 차관을 미국의 동맹 정부를 지원하기 위해서 공여했다.[145]

미국의 정책결정자들은 자유국가들의 '후견국'으로서 미국의 역할과, 라이벌인 소련의 전략적·경제적 공세에 대응하기 위한 장기적인 해외원조 프로그램의 필요성을 강조했다. 그들은 "우리는 단순히 경제원조의 양에서 공산주의를 앞서기보다는, 독립적이고 수준이 높은 국민이 자유국가들의 공동체의 일부가 되고 그 안에 존속함으로써 자신들의 욕구를 가장 잘 충족시킬 수 있다고 느끼게 하는 것으로 성공을 거둘 수 있다."라고 주장했다.[146] 또한 정책결정자들은 다음과 같이 지적하면서 미국을 위한 새로운 '피후견국'의 필요성도 강조했다.

미국은 신생 개발도상국들의 정부와 국민에게 그들에 대한 우리의 관심과 그들을 위한 우리의 정책이 단순히 냉전 상황에서 그들의 도움을 얻고자 하는 것이 아니라는 점을 설득해야 한다. 이는 소련의 위협이 우리의 첫 번째의 문제라는 사실을 경시하는 것이 아니다. 하지만 우리의 접근법은 우리가 세계 문제에서 그들의 중요성을 알고 있으며 그들의 정책과 협조를 우리의 후생을 위해 중요한 것으로 간주하고 있다는 점을 알려주는 것이어야 한다. 우리는 이 각각의 나라들과 공통의 이익을 발전시켜나가야 한다.[147]

---

145   Pollard and Wells, 1984, p.384.
146   *Department of State Bulletin,* Department of State, Bureau of Public Affairs, Jan. 1956, pp.117-118.
147   "Foreign Policy and Mutual Security", *American Foreign Policy,* 1957, p.1507.

정부와 의회는 국방예산과 해외원조 프로그램을 놓고 서로 갈등했다. 1950년대와 1960년대 초반에 행정부는 군사적이고 전략적인 목표에 따른 대규모 예산을 옹호했다. 아이젠하워는 다음과 같이 말했다.

나는 (이) 국방예산이 한편으로는 국가의 위험과 다른 한편으로는 과도한 지출 사이의 적절한 분할선이라고 진심으로 믿는다. 만약 이것이 수치상으로 삭감된다면 우리나라는 불필요한 도박을 하게 될 것이다. 나는 이전에 현명치 못한 군사비 삭감을 보아왔고 그 참혹한 결과를 여러 번 목도했다. 나는 그러한 우매한 길을 택하지 않도록 내가 할 수 있는 모든 일을 하고자 한다.[148]

케네디(Kennedy)는 해외지원 프로그램을 지지하면서 한 기자회견에서 다음과 같이 말했다.

하원 세출위원회에서 권고한 큰 액수의 해외원조 자금 삭감은 자유로운 세계 안보에 위협을 제기하고 있다. (…) 나는 이 (원조) 프로그램의 핵심을 제거하는 것은 가장 단견의 결정이라고 생각한다. (…) 나는 세 행정부의 임기 동안 우리나라 리더십 책무의 이행을 위해 일관성 있게 투표해온 양 정당이 이 무책임한 행동을 교정하지 않을 것이라고 믿고 싶지 않다.[149]

---

148 *Public Papers of the Presidents of the United States: Dwight D. Eisenhower*, National Archives, 1957, pp.341-352.
149 *Public Papers of the Presidents of the United States: John F. Kennedy*, 1962,

한국전쟁은 「NSC-68」에서 표현되었던 소련의 의도에 대한 공포를 확인시켜주었고, 「NSC-68」의 정책 권고들의 수용을 촉진시킨 것처럼 보였다. 한국전쟁으로 인해 대중과 의회는 크게 확대된 방위비 예산과 해외원조 기금을 지지했다.[150] 하지만 심지어 한국전쟁 이후에도 몇몇 정책결정자들은 전략적 선택의 '장기적 영향'에 대해 다음과 같이 우려를 표시했다.

우리는 항상 위기가 발생할 수 있는 세상에 살고 있고 우리의 생존은 위기에 대처하는 우리의 능력에 의존하고 있다. 우리가 항상 그 능력을 보유할 수 있기를 기도하자. 그러나 그에 더해서 위기의 방책들—얼마나 위기에 유용한지를 떠나서—이 반드시 좋은 영속적인 정책들을 만들어내지 못할 수도 있다고 말할 필요가 있다. (…) 이러한 '장기적인' 요인들은 매우 큰 중요성을 갖는다. (…) 다른 국가들을 영속적으로 지원하는 것은 건전한 경제도 좋은 외교정책도 아니다. 왜냐하면 그것은 선의와 함께 악의도 만들어내기 때문이다. 아울러 '실질적인 부도' 상태로 이어질 만큼 영속적으로 군사비 지출에 몰두하는 것도 건전하지 않다.[151]

어떤 정책결정자들은 상호안보 프로그램(Mutual Security Program)

pp.651-652.
150   저비스는 한국전쟁이 우리가 냉전과 관련시키는 대부분의 특성을 결정했다고 주장했다. R. Jervis, "The Impact of the Korean War on the Cold War", *Journal of Conflict Resolution*, 24(4), 1980, p.563.
151   "The Evolution of Foreign Policy: Address by the Secretary of State", *Department of State Bulletin*, Jan. 1954, pp.107-110.

이 촉진하는 외국 기업들의 성장이 미국 경제에 미칠 수 있는 가능한 부정적 영향들을 '시장 파괴' 효과라고 지칭하면서 검토했다. 어떤 제안들에서는 특정한 분야에 대한 미국의 지원을 제한함으로써 가능한 경쟁적 효과를 감소시켜야 한다고 주장하기도 했다.[152]

이와 같은 경고에도 불구하고 냉전정책은 지속되었고, 이러한 정책은 사실상 예견된 부정적인 경제적 결과를 야기했다. 핵무기의 시대에는 "어떻게 경제가 침체되거나 불황을 겪지 않도록 하면서 충분한 군사지출을 유지할 수 있는가" 하는 본질적인 문제가 존재했다.[153] 비록 미국의 정책결정자들이 어떤 이유에서건 유지 가능한 세계경제질서의 구축을 위해서 집중적인 해외원조의 필요성을 인지했거나 증대된 군사비 지출을 국내경제행위를 촉진시키는 단기적 해법으로 간주했다는 사실을 인정한다고 할지라도,[154] 냉전 전략의 구조적 유산 역시 고찰되어야 한다. 몇몇 학자들은 이러한 부정적인 영향 중의 하나가 미국 경제와 이후 수십 년간의 미국 외교정책의 상대적인 '군사화'라고 지적했다.[155]

---

152 "The United States Economy and the Mutual Security Program: Report of an Interdepartmental Group", *American Foreign Policy,* 1959, pp.1554-1560.

153 J. Phillips, "Economic Effects of the Cold War", D. Horowitz ed., *Corporations and the Cold War,* New York: Monthly Review, 1969, pp.199-200. 또한 필립스(Phillips)는 경상수지 문제를 거론했고 유동성 위기가 미국 냉전정책의 직접적 산물일 수 있다고 지적했다.

154 블록(Block)은 미국 산업의 막대한 생산 능력과 국내 구매력의 미비함으로 미루어볼 때 1940년대 후반의 미국 경제는 적절한 수요를 창출할 수 있는 해결책이 발견되지 않으면 경제 불황을 겪을 수도 있는 상황이었다고 주장했다. 또한 그는 서유럽의 재군비를 위한 지속적인 지원의 필요성이 서유럽의 달러 부족을 극복할 수 있는 수단을 제공했다고 주장했다. F. Block, "Economic Stability and Military Strength: The Paradox of the 1950 Rearmament Decision", *Politics and Society,* 10(1), 1980, p.39, 46.

155 C. Nathanson, "The Militarization of the American Economy", Horowitz, 1969를

냉전은 국내적으로 높은 수준의 군사적 지출에 대해 친화력을 갖는 '군산복합체'를 만들어냈다.[156] 냉전체제의 외부적 차원은 두 강대국 사이의 전략적 경쟁의 과잉 전개였으며, 이것이 냉전 말기에 미국(그리고 러시아)의 경제적 패권의 쇠퇴를 가져왔다고 할 수 있다.[157] 래슬러(Rasler)와 톰슨은 다음과 같이 하나의 일반적 가설을 제시했다.

체제의 리더들의 상대적인 쇠퇴를 설명하는 하나의 요인은 리더들에 의한 높은 군사적 비용 부담이다. 하지만 높은 방위비 지출은 투자와 자본 형성, 미래 경제성장의 희생 아래에서 이루어질 수 있다. 라이벌과 경쟁국들은 높은 방위비 부담을 피함으로써 리더들의 경제적 지위가 하강할 때 자신들의 상대적인 경제적 지위를 상승시킬 수 있다.[158]

미국의 방위 태세가 비록 위험스러운 재정적 불균형 없이 유지될 수 있었다고 하더라도, 이는 여전히 장기적 부담을 제공했을 수 있다. 다시 말해서 지나치게 긴 기간 동안 이루어진 과도한 방위비 지출은

보라.

156 Block, 1980, pp.52-57을 참조하라.

157 오이(Oye)는 "(냉전기의) 중앙체제적 평화 조건 아래서는 군사적 능력으로부터 파생되는 경제적 이익이 크지 않았는데 그 결과 미국과 소련은 세계적인 군사력과 경제력의 분포 사이에서 점차적으로 확대된 격차를 경험하게 되었다."라고 주장했다. K. Oye, "Beyond Postwar Order and New World Order: American Foreign Policy in Transition", Oye et al. eds., *Eagle in a New Sand: American Grand Strategy in the Post-Cold War Era*, New York: HarperCollins Publishers, 1992, p.5.

158 K. Rasler and W. Thompson, "Defense Burdens, Capital Formation, and Economic Growth", *Journal of Conflict Resolution*, 32(1), 1988, p.61.

미국의 경제를 약화시키고 국제적인 경제적 지위를 잠식했을 수 있다는 것이다.[159]

국제적 경쟁은 세계시장과 국제적 국가체제에서 동시에 발생하며, 이 두 유형의 경쟁은 여러 가지 방식으로 중복된다. 경제적으로 부강한 국가가 강력한 군사력을 갖게 되며 정치-군사적인 능력이 경제적 이득으로 연결되듯이, 한 영역에서의 성공이 보통 다른 영역에서의 성공으로 이어진다. 그러나 냉전체제 내에서는 패권 국가들의 경쟁적 국가체제에서의 성공이 세계경제에서의 지위에 오히려 부정적인 영향을 끼쳤을 수 있다. 미국-동북아 관계는 미국의 전략적 관심이 자국의 경제적 이익을 압도했던 냉전체제의 이러한 유형의 좋은 예를 제공하고 있다. 냉전기 동안 미국은 동북아 정책을 소련에 대한 군사적 봉쇄와 이념적 대결의 토대에서 수행했다. 그 결과로 만들어진 '지역안보복합체(regional security complex)'는 이 지역 국가들의 정치적·경제적 발전에 중요한 영향을 미치게 되었다.[160]

2) 지역적 구도의 형성

(1) 미일관계

냉전기 두 초강대국의 전략적 대립 양상은 세계의 모든 지역에 다양한 정도로 침투했다. 동북아시아는 냉전 기간 동안 미국에 가장 큰

159　A. Friedberg, "The Political Economy of American Strategy", *World Politics*, April 1989, p.392. 이 문제에 대한 이론적 논의를 위해서는 B. Russett, *What Price Vigilance?*, New Haven: Yale University Press, 1970을 보라.
160　지역안보복합체의 개념을 살펴보기 위해서는 Buzan, 1986, p.8을 보라. 부잰은 지역복합체의 개념이 국가와 체제의 분석 수준 사이에 공고한 중간지대를 제공한다고 주장했다.

전략적 중요성을 갖는 지역 중의 하나였다. 다음의 소절들에서는 미국의 후견하에 이루어진 지역안보구조의 형성을 다룬다. 즉, 미일관계, 한미관계, 한일관계를 각각 분석하지만 이러한 상호 연결된 관계의 집합이 한국의 발전에 대한 외부적 환경을 구성하는 방식에 초점을 맞춘다.

유럽에서 냉전의 전개는 미국의 동아시아 정책에 영향을 미쳤다. 이러한 변화의 전형적 예는 일본에 대한 '역코스' 정책이었다. 미국의 초기 일본 점령정책에서는 정치적 개혁이 경제적 재생보다 우위를 차지하고 있는 것으로 보였다. 또한 일본이 이전처럼 지역에서 경제적 우월성을 차지하지 못하게 하는 것에 대한 미국과 영국 사이의 합의도 존재했다. 하지만 냉전의 도래와 중국에서의 국민당 정권의 위기는 미국의 정책결정자들에게 일본이 동아시아에서 반혁명의 기지가 되어야 하며 일본의 경제적 능력의 회복이 갑자기 불가피한 것처럼 여겨지게 되었다.[161] 트루먼은 "중국의 상황이 일본의 중요성을 증대시켰으며 국가안전보장회의는 일본 경제를 미국이 당대에 직면한 가장 중요한 국제적 의제로 고려하게 되었다."라고 말했다.

이정식은 이와 같은 변화를 다음과 같이 설명했다.

미국은 일본 점령정책의 목표를 탈군사화와 개혁에서 재건으로 전환했다. 이 새로운 정책은 내용과 형식에서 민주적인 일본을 만들어내는 데 집중하는 것보다는 일본을 서구의 안보를 위해서 의미 있는

---

161 Cumings, 1984b, pp.16-22와 H. Bix, "Regional Integration: Japan and South Korea in America's Asia Policy", F. Baldwin ed., *Without Parallel*, New York: Pantheon Books, 1973, pp.183-193을 보라.

공헌을 할 수 있을 정도로 군사력을 보유한 안정되고 자신감 있는 사회로 만들 것을 요구했다. 다시 말해서 일본은 동아시아에서 미국의 주요한 동맹으로 변모했다. 진주만을 폭격했던 지독한 적군이 이제 새로운 상대와의 투쟁에 활용되기 시작했던 것이다.[162]

이 변화이 등장한 후 미국은 일본을 [소위 도지 라인(Dodge Line)을 포함한] 다양한 경제안정정책과 재정원조와 차관을 통해서 부채로부터 자유세계를 위한 경제적 자산으로 변환시키기 시작했고, 일본이 미국으로부터 필요한 농산물과 원자재를 수입하도록 허용했다.[163] 국가안전보장회의는 반공적인 국제안보를 위해 일본에 준군사적 능력을 제공하고 보완하기로 결정했다.[164]

샌프란시스코 평화회의와 그에 이은 미일 안보조약은 기본적으로 동아시아에서 중국과 소련의 동맹에 대한 대항축으로 고안되었다. 덜레스(Dulles)는 평화조약의 안보 관련 조항을 개정할 것을 권고하면서 다음과 같이 주장했다.

1952년의 세계에서 협상국들 중 일부에서 제시되는 것처럼 일본에 자력방위의 형식적인 요건만을 갖는 주권을 부여하자는 식의 주장은 사기이다. 태평양 지역의 안보는 집단적인 토대에서 유지되고 있

---

162   C. Lee, *Japan and Korea: The Political Dimension,* Stanford: Hoover Institution Press, 1985, p.25.
163   미국은 1946년부터 1951년까지 합계 20억 달러, 즉 매년 3억 달러가 넘는 금액을 일본을 지원하기 위해 사용했다. *American Foreign Policy,* 1950-1955, p.467.
164   C. J. Lee and H. Sato, *U.S. Policy toward Japan and Korea,* New York: Praeger, 1982, p.5.

으며, 일본이 그 집단안보에 가지는 권리를 부인하는 국가가 있다면 그 국가는 '침략에 대한 묵인자'에 해당할 것이다.[165]

도지(Dodge)는 조약 이후의 대일관계에서 미국이 다음과 같은 점에서 일본에 의존하고 있다고 결론지었다.

첫째, 미국과 비공산권 아시아의 경제적 안정을 위한 제품과 서비스의 생산, 둘째, 일본과 비공산권에서 사용될 물량의 저가 군사용품 생산, 셋째, 방어용으로서 일본의 적절한 군사력 개발과 미국 군사력의 재배치를 허용하는 것.[166]

일본 정부는 미국에 다음과 같은 사항을 확신시켰다.

일본은 미국으로부터 기술적·재정적 지원을 받아 방위산업을 보수하고 육성해서 군사재와 전략적 물질을 공급함으로써 미국의 재군비 계획에 공헌하고 그를 통해 안정적인 달러 수령을 확보하고 증가시키려고 한다. (…) 일본은 미국의 경제원조계획에 따라 동남아의 발전에 더 적극적으로 협력할 것이다.[167]

한국전쟁은 이와 같은 일본에 대한 냉전정책의 적용을 더욱 촉진

---

165 *American Foreign Policy,* 1950-1955, p.473.
166 J. Dodge, "Japan: Post-Treaty Relationship", G. Kolko, *Limits of Power,* New York: Harper and Row, 1972, p.533에서 재인용했다.
167 "From Hideo Suto to W. Marquat", Kolko, 1972, pp.532-533에서 재인용했다.

시켰고 일본과 오키나와의 미군 주둔이 미국의 지역적 안보를 위해 필요하다는 것을 보여주었다. 또한 한국전쟁은 평화조약 이후 미군의 지속적인 일본 주둔의 적실성에 대한 일본인들의 의구심을 감소시켰다.[168] 동아시아에서의 새로운 세력균형의 추구는 한국전쟁으로 인한 미중관계의 악화로 더 가속화되었다.[169] 또한 한국전쟁은 일본과 일본의 제국주의에 가장 오랫동안 극렬하게 저항해온 두 나라인 한국과 중국과의 관계에서 전환점을 제공했다. 미국은 한국전쟁 이후 일본과의 군사적·경제적 연계에 의한 반(反)중국 봉쇄정책을 체계화했다.

한국전쟁의 발발 이후 일본의 미국 사령부는 일본의 대중국 무역 허가를 취소하고 중국에 대한 일본 수출의 전면적 금지를 명령했다.[170] 이러한 통상금지에도 불구하고 일본은 한국전쟁으로부터 큰 경제적 이득을 얻었다. 이 전쟁은 일본의 자본주의를 부활시키는 중요한 기회를 제공했으며 한국에 대한 일본 기업의 간접적 관심을 다시 살려내는 계기가 되었다.[171] 미국의 전시 '특별조달명령'은 곧 단

---

168 Lee and Sato, 1982, p.25. 케넌은 심지어 일본 내의 군대 주둔을 허용하는 평화조약을 일본에 부과하기 위한 미국의 결정 때문에 한국에서 갈등이 촉발될 수 있었다고 주장하기도 했다. G. Kennan, *Memoirs, Vol. I: 1925-1950*, p.498.

169 한국전쟁 이전에 미국의 주된 견해는 중국에서 공산주의의 승리가 영속적이 아니라 단지 일시적으로 아시아에서 소련의 영향력을 증대시키게 되리라는 것이었다. 미국의 정책결정자들은 중국이 소련의 위성국으로 남기에는 너무 큰 나라라고 생각했다(이는 이후에 사실로 증명되었다). 그러나 한국전쟁 이후 몇 년 동안 미국의 관료들은 중국의 참전이 소련의 이익을 위한 것이었고 이는 중국이 소련의 통제를 받는다는 것을 증명한다고 생각했다. *Foreign Relations of the United States*, Vol. 7, p.1080.

170 맥아더(MacArthur) 장군은 일본이 중국에서 시장을 확보하는 것이 '인권'에 반하는 일이기 때문에 옳지 못하다고 지적했다. Lee and Sato, 1982, p.16.

171 Bix, 1973, pp.196-199.

기간의 긴급적 구매 성격에서 일본 회사들의 반영구적인 이익 형태로 전환되었다. 이채진과 사토(Sato)는 이 효과를 다음과 같이 설명했다.

전쟁 기간 3년 동안 미국 조달계약의 가치는 1945년부터 1951년까지 미국의 원조 액수를 훨씬 상회했다. 여기에서 만들어진 소위 '한국전쟁 특수'로 인해 태평양전쟁 전의 수준을 넘는 산업 생산이 가능해졌고 일본은 경제회생의 길로 접어들었다. 1952년 일본의 독립성 회복의 대가로 일본은 자국 영토 내에 미군의 지속적 주둔을 허용했다. 그 결과 일본은 1953년 한국의 휴전협정 이후에도 미국의 군사조달을 받아 상당한 액수의 금액을 계속 수령할 수 있게 되었다.[172]

또한 한국전쟁 기간 동안 미국의 막대한 군사비 지출은 일본의 수출지향형 기업들에 도움을 주었다. 하나의 예로 부도 위기에 있던 도요타 자동차는 미국 국방성의 전시트럭 주문으로 회생했고 유사한 혜택이 많은 일본 기업들에 주어졌다.[173] 공개된 일본 문서에 따르면, 일본은 사실상 한국전쟁의 휴전을 반기지 않았으며 '한국전 특수'의 종언으로 인한 경제침체를 우려했다. 미국 정부는 이러한 문제를 인지하고 있었으며 일본의 경제성장을 위해 지속적으로 미국 달러를 받을 수 있도록 도움을 줄 것이라고 일본 정부를 안심시

---

172 Lee and Sato, 1982, p.17.
173 P. Kennedy, *The Rise and Fall of Great Powers,* New York: Random House, 1987, p.417.

켰다.[174] 1960년대 베트남 전쟁 기간 동안 미국의 지출도 일본 경제에 유사한 '기관차' 역할을 수행했다.[175]

1960년의 새로운 미일 안보조약은 좀 더 증대된 군사적 능력과 지역적 역할을 원했던 일본 정부의 기대와 동아시아에서 일본과의 연합전략체제를 원했던 미국의 기대를 모두 만족시켜주었다.[176] 동아시아의 냉전체제는 일본에 미국에 대한 일시적 의존과 지역에서의 자율적인 지위를 함께 제공했다. 미국의 지역 전략이 일본이 아시아 인접국들에 비해 경제적 우위를 갖는 전전의 위치를 회복하도록 유도했던 것이다. 또한 일본은 냉전기에 세계시장에서의 경쟁적 구도에 적합한 정치적·경제적 구조를 보유할 수 있었다.[177] 메이지 시기 이래 '강성국가'의 전통이 미국의 도움으로 유지되었으며, 이른바 전후 일본 경제의 '불사조 요인'은 동아시아의 전략적 맥락과 밀접하게 연결되어 있었다.[178]

174 "일본 정부에 대한 미 국무부 차관보의 1953년도 서한", 『동아일보』, 1989. 10. 16.
175 일본은 베트남 전쟁을 문제가 아닌 기회로 생각했다. "무라카미 요시오와의 면담", T. Havens, *From across the Sea: The Vietnam and Japan,* Princeton: Princeton University Press, 1987, p.97에서 재인용했다. 일본 통상산업성(MITI) 자료에 따르면, 일본 기업들은 베트남에서 미국의 기지와 부대에 필요한 대부분의 물품을 제공했다. Havens, 1987, p.98.
176 Bix, 1973, pp.210-211. 조약 개정 이후 일본 국내정치의 소요에 대해서는 I. Destler et al., *Managing an Alliance: The Politics of U.S.-Japanese Relations,* Washington D.C.: The Brookings Institution, 1976을 보라.
177 Cumings, 1984b, pp.19-21을 보라. 선우학원(Sunoo)은 미국의 정책이 "일본 군사주의의 부활, 재벌의 재등장, 동아시아에서 일본의 이전 시장 재장악에 공헌했다."라고 지적했다. H. Sunoo, *Japanese Militarism: Past and Present,* Chicago: Nelson Hall, 1975, pp.130-131.
178 패트릭(Patrick)은 미국과의 동맹이 일본에 부여한 경제적 보상 효과를 지적했다. 그는 일본이 미국의 특별조달 지출에 더해 미국의 증대되는 수입시장과 단기·장기 자본시장에 대한 지속적인 접근으로 이득을 보았다고 주장했다. H. Patrick, "The Phoenix Factor from the Ashes: Postwar Japan", J. Crowley ed., *Modern East Asia,* New York: Hartcourt,

동아시아에서 미국과 일본에 의한 상대적인 '이원적 패권(dual hegemony or bigemony, 즉 두 패권국에 의한 지배)'의 기원은 냉전기 미국의 아시아 정책에서 발견할 수 있다.[179] 커밍스가 주장하듯이, 동아시아에서 미국 패권의 유형은 안보적 고려와 경제적 고려가 너무 밀접하게 연결되어 있는 형태였기 때문에 동맹국과의 경제적 경쟁이 자국의 세계적·지역적 전략에 좋은 것인지 그렇지 않은지 구별하기가 힘들어졌던 것이다.[180] 한국전쟁 이후 미국의 대일정책의 기본 목표는 일본 산업을 재건하고 미국과의 경제적 연계를 분명히 하며 동아시아에서 전략적 파트너를 확보하기 위해 제한적 재무장을 달성하는 것이었다. 1950년대에 미국은 일본의 수출을 위한 물자와 시장을 공급했고 일본으로 기술이전을 허용했는데, 이는 일본 경제의 성장을 촉진했다. 1950년대 말에 이르러 일본은 벌써 미국과 공식적으로 좀 더 대등한 지위를 요구할 만큼 경제적으로 발전했다.[181] 1960년대 중반 이래 일본은 더 이상 미국의 후견을 필요로 하는 취약한 피후견국이 아니었다.[182] 일본과 미국 사이의 상대적 권력

Brace and World, 1970, p.310. 다른 한편으로 서구에 일본 시장을 개방하고자 했던 미국의 시도는 그다지 성공적이지 못했다.

179 이 개념을 살펴보기 위해서는 Chan, 1991, p.103을 보라. 1980년대 후반에는 이러한 논의가 지역적 차원을 넘어서서 전개되었다. J. Makin and D. Hellmann eds., *Sharing World Leadership?: A New Era for American and Japan*, Washington D.C.: AEI, 1989를 참조하라.

180 Cumings, 1984b, p.7. 번디(Bundy)는 "안보는 (극동에서) 필수적이다. (…) 우리의 안보적 연계는 우리를 이러한 (동아시아) 국가들의 많은 문제에 대해 그렇지 않았더라면 하지 않았을 것보다 훨씬 더 깊숙이 관여하게 했다."라고 말했다. Address before the Far East American Council of Commerce and Industry, *American Foreign Policy*, Oct. 1965, p.702.

181 이에 대해서는 3장을 참조하라.

182 따라서 비록 동북아시아의 외부적·지정학적 맥락이 일본에 한국이나 대만과 같은 나

관계의 변동은 1970년대부터 동맹에서의 갈등 요인으로 작용하기 시작했다.

(2) 한미관계

1945년 이래 한미관계의 진화는 미국의 동아시아 정책의 전반적인 전환 양상을 잘 보여주고 있다. 동아시아의 냉전은 궁극적으로 '열전'의 수준에 도달했다는 점에서 유럽의 냉전과 차별성을 지닌다. 말할 필요도 없이 한국전쟁의 발발은 한국에 대한 미국 정책의 전개에 중요한 역할을 수행했다. 일부 학자들은 한국전쟁이 동아시아 냉전의 '산물'이라고 주장하지만,[183] 오히려 동아시아에서의 냉전이 한국전쟁의 영향 속에서 본격적으로 전개되었다고 보는 것이 적절할 수 있다.[184] 한국전쟁은 한국을 포함한 동아시아 전체에 대한 미국 정책의 재평가를 가져왔으며, 소련 공산주의에 대한 트루먼 독트린은 전쟁 발발 이후에야 이 지역에 공식적으로 적용되었다.[185]

해방 이후 미국의 대한정책의 기본 목표는 "상당 기간 동안 러시아의 지배에 대항할 수 있는 능력을 가진 독립적이고 민주적이며 안정적인 한국 정부의 수립"이었으며, 소비에트 혹은 소비에트의 지원

라와 유사한 정치적·경제적 영향을 주었다고 할지라도, 후견-피후견 국가관계의 개념을 이 시기 이후 미일관계에 적용하기는 힘들 것으로 생각된다. 1970년대 이래 일본은 여전히 동아시아의 미국 중심 안보 네트워크에서 상대적인 '무임승차자'였지만 오히려 경제적으로는 이 지역에서 또 하나의 '후견국'으로서 자율적인 역할을 수행하기 시작했다.

183　Nagai and Iriye, 1977을 보라.

184　하영선, "냉전과 한국", 『논문집』, 10, 1986을 참조하라. 한반도에서의 미중 간 교전과 그에 다른 양국의 서로에 대한 적대적 위협인식의 강화가 가장 중요한 요인이었다고 할 수 있다.

185　K. Carter, *The Asian Dilemma in US Foreign Policy,* Armonk: M. E. Sharp, 1989, p.48.

을 받는 세력에 의한 통제를 방지하는 것에 비해 "한국의 독립은 이차적인 목표"에 해당했다.[186] 커밍스는 "미국은 다른 곳에서와 마찬가지로 한국에서의 혁명을 반대"했으며 "순응적인 한국을 만드는 것이 자결(self-determination)보다 훨씬 중요했다."라고 지적했다. 일본에서의 간접적인 점령정부체제와 비교해서 미국은 한국에서 좀 더 직접적인 군정통치를 시행했다.[187] 1945년에서 1948년까지 미군정기의 주된 결과는 한국에서의 자생적인 좌익세력의 소멸과 상대적으로 보수적인 반공 정치권의 강화라고 할 수 있다.

높은 정치적 가치에 비해 한국이 갖는 전략적 가치는 부침을 겪었다. 합참은 1947년에 다음과 같이 주장했다.

안보적인 견지에서 현재 한국에 대한 지원의 주된 이유는 (…) 이 나라가 우리가 적수에 직접 맞서서 2년 동안 외롭게 이념적인 전쟁을 수행해온 국가의 하나이고 이 전투에서의 패배는 미국의 위신에 크게 상처를 주고 나아가 세계 전체의 안보를 위협하기 때문이다.[188]

케넌은 같은 해에 "우리는 한국이 우리에게 군사적으로 핵심적

---

186 "US Document No. 3, Joint Commission Files, 1946", B. Cumings ed., *Child of Conflict: The Korean-American Relationship*, Seattle: University of Washington Press, 1983, pp.18-19에서 재인용했다.

187 커밍스는 "(미국이 행한) 이 과정은 개별적인 남북한 정부의 수립을 불가피하게 했다." 라고 말했다. B. Cumings, "American Policy and Korean Liberation", F. Baldwin ed., *Without Parallel*, New York: Pantheon Books, 1973, pp.85-87.

188 Joint Chief of Staff, "US Assistance to Other Countries from the Standpoint of National Security", April, 1947. T. Etzold and J. Gaddis, *Containment: Documents on American Policy and Strategy*, New York: Columbia University Press, 1978, pp.71-83에 서 재인용했다.

인 것으로 간주된다고 인식하지 않는다. 만약 이것이 옳다면 우리의 정책은 우리의 비용을 줄이고 그곳으로부터 우아하게, 그리고 가능한 빨리 빠져나오는 것이 되어야 한다."라고 말했다.[189] 「NSC-68」에서도 다음과 같이 지적되었다.

미국이 한국에서 가능한 부정적인 영향을 줄이고 될 수 있는 대로 빨리 철수할 수 있도록 하는 방식으로 한국 문제를 해결하기 위해 적절한 모든 수단을 강구하는 것이 미국 정부의 노력이 되어야 한다.[190]

미국의 정책결정자들 사이에서 한국에 대한 논쟁은 한국이 전면전의 시대에 전투를 수행하기 위해 적절한 곳이 아니라는 군사적 고려와 한국의 상실이 미국의 위신과 신뢰에 의문을 제기하게 될 것이라는 정치적 고려 사이에서 맴돌았다.

한국전쟁 이전에 미국은 극동에서 일본의 방위에 주된 관심을 갖고 있었고 아시아의 본토에 개입하는 것을 꺼려하고 있었다. 케넌은 1948년의 보고서에서 아시아 본토가 미국의 대전략에 그다지 중요하지 않다고 주장하면서 오키나와에 큰 중요성을 부여하고 한국에서의 미군 철수를 권고했다. 그의 서태평양에 대한 전략적 개념은 다음과 같았다.

---

189 "Memorandum by Kennan to Butterworth", *Foreign Relations of the United States,* 1947, Vol. 6, p.814.
190 *Foreign Relations of the United States,* 1948, Vol. 6, p.1168.

우리가 우리 자신의 안보에 도움이 되는 방식으로 아시아 본토의 일들에 영향을 끼치도록 노력해왔지만, 본토의 어떤 지역도 우리에게 핵심적인 것으로 간주하지는 않는다. 따라서 한국에서는 되도록 빨리 철군해야 한다. (…) 오키나와가 서태평양 지역에서 공격적인 전력의 중심이 될 것이다. 이로써 알류샨, 류큐, 이전의 일본 통치 지역의 섬들, 그리고 물론 괌을 연결하는 U자 형의 미국 안보 전역의 중심적이고 가장 발달된 지점이 형성된다.[191]

비록 「NSC-68」에서 주변부(전통적인 러시아 국경의 경계 지역과 소련과 독립적인 정체로서 위성국의 등장 지역)에서 긍정적인 미국 정책이 필요함을 강조하기는 했으나,[192] 한국은 제한전이 발발할 가능성이 가장 낮은 지역으로 여겨졌다.[193] 트루먼은 케넌의 건의를 받아들였고, 주한미군의 철수는 1948년 9월에 시작되었다.

하지만 2년 후 한국전쟁이 발발했을 때 북한의 공격은 갑자기 극동만이 아니라 전 세계의 전체적인 집단안보체제에 대한 도전으로 받아들여졌고, 미국의 관료들은 한국이 일본의 안보에 결정적으로 중요하다고 생각했다. 따라서 한국의 전략적 가치는 공격 이후 급격하게 증가된 것처럼 보였으며, 한국전쟁 이후 동아시아에서의 재무장이 진지하게 고려되었다. 북한의 남침 재발 가능성 때문에 한반도에서의 지속적인 미국의 안보적 관심이 정당화되었다. 한국전쟁으

---

191 *Foreign Relations of the United States*, 1948, Vol. 1, p.534. 케넌의 전략적 구상은 맥아더의 견해나 애치슨의 1950년 프레스 클럽 연설 내용과 유사했다.

192 Etzold and Gaddis, 1978, p.439.

193 U. S. Congress, *Economic Assistance to China and Korea: 1949-1950*, p.176을 보라.

로 인해 동아시아의 '대전역'이 다시 구획되었으며, 한국은 1953년 이후 주로 전략적인 목적에서 많은 원조를 받게 되었다.

한국에 대한 미국의 원조정책은 동북아시아에서 미국 전략의 변화와 연속성을 모두 보여주었다. 전쟁이 발발하기 전에 미국 의회는 한국에의 원조 문제를 다루었다. 하원은 81차 의회의 두 번째 회기에서 트루먼 행정부가 요구한 1억 5천만 달러의 금액을 6천만 달러로 삭감했는데, 행정부는 1억 5천만 달러가 한국을 실질적인 경제 자급 과정으로 유도하는 데 필요한 최소 액수라고 지적한 바 있었다. 심지어 이 금액마저 1950년 1월에 부결되었고, 애치슨은 하원의 대외문제위원회에서 한국에 대한 원조 지속을 호소했다. 그럼에도 불구하고 보리스(Vorys)와 같은 의원들은 여전히 한국에의 원조 프로그램이 '실질적으로 쥐구멍에 들어가는 돈'이라고 비난했고, 새로운 '대만 부칙(Formosan amendment)'이 추가된 이후에야 그 금액이 하원에서 승인되었다.[194]

하지만 전쟁이 발발하자 한국에 대한 군사원조 법안은 상원과 하원에서 거의 만장일치로 통과되었다. 의회 기록에 따르면 다음과 같다.

상원은 한국이 공격당하기 단 72시간 전에 그 법안에 대해 토론하기 시작했다. (⋯) 상원의원들은 군사원조안에 대한 빠르고 결정적인 행동을 강하게 밀어붙였고 6월 30일에 66 대 0의 압도적인 표차로 법안을 통과시켰다. (⋯) 하원의 대외관계위원회는 그 법안에 대

194　*Congress Quarterly Almanac*, 81st Congress, 2nd Session, 1950, pp.223-224를 보라.

한 청문회를 소집하고 있었다. (…) 하원은 독자적인 안을 제출하려고 했지만 전쟁 발발 이후 그 생각을 포기했다. 위원회는 상원이 통과시킨 금액을 7월 11일에 전광석화로 24 대 0으로 가결했다. (…) 하원은 7월 18일에 안건에 대해 일반적인 토론을 했지만 어떠한 수정안도 요청하지 않았다. 하원 내에는 만장일치하자는 분위기가 만연했고 절차에 별다른 반론은 수반되지 않았다. 마지막 표결은 7월 19일에 이루어졌는데, 원조안은 362 대 1의 압도적인 표차로 통과되었다. 상원에서 수정 없이 넘어와 하원에서 통과된 법안은 대통령의 서명을 거쳐 법령으로 전환되었다. 주요한 해외원조안이 상원과 하원의 이견을 조율하는 모임 없이 통과된 것은 (2차) 세계대전 이후 처음이었다.[195]

한국전쟁의 가장 지속적인 유산은 동북아에서의 새로운 지역적 안보협력체제였다. 미국과 일본 사이의 안보조약에 더해서 1953년에 미국과 한국 사이에 안보조약이 조인되었다.[196] 동북아시아에서의 지역안보복합체는 지구적인 유형의 미소 경쟁구도와 국지적인 국가의 안보 사이에서 중요한 매개적 역할을 수행했다. 그러나 지역체제의 '규칙들'은 주로 미국에 의해 부과되거나 일본과 공동으로 만들어졌다.[197] 미국의 이 지역안보 네트워크에 대한 주된 관심은 일본의 방어였고 한국에 대한 공약은 사실상 이 목적에 의해 정당화되

---

195 *Congress Quarterly Almanac*, 81st Congress, 2nd Session, 1950, pp.220-222.
196 뒤에서 언급하겠지만 이 삼각관계의 마지막 연계는 1965년 한일 국교정상화로 형성되었다.
197 Ng-Quinn, 1986, p.108.

었다.[198] 따라서 냉전 초기의 한미관계는 미국의 안보적 관심과 지역 안보체제 내의 한국의 하위적 역할에 의해 기본적으로 좌우되었다.

동북아의 전략적 맥락에 대한 고려는 한국과 같은 약소국에 대한 미국의 상대적으로 과도한 경제적 관심을 설명해줄 수 있다. 인구 1인당 금액으로 볼 때 한국은 세계적으로 1950년대와 1960년대 초반에 미국의 가장 큰 경제적·군사적 원조의 수혜자였고, 경제적 지원의 상당 부분은 간접적으로 군사적 목적으로 전용되었다.[199] 하지만 한국에 대한 원조정책의 근본적 목적은 일본에 대한 것과 크게 달랐다. 일본이 생산적인 산업에 대한 미국의 대규모 투자의 수혜자였던 것에 반해 한국은 주로 방위에 대한 지원 프로그램의 대상이었다. 미국이 일본을 미래의 군사동맹과 경제 파트너로 만들기 위해 집중적인 노력을 기울였던 데 비해 한국에 대한 미국의 지원 계획은 훨씬 더 협소한 방식으로 고안되었던 것이다.

한국전쟁 이후 미국은 자국의 안보적 목표의 견지에서 한국 경제를 성장시키기를 원했다.[200] 한국경제문제 특별보좌관이었던 태스카 (Taska)는 대통령에게 제출한 보고서에서 다음과 같이 말했다.

대한민국은 자유세계의 군사적 노력에 훌륭한 공헌을 해왔습니다. (…) 이러한 탁월한 군사적 공헌은 경제적 배경과 그 나라를 흔들어 놓은 파괴와 시련과 함께 검토되어야 합니다. (…) 더 이상의 인플

198　R. Betts, "Washington, Tokyo, and Northeast Asian Security: A Survey", *The Journal of Strategic Studies*, 6(4), 1983, pp.21-22.
199　해외원조의 정치적·경제적 영향에 대해서는 나중에 서술할 것이다.
200　*NSC-156: Note by the Executive Secretary to the NSC on Strengthening the Korean Economy*, National Security Council, June 23, 1953, p.1.

레이션과 증대되는 시련은 일반 시민들의 사기를 꺾을 수 있습니다. 사기의 저하와 이에 따른 군사적 노력에의 부정적 영향은 아시아에서의 미국의 지위에 심각한 결과를 초래할 수 있습니다. 이상과 같은 이유에서 저는 군사적 지원과 구호, 재건을 위한 새로운 3개년 통합 경제 프로그램을 강력하게 제안합니다. (…) 이와 같은 프로그램은 다음과 같은 목표를 달성하게 될 것입니다.

첫째, 병참과 사기의 견지에서 대한민국의 군을 지원한다.
둘째, 대한민국 병력으로 대체함으로써 미군 병력의 상시적 배치를 면한다.
셋째, 한국 국민의 사기를 진작시키고 미국의 목표에 대한 지원을 얻는다.
넷째, 자유로운 아시아와 세계에 대한 침략에의 저항은 자유세계의 다른 나라들로부터 효과적인 도덕적·물질적 지원을 얻게 된다는 전례를 제공한다.
다섯째, 일본에서 미국의 잠재적인 군사적 조달이 감소하고 거대한 중국 수출시장을 지속적으로 상실함으로써 일본이 공산주의 지역으로 추가적인 시장 확대를 모색할 수 있는 시점에 일본 경제와 자유세계에 대한 일본의 경제적 지향에 대한 병렬적인 강력한 지원을 제공한다.[201]

1950년대 미국의 한국정책의 궁극적인 목적은 "필리핀, 일본, 대

201　*NSC-156*, pp.2-3.

만, 한국을 포함한 서태평양에서 집단안보체제를 구축하고 한국을 이에 참여시키며 궁극적으로 태평양안전보장조약(ANZUS)과 동남아시아조약기구(SEATO)와 연결하는 데 필요한 조건들을 장려함으로써 태평양 지역에서 자유세계에 실질적인 공헌을 할 수 있도록 대한민국을 지원하는 것"이었다.[202] 미국은 "주요한 외교정책 의제들에서 대한민국의 행정부와 정치적 리더십이 미국의 견해를 지지하도록" 만들고자 했다.[203] 하지만 제1공화국의 대통령인 이승만은 미국의 전략적 목표의 관점에서 볼 때 좋은 파트너가 아니었다. 그의 저항적 태도는 미국의 정책결정자들과의 사이에서 많은 문제를 야기했으며, 한일관계는 그 예 중의 하나였다. 이채진과 사토는 이 문제를 다음과 같이 서술했다.

> 미국은 일본과 한국 사이에 상호적인 경제적·외교적 지원이 발전되어가는 것을 선호했다. 국무장관 덜레스는 1953년에 이승만 대통령을 만났을 때 일본과 한국에서 대만, 필리핀, 인도차이나로 연결되는 반공의 호(弧)가 갖는 전략적 중요성을 지적하고 서태평양의 안보적 관심은 한국과 일본 간의 밀접한 협력적 관계를 요구하고 있다고 강조했다. 이승만의 대응은 예상대로 부정적이었다. 그는 한국인들이 소련보다 일본에 대해 더 우려하고 있는데 이는 일본의 정책이 일본의 오랜 식민주의 관념을 되살리려고 하고 있기 때문이라고 지적했다. 이승만은 미국이 일본을 군사적·경제적으로 재건하려는 것을 멈출 것과, 경제협력국(Economic Cooperation Administration)이 한

---

202 *NSC-5702/2: US Policy toward Korea,* August 9, 1957, pp.1-2.
203 *NSC-5702/2,* p.4.

국에서 사용하기 위해 일본 상품을 구매하는 것을 자제할 것을 요구했다. (…) 국무부의 설득이나 한일협상을 위한 미국의 중재 모두 이승만의 깊게 뿌리박힌 반일감정을 감소시키는 데 실패했다. 이승만은 1954년에 덜레스에게 보낸 서한에서 만약 미국이 일본의 재건을 시도한다면 동양의 국민은 "일본인에게 저항하기 위해 차라리 소련과 협력할 것"이라고 천명했다.[204]

미국으로서는 1960년 제2공화국의 '민주적인' 내각체제의 등장이 이러한 상황을 호전시킬 것처럼 보였는데, 이는 미국에서 교육받은 가톨릭 신자인 장면 수상이 대부분의 외교정책과 경제정책의 의제에서 미국의 정책결정자와 의견을 같이하고 있었기 때문이다. 이승만의 하야 이후 국무부는 정보보고서에서 다음과 같이 말했다.

대한민국은 4월(학생)혁명 직후에 과도정부가 이승만의 외교정책의 두 가지 주요 원칙인 반일주의와 북진통일을 폐기하면서 국제관계에서 새로운 시기를 맞게 되었다. 억류된 일본 선원의 석방, 소위 '이승만 라인'에 의해 나포된 일본 선박 수의 감소, 일본 기자의 한국 입국 최초 허용, 친선 사절로 일본 고사카(小坂) 외상의 서울 방문 등은 두 나라의 외교적 관계 수립을 막아온 문제들의 해결 전망을 크게 증대시켰다.[205]

204   Lee and Sato, 1982, p.26.
205   "Intelligence Report: Korean International Relations", Department of State, Bureau of Intelligence and Research, March 1, 1961, p.3.

장면 내각이 일본에 대해 덜 적대적이고 정상적인 한일관계의 정치적·경제적 필요성을 인지하고 있었다는 점은 사실이다. 하지만 다른 한편 제2공화국은 대외정책에 대한 당쟁과 국내정치적 반대를 통제할 수 없었다.[206]

박정희의 1961년 쿠데타는 미국과 한국 사이의 '강력한' 후견-피후견 관계 형성을 위한 계기를 제공했다. 제3세계의 군사 쿠데타 결과는 미국에 중요했는데, 이는 그것이 미국에 우호적이거나 적대적인 새로운 정권을 만들어내기 때문이었다.[207] 한국의 제3공화국은 기본적으로 강력한 사회적 통제를 바탕으로 한 '반공' 정권이었다.[208] 쿠데타 이후 군사혁명위원회는 "위원회는 반공을 첫 번째의 국가정책으로 설정할 것이며 이후로 반공에 관한 피상적인 구호나 립 서비스를 지양하고 반공 태세를 강화할 것"임을 천명했다.[209] 미국 정부는 (서울의 대리대사가) 성급하게 발표한 공적인 반대 입장을 철회하고 "전통적인 양국의 친선관계는 지속될 것이다."라고 재확인했다.[210] 미국 국무장관 러스크(Rusk)는 미국이 한국의 군사정부가 시행하는 개혁에 만족하고 있으며 "우리는 두 나라 사이의 밀접

---

206 장면이 수상이 되기 이전에 미국 행정부는 "그는 추진력과 용기를 결여하고 있는 것처럼 보인다."라고 생각했다. "Intelligence Report: New Leadership in South Korea after Syngman Rhee", July 14, 1960, p.4.

207 S. David, *Third World Coups d'Etat and International Security*, Baltimore: Johns Hopkins University Press, 1987, p.16.

208 쿠데타와 제3공화국 사이 군정의 정책은 제3공화국의 것과는 달랐는데, 이는 이후에 논의할 것이다.

209 Announced by the Chairman of the Military Revolutionary Committee, May, 16, 1961, *American Foreign Policy*, 1961, p.975.

210 Message to the Korean Foreign Minister, May 26, 1961, *American Foreign Policy*, 1961, p.975.

한 협력을 위한 새로운 토대가 만들어지고 있다고 느낀다."라고 말했다.[211]

박정희는 애당초 대외정책에서 상대적으로 독립적인 정책을 추구하려고 했다. 그러나 내부적으로 취약한 정당성과 자원을 갖고 있었던 신생 군사정권이 외부적인 자원과 미국의 지원을 구하는 것은 곧 불가피한 일이 되었다. 1960년대 박정희 정부의 두 가지 주된 외교 사례는 1965년의 한일 국교정상화와 1960년대 후반의 베트남 파병이라고 할 수 있는데, 이는 모두 미국과 한국 사이의 후견-피후견 국가관계의 전형적인 예였다. 후견국은 자국의 전략적 목적을 위해 중요한 역할을 수행하는 피후견국의 대외적 행위에 주요한 영향력을 행사했고 그 이익은 최소한 단기적으로는 상호적이었다.

쿠데타 이후 케네디 행정부는 도쿄와 서울을 연결할 새로운 호기를 잡게 되었다. 케네디는 일본 수상 이케다(池田)와의 만남에서 한일협력의 중요성을 역설했다. 러스크는 1961년 11월에 아시아를 방문했을 때 일본에 한국과 조기에 국교정상화를 할 것과 논쟁적인 청구권 문제를 해결하고 향후 한국의 경제개발 5개년 계획에 도움을 줄 것을 요구했다. 러스크는 서울에서 박정희에게 유사한 의사를 전달했고, 박정희와 러스크는 "(한국과 일본의 국교정상화를 위한) 협상의 빠른 타결은 한국과 일본, 그리고 자유세계를 위해 주요한 이익을 제공할 것"이라고 동의했다.[212] 장면 내각이 여론의 반향에 대해

---

211 Statement Read by Rusk at a News Conference, July 27, 1961, *American Foreign Policy,* 1961, p.976.

212 Joint Communique issued at Seoul by Park and Rusk, January 29, 1964, *American Foreign Policy,* 1964, p.920.

극도로 민감했던 것에 비해, 군사정권은 이를 전적으로 무시할 수는 없었지만 정책 결정에서 더 큰 자율성을 갖고 있었다. 박정희는 일본과의 국교정상화를 통해 자신의 '존재 이유'를 증명할 수 있으며 일본뿐만 아니라 미국으로부터도 지속적인 지원을 얻을 수 있다는 것을 깨달았다.

러스크의 방문 며칠 후 박정희와 이케다는 도쿄에서 만나 외교적·경제적 정상화를 위한 전체적인 정책적 틀에 동의했다. 특히 둘은 재산권과 청구권의 의제를 '탈식민화의 보상'이 아닌 '경제협력'의 수단으로 개념화한다는 데 의견을 같이했다.[213] 중앙정보부 김종필 부장은 1962년 11월에 오히라(大平) 외상을 만나 한국의 청구권에 대한 상호 합의에 도달했다.[214] 이 논의의 기준이 되었던 소위 김-오히라 메모의 내용은 다음과 같았다.

1. 한국의 청구권을 위한 3억 불 무상 원조(10년 분할)
2. 경제 지원의 형태로 한국에 대한 정부 간 차관 2억 불(20년에 걸쳐 연리 3.5%, 7년간 지불유예)
3. 상업 차관으로 1억 불 혹은 그 이상(통상적인 국제재정 관례에 준함)
4. 원조와 차관은 일본 상품이나 서비스로 지불 가능[215]

---

213 Lee and Sato, 1982, p.29.
214 김종필은 필자와의 면담에서 자신이 이 문제를 '현실적으로' 접근한 최초의 인물이었으며 협상 과정에서 미국의 '직접적인' 역할은 없었다고 말했다. 김종필과의 면담, 1989년 8월 19일.
215 『한일회담백서』, 대한민국정부, 1965, p.49.

이승만은 한국 협상단에 청구권 액수로 20억 달러에서 80억 달러 정도를 지시했고, 장면 내각은 8개 범주에 걸쳐 12억 5천만 달러를 상정했다고 보고된 바 있었다.[216]

하지만 이 공식적 합의는 이와 같은 '비밀외교'에 대한 국내적 저항 때문에 이행이 지연되었다. 이 국면에서 중요한 역할을 한 것은 미국 정부였다. 미국은 소통과 중재의 기능에 더해 한국과 일본에 자국의 전략적 시각과 그 지역적 전개 구상을 주입시켰다. 더 나아가 미국 정부는 한국의 대중들이 이와 관련된 국가 이익을 '초당적 견지'에서 인식하도록 홍보하려고 했다.[217] 국교정상화조약은 한일 양국의 국내적 반대 속에서 1965년에 마침내 조인되었고 이후 미국 전략의 아시아 축은 가장 견고한 형태로 구축될 수 있었다.[218] 이채진과 사토는 다음과 같이 말했다.

1965년에 일본과 한국이 정상적인 국가관계를 수립하자 미국은 오랫동안 추구해온 동아시아에서 전략적으로 핵심적인 삼각제휴 구성의 목표가 달성되었다는 것을 확신했다. 일본과 한국이 직접적으로 협력하는 관계를 만들려는 덜레스의 노력이 수포로 돌아간 이후 10

---

216 B. Kim, *The Korea-Japan Treaty Crisis and the Instability of the Korean Political System*, New York: Praeger, 1971, p.57. 협상의 구체적인 내용과 과정을 살펴보기 위해서는 『한일회담약사』, 외무부, 1984를 참조하라. 김종필에 따르면, 1950년대에 협상단을 이끌었던 유진오는 김종필에게 자신의 생각에 일본으로부터 받아낼 수 있는 최대한의 금액이 1억 달러 정도일 것이라고 말했다고 한다. 김종필과의 면담, 1989년 8월 19일.
217 번디는 "내가 1964년에 국무부 차관보가 된 이후 한국과 일본이 국교정상화를 추진하려고 했을 때 두 국가를 매개하는 적극적인 역할을 수행했다."라고 회고했다. Lee and Sato, 1982, p.30.
218 Bix, 1973, p.207.

년이 넘는 기간 동안 미국은 일본과 한국 사이의 복잡한 협상을 진척시키려 노력해왔고 마침내 그 인내가 결실을 보았던 것이다.[219]

이러한 동아시아의 정치적·군사적 통합으로 인해 미국은 베트남에서 효과적으로 정책을 펼칠 수 있었다. 일본이 물질적 지원을 제공한 반면, 한국은 병력과 민간 인력을 파견했다.[220] 미국이 한국과 일본이 빨리 국교정상화를 하도록 재촉한 이유 중 하나는 사실상 1960년대 초반에 악화되기 시작한 인도차이나의 상황이었던 것이다. 번디는 다음과 같이 언급했다.

한국과 일본의 국교정상화는 자유세계를 강화시킨 동시에 한국의 성장과 발전에 공헌했다. 지금까지 이 두 자유세계의 국가를 분리해 왔던 복잡한 문제를 해결한 것은 고도의 국가책략의 결과였다.

물론 우리와 한국인들 모두는 많은 문제가 아직 해결되지 않았고 우리의 상호적 목표가 달성되려면 많은 진전이 이루어져야 한다는 것을 잘 알고 있다. 그러나 대한민국이 베트남에 특수부대를 파견한 것은 우리가 견지하는 원칙에 대한 그들의 진보와 헌신의 분명한 징표라고 할 수 있다.[221]

명분이 충분치 않은 개입을 정당화하기 위해 베트남 전쟁을 '국

---

219 Lee and Sato, 1982, p.28.
220 일본과의 국교정상화와 베트남 파병이 한국에 미친 정치적·경제적 영향은 4절과 5절에서 다룰 것이다.
221 Address by the Assistant Secretary of the State for East Asian Affairs, Oct. 5, 1965, *American Foreign Policy,* 1965, pp.703-704.

제화'하려는 미국의 시도는 이 분쟁에 대한 동맹국들의 군사적 지원을 필요로 했다. 1964년 7월에 한국을 방문했을 때 번디는 일본과의 조약 협상과 베트남에 대한 한국의 지원 모두를 박정희 정부와 의논했다.[222] 박정희에게 일본과의 국교정상화는 미래의 정치적 동맹 구축 단계임과 더불어 베트남에 파병했을 경우 북한 위협의 재등장에 대한 대비에 필요한 방어적 기제이기도 했다.

한국의 베트남 참전은 미국과의 동맹관계에 중요한 역할을 했다. 남베트남 정부는 처음에는 미국의 계획에 따라 한국군이 베트남에 참전하는 것에 대해 유보적이었다. 더 나아가 한국의 참전은 유엔이나 SEATO가 부과하는 의무와 관련된 것도 아니었다. 1964년 초부터 미국 정부는 동맹으로부터 '군사적이고 정치적인 협력'을 구하려고 했고, 존슨(Johnson) 대통령은 1964년 12월에 캐나다, 호주, 뉴질랜드, 필리핀과 같은 동맹국으로부터 '새롭고 극적이며 효과적인' 지원 형태를 모색하기로 결정했다. 하지만 파병에 대한 동맹국들의 반응은 우호적이지 않았다. 국방장관 맥나마라(McNamara)는 "미국의 정책은 이제(1965년 봄) 남베트남 정부의 위상을 강화시킬 수 있는 무엇인가를 제공하는 것이어야 한다고 느꼈고" 한국 군대의 파견을 권고하기로 결정했다.[223]

한국의 베트남 참전은 1964년에 육군이동외과병원(MASH)과 태권도 교관을 파견했을 때 사실상 시작되었다. 한국 정부는 1965년 6

---

222 Bix, 1973, p.215. 빅스(Bix)는 1950년대에 미국의 대한정책과 대인도차이나 정책이 상호 의존적으로 추진되었다고 지적했다.
223 S. Han, "South Korea's Participation in the Vietnam Conflict: An Analysis of the U.S.-Korean Alliance", *Orbis*, 21(4), 1978, pp.894-897.

표 1. 베트남의 한국 병력

연도	부대	명수
1964-1965	의료, 공병	2,128
1965	맹호부대	18,904
1966	9사단	23,865
1967	청룡부대	2,963
1969	C-46 승무원	12
	합계	47,872

출처: Han, 1978, p.896.

월에 남베트남 정부로부터 공식적인 군대 파견 요청을 받았다. 한국의 첫 전투부대가 1965년 10월에 베트남에 도착했고 1966년과 1967년에 추가 파병이 이루어졌다.[224] 주요 파견 상황은 〈표 1〉과 같다.

박정희가 베트남에 군대를 파병한 가장 큰 이유는 한국에 대한 미국의 안보공약을 보존하고 가능하면 강화시키고자 했기 때문이었다. 한국은 1960년대에 전반적으로 감소한 미국의 대외원조 추세 속에서 이러한 '특별한' 안보 공헌의 대가로 상당한 양의 경제원조와 저리차관을 받을 수 있었다. 클레이(Clay) 위원회는 수혜국들의 경제적 능력이 향상되면 미국의 경제적·정치적 원조 프로그램을 확실히 축소해야 한다고 권고했다. 하지만 박정희 대통령이 1965년에 워싱턴을 방문했을 때 다음과 같은 일이 있었다.

224 상세한 사항에 대해서는 『한국군 월남파병 관계 문헌집』, 외무부, 1973을 참조하라. 존슨 대통령은 박정희에게 보낸 파병 감사 서한에서 "미국 국민은 자유와 독립에 대한 한국의 공헌을 환영한다."라고 말하고 "이러한 공헌이 대통령의 리더십에 따른 것임을 잘 알고 있으며 당신에게 개인적인 감사를 표한다."라고 덧붙였다. "Letter from Johnson to Park, Aug. 13, 1965", *American Foreign Policy*, 1965, p.781.

존슨 대통령은 한국에 대한 군사적·경제적 원조가 지속될 것이라는 이전의 러스크 국무장관과 다른 미국 관료들의 약속을 재확인했다. 그는 미국이 한국의 안보와 독립을 유지하기 위한 기존의 지원에 더해서 한국의 자급적 경제와 균형 있는 발전, 재정적 안정을 위한 원조를 계속할 것이라고 말했다.[225]

앞에서 언급한 것처럼 냉전기 한미관계의 주요 동력은 두 나라 사이의 안보협력에 기반하고 있었다. 1954년부터 1968년까지 정상회담에서의 합의 내용(표 2)은 이를 잘 나타내고 있다. 〈표 3〉은 이 기간 동안 두 나라 간의 공동성명에 나타난 다양한 의제들(안보, 경제, 정치) 사이의 상대적 비중을 보여준다.

표 2. 한미정상회담의 합의 내용

순차	일자	주요 합의
1	1954. 7.25-8.13.	미: 미국의 군사, 경제원조 확대
2	1960. 6.19-6.20.	미: 4월 혁명에 대한 지지와 미국의 안보공약 확인
3	1961. 11.11-11.25.	미: 군사정부에 의한 개혁 지지, 1차 경제개발 5개년 계획 지원 한: 1963년까지 민정 이양
4	1965. 5.16-5.26.	미: 군사정부의 개혁 지지, 1차 경제개발 5개년 계획 지원 한: 1963년까지 민정 이양
5	1966. 10.31-11.2.	미: 2차 경제개발 5개년 계획 지원
6	1968. 4.17-4.20.	미: 미국의 안보공약 재확인, 주한미군 강화, 한국군 무기 현대화
7	1968. 8.20-8.23.	미: 한국의 자주국방 능력 지원 한: 한국군 베트남 감군 내지 철군 연기

출처: 한명화, 『한미관계의 정치경제』, 평민사, 1986, pp.84-85.

225 "Joint Communique Issued at Washington by Johnson and Park, May 18, 1965", *American Foreign Policy*, 1965, p.780.

표 3. 공동성명 내 의제 간 비중

순차	1	2	3	4	5	6	7
일자	1954 7. 31.	1960 6. 20.	1961 11. 14.	1965 5. 18.	1966 11. 2.	1968 4. 12.	1969 8. 22.
안보·군사	100	78	43	31	65	94	67
정치(국내)			36				
경제		22	21	69	35	6	33

출처: 한명화, 1986, p.85.

1940년대에 형성되기 시작한 미국과 한국 사이의 후견-피후견 국가관계는 1960년대에 이르러 본격적으로 제도화되었다. 이 관계 내에서 미국 정책의 순수한 경제적 이익 고려는 군사적이고 전략적인 고려 때문에 상대적으로 경시되었다. 하나의 예로 〈표 3〉에 나타난 1965년 공동성명 내 경제적 비중의 존재는 사실상 피후견국이 후견국의 안보 네트워크에 주요한 역할을 한 이 시기에 미국이 한국의 경제개발에 관심을 표시해야만 했다는 사실에 기인한다. 이러한 점은 1960년대의 밀접한 안보협력관계가 후견국과 피후견국 사이의 우호적인 정치적·경제적 관계를 유도했던 방식을 보여준다고 할 수 있다. 하지만 1970년대 초반에 데탕트가 전개되자 주한미군 철수와 코리아게이트와 같은 정치적·경제적 문제의 일단이 등장하게 되었다.

(3) 한일관계

냉전기 한국과 일본의 관계는 두 나라의 미국과의 양자관계에 크게 영향을 받았다. 하지만 1945년 이전의 한일관계는 전혀 다른 역학에 의해 움직였다. 일본 식민주의 시기(1910~1945년)의 관계는 '중심-주변 관계'의 독특한 유형이었는데, 커밍스는 이를 다음과 같이 설명했다.

대부분의 식민주의 국가들과는 달리 일본은 인접국을 식민화했고, 이를 통해 제국의 중심과 식민지 사이의 밀접하고 탄탄한 통합을 가능하게 할 수 있었다. 또한 인접성은 식민지 이주민, 특히 고향에서 멀어지기를 두려워하는 동질적인 도서 지역인들의 정착을 용이하게 했고, 이는 예외적으로 교환시간이 빠른 시장관계 구축의 가능성을 높였다. 일본은 철도를 놓고 항구를 열고 통신에 집중적인 투자를 함으로써 이 잠재력을 실현했다.

또한 수평적 팽창은 강압적 권력으로서 군사력을 식민지에 육군의 형태로 배치했다는 것을 의미했다. (…) 아렌트(Arendt)가 일전에 언급했듯이 수평적 제국주의는 대개 더욱 강압적이었는데, 일본의 식민주의도 이에 해당했다.[226]

이 시기에 미국은 사실상 일본이 주도하는 (식민화된) 한국과의 삼각관계에서 '주니어 파트너' 역할을 담당했다. 서울의 미국 영사관은 일본의 지배 시기에 유지되었는데, 미국은 식민체제에의 협력을 공식적 정책으로 유지했다.[227] 비록 미국이 정치적으로 일본을 선

---

226 Cumings, 1984b, p.10.
227 C. Hurst III, "The United States and Korea-Japan Relations", C. Chung et al. eds., *Korea and Japan in World Politics,* Seoul: The Korean Association of International Relations, 1985, p.192.

호했거나 한국의 이익에 반해 일본에 협력했다고 할지라도, 분명한 점은 두 나라 모두 당시 미국의 주요 관심 대상이 아니었으며 통상이 미국-동아시아 관계의 중심이었다는 것이다.[228] 다시 말해서 기본적으로 1941년 이전까지는 경제적 동기가 이 지역을 압도했다고 할 수 있다.

1945년부터 1960년까지의 한일관계는 '감정의 충돌'로 특징지어졌다. 한국은 해방 이후 일본에 식민화에 대한 사죄를 요구한 데 반해, 일본 정부는 한국 내의 일본인 재산, 일본의 한국 교포, 어업 분쟁과 같은 법률적 의제만을 토의하려고 했다. 그렇기 때문에 두 나라 사이의 접촉은 오히려 적의를 증대시키는 결과를 낳았다. 최소한 이승만 정부 시기에 정상적인 연대는 일본이 한국인들이 느끼는 깊은 분노를 누그러뜨리기 전까지는 불가능한 것으로 보였다. 1945년 이후에 미국은 동아시아의 중심국가로 등장하면서 상대적으로 일본의 의견에 동조하는 모습을 보였다. 앨리슨(Allison) 대사는 "도쿄에 있는 우리들 대부분의 의견으로는 한국인들은 이승만의 선동에 따라 가장 비타협적인 노선을 선택했고 매우 비합리적인 반면, 일본은 많은 양보를 하고 있는 것으로 보인다."라고 말했다.[229]

동아시아의 냉전적 환경과 궁극적으로 한국전쟁이 한일관계에 관한 이러한 미국의 역할과 이해를 크게 변화시켰다. 미국은 전략적 고려의 견지에서 동아시아를 '재통합'하려고 했고 미국, 일본, 한국

---

228 Hurst, 1985, pp.192-193. 그는 당시 모든 아시아 국가들이 미국의 정책적 비중에서 중국의 뒤에 있었다고 지적했다.
229 Lee, 1985, p.41. 이정식은 앨리슨이 소위 이승만 라인에 대해 미국의 입장을 표시하거나 아니면 한국 해군에 대한 병참 지원을 철회함으로써 이승만에게 압력을 행사하도록 미국 정부에 되풀이해서 건의했다고 말했다.

사이의 삼각안보체제를 형성하고자 했다. 미국 정부는 이 정책을 위해서 한일 간의 공식적 연결이 필수불가결하다고 생각했다.[230] 미국은 미일동맹을 한미동맹과 융합시킴으로써 아시아에서의 군사적·재정적 부담을 일본과 공유할 수 있는 법적인 토대를 놓으려고 했다.[231] 일본 역시 한국과 통상의 기회를 갖기를 바랐고 자국과 공산주의 국가들 사이에서 '완충국가로서 상대적으로 우호적인 한국'의 존재를 원했다.[232] 따라서 미국은 (스스로 혹은 일본 정부와 함께) 한국이 일본과 국교를 정상화하도록 설득하려고 했다.

이러한 미국의 시도는 일본 육사 출신이며 메이지유신의 추진자들을 존경했던 박정희가 1965년에 한일 국교정상화를 이루면서 보상을 받게 되었다. 그러나 미국의 전략적 목적으로 구성된 이 지역체제는 형성기에 상대적으로 수직적인 경제구조를 갖게 되었다. 허스트(Hurst)는 이를 다음과 같이 서술했다.

1965년의 국교정상화 이후 일본 주도의 동북아 정치경제가 다시 형성되었다. 일본의 한국에 대한 직접투자는 급속하게 증가했으며 곧 미국의 투자를 능가했다. 따라서 미국의 패권은 일본 우위의 정치경제의 복원에 도움을 주었고, 미국이 한·미·일의 삼각 블록에 이전에

230 국무장관 헌터(Hunter)는 "일본과 한국 사이의 협력은 두 나라뿐만 아니라 미국과 전세계의 이익에 도움이 된다."라고 말했다. 『아사히신문』, 1960. 9. 9. Lee, 1985, p.44에서 재인용했다.

231 미국 정부의 재정 문제가 한국을 일본에 연결시키려고 했던 중요한 경제적 동기였다. Bix, 1973, pp.206-207을 보라.

232 Office Memorandum from American Embassy in Seoul to Washington, Jan. 6, 1954, State Department Decimal Files, Diplomatic Branch, National Archives.

일본 식민주의 체제에서 그랬던 것처럼 주니어 파트너로 초대되었으며, 한국은 항상 있던 그 자리에 머무르게 되었다.[233]

이정식도 다음과 같이 지적했다.

1965년의 국교정상화에 따라 새로운 기회들이 한국 경제에 주어졌지만, 또한 그것들은 한일관계의 성격을 변화시켰다. 점점 더 많은 일본 자본이 차관과 직접투자의 형태로 한국에 유입되면서 일본 정부와 기업들은 한국의 경제정책 결정에 더 큰 역할을 담당하게 되었다.[234]

1960년대 이래 지역안보의 연계 아래에서 일본, 한국, 대만 사이에는 국제적인 분업구조 혹은 생산순환으로 파악될 수 있는 실질적인 경제적 위계성이 만들어졌다. 빅스는 1960년대에 일본과 한국 간에 '수직적 국제분업구조'가 형성되었다고 지적했다. 그는 한국이 토지와 저렴한 노동력의 공급을 통해 일본의 경제 수축을 방지하는 데 조력하고 일본의 자본과 기술의 혜택을 받았다고 보았다.[235] 커밍스는 한국과 대만이 일본의 뒤를 따르는 고전적인 생산순환 유형을 통해 움직이게 되었다고 주장했다.[236]

미국은 1960년대에 일본과 한국을 자국과 좀 더 밀접하게 연결

233 Hurst, 1985, p.201.
234 Lee, 1985, p.66.
235 Bix, 1973, p.217.
236 Cumings, 1984b, p.3.

하고 두 나라를 안보적으로 연결하는 데 성공했다. 일본과 한국 모두 미국이 권고한 이러한 연계를 자국의 이익 측면에서 수용했다. 한국과 일본 정부 둘 다 자신들의 개별적 목표를 추구하기 위해 역사적 적의와 감정적 충돌을 일단 접어두었지만 두 나라 사이에 진정한 이해의 가교가 놓인 것은 아니었다. 이후에 등장한 교과서 문제나 위안부 문제와 같은 충돌은 1960년대의 밀접한 안보적·경제적 협력이 "깊게 자리 잡은 감정을 단지 가리고 있었다"는 것을 보여주었다.[237]

이 절에서는 냉전 기간 동안 미국, 일본, 한국의 관계가 하나의 지역안보체제의 형성으로 이어졌다는 것을 보여주었다. 미국은 일본과의 동맹을 동아시아 지역 전략의 '토대'로 간주했고, 일본은 미국과의 양자관계를 '일본 외교의 축'으로 인식했다. 그리고 두 나라 모두 양자관계와 한국을 포함한 세 나라 간의 삼자관계에서 한국을 핵심적인 요인으로 인정했다.[238] 하지만 한국과 일본은 이러한 안보적 고려 이외에 충분한 상호 이익과 이해를 결여하고 있었다. 이와 같은 삼각안보관계는 동아시아 냉전체제 내 동맹의 독특한 형태를 보여주었고, 이는 4절과 5절에서 서술하는 한국의 정치적·경제적 발전에 대한 차별적인 외부적 환경을 제공했다.

---

237 Lee, 1985, p.67. 교과서 문제는 일본 정부가 1983년에 고등학교 교과서에 일본이 1935년에서 1937년까지 행한 중국 북부에 대한 '침략'을 '진출'로 묘사하라고 지시하면서 촉발되었다. 자세한 내용을 살펴보기 위해서는 Lee, 1985, pp.143-150을 보라.

238 B. Ahn, "U.S.A and Korea-Japan Relations", G. Curtis and S. Han ed., *The US-South Korean Alliance: Evolving Patterns in Security Relations,* Lexington Books, 1983, p.130. 안병준은 미일관계가 사실상 그 안에서 한미관계와 한일관계가 전개되는 맥락이 되었다고 지적했다.

4. 국가전환

1) 역사적 분석

(1) 제1공화국 이전

이 절에서는 냉전기 동안의 한국 국가의 변화를 분석한다. 전반부에서는 이 기간의 각 공화국을 시기에 따라 각각 검토하며, 후반부에서는 각 공화국의 국가적 특성을 비교하고 국가전환의 일반적 궤적을 설명한다. 국가전환의 단계는 하나의 공화국에서 다른 공화국으로의 변화와 꼭 일치했던 것은 아니다. 하지만 이러한 변화는 국가전환에 중요한 영향을 미쳤으며, 두 과정은 상당한 정도로 중복되었다. 3절에서 설명한 동북아시아의 지정학적 맥락은 이러한 국가전환에 큰 영향을 미쳤다. 많은 학자들이 한국의 국가전환에서 국지적인 사회경제적 요인들을 강조했지만,[239] 여기에서는 외부적·전략적 요인들이 내부적·외부적 자율성, 능력과 정당성을 포함한 한국 국가의 구체적인 특성에 영향을 미친 방식에 초점을 맞추었다.[240] 1960년대의 두 사건, 즉 한일 국교정상화와 베트남 파병을 이 분석에서 중요한 사례로 사용한다.

제1공화국 이후에 한국의 국가가 어떻게 전환되었는지를 고찰하기에 앞서서 한국 근대국가의 형성에 큰 영향을 미친 일본 지배하의

---

239   S. Han, *The Failure of Democracy in South Korea*, Berkeley: University of California Press, 1974; H. Im, "The Rise of Bureaucratic Authoritarianism in South Korea", *World Politics*, 39(2), 1987.
240   이 개념들의 정의를 살펴보기 위해서는 2절을 보라.

식민주의 시기(1910~1945년)와 미군정기(1945~1948년)를 먼저 검토할 것이다. 앱터(Apter)는 식민주의가 그 안에서 근대화가 진행되고 근대성의 중요한 역할이 획득되는 특정한 전이의 결과와 유형을 보여준다고 지적했다.[241] 그가 주장했듯이, 일본 식민주의 시기에 한국의 근대화는 그 과정에서 관료와 통상이 행한 역할을 보여주었다. 하지만 일본 식민주의의 가장 중요한 특성은 내부적으로 권위주의적이고 대외적으로 제국주의적인, 그리고 사회적 계층을 배제한 '전근대적' 정치사회구조의 유산을 갖고 있었던 강성국가를 중심으로 한 '국가자본주의' 기제였다고 할 수 있다. 이와 같은 일본 식민주의의 특성은 당연하게 한국 정치구조의 초기 형성에 큰 영향을 미치게 되었다.

이 시기에는 '과대성장 국가'와 '저성장된 국가 중산층'이 동시에 만들어졌다.[242] 커밍스는 다음과 같이 이야기했다.

한국과 대만에서 식민세력(일본)은 군사와 경찰에 의한 통제뿐만 아니라 강한 국가 주도하의 발전을 강조했다. 경제에서 국가의 역할은 두 식민지에서 모두 강했지만 대만에서보다 한국에서 더욱 강력하게 확대되었다. (…) 메이지유신 이후 수십 년 동안처럼 국가의 역할은 부재했거나 최소한 취약했던 기업 계층의 역할을 대체했다. (…) (한국과 대만에서) 식민국가는 사회적, 정치적, 경제적 발전에서 일

241   D. Apter, *The Politics of Modernization*, Chicago: University of Chicago Press, 1965, p.56.
242   H. Sonn, "Towards a Synthetic Approach of Third World Political Economy: The Case of South Korea", Unpublished Ph.D. Dissertation, University of Texas, Austin, 1987, pp.172-173.

본의 수준에 미치지 못했던 사회세력의 우위에 있거나 분리되어 있었다. 따라서 고도로 체계화되고 훈련되고 침투적인 식민 관료들이 전통적 레짐들과, 정상적 조건이었다면 그 스스로 발전을 담당했을 내재적인 집단과 계층을 대신했다. 식민국가가 취약한 이전의 국가를 대체했으며, 말하자면 모든 사회를 장악했다. 이러한 경험은 이후의 (1945년 이래) 대만과 남북한에서의 집중화에 대한 우회적인 설명을 가능하게 했으며 세 국가에 국가주도적 발전 모델을 제공했던 것이다.[243]

커밍스는 한국에서 관료주의적 권위주의 산업국가가 등장한 데 대해 설명하면서 그 기원을 일본에 돌렸다. 한국의 강성국가의 부분적인 특성, 특히 관료적 기구가 식민주의 시기에 만들어진 것은 사실이다.[244] 그러나 이러한 특성은 영속적인 것이 아니었으며, 이후 시기, 즉 제도화되지는 않았지만 인민공화국(1945~1946년), 제2공화국(1960~1961년)에서는 크게 다른 국가-사회 관계 유형이 등장했다. 따라서 한국 국가의 주된 특성이 식민주의 시기에 '결정되었다'는 커밍스의 결론은 과장되었다고 할 수 있다.

일본의 제국주의적 침투에 대한 반작용으로 1945년 해방 이후에 한국 정치에서는 민족주의가 하나의 주요한 요인이 되었다. 해방된

---

243 Cumings, 1984b, pp.10-11.
244 커밍스는 "일본인들은 한국에 식민주의적 기준에서 보더라도 매우 집중화되고 거대한 관료기제를 구축했다. (…) 한국은 역사상 처음으로 중앙의 통제를 받고 통신과 교통 설비를 갖춘 국가적 경찰조직을 갖게 되었다. (…) 서울에 중심적 관료 기구들이 설치되었는데, 이는 국가 신경의 중심이 되었다."라고 지적했다. B. Cumings, *The Two Koreas*, New York: The Foreign Policy Association, 1984, pp.19-20.

한국은 자국의 민족적 주권을 회복하고자 했으나 체계적인 계획과 능력이 상대적으로 부족했으며, 해방 이후의 급격한 사회적 변동을 극복하고 통합을 이루는 것은 쉽지 않았다. 우익과 좌익, 그리고 이전의 식민주의 관료 계층 사이의 갈등은 매우 심했으며 어느 한 세력도 독자적으로 정치적 주도권을 잡지 못했다. 이러한 상황에서 미국과 소련의 냉전적인 양극적 구조는 한국에서 분할된 레짐 형성에 결정적인 역할을 했다. 미국과 소련은 자국이 통제하는 지역에서 각자의 정치적·경제적 구조를 반영하는 레짐을 구축하고자 했던 것이다.

그러나 미군정이 시작되기 이전에 한국은 자국의 정치사에서 가장 독특한 시기를 경험했다. 일본이 항복하기 전날에 조선 총독 아베(阿部)는 한국에서 법과 질서를 유지하는 권한을 중도 좌파 지도자인 여운형에게 양도했다.[245] 여운형은 '건국준비위원회'를 설립하고 경찰력을 대체할 수 있는 평화유지부대를 만들었다. 지도위원회는 원래 한국의 대부분의 정치세력을 포괄했지만, 곧 보수적 민족주의자들이 탈퇴하면서 상대적으로 공산주의자들이 중요한 역할을 담당하게 되었다. 위원회의 위원들은 지방조직을 만들어 일반인들의 가입을 권고했고, 1945년 8월 31일까지 145개의 '인민위원회'가 창설되었다.

인민위원회는 국지적으로 만들어진 자발적 조직 형태로 한국 정

---

245 아베는 먼저 중도 우파인 송진우에게 이양하려고 했지만, 송진우는 그 권한이 망명 중인 임시정부에 주어져야 한다고 생각했기 때문에 거절했다고 한다. J. A. Kim, *Divided Korea: The Politics of Development*, Cambridge: East Asian Research Center, Harvard University, 1975, p.48.

치체의 형태로는 드문 예였다고 할 수 있다.[246] 이 위원회는 북한에서 공산정권을 위한 사회적 토대를 제공했으며, 한국에서도 1945년부터 1946년까지 다양한 기간에 걸쳐 전국의 절반 정도를 통치했다.[247] 건국준비위원회는 1945년 9월 6일에 서울에서 지방인민위원회 임원들의 회의를 개최하고 '임시정부조직법'을 채택하여 '인민공화국(인공)'의 창립을 선포했다.[248] 이 새로운 체제 아래에서 농민조합과 상인조합들이 전국적으로 조직되었고 이들이 이전에 일본인들이 소유했던 토지와 공장의 자체 관리를 위한 조치를 취하게 되었다. 전국농민조합은 330만 명의 회원을, 상인조합은 60만 명의 회원을 보유했다.[249]

그러나 미군이 한국에 도착하면서 이와 같은 정치적 환경은 변화했다. 미군의 도착 이후 보수적 민족주의자들과 비공산주의 지도자들은 한국민주당(한민당)을 창당했다.[250] 한민당은 1919년 이래 망명 중인 임시정부(임정)만이 한국의 유일한 합법적 정부라고 주장했다. 따라서 인공, 임정, 한민당, 그리고 또 다른 집단 중에서 어떤 세력이 한국의 정권을 담당하게 될 것인지의 여부는 사실상 미군이 좌우하

---

246 커밍스는 이 조직이 이전의 한국정치사에서 없었던 지방 참여 방식을 보여주었다고 지적했다. B. Cumings, *The Origins of the Korean War: Liberation and the Emergence of Separate Regimes, 1945-1947*, Princeton: Princeton University Press, 1981, p.267.

247 상세한 사항을 살펴보기 위해서는 Cumings, 1981, pp.267-350을 참조하라.

248 아직 해외에 있었던 이승만이 대통령으로 추대되었지만 공산주의자였던 수상 허헌이 실질적인 권력을 갖게 되었고, 여운형은 공산주의 지도자들에 대한 통제력을 상실했다. J. A. Kim, 1975, pp.47-49.

249 Sonn, 1987, pp.182-183.

250 한국민주당은 충분한 경제적 자원을 갖고 있었지만 몇몇 구성원이 일본 식민주의에 협력했던 경력으로 인해 이념적 정당성의 결손을 안고 있었다. 한국민주당의 창당 과정을 살펴보기 위해서는 심지연, 『한국민주당연구』, 풀빛, 1982를 보라.

게 되었다. 비록 미군정의 일부가 인공이 사실상 전국적 조직과 사회적 지지를 보유하고 있다는 사실을 인정했지만, 군정은 점차 인공이 북한에 있는 소련인들과 연결되어 있다고 보게 되었다.[251]

우파 정치지도자인 이승만과 김구가 한국으로 돌아와 정치적 세력을 경쟁적으로 조직하면서, 군정은 인민위원회와 다른 좌파 정치조직들을 제거하기 시작했다. 미군정은 신탁통치안을 비롯한 한국 문제를 논의하기 위해서 소련 측과 몇 차례의 공동위원회를 개최했지만 곧 교착상태에 빠졌다. 소련과의 양자적인 방식으로 한국 문제를 해결하는 데 실패한 미국은 이를 유엔에서 다자적인 방식으로 처리하고자 했다. 하지만 한국에서 '단독선거'를 하는 것에 대한 유엔의 지지는 또 하나의 논쟁점으로 등장했다. 이승만과 한민당이 이를 지지한 반면, 김구와 김규식은 단독선거가 한반도의 영원한 분단을 초래한다는 이유로 이를 반대했다. 유엔이 관리한 선거에서 이승만은 제헌국회의 의장이 되었고 이어서 대통령에 취임했다.

미군정의 정치적 유산은 매우 큰 영향을 미쳤다. 3절에서 서술한 바와 같이 이 시기 미국의 대한정책은 동북아시아에서의 정치적·안보적 이익의 견지에서 결정되었다.[252] 이와 같은 외부적 요인의 내부적 결과는 강력한 사회적 통제, 식민주의 시기 관료조직의 부분적 재생, 민족주의의 상대적 좌절을 포함하는 것이었고,[253] 이 모두는

---

251 소련은 인공을 공식적으로 승인했고 소련 영사관과 북한에서 온 요인들이 한국 조직의 재정을 지원하고 있다고 의심받았다. J. A. Kim, 1975, pp.51-53.
252 군정에 대한 미국의 공식기록은 "질서 있고 효율적으로 운영되며 정치적으로 우호적인 한국을 만드는 것이 한국인들의 열정적인 협력을 얻어내고 만족시키는 것보다 더욱 중요했다."라고 서술하였다. Sonn, 1987, p.178에서 재인용했다.
253 최상용, 『미군정과 한국민족주의』, 나남, 1988을 보라.

한국의 정치발전의 질적인 왜곡을 가져오게 되었다. 미국의 보호 아래 과대 성장한 식민주의 국가의 구조가 유지되었는데, 한 예로 미군정은 군대의 부재 시 주요한 국가의 억압적 기제인 경찰력을 배가함으로써 한국의 국가 능력을 증가시켰다.[254] 군정에 의해 실시된 토지개혁도 국가의 내부적 자율성, 특히 지주 계층으로부터의 자율성을 증대시켰다.[255]

(2) 제1공화국(1948~1960년)

이승만은 미국과 유엔의 도움으로 대통령이 되었지만, 그의 자체적인 정치적 토대는 비교적 제한되어 있었고 조직화되지 못한 상태였다. 이승만 정부는 통제를 위해 필요로 한 관료와 경찰조직의 식민주의적 유산으로 인해 이념적 정당성을 제한받았다. 1948년부터 1950년까지는 한민당과 임정의 인사들이 이승만의 정치적 입지를 위협했고, 1948년에는 여수에서 군부 내 공산주의자들에 의한 반란이 발생하기도 했다. 한국전쟁 직전에 이승만의 지도 아래 있었던 한국 정치는 내재적인 토대의 취약함과 사회적 상황으로 인해 통합적인 체제를 형성하지 못하고 있었다.

---

254 이 과정에서 과거 한국의 독립운동을 억압했던 경찰 복무자들이 다시 기용되었다고 지적되었다. Sonn, 1987, pp.184-185.

255 군정은 처음에는 지주 계급이 혁명운동에 대항하는 동맹세력이라는 점에서 토지개혁에 유보적이었다고 한다. 하지만 북한의 대대적인 토지개혁과 1946년의 '추수봉기' 이후 개혁을 시행하게 되었다. 이 토지개혁은 정치적으로 결집되어 있었던 농민 계층을 안정시키고 지주 계층을 와해시킴으로써 이후 자본주의적 산업화의 토대를 제공한 측면이 있다고 지적되었다. Sonn, 1987, pp.188-199; S. Ban et al., *Rural Development*, Cambridge: Harvard University Press, 1980, ch.10을 참조하라. 추수봉기에 관해서는 Cumings, 1981, ch.10을 보라.

한국전쟁은 이승만 정부에 정치에서 좌익을 제거하고 이념적 합일을 이룰 수 있는 호기를 제공했다. 전쟁으로 인해 냉전적 환경이 더욱 심화되었고 안보와 정치적 안정의 추구가 주된 관심사가 되었다. 적절한 정치적 이념을 구현하는 것에 어려움을 느낀 이승만은 공산주의의 위협에서 정치적 정당성의 기반을 찾고자 했다. 결과적으로 제1공화국의 정치적 이념의 중심적 테제는 그 정향상 부정적 속성을 가진 반공주의로 귀결되었다.[256] 또한 전쟁은 '중산층의 헤게모니가 부재한 상태에서 자본주의의 이념적 헤게모니'의 구축을 가능하게 했다.[257]

한국전쟁의 또 하나의 유산은 한국의 군사적 기제의 확대였다고 할 수 있다. 전쟁 직후인 1953년에 한국 군대는 최대 규모인 65만 명에 달했으며 12개의 전투사단과 10개의 예비사단으로 이루어졌다. 이후에 이 규모는 60만 명 이하로 떨어진 적이 없었다(표 4 참조). 전쟁에 끝난 후에도 한국인들의 지속적인 냉전적 위기의식과 미국의 안보적 관심으로 인해 한국 내에서 군의 적극적인 역할이 요구되었기 때문에 군부의 영향력은 감소하지 않았다.[258]

알라비(Alavi)는 식민주의 국가의 독립 이후 일단 도시 중산층의 통제력이 상실되면 어떠한 계층도 그것에 대한 배타적 영향력을 행

---

256 S. Kim, *The Politics of Military Revolution in Korea,* Chapel Hill: University of North Carolina Press, 1971, p.22.

257 Sonn, 1987, p.208. 그는 중산층이 비록 동의를 통한 그람시적 차원의 헤게모니를 획득하지는 못했지만 전후 한국에서 자본주의적 발전 전략에 대해 의문을 제기할 수 있는 사람은 거의 없었다고 지적했다. 냉전적 인식과 함께 전쟁을 통한 대규모의 인구 이동은 한국인들의 계급의식에 큰 영향을 미쳤다. W. Shin, "Political Economy of the Korean War", Mimeograph, Yale University, 1988을 보라.

258 팽창된 군부의 경제적 결과에 대해서는 5절에서 논의한다.

표 4. 한국전쟁 전후의 군대와 경찰의 수

	군대	경찰	합계
해방 이전	10,776	8,000	18,776
1945		15,000	15,000
1949	64,000	45,000	109,000
1950	113,000	48,000	161,000
1953	650,000	50,731	700,731

출처: 손호철, "한국전쟁과 이념적 지평", 『한국과 국제정치』, 6(2), 1990, p.22.

사할 수 없게 되기 때문에 탈식민주의 사회에서의 관료-군부 과두
제의 역할이 상대적으로 '자율적'일 수 있다고 주장한 바 있다.[259] 이
주장은 해방 이후 한국의 사례에 적용해볼 수 있다. 그러나 관료-군
부 과두제의 자율성을 위한 사회경제적 조건은 한국의 경우 전쟁의
영향을 통해서 부여되었고, 관료와 군부 사이의 실질적인 정치적 제
휴가 제도화된 것은 1961년 군사 쿠데타 이후였다. 그 이전 기간, 특
히 1950년대 후반과 제2공화국 시기의 한국은 국가가 명확한 사회
변혁 목표를 결여하거나 그것을 실행할 수 있는 능력을 갖고 있지
못했던 미그달(Migdal)의 '강한 사회와 약한 국가' 개념에 좀 더 부
합했다고 할 수 있다.[260] 길영환은 1950년대 한국의 정치 과정을 다
음과 같이 묘사했다.

259 그에 따르면, 이러한 상대적 자율성은 또한 관료들의 이해가 각인되어 있는 통제 네트
워크와 경제 잉여 자체의 직접적인 승인과 배당을 통해 국가가 광범위한 개입을 할 수 있는
긍정적인 조건에 의해 도출된다. H. Alavi, "The State in Post-Colonial Societies: Pakistan
and Bangladesh", *New Left Review*, 74, 1972, p.72.
260 J. Migdal, *Strong Societies and Weak States: State-Society Relations and State Ca-
pabilities in the Third World*, Princeton: Princeton University Press, 1988을 보라.

경제발전이나 통일을 위한 건설적인 계획은 고안되지 않았고 정치 발전의 목표는 대부분 경시되었다. 한국전쟁 직후 몇 년 동안 제1공화국은 사회 재건을 위한 정책에서 생산적인 결과를 거두지 못했다. (…) 이승만 정부는 경제성장을 위한 과감하고 적극적인 계획을 세우기보다는 1950년대 내내 임시 혹은 사후적 해결을 위한 보수적 정책에 의존했다. 제1공화국 정부는 경제개혁 추진과 경제개발 프로그램의 시작을 위한 귀중한 시간과 기회를 흘려보냈다. 또한 이승만 정부는 정치적 이해와 경제적 이익의 밀접한 연관에 의한 만연한 부패와 특혜로 얼룩지게 되었다.[261]

제1공화국의 국가-사회 관계는 제3세계 국가의 '이중성', 즉 사회통제에서의 강한 능력과 사회변화에서의 약한 영향력의 전형적인 예였다고 할 수 있다.[262] 집권당의 당료들과 수입대체산업인들 사이의 정치적 후견주의가 제1공화국의 주요한 정치적 요인이었던 반면, 국가는 지주 계층으로부터 상대적으로 자율적이었다. 1950년대에 한국은 기본적으로 농업 국가였지만 사회계층화 수준은 그다지 높지 않았다. 1940년대 말과 1950년대 초의 토지개혁을 통해서 국가 관료들은 지주 계층을 대표했던 한민당으로부터의 상대적인 자율성과 농민 계급의 지지를 획득할 수 있었다.[263]

---

261   Y. Kihl, *Politics and Policies in Divided Korea,* Boulder: Westview Press, 1984, pp.48-49.
262   Migdal, 1988, p.9.
263   박종철, "1공화국의 국가형성과 농지개혁", 『한국과 국제정치』, 4(1), 1988, pp.51-54.

제1공화국 국가의 내부적 자율성의 또 하나의 중요한 요인은 대부분 외부적·전략적 맥락에서 주어진 해외원조에 기반한 재정적 능력이었다. 한국전쟁 이후 미국에서 유입된 막대한 원조자금은 이승만 정권의 핵심적인 재정적 토대가 되었다. 미국의 원조는 이승만 정부가 국내 계급에 의존하지 않으면서 과대 성장한 국가기제를 유지할 수 있게끔 함으로써 제1공화국의 구조적 자율성을 증대시켰다. 이승만은 원조 프로그램을 통해서 가능한 한 많은 자금을 받으려고 노력했고 그 자원의 국내적 배분을 통해 정책적 자율성을 확보하려고 했다. 비록 원조의 많은 부분이 군사적 목적으로 사용되었지만, 국가 관료들은 해외원조를 산업가들과의 연계를 구축하는 데 사용할 수 있었고 환율정책을 활용함으로써 정치자금을 확충하고 국내 정치적 입지를 증대시켰다.[264]

알라비는 탈식민주의 사회에서의 국가의 역할이 특별히 경제적·군사적 원조에 의해 외부적 개입과 밀접하게 연결되었다고 적절하게 지적했다.[265] 해외원조는 제1공화국의 국가 능력과 국가의 내부적 자율성을 증대시켰지만 외부적 자율성은 감소시켰다. '국가로부터 국가로의' 자본의 흐름의 결과는 식민화나 직접투자를 통한 고전적인 경제적 종속과는 차별적인 특성을 지녔다. 한국의 '원조에 의한 종속'은 근본적으로 미국의 동북아에서의 정치적·전략적 이해에 기초한 안보적 성격을 지닌 것이었다.[266] 해외원조는 후견 국가가 그것

---

264 정부가 미국 달러를 평가절하했기 때문에 정부 인가를 받은 기업들은 해외 상품의 판매를 통해 큰 수익을 거둘 수 있었다. J. A. Kim, 1975, pp.152-153.

265 Alavi, 1972, p.72.

266 그러나 해외원조가 한국의 '경제구조'에 중요한 영향을 미쳤던 것 역시 분명하다. 김양화, "미국의 대한원조와 한국의 경제구조", 송건호 외, 『해방 40년의 재인식 1』, 돌베개, 1985

을 통해 피후견 국가에 영향을 미칠 수 있는 유용한 도구였다. 하나의 예로 미국은 해외원조안을 사용해서 1950년에 국회선거를 연기하려고 했던 이승만의 결정을 번복시켰던 바 있다.

하지만 이승만과 미국의 관계는 단순한 피후견 국가의 순응으로 보기에는 훨씬 더 복잡한 성격을 갖고 있었다. 비록 미국의 지속적인 지원이 이승만에게 필수적이었지만, 그는 많은 대외정책 안건에서 차별적인 입장을 고집했다. 미국은 한국전쟁의 휴전 과정에서 이승만과 많은 갈등을 경험하면서,[267] 이승만이 이상적인 피후견인이 아니라는 것을 깨닫게 되었다.[268] 이승만의 일본에 대한 강한 혐오감은 일본, 한국과 함께 삼각안보체제를 구성하고 일본 경제와 한국 경제를 연결시키려고 했던 미국 지역전략의 가장 큰 장애물이었다.

제1공화국 기간 동안 일본과의 국교정상화를 위한 길고 단절적인 과정은 한국과 일본을 분리시키고 있는 감정의 깊이와 식민주의 시기에 대한 서로 다른 견해차만 보여주었을 뿐이다. 이승만은 다음과 같이 말했다.

우리가 일본으로부터 진정으로 원하는 것은 우리에게 군대를 보내

를 보라.

267 굴든(Goulden)은 미국이 1952년에 이승만 정부를 전복하려는 계획을 수립했다고 말했다. J. Goulden, *Korea: The Untold Story of the War*, New York: McGraw-Hill, 1982, pp.635-637.

268 하나의 예로 미국 대사 레이시(Lacy)가 1955년에 이승만의 요청에 따라 본국으로 소환되었다. 이승만은 레이시가 자신의 재선을 방해할지도 모른다는 첩보를 받았다고 했는데, 레이시가 필리핀 주재 대사로 있을 때 유사한 역할을 했다는 루머가 있었다는 것이다. 미국 정부는 이에 대한 불만의 표시로 대사직을 6개월 동안 공석으로 두었다고 한다. 강인덕, "한미외교비화", 『신동아』, 1966, 9, p.270.

주겠다는 요청이 아니라 과거의 잘못에 대한 분명하고 건설적인 사과의 증거와, 현재와 미래에 우리와의 관계를 공정하게 가져가겠다는 새로운 결심이다. 이와 같은 마음의 변화가 생겨났고 깊게 자리했다는 설득력 있는 증거는 우리와의 관계뿐만 아니라 일본 자신의 상황도 개선시킬 것이다. (…) 우리는 이러한 증거가 제시되기를 아직도 기다리고 있다.[269]

이승만은 "핵심 미국 관료들이 일본 편을 들기 때문에 우리의 일이 더욱 힘들어지고 있다."라고 주장했다.[270] 이 대통령은 미국과 일본이 한반도를 궁극적으로 새로운 제국주의 일본의 통제하에 두려는 밀약에 도달할 수도 있다고 의심했다.[271]

또한 이승만은 1950년대 말에 많은 국내적 난관에 봉착했다. 국가 관료들과 산업가들 사이의 정치적 후견주의가 가장 큰 문제 중의 하나였다. 경제의 '관료자본주의적' 성격은 처음에는 '귀속자산'의 처분 과정에서 미군정에 의해 형성되었으며 원조의 할당을 통해 한국 정부에 의해 강화되었다.[272] 독점적 성격은 대부분의 산업에서 나

269 Lee, 1985, p.37에서 재인용했다.
270 Office Memorandum on Anti-American Propaganda Campaign of Republic of Korea, Sep. 23, 1954, State Department Decimal Files. 이승만은 미국 정부를 속이고 있는 '여우 같은 일본인들'과 국무부의 '친일세력'이 한국을 멸시하고 있다고 비난했다. 이원설, "이박사의 외교정책", 『신동아』, 1965, 9, p.224.
271 경무대 대변인 갈홍기는 "한국에 대한 일본 패권의 부활을 찬성했던" 리프먼(Lippman)의 『뉴욕 타임스』 사설을 비판하면서 "한국의 경제 재건을 위해 할당된 수천만 달러가 한국 경제에는 전혀 도움이 되지 않는 일본 소비재의 구입을 위해 사용되고 있다."라고 지적했다. Incoming Telegram from Seoul to Secretary of State, Sep. 15, 1955, State Department Decimal Files.
272 Sonn, 1987, p.225.

표 5. 원조 수혜 기업의 독점적 경향(1960년)

산업	대기업의 비율	대기업의 생산량
제당	4.5%	91.1%
방직	18.9%	88.6%

출처: Sonn, 1987, p.227.

타났지만 제당이나 방직과 같이 해외원조를 통해 혜택을 받는 산업에서 특별히 현저했다(표 5 참조). 자유당은 미국의 원조를 받는 사기업의 최소한 절반 정도에서 실질적인 이해관계를 갖고 있었다.[273] 이러한 국가와 대기업 사이의 결탁관계는 제1공화국의 내부적 자율성과 국가 능력을 감소시켰고, 경제 침체와 정부의 부패는 국가 정당성을 약화시키고 사회적 지지를 떨어뜨렸다.

서울의 미국 대사관은 "만약 미국의 원조가 장기적으로 한국에서 실용적인 효과를 내려면 한국의 미심쩍은 비협조적 태도와 비효율성, 그리고 한국 정부와 기업 사이의 부패가 현저하게 변화되어야 한다."라고 보고했다.[274] 또 다른 미국의 보고서에서는 야당인 민주당이 "한국은 막대한 경제원조 프로그램에도 불구하고 경제 재건을 위한 진전이 거의 없으며 이와 같은 실패는 그 원조를 사용하는 데 자유당에 의해 용인되거나 심지어 조장된 부패와 잘못된 행정에서 주로 기인한다."라고 믿고 있다고 말했다.[275] 해외원조의 양은 1957년에 삭감되었는데, 이는 제1공화국의 재정 문제를 악화시켰다. 이

273 J. A. Kim, 1975, p.152.
274 J. A. Kim, 1975, p.152.
275 J. A. Kim, 1975, p.152.

삭감이 세계적인 감소 추세에 따른 것인지 아니면 이승만 정권에 경고를 주려는 의도의 결과인지는 확실하지 않으나, 일부 학자들은 후견국의 견지에서 보는 피후견국의 바람직함과 원조의 양 사이에 상관관계가 있을 수 있다고 주장했다.[276]

이승만의 정치적 입지는 1950년대 중반부터 흔들리기 시작했다. 1955년에 몇몇 자유당 인사들이 탈퇴하여 민주당에 입당했으며 민주당의 장면이 1956년 선거에서 부통령으로 당선되었다. 1957년에는 민족·민중주의적인 조봉암의 진보당이 조직되어 상당한 대중적 지지를 획득했다.[277] 일부 군부 지도자들도 자유당 정부에 반감을 표시했다. 1958년에 자유당은 국회의 3분의 2 의석을 얻는 데 실패했고 그 이후 이승만은 '국가보안법'과 같은 비상사태정책을 통해 권력을 유지하려고 했다.[278] 『뉴욕 타임스』는 "미국 관료들은 반공정책의 이름 아래 정권에 대한 언론 비판과 야당의 정치적 행동을 제어하기 위해 (이승만의) 간첩과 반란 관련 법령들이 사용될 경우의 대중적 저항에 대한 우려를 감추지 않았다."라고 보도했다.[279] 이 시기에 이승만은 붕괴하고 있는 자유당과 경찰과 같은 강압적 국가기제를 제외하고는 대내적·대외적으로 어떤 정치적 지지세력도 없는 것으로 보였다.

---

276 Hartman and Walters, 1985와 Sonn, 1987, p.249를 보라.
277 조봉암은 이후 간첩 혐의로 체포되어 1959년에 사형이 집행되었다.
278 야당을 지지하는 언론 매체인 『경향신문』이 1959년에 폐간되었다.
279 J. A. Kim, 1975, pp.159-161. 그에 따르면, 이승만은 미국이 자신에 대한 미국의 비판에 조용히 조응해온, 미국에서 교육받고 미국 대사를 지낸 장면으로 자신을 대체할지도 모른다고 믿었을 수도 있다는 것이다.

(3) 제2공화국(1960~1961년)

이승만은 1960년 4월에 그 전달의 부정선거로 촉발된 전국적인 학생봉기 이후 대통령직에서 사임했고, 민주당의 제2공화국이 1960년 7월에 출범했다. 이 '민주적' 정부는 1년이 채 못 되게 존재했지만 한국의 국가구조와 국가-사회 관계의 경직성과 탄력성을 모두 보여 주었다. 김정원은 다음과 같이 주장했다.

> 누군가에게는 (제2공화국의) 이 시기가 한국이 궁극적으로 지향해야 했던 한국 민주주의의 높은 수준을 보여준 것일 수도 있지만, 많은 한국인들에게는 한국 정치가 전통 시기로부터 물려받은 효율적이고 발전된 체제가 만들어지려면 반드시 교정되어야 할 (파벌주의와 같은) 행태를 극적으로 보여주었던 시기이기도 했다.[280]

제2공화국의 불안정성은 민주당이 1960년의 '혁명적 변화'를 가져온 중심 세력이 아니었다는 점에 기인했다. 이 변화는 근본적으로 '학생의거'로 시작되었으며 도시 중산층과 진보적 지식인, 언론에 의해서 마무리되었다. 미국의 암묵적 지원(혹은 이승만에 대한 지지의 철회)도 중요한 역할을 했다. 4월 학생데모에 대한 소식을 접한 직후 헌터(Hunter) 국무장관은 워싱턴의 한국 대사에게 그것이 '자유민주주의에 적합지 않은 선거 부정과 압제적 행동에 대한 시민들의 불만의 표시'라고 말했다.[281] 미국은 학생들보다 먼저 이승만에게 사임

---

280 J. A. Kim, 1975, p.202.
281 *A Historical Summary of US-Korean Relations*, Department of State Publication 7446, 1962, p.41.

을 요구했으며 군이 데모 진압을 위해 실탄을 사용하는 것을 허용하지 않음으로써 군을 사실상 중립화했다.[282]

비록 지주 계층을 기반으로 하는 한민당에 뿌리를 둔 민주당이 이러한 전환 결과로 집권하게 되었지만, 민주당은 사실상 사회로부터 실질적인 제휴세력을 갖지 못했으며 단지 다양한 방면의 사회적 요구의 대상이 되었다. 대통령제 대신 내각책임제를 택한 제2공화국은 모든 사람들에게 '무제한의 자유'를 허용하겠다고 선언했다.[283] 새로운 내각제 헌법은 입법부를 강화한 대신 행정부를 약화시켰고 지방의 자율성을 증대시켰다. 국회는 관료적 권력을 둘러싼 갈등과 민주당 내부, 특히 이전 한민당 출신의 '구파'와 1955년에 입당한 '신파' 사이의 끊임없는 파당적 싸움의 장이 되었다. 하나의 예로 장면이 수상으로 선출되자 70명의 구파 국회의원들이 탈당하겠다고 위협했다. 장면이 절충안을 제시하고 5명의 구파 의원들을 내각에 추가로 영입했지만 몇몇 의원들은 결국 탈당하여 신민당을 결성했다.[284] 당의 분열에 직면한 장면 내각의 행정 능력은 이러한 정파 간 갈등으로 크게 위축되었다.

다른 한편으로 이 시기에 다양한 사회세력들이 크게 조직화되고 정치화되었다. 민주당 내각하의 10개월 동안 서울에서 2천 번이 넘는 가두데모가 벌어졌는데,[285] 많은 데모는 학생들이 벌인 것이었고

---

282   Sonn, 1987, pp.247-248.
283   제2공화국의 대통령이었던 윤보선은 민주당 정부의 당시 신조를 "그들(한국의 국민)이 갈망해오던 무제한적인 자유를 일단 즐기게 하자."로 묘사했다. J. A. Kim, 1975, p.210.
284   J. A. Kim, 1975, pp.207-208.
285   1961년의 쿠데타 이후 군사정부는 제2공화국 기간 동안 하루 평균 7.3차례의 데모가 있었고 매일 3,876명의 인원이 참여했다고 추산했다. J. A. Kim, 1975, p.209.

그들의 요구는 이승만 관료들에 대한 처벌에서 통일에 이르기까지 다양했다.[286] 많은 학생들이 한국의 중립화를 주장하기도 했다. 그들의 주된 주장은 다음과 같았다.

첫째, 비동맹정책의 선택이 한국을 냉전의 구속에서부터 벗어나게 하고 한국의 정치적 통일을 용이하게 할 것이다. 둘째, 정치적 통일은 경제적 균형을 회복시킬 것이다. 셋째, 정치적 중립은 국가예산의 절반 정도가 들어가는 상비군의 보유를 불필요하게 할 것이다.[287]

외부적 자율성을 추구하고자 하는 이와 같은 민족주의적 경향과 함께 진보적이고 민중주의적인 사회운동도 등장했다. 한국전쟁을 거치면서 수면 아래로 가라앉아 있던 중도 좌파 세력이 다시 등장하면서 완화된 형태의 사회민주주의 주장을 제기했다.[288] 한국사회당, 사회대중당, 사회혁신당 등의 진보정당이 새롭게 조직되어 1960년 총선에 123명이 입후보했다(하지만 이 중 5명만이 당선되었다).[289] 새로운 노동조합, 특히 화이트칼라 계층의 조합들이 조직되었으며, 교직원들의 노동조합 결성 문제는 이 시기의 중요한 정치적 논쟁점이

---

286 W. Dong, "University Students in South Korean Politics", *Journal of International Affairs*, 40(2), 1987, p.234.

287 S. Kim, 1971, pp.31-32. 한 여론조사에서 당시 한국인들의 32.1%가 중립화에 찬성하고 39.6%가 이에 반대하는 것으로 나타났다. 『한국일보』, 1961. 1. 15. 중립화에 대해 논의하기 위해서는 송인진, "제2공화국의 중립화 통일논쟁연구", 고려대학교 석사학위논문, 1986을 보라.

288 '민자통', '정통련', '민통련', '민민총' 등이 이러한 정치적 조직이었다. 이들은 한미경제협정과 반공법에 반대하는 사회적 운동을 주도했다. 김경권, "제2공화국의 혁신세력 연구", 서울대학교 석사학위논문, 1985를 참조하라.

289 S. Han, 1974, ch.5를 보라.

되었다. 다른 한편으로는 제2공화국 시기의 국가구조에서 군대는 상대적으로 소외되어 있었다. 아마도 장면 정부는 자신의 '민주적' 정향 때문에 군대를 자신의 편에 두려는 어떠한 진지한 노력도 하지 않았을 수 있다. 이승만 정부 내각의 10%가 군 출신이었던 것에 비해 장면 내각에는 군 출신이 아무도 없었고 국방부 장관도 민간인으로 채워졌다.[290] 민주당의 당료들과 군부 인사들 사이에는 어떠한 연계도 존재하지 않았다. 이러한 점은 국가 정당성의 제고에 도움을 주었지만 국가 능력의 확보에는 부정적으로 작용했다. 군대 내의 젊은 장교들 사이에서는 군의 지위와 진급에 관한 불만이 축적되고 있었다.[291] 하지만 장면 정부는 군부 세력에 대한 정보도, 군을 통제할 수 있는 적절한 기제도 보유하고 있지 않았다.

미국은 장면 정부 초기에 전적인 지원을 하려고 했고[292] 장면 역시 경제정책과 대외정책에서 미국의 제안을 적극적으로 수용하려고 했다. 그러나 제2공화국의 국가는 그러한 정책들을 집행할 수 있는 내부적 자율성과 능력을 결여하고 있었다. 장면은 이승만이 거부했던 환율정책에 대해 미국의 견해를 따랐지만 그 결과는 부정적이었다. 미국에 권고한 대부분의 경제개혁 정책들은 '경제적으로는 좋은 의도에 따른' 것이었지만 '정치적으로는 타이밍이 적합하지 않았던' 것이다.[293] 새로운 피후견 국가는 미국에 '정치적으로 우호적'이었지

---

290 J. A. Kim, 1975, p.215.

291 후에 쿠데타의 중심이 되었던 몇몇 영관급 장교들은 군대 내의 '정풍운동'을 주도하기도 했다. S. Kim, ch.5를 보라.

292 아이젠하워는 방한 당시 상호방위조약에 따른 모든 공약에 따라 한국에 전폭적으로 지원할 것을 약속했다. 한미 양국은 1961년 2월에 한국을 위한 경제적·기술적 지원에 추가적으로 합의했다. *A Historical Summary of United States-Korean Relations*, 1962, pp.131-132.

만 미국 정부가 바랐던 대로 '질서 있고 효율적으로 운영'되는 국가는 아니었던 것이다.[294]

미국은 이승만의 사임 이후 동북아에서 자국의 전략적 구도를 완성할 호기를 잡은 것처럼 보였다. 그러나 장면 정부는 내부적 취약성으로 인해 일본과의 국교정상화에서 실질적인 진전을 보이지 못했다. 장면은 일본과의 어업 문제에서 부분적 성과를 거둔 후 '성급한 후퇴'에 대한 강력한 국내적 저항에 직면했다. 국회는 1961년 2월에 첫째, 일본과의 외교적 연결은 점진적으로 추진해야 한다, 둘째, 평화선(이전의 이승만 라인)은 지켜져야 한다, 셋째, 일본과의 공식적인 연계는 일본이 한국인들에게 가한 피해와 고통을 '해소한' 후에 이루어져야 한다, 넷째, 현재의 무역 수준은 한국 기업에 대한 피해가 없는 한에서 증대되어야 한다는 내용의 성명을 발표했다.[295] 민족주의적 정서의 부활 역시 한일 간의 화해에 주요한 장애로 작용했다.

미그달은 사회적 통제의 분절화—사회에서의 규칙 제정의 이질성—가 국가 능력의 성장을 크게 제약한다고 지적했다.[296] 한국전쟁 이후의 지정학적 맥락으로 인해 제1공화국에서는 국가 능력과 사회적 질서가 어느 정도 존재할 수 있었다. 하지만 제2공화국의 분권화된 정부는 정치적 안정성을 유지하는 데 실패했고 악화되는 경제 상황 역시 많은 문제를 야기했다. 현상유지에 반하는 여러 시도가 이 시

---

293   G. Henderson, *Korea: The Politics of the Vortex*, Cambridge: Harvard University Press, 1968, p.181.

294   주 252를 참조하라.

295   C. Lee, 1985, pp.46-47.

296   Migdal, 1988, p.141.

기에 구체화되었지만 이러한 전환은 한편으로 강력한 반공주의자인 북한 이주민과 군부에는 위기상황으로 인식되었다. 대학생들의 '민족 통일연맹'은 1961년 5월에 판문점으로 가서 직접 북한과 대화를 하 겠다고 선언했다.[297] 이러한 시점에서 '지금까지 시험되지 않았던 고 도의 행정적 응집력을 가진 조직, 즉 군부'가 행동하기 시작했다.[298]

(4) 군사정부(1961~1963년)

1961년 5월 16일 박정희 소장이 이끄는 한국 육군과 해병대는 장면 정부를 전복시키고 "부패와 사회악을 제거하고 국가경제를 강화하 기 위한 강력한 반공정부를 수립한다."라고 공표했다.[299] 쿠데타 이 후 박정희의 국가재건최고회의는 쿠데타의 역사적 배경과 이유를 다음과 같이 설명했다.

> (1961년 5월) 공산주의자들에게 한국전쟁의 전면적 공격을 통해서 얻지 못한 사회 전복의 기회를 다시 주게 될, 언제 폭발할지 모르는 압력이 한국 내부에 축적되고 있다는 점이 명백해졌다. 이에 한국의 군부는 주저 끝에 나라를 구하고 우리의 혁명적 과업이 끝난 후에 진정한 민주주의의 튼튼한 기초를 놓는 것이 우리의 의무라는 결론 에 도달했다.[300]

---

297   J. A. Kim, 1975, p.212.

298   S. Kim, 1971, p.35.

299   *A Historical Summary of United States-Korean Relations*, 1962, p.134. 커밍스는 군부 내의 세대 간 갈등, 한국 사회 내의 좌파 위협 증대, 장면 정부의 무능이 쿠데타의 주요 한 국내적 동기였다고 지적했다. B. Cumings, "World System and Authoritarian Regimes in Korea, 1948-1984", Winckler and Greenhalgh eds., 1988, p.262.

쿠데타 직후 유엔사의 맥그루더(McGruder) 장군과 미국의 대리 대사였던 그린(Greene)은 '대한민국의 승인된 합법 정부'만을 지지한다고 말하면서 이에 반대했다.[301] 그러나 워싱턴의 국무부는 공식적인 언급을 피했고, 어떤 관리들은 그들의 '성급한' 논평에 대해서 비판했다. 미국 정부의 일반적인 인식은 한국에서의 쿠데타가 그 시기 이라크나 몇몇 아프리카 국가들에서의 반미 쿠데타와 다르다는 것이었다. 국무장관 러스크는 기자회견에서 "부패를 척결하고 국가 재건을 위한 새로운 환경을 만들며 민주주의를 위한 견고한 경제적 토대를 구축하기 위한" 한국 군사정부에 의한 과감하고 신속한 조치들을 '환영'한다고 말했다.[302]

박정희는 자신의 정권이 기본적으로 친미적이라는 점을 분명히 했다. 그는 다음과 같이 언급했다.

우리는 미국을 좋아한다. 우리는 그들의 자유민주주의 체제를 좋아한다. 그들은 우리를 해방시켰고, 공산주의 침략에서 지켜주었고, 우리를 경제적으로 도와주었다.[303]

300 The Secretariat, "The Supreme Council for National Reconstruction", *Military Revolution in Korea,* Seoul: Dong-A Publishing Co., 1961, p.9. 그 이후 북한의 지속적인 위협에 대한 강조는 박정희의 권위주의적 통치를 정당화하기 위해 반복적으로 사용되었다.
301 *A Historical Summary of United States-Korean Relations,* 1962, p.135. 쿠데타 이전에 미국은 박정희 장군이 미심쩍은 전력을 갖고 있다는 이유로 전역시키려 했다고 한다. 박정희는 1948년 여순반란사건에 간접적으로 연루되었고 그의 형은 공산주의 활동가였다. 박정희는 미국 장성들과 그다지 잘 어울리지 않았고 미국 별명을 가진 친미 한국 장성들을 싫어했다고 전해진다. 이상우, 『박 정권 18년』, 동아일보사, 1986, pp.67-69를 보라.
302 *A Historical Summary of United States-Korean Relations,* 1962, p.136.
303 Park Chung Hee, *The Country, the Revolution and I,* Seoul: Hollym Corporation, 1962a, p.153.

하지만 박정희는 군사정부 시기 동안 국내적·대외적으로 자신이 '리더십의 이념'이라고 부른 정책을 추진하고자 했다. 그는 다음과 같이 주장했다.

첫 번째로 미국은 서구 스타일의 민주주의가 한국에 적합하지 않다는 점을 이해해야 한다. 한 국가 사회가 현대 자본주의를 받아들일 수 있는 모든 요소들을 갖추고 있다고 하더라도, 그 사회가 독자적인 전통과 문화를 갖고 있는 한 새로운 체제에 무조건적으로 동화되어야 하는 것은 아니다. 특히 불균형한 경제, 정치, 사회체제를 갖고 있는 한국과 같은 나라에서 서구 민주주의의 유형이 실현되기를 기대하는 것은 적절치 못하다.

두 번째로 우리는 미국을 통해 해외원조가 주어지고 있는 민주주의의 이상과 열정에 크게 감사한다. 하지만 미국은 이를 통해 한국을 미국화하려고 해서는 안 된다. 자유의 이상과 경제원조의 힘이 한국이 독립적이 되고 자치의 신념을 갖는 기반을 제공하여 이를 통해 한국이 자율적인 국가를 건설할 수 있어야 한다. 그런 경우에야 미국의 원조가 성공적이며 외부적인 적에 대항하는 무기로 활용될 수 있을 것이다.

마지막으로 군사적이고 경제적인 원조는 우리의 필요를 충족하는 방향으로 시행되어야 한다. 이는 물론 미국 경제정책의 효율성을 불신한다는 말은 아니다. 이전에 이야기했듯이 해외원조는 우리가 자급적인 사회의 경제적 토대를 마련하는 방식으로 사용되어야 한다는 것이다. 우리는 설탕 한 포대가 아니라 벽돌 한 조각을 원하는 것이다.[304]

군사정부의 정책은 아울러 어느 정도 민중주의적 성격을 갖고 있었다. 국가재건최고회의는 관료자본가들을 '민중의 기생충'이라고 지칭하고 그들의 재산을 몰수하여 산업화의 원천으로 활용하려고 했다. 1차 경제개발 5개년 계획(1961~1966년)은 "기본 산업의 공장들을 세우고 운영하는 데에서 분명히 사회주의적인 성격을 갖고 있었고", 이는 농업 생산의 증대와 농가 소득의 확충 필요성을 강조하고 있었다.[305] 또한 박정희는 그 안에서 국가가 사회적 보장을 제공하고 노동조합과 다른 노동조직의 건전한 발전, 즉 노동 계층의 권리와 이익을 보호하는 '협력적인 복지사회 질서'를 강조했다.[306] 따라서 한국의 새로운 군사정부의 리더십 전망은 초기에는 '그 성격이 혁명적이고 민족주의적이며 민중주의적'이었다고 할 수 있다.[307]

미국은 자국의 해외원조를 한국의 군부를 '길들이기' 위해 사용했다. 미국 정부는 군사정부의 '민족주의적인' 5개년 계획을 위한 2천5백만 달러의 경제원조를 거부했을 뿐만 아니라 기존의 원조 금액도 대폭 삭감했다.[308] 박정희는 민족주의적인 몇몇 젊은 장교들을 교체해야 했고, 군사정부는 원조를 조건으로 미국이 기본적으로 제시한 내용이 담긴 '5개년 계획 수정안'으로 원래의 방향을 수정해야

304 Park, 1962a, pp.154-156.
305 Sonn, 1987, pp.265-266. 특히 국가재건최고회의는 농민들의 부채를 탕감해줌으로써 어느 정도 농민에게 우호적인 부의 재분배를 실행하고자 했다.
306 Park Chung Hee, *Our Nation's Path,* Seoul: Hollym Corporation, 1962, pp.224-226.
307 D. Cole and P. Lyman, *Korean Development: The Interplay of Politics and Economics,* Cambridge: Harvard University Press, 1971, pp.37-38. 이들은 국가재건최고회의의 방침에 대한 대중적 반응이 대체로 긍정적이었다고 서술했다.
308 Sonn, 1987, pp.267-268.

만 했다.[309] 군사정부의 통치를 4년 더 연장하려고 했던 박정희의 계획도 한국에 대한 모든 원조 계획을 철회한다는 미국의 압력으로 좌절되었다. 대신 박정희는 예편 후 민간인으로 1963년에 대통령직에 출마하게 되었다.

군부는 1963년 대선을 위해 제도적·재정적 능력을 확충했다. 1962년 여름에 민주공화당이 한국중앙정보부의 조직적 지원하에 창당되었다.[310] 한국의 다른 정당과 달리 민주공화당은 고도로 집중화된 조직구조와 훈련된 당원들과 강력한 행정체계를 갖고 있었다. 또한 군사정부는 화폐개혁을 단행하고 많은 은행을 국유화함으로써 재정적 통제를 강화했다.[311] 구속되었던 기업인(관료자본가)들은 석방되면서 벌금을 현금으로 지불하도록 강제되었다.[312] 이와 같은 노력을 통해서 군사정부는 국가 능력과 내부적 자율성을 증대시켰지만, 미국의 압력과 정치적 계산을 통해 외부적 자율성에 대한 모색을 완화시켰다.

(5) 제3공화국(1963~1972년)

1963년의 선거는 박정희와 제2공화국의 대통령이었던 윤보선의 대

---

309 E. Mason et al., *The Economic and Social Modernization of the Republic of Korea*, Cambridge: Harvard University Press, 1980, p.47.

310 J. A. Kim, 1975, p.236. 중앙정보부는 1961년 6월에 창설되었는데, 가장 중요한 기능 중의 하나는 공화당 조직의 전국적 골격을 만들고 박정희의 선거운동을 위한 정치적 기지를 제공하는 것이었다.

311 이 개혁은 일정한 잔고 이하의 은행 예금만 찾을 수 있도록 하는 동결조치를 포함했는데, 나머지 금액은 정부가 '불법적 축재'로 간주해서 몰수하였다. J. A. Kim, 1975, p.239.

312 손호철은 대부분의 관료자본가들이 이러한 시련을 거쳐서 제3공화국 이후 재벌로 성장하면서 좀 더 지속적이고 역동적인 산업자본가로 변모했다고 지적했다. Sonn, 1987, p.270.

표 6. 1963년 대통령 선거 결과

후보자	정당	전체 득표 비율	유효투표 비율
박정희	민주공화당	42.61	46.65
윤보선	민정당	41.19	45.10
기타/무효표		16.20	8.25

출처: J. A. Kim, 1975, pp.252-253.

결이었다. 박정희가 42.61%의 득표로 당선되었지만, 윤보선은 조직과 자금의 열세에도 불구하고 박정희와 박빙의 대결을 펼쳤다(표 6).

이 결과는 '준군사정부'인 제3공화국이 출범 당시 그다지 견고한 국내적 지지를 받지 못했다는 사실을 보여준다. 따라서 새로운 통치 집단을 받쳐주는 주요한 요인은 외부적·지정학적 근원에서 오게 되었다. 김정원 다음과 같이 지적했다.

> 이전의 한국전쟁과 마찬가지로 베트남 전쟁은 새롭게 구조화된 정치체제에 많은 자원을 제공했다. 또한 일본과의 국교정상화—국내 정치적 반대에도 불구하고 미국의 강력한 지원으로 이루어진—는 새로운 정권이 점점 더 안정되도록 도와줄 수 있는 부강한 이웃과의 무역과 원조를 가능하게 해주었다.[313]

1962년의 청구권 타결 이후에도 일본과의 국교정상화 조약의 타결은 주로 한국의 국내적 반대로 말미암아 3년의 시간이 더 소요되었다. 1964년에서 1965년까지의 2년 동안 약 3백만 명의 학생들과

---

313   J. A. Kim, 1975, p.256.

최소한 50만 명의 일반 시민들이 전국적으로 가두데모나 단식투쟁, 성명서 발표 등 다양한 형태의 저항적 행동에 참가했다.[314] 다른 한편으로 박정희 정부는 한일 국교정상화의 결과로 '동북아시아에서의 반공동맹'과 '1차 5개년 계획에 대한 경제적 지원'을 강조했다.[315] 1965년 6월 한국과 일본 정부는 두 나라의 국내정치적 반발에도 불구하고 국교정상화 조약을 체결했다.[316] 박정희가 기대했던 것처럼 이 조약은 그에게 큰 경제적·정치적 자원을 제공했다. 일본의 외교적 지원에 더해 일본 자본의 유입은 미국의 경제원조가 감소하던 시기에 박정희에게 재정적으로 큰 도움이 되었다.[317]

한국의 베트남 파병 역시 제3공화국을 강화하는 데 큰 역할을 했다. 라이먼(Lyman)은 한국의 참전 동기를 다음의 다섯 가지로 정리했다. 첫째, 한국에 참전한 외국 군대의 희생에 대한 보은의 감정, 둘째, 미국과의 동맹관계에서 한국의 입지 강화, 셋째, 참전을 통한 잠재적인 경제적 이익, 넷째, 국제 위신에 대한 기대, 다섯째, '동료 반공국가'로서 남베트남의 안보가 자국의 안보와 연결되어 있다는 생각이다.[318] 더 중요하게는 베트남 전쟁이 제3공화국의 국가가 미국과의 심화된 외부적 연계를 통해 자국을 국내적으로 좀 더 강하게 만

---

314 예를 들어 1964년 5월 서울대학교에서는 공화당의 슬로건이었던 '민족주의적 민주주의'의 상징적인 장례식을 거행했다. 『경향신문』은 사설에서 "정부는 일본과의 협상이 아니라 북한과의 문화적·경제적 협력을 위한 방도를 마련해야 한다."라고 주장했다. K. B. Kim, 1971, pp.107-110.

315 김성환 외, 『1960년대』, 거름, 1983, pp.267-268.

316 일본 정부는 이 문제에 대해 공산당과 좌파 정치세력으로부터 큰 저항을 받고 있었다. C. Lee, 1985, p.51.

317 이 절의 후반부와 5절을 참조하라.

318 P. Lyman, "Korea's Involvement in Vietnam", *Orbis*, 12(2), 1968, pp.563-565.

드는 기회를 제공했다는 점이다.

제3공화국은 증대된 외부적 자원을 활용하여 국내적 통제를 여러 방식으로 강화할 수 있었다. 사회적·정치적 조종의 가장 강력한 도구는 중앙정보부였다. 커밍스는 "미국 CIA의 지원으로 조직되었고 항상 CIA 서울 지국과의 긴밀한 연계를 통해 업무를 진행했던 한국 중앙정보부는 초국적 경제와 더불어 초국적 정치의 하나의 사례였다."라고 주장했다.[319] 중앙정보부는 정보 수집과 비밀경찰 기능에서부터 경제정책의 집행과 관료 간 조율에 이르기까지 모든 정치적 문제를 관장했다.[320] 중앙정보부의 실질적으로 무제한적인 권력은 재야세력을 위축시키고 언론의 자유를 제한했다.[321] 또한 박정희는 중앙정보부를 국회와 대통령 선거에도 활용했다.

또 다른 통제수단은 새로운 금융과 여신 정책이었다. 이 정책 아래 주요 기업들은 매우 우호적인 은행 대출을 제공받았는데, 이는 그들이 부적절한 부채 비율을 가질 정도까지 진행되었다. 이후 정부는 그들에게 여신 중단을 매개로 자신의 정책을 따를 것을 요구했다.[322] 박정희 정부는 아울러 '국가조합주의적인' 체제를 공고히 했

---

319 Cumings, 1984b, p.29.

320 Kil, 1987, p.163. 4대 중앙정보부장이었던 김형욱은 회고록에서 "중앙정보부가 한국의 정치, 경제, 사회, 문화, 군사 문제에서 첫 번째 권력기관이었던 것은 사실이다. 그래서 당시 한국인들은 이를 '남산공화국'이라고 불렀다."라고 말했다. H. Kim, *Revolution and Idol, Part II*, Upper Darby: Korean Independent Monitor, 1983, p.10.

321 동백림 간첩단 사건과 동양통신사 사건은 대표적 예라고 할 수 있다. S. Kim, 1971, pp.145-147을 보라.

322 심지어 주요 일간지도 이와 같은 부채의 함정에 빠진 사례가 있었다. 하나의 예로 1965년에서 1966년에 걸쳐 박정희 정부는 『경향신문』의 일부 기사를 못마땅하게 생각했는데, 은행은 갑자기 부채 상환을 요구하고 여신을 취소했다. 『경향신문』은 결국 부도처리되어 매각되었다. J. A. Kim, 1975, p.265.

다. 기존의 대한상공회의소와 한국무역협회에 더해 전국경제인연합회가 만들어졌는데, 이들 단체는 정부기관과 밀접하게 연결되어 있었다. 박정희 정부는 해외원조, 공공차관, 국내 은행을 포함한 재정적 자원의 실질적인 독점과 경제기획원과 같은 효율적인 기관들을 통해 경제정책에서 세심한 중앙통제적 집행을 해나갔다. 이와 같은 기제들을 통해 그 안에서 국가가 구조적 자율성을 확보한 국가와 대기업 사이의 밀접한 연계가 형성될 수 있었다.

어떤 학자들은 박정희 정부의 국가 정책의 수립과 집행이 '목표의 설정과 달성에 대한 군사적 접근' 방식으로 이루어졌다고 지적했다.[323] 실제로 군부와 민간 권력 사이의 새로운 제휴는 거의 융합 수준에 달했는데, 다음에서 보는 것처럼 군인 출신 인사들이 민간의 통치구조에 널리 퍼져 있었다.

1963년 10월 9일 민정 이양 이후 군인 출신들이 정부에 대거 참여하면서 95명의 각료 중 40명을 차지했다. (1968년 현재) 공공기관의 감사직 11명 중 10명이, 59명의 대사직 중 32명이 군 출신 인사였다. 국회에서는 6대 국회(1963~1967년)의 174 의석 중 36석이, 7대 국회(1967)의 175석 중 37석이 군인 출신으로 채워졌다. 행정부에서는 14%의 고위관료들과 정치적 임명직이 다양한 형태의 군 경력을 가진 인물에 해당했다.

유사한 경향은 경제계에서도 마찬가지였다. 1961년 쿠데타 이후 예편된 장성들은 공기업의 고위직으로 자유롭게 이동했으며 (…)

---

323 김세진은 "국가 계획이 마치 전쟁 계획처럼 입안되고 집행되었다."라고 서술했다. S. Kim, 1971, p.164.

1969년 현재 42개의 공공재원에 의한 산업체 중 33개가 군 출신 인사에 의해서 운영되고 있다.[324]

제3공화국의 정치이념은 기본적으로 반공주의와 '경제주의(소위 '경제우선'정책)'라고 할 수 있었다. 박정희는 공산주의의 위험성에 대해 다음과 같이 경고했다.

공산당과의 타협은 패배의 시작이다. 장면 정권에서 그랬던 것과 같은 혼돈상태의 사회에서 영토적 통일의 주장은 국가적 자살의 방법이다. 학생들이 강력하게 제기하는 중립하에서의 통일 논의는 무혈의 공산주의 쿠데타 기회를 제공하는 것이다. 우리는 현재 우리가 누리고 있는 민주주의와 자유를 끝까지 지켜내야 한다.[325]

콜(Cole)과 라이먼은 다음과 같이 주장했다.

경제정책은 (박정희) 정권의 국내적인, 그리고 상당한 정도로 대외적인 정치적 노력의 주축이 되었다. 경제적 성과의 정치적 역할은 점차적으로 증대되었다. (…) 군사정부 시기의 사례에서처럼 포괄적인 민족주의적 프로그램의 일부분이거나 다소 추상적인 차원에서가 아니라 구체적인 경제적 성취가 정치적 성취와 국가적 발전의 기준이 되었던 것이다.[326]

---

324 S. Kim, 1971, pp.161-162.
325 Park, 1962b, p.192.
326 Cole and Lyman, 1971, p.80.

따라서 '강력한' 국가에 의한 정치적 안정이 이 시기의 안보와 경제 성장의 토대로 강조되었다.

미국으로서는 제3공화국의 국가구조와 이념적 정향이 자국이 원하던 피후견국의 가장 바람직한 특성에 해당했다. 베트남 전쟁에서 보여주었듯이 박정희는 지역안보체제에서 피후견 국가의 역할을 적절히 수행했으며 국내적으로도 안보와 경제의 견지에서 볼 때 자신의 정치체제를 비교적 효율적으로 관리했다. 한 미국 관리는 다음과 같이 논평했다.

우리가 최근 몇 년 동안 한국에서 보고 있는 것은 한국이 많은 세대에 걸쳐 알지 못하고 있던 효율적인 정부, 즉 계획을 입안하고 프로그램을 발전시키며 그것을 수행할 수 있는 정부의 출현이다.[327]

미국은 박정희에게 개발차관 프로그램의 확대와 2차 경제개발 5개년 계획에 대한 지속적인 지원을 약속했다.

1960년대 중반이 되자 박정희 정부는 권력적 토대를 상당한 정도로 구축한 것으로 보였다. 군부에 대한 박정희의 통제는 견고했으며 사회에 대한 조직적인 통제도 큰 문제가 없었다. 1967년의 대통령 선거에서 박정희는 51.4%의 과반수 표를 획득했으며, 윤보선은 41%, 다른 후보자들은 8% 득표에 그쳤다. 비록 국회의원 선거에서 투표 과정의 불법행위들이 신고되었지만, 박정희의 공화당은 3분의 2 이상의 의석을 획득했다.[328] 하지만 1960년대 말에 이르러 상황은

---

327 "Address by the Deputy Assistant Secretary of State(Berger), May 7, 1966", *American Foreign Policy*, 1966, p.705.

달라지기 시작했다. 베트남 사정의 악화와 닉슨(Nixon) 대통령 당선 이후 미국 정부의 데탕트 추진이 박정희 정권의 외부적 환경을 크게 변화시켰던 것이다. 박정희의 정치적 자금의 외부적 자원, 특히 대외공공차관이 감소하기 시작했는데, 이는 정부의 재정적 능력을 감소시키고 체제 균열을 초래했다. 공화당 내부의 정쟁이 등장했고 행정부의 조직적 능력의 쇠퇴가 감지되었다. 박정희는 정치적 권력을 유지하기 위해 좀 더 권위주의적인 방법에 의존하게 되었다. 그는 1971년 말에 국가비상사태를 선포했는데, 이는 1972년의 헌법 개정으로 이어졌다.

제3공화국 시기에 한국 사회는 상대적으로 '군사화'되고 '탈정치화'되었다.[329] 이 기간 동안 한국에는 자국의 안보를 위해서 대외적 세력에 의존하고 국내 사회세력으로부터는 상대적으로 자율적으로 발전을 추구하는 '발전-안보국가'가 제도화되었다. 한국은 이러한 새로운 질서 아래에서 급속한 경제성장을 위한 계기를 얻은 것으로 보였다. 하지만 이와 같은 성장은 새로운 유형의 권위주의적 지배라는 대가를 가져왔다.[330] 냉전과 한국에서의 권위주의의 등장 사이에

---

328   J. A. Kim, 1975, pp.270-271.

329   김정원이 주장하듯이, '계급 갈등'이나 '언론의 자유'와 같은 정치적 쟁점들이 적정 자원 배분, 투자구조, 국민총생산 등의 경제적인 쟁점으로 대체되었다. J. A. Kim, 1975, pp.272-272.

330   한승주는 박정희 정권의 부정적 영향을 다음과 같이 정리했다. 첫째, 박정희 정권은 질서 있는 승계가 이루어지는 정치적 틀을 만드는 데 실패했다. 둘째, 박정희 정권은 새로운 정치적 지도자가 등장하고 다양한 힘과 이익이 정치적 과정으로 정리될 수 있는 정당과 정당체제의 제도화를 막았다. 셋째, 이는 군부가 정치적 역할을 수행할 수 있는 가능성과 능력을 증대시켰다(물론 이러한 비판은 유신 이후의 시기에 더욱 타당하다고 할 수 있을 것이다). S. Han, "South Korea: Politics in Transition", L. Diamond et al. eds., *Democracy in Developing Countries, Vol. III, Asia,* Boulder: Lynne Rienner, 1989, pp.276-277.

직접적인 인과관계를 찾는 것은 아마도 쉽지 않을 것이다. 하지만 앞의 분석에서 보는 것처럼 분단, 한국전쟁, 그리고 이어지는 미국에 대한 군사적 의존이 한국에서 성립 가능한 정권의 유형을 크게 제약했던 것은 사실이다. 다음에서 검토하는 것과 같이 특정한 역사적 환경 아래에서 후견-피후견 국가관계의 외부적 연계는 한국 국가의 주요 특성을 구조화했다고 할 수 있다.

2) 비교분석

(1) 국가의 내부적·외부적 자율성

많은 학자들은 동아시아의 국가가 다른 사회적 행위자들(지주나 산업자본가들)로부터의 내부적 자율성과 경제발전 과정에서 그들의 적극적인 개입으로 특징지어진다고 주장했다. 그러나 이전의 역사적 분석에서 나타난 것처럼 이와 같은 특성들은 한국의 국가에서 단지 제3공화국 이후에 제도화되었으며, 제1공화국과 제2공화국의 국가는 오히려 상반된 성격을 보여준 바 있다. 스카치폴은 이에 대해 다음과 같이 적절하게 언급했다.

'국가 자율성'은 어떤 정부체계의 고정된 구조적 속성이 아니다. 이는 등장하기도 하고 사라지기도 하는 것이다. (…) 자율적인 국가행위의 구조적 잠재력 자체는 시간에 따라 변화한다. 왜냐하면 강압적이고 행정적인 조직들은 내부적으로 또는 사회집단과의 관계에 따라, 그리고 정부의 대표기구에 따라 전환을 경험하기 때문이다. 따라서 비록 국가 비교연구에서 일반적인 견지에서 하나의 정부체계가

'더욱 강하다'거나 '더욱 약하다'라고 지적할 수 있더라도, 이 개념의 충분한 잠재력은 주어진 정체가 갖는 구조적 변인과 국면적 변화에 민감한 철저한 역사적 연구에 의해서만 실현될 수 있다.[331]

이와 같은 한 정체에 대한 역사적 비교 방법은 한국의 사례에서 그 타당성을 갖는다. 1940년대 말부터 1960년대까지 한국 국가의 내부적 자율성 분석을 통해 다음과 같은 사항을 알 수 있다. 첫째, 이는 제1공화국에는 제한적이었고 말기에 더욱 감소되었다, 둘째, 이는 제2공화국 시기에는 최소한도였거나 존재하지 않았다, 셋째, 이는 군사정부와 제3공화국에서 상대적으로 강력했다. 국가의 내부적 자율성에 대한 비교분석은 다음과 같이 정리할 수 있다.

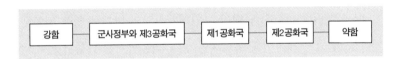

제1공화국의 내부적 자율성은 지주 계층으로부터의 자율성에서 유래되었다. 강한 지주 계층을 가진 한국의 전통적인 계급구조는 식민주의 통치와 해방 이후 토지개혁에 의해 변화했다. 구해근은 다음과 같이 말했다.

식민주의 이전에 한국의 국가는 지주 계층에 비해 상대적으로 취약했다. 그러나 식민주의 시기 동안 국가 관료는 계층구조와 전반적인

---

331 T. Skocpol, "Bringing the State Back In: Strategies of Analysis in Current Research", Evans et al., 1985, p.14.

사회세력을 뛰어넘는 강력한 세력으로 등장했다. (…) 독립 이후 성공적인 토지개혁이 계급구조를 더 변화시켰다. (…) 한국에서 토지개혁은 1948년부터 1950년까지 진행되었다. (…) (개혁을 통해서) 약 70%의 공식적인 토지가 재분배되었고, 2백만 농가 중 1백만 이상의 농가가 혜택을 받았다. 정부는 약 1헥타르에 달하는 3정보의 벼 수확지로 상한선을 부과했다. 전반적인 결과는 이전의 대주주 계층의 몰락과 소규모 자작농 중심의 기본적인 농업구조였으며, 이는 농촌 지역에서 주요한 정치적 불안정성의 요인을 제거하는 효과를 가져왔다. 1950년에 발발한 한국전쟁으로 인해 한국 계급구조에서 구지주 계층이 완전히 사라졌는데, 그 결과로 전후 한국에서 부유하지는 않지만 유동적이고 평등한 농업사회가 등장했다.[332]

다른 한편으로 1950년대의 수입대체산업의 발전은 정부 관료와 자유당, 산업가들 사이에 복합적인 상호 의존관계를 만들어냈다. 국가의 부분적인 자율성은 금융정책과 재정정책에 의해 유지되었다. 하지만 1950년대 후반에 자유당의 과두정치인들이 그 연합의 핵심이 되자 정책결정 과정에서 관료들의 힘은 감소했다. 당 엘리트들은 산업가들의 재정적 지원에 의존하고 있었기 때문에 국가는 자유당에 의해 대표되는 산업들의 요구를 충족시켜주어야 했다. 수입 허가와 외환 분배는 특정한 산업가들에게 유리하게 이루어졌다. 그 결과 자원 배분에서의 국가 자율성은 약화되었고 정책 입안에서의 연속성은 훼손되었다.[333]

---

332 Koo in Deyo, 1987, p.170.
333 박종철, "한국의 산업화정책과 국가의 역할, 1948-1972", 고려대학교 박사학위 논문,

미그달은 국가가 높은 수준의 사회적 통제를 할 수 있게 되면 국가는 다른 사회집단들로부터 자율성을 얻게 되며 지배층을 효율적으로 동원하게 된다고 지적했다.[334] 그러나 제2공화국의 국가는 미그달이 말한 효율적인 사회적 통제를 수행하지 못했으며 다른 사회세력들로부터 구조적 자율성을 획득하는 데 실패했다.[335] 보수적인 그룹이 제2공화국의 사회에서 계속 세력을 유지하고 있었지만 도시의 대중적 계층에 기반을 둔 새로운 진보적 집단들이 그들과 경쟁했다. 이러한 양극화된 사회적 상황에서 내부적 자율성을 결여한 제2공화국의 국가는 두 집단 중 어느 하나와 제휴하고 다른 쪽을 제압함으로써만 생존을 유지할 수 있었다. 그러나 장면 정부는 자유주의적인 절차에 대한 집착을 포기할 수 없었으며 포기하려고 하지도 않았다. 이는 결국 제2공화국의 종말로 이어지게 되었다.[336]

제3공화국의 국가 자율성의 특성은 크게 차별적이었는데, 이는 그것이 기본적으로 민간 제도를 가진 군사적 정권의 성격을 갖고 있었기 때문이다.[337] 이승만의 몰락 이후 두 가지 요인이 한국에서 군사적 권위주의의 등장에 도움을 주었는데, 그것은 한국 국민 대다수

1987, pp.108-109.

334 J. Migdal, "A Model of State-Society Relations", H. Wiarda ed., *New Directions in Comparative Politics, Boulder: Westview Press, 1985, p.49.*

335 하나의 예로 장면 정부는 관료적 자본주의자들을 처벌하려고 했으나 궁극적으로 그들을 기소하지 못했다. Sonn, 1987, pp.258-259.

336 Han, 1989, pp.270-272.

337 호로위츠(Horowitz)는 "군부는 총을 갖고 있고 사회계층은 그렇지 못하다. 경찰의 경우를 제외하고는 군부만이 무기에 대한 독점력을 갖고 있고, 따라서 국가권력에 대한 독점력을 갖게 된다."라고 간단히 말했다. I. Horowitz, *Beyond Empire and Revolution: Militarization and Consolidation in the Third World,* New York: Oxford University Press, 1982, p.182.

의 정치적 안정에 대한 일반적인 지향과 군부에 대항할 수 있는 강력한 사회세력의 부재였다.[338] 당시에는 단지 군부만이 강압적 능력을 행사할 수 있는 전국적으로 유효한 조직을 가진 행위자였다. 이와 같은 조건은 기본적으로 한반도의 분단과 지속적인 안보 위협의 존재라는 지정학적인 맥락으로 인해 주어진 것이었다.

비록 몇몇 학자들이 한국의 국가 자율성의 사회경제적인 근원들을 제시했지만, 한국의 사례에는 스카치폴이나 만의 국가 자율성의 군사적 기원에 대한 주장이 좀 더 적실성이 있다. 스카치폴이 주장했던 것처럼, 1960년대의 '국제적 맥락(냉전체제)', 동북아시아의 '지역적 맥락(삼각안보체제의 필요성)', '강대국과의 관계(미국과의 후견-피후견 국가관계)'는 한국에서 새로운 정권의 특성을 '조건 짓는' 데 핵심적인 역할을 했다. 지정학적 환경 내에서 '국가의 전제적 권력'은 주로 '영토적-집중화의 형태'를 유지하는 데 대한 사회적 세력들의 상대적인 무능력에 기인했다.[339] 권력 장악 이후에는 통제와 내부적 안보 기제(예를 들어 중앙정보부)가 국가가 구축해야 할 첫 번째 구성요소였는데, 이는 국가 자율성의 강력한 기초를 제공했다.

일본과의 국교정상화와 베트남 파병은 박정희 정부가 일련의 대외정책을 결정하는 데 어느 정도 내부적 자율성을 행사할 수 있다는 것을 보여주었다. 이전의 두 공화국들과 달리 박정희 정부는 일본과의 조약 체결과 군대 파견에서 강한 국내적 반발을 극복할 수 있었

338 이러한 점이 1961년 군부의 권력 장악에 대한 한국 사회의 공개적 저항의 부재를 설명하고 있다고 할 수 있다.
339 M. Mann, "The Autonomous Power of the State: Its Origins, Mechanisms, and Results", *European Journal of Sociology*, 25, 1984, pp.201-202. 분단 한국의 사례에서는 통일 문제로 말미암아 이러한 영토적 안보의 문제가 좀 더 복잡한 성격을 갖는다고 할 수 있다.

고 때로는 비상수단을 사용하기도 했다.[340] 하지만 이러한 이 두 사례에서의 국내적 정쟁이 사실상 제3공화국의 국가가 자율성을 획득해가는 과정이었다고 보는 것이 더 적절할 수 있다. 이러한 사건들을 거치면서 박정희 정부는 정책 결정에서 더 포괄적인 자율성을 확보할 수 있었던 것이다. 두 사례에서 미국의 강력한 지원 역시 취약한 국내적 권력 기반을 갖고 있던 박정희에게 핵심적인 도움이 되었다.

그러므로 제3공화국의 내부적 국가 자율성은 후견-피후견 국가 관계를 통해서 강화되었다고 볼 수 있다. 해외원조와 특히 저리 공공차관을 통한 외부적 자본의 유입은 국가의 국내자본으로부터의 자율성을 증대시켰고 국가 주도 유형의 발전을 용이하게 했다. 군사원조 역시 자원을 생산 능력으로부터 추출하지 않고서도 국가의 억압적 능력을 확대할 수 있도록 함으로써 간접적으로 공헌했다. 전임자들과 달리 박정희는 외부적 자원을 수입대체화에서 수출주도형 산업화로의 전환을 위해 사용했고 수입대체산업가들의 영향력에서 탈피할 수 있었다.

1960년대 초반 이후 대부분의 대기업들은 주로 수출주도산업화를 추진하는 국가정책의 '추종자' 역할을 담당하기 시작했다. 길정우는 다음과 같이 지적했다.

박정희 시기 전반에 걸쳐 대기업들이 국가와의 관계에서 강해지고 자율적일 수 있는 방법은 없었다. (이 시기에) 한국에서 사기업은 국가권력의 위임자이거나 국가주도 발전의 대리인에 가까웠다. (…)

---

340 1964년 한일 국교정상화 과정에서 박정희는 임시계엄령을 선포했다.

명백하게 (발전의) 효율적 이행은 사적인 순응을 이끌어내는 국가의 능력에 대부분 의존하고 있었다. 이를 위해서 국가는 가장 강력한 수단을 사용했는데, 이는 은행 자금의 통제와 해외채권자에 대한 접근과 같은 정치적 재량권의 광범위한 사용을 포함했다.[341]

제3공화국의 또 다른 국가 자율성의 요소는 '강한 국가와 약한 노동' 사이의 관계였다. 박정희 정부는 노동 계층과 그 조직들을 통제하는 강력한 능력으로 사회경제적 변동을 최소화할 수 있었다.[342] 국회에 의한 입법부의 상세한 제한으로부터 행정부가 가진 자율성 역시 제3공화국의 국가구조의 특성 중 하나였다.[343]

제3공화국의 국가는 강력한 국내적 자율성을 갖고 있었던 데 반해 외부적 자율성이 상대적으로 취약했다. 당시 이집트나 페루의 군사정권과 달리 박정희는 애초의 (군사정부가 보여주었던) 민족주의적 정향을 곧 전환했다. 부잰의 개념에 따르면, 제3공화국은 '분리(dissociation)'보다는 '제휴(association)' 전략을 선택했다.[344] 사실상 '분

---

341   Kil, 1987, pp.173-174.

342   J. Choi, "The Strong State and Weak Labour Relations in South Korea", K. D. Kim ed., *Dependency Issues in Korean Development,* Seoul: Seoul National University Press, 1987을 참조하라.

343   S. J. Kim, *The State, Public Policy, and NIC Development*, Seoul: Dae Young Munhwasa, 1988, p.47.

344   B. Buzan, "Security Strategies for Dissociation", J. Ruggie ed., *The Antinomies of Interdependence*, New York: Columbia University Press, 1983을 보라. 이러한 면에서 북한의 전략은 대조적인 측면이 있다. 북한은 '주체', 즉 자결의 방식을 상대적으로 강조했다. 이러한 비교는 동맹과, 안보를 충족시키기 위한 대안적 수단으로서의 내부적 동원 사이의 절충적 관계를 보여준다. W. Shin, "Structural Restriction on Modernization Process: The Case of Divided Korea", Mimeograph, Yale University, 1986을 보라.

리의 안보 전략'은 1960년대 초반의 세계적·지역적 안보적 환경에서는 거의 가능하지 않았다. 부잰은 '느슨해지는' 세계적 권력구조가 제3세계 국가들이 좀 더 운신의 폭을 갖게 한다고 지적했는데, 이시기 한국의 경우는 사실상 이와 반대에 가까웠다고 할 수 있다. 북한의 위협과 내부적 불안정성은 준군사정권에 외부적 동맹을 찾아야 할 동기를 부여했다. 박정희 정부는 희생된 외부적 자율성에 대한 보상으로 후견국의 도움으로 내부적 자율성을 증대시킬 수 있었다.

제1공화국 역시 미국의 영향력 아래 있었지만, 이승만은 미국과의 관계를 조종하려고 했다. 이승만은 미국과의 상호방위조약을 추진하면서 한국전쟁의 휴전에 반대했다. 그는 한국 단독으로 북진하겠다고 미국을 위협하기도 했으며 미국과의 협의 없이 북한의 반공포로를 석방했다. 이러한 이승만의 행동 때문에 미국은 그의 축출을 고려한 적도 있었다.[345] 하지만 이승만은 정부가 미국의 해외원조에 의존하고 있는 상황에서도 미국이 권고한 재정정책과 장기 경제개발계획을 거부했다.

이승만에 비해 장면은 훨씬 더 순응적이었다. 그의 국내정치적 목표, 즉 민주적 사회의 건설과 경제성장 추진은 미국의 지지를 받았고, 그는 자신의 정부를 위한 1억 8천만 달러의 원조를 획득했다. 하지만 미국의 경제적·정치적 지원은 그가 대외적 자율성(혹은 자주)을 추구하는 것을 제한했다. 제2공화국의 외교적 행태는 전형적인 '의존적 국가의 순응적 정책'의 사례였지만,[346] 진보세력들과 학생

---

345   B. Koh, *The Foreign Policy Systems of North and South Korea,* Berkely: University of California Press, 1984, p.211. 하지만 '에버레디'라는 이름이 붙은 이 계획은 실행되지 않았다.
346   이 개념을 살펴보기 위해서는 K. Menkhaus and C. Kegley, "The Compliant Foreign

들과 같은 국내 집단은 이에 반발했다. 앞에서 서술한 것처럼 남북한 사이의 해빙과 중립화에 대한 요구도 증대되었다. 따라서 내부적으로 취약한 제2공화국의 국가가 최소한 어느 정도 외부적 자율성을 추구할 수 있는 잠재적 가능성을 가졌던 것으로 볼 수도 있을 것이다.

1961년의 쿠데타는 민족주의적이고 진보적인 사회세력의 확산을 저지했다. 초기의 외부적 자율성 모색의 실패 이후 군부는 미국의 효율적인 피후견자로 변모했다. 박정희의 미국 패권과의 제휴는 미국이 주도하고 재정을 담당하는 지역 군사동맹과 한국의 군부 사이의 밀접하지만 종속적인 통합을 뜻했으며 또한 미국이 제3공화국의 국내정치와 경제 전략에 주요한 영향력을 행사한다는 것을 의미했다. 안보 네트워크 아래에서 한국의 국가는 미국이 한국 군대의 작전권을 보유하고 있다는 점에서 '구멍 난 주권(perforated sovereignty)'이라고 지칭되는 상황을 피할 수 없었다.[347]

한국과 일본 사이의 국교정상화를 통해 강화된 미국, 일본, 한국 사이의 삼각안보체제 역시 한국 국가의 외부적 자율성을 제한했다. 1965년부터 미국에 대한 단일의존체제는 사실상 미국과 일본에 대한 이중의존체제로 변모했다.[348] 미국에 대한 의존이 정치적이고 군사적이었던 데 비해 일본에 대한 의존은 주로 경제적인 측면에서 이루어졌다. 청구권 자금의 유입은 일본의 경제적 자본의 진출을 의미

Policy of Dependent State Revisited", *Comparative Political Studies*, 21(3), 1988을 보라.
347 작전권과 미군 주둔의 법적 지위 문제는 한국과 미국 사이의 가장 민감한 문제가 되어왔다. 강성철 편, 『주한미군』, 일송정, 1988; 법과 사회 연구회, 『한미행정협정』, 힘, 1988을 보라.
348 Sonn, 1987, p.288. 북한, 중국, 소련은 한일 국교정상화를 미국과 일본의 '제국주의적 공세'라고 비난했다. 국제문제연구소, 『한일회담에 대한 공산권 반향』, 국제문제연구소, 1974를 참조하라.

하기도 했다. 일단 정치적 문제가 해결되자 한국에 대한 일본 상품의 수출은 비약적으로 증가했다. 1961년부터 1964년까지의 평균은 1억 3천3백만 달러였으며, 1965년에는 1억 8천만 달러로 증가했고 1966년과 1970년 사이에는 5억 8천6백만 달러까지 상승했다. 비록 한국의 장기영 경제부총리가 두 나라 사이의 경제교류를 '궁극적인 공생과 상호 이익'의 관계라고 칭했지만, 한국의 무역적자는 계속 누적되었다.[349]

베트남 전쟁에의 참여는 제3공화국의 외부적 자율성에 양면적인 영향을 미쳤다. 박정희는 한국의 기여에 대한 능숙한 조종을 통해 한미동맹 내의 협상에서 유리한 입장에 섰다.[350] 예를 들어 미국은 1966년 3차 파병의 대가로 한국에 추가적인 경제원조, 한국 군대의 현대화, 주한미군의 미감축을 약속했다.[351] 박정희는 베트남 참전 과정에서 미국의 취약성을 발견했고 새로운 자신감을 얻게 되었다. 그는 마닐라 정상회의와 아시아태평양이사회 창립회의를 통해 지역정치에서 자신의 역할을 확대하고자 했다.[352]

동시에 박정희 정권은 다른 나라에서 '반공 십자군 전쟁의 전위에 섬'으로써 미국의 피후견국으로서의 이미지를 고착화했다. 공산진영, 제3세계, 그리고 일부 서구 국가들까지도 한국의 파병을 비판했다.[353] 특히 베트남 파병은 비동맹 국가들과의 관계를 악화시켰고,

349 C. Lee, 1985, pp.56-66.
350 A. Suhrke, "Gratuity or Tyranny: The Korean Alliance", *World Politics,* 25(4), 1973, p.520.
351 이상우, 1985, p.257. 또한 박정희 정부는 한국에서의 미군 주둔에 관한 한미행정협정을 체결했다. 하지만 많은 한국인들은 이 협상에 대해 불만을 표시했다. Han, 1978, p.903.
352 Han, 1978, pp.906-909.

그 결과 한국의 아프리카-아시아 회의 참석이 불허되었다.[354] 베트남에서의 군사적 협력은 미국과 한국 사이의 후견-피후견 국가관계를 강화시켰지만, 이는 북한의 새로운 적의를 증대시키고 미국에 대한 한국의 안보적 의존을 심화시켰다. 그러므로 베트남 전쟁에의 참여는 세계적 수준에서의 한국의 외부적 자율성을 감소시키고 양자적 혹은 지역적 수준에서의 한국의 지위를 일시적으로 향상시켰다고 할 수 있을 것이다.

앞에서 분석한 바와 같이 한국 국가의 내부적 자율성과 외부적 자율성의 전환 방향은 서로 일치하지 않았다. 냉전이라는 외부적 환경에서 한국의 국가는 내부적으로는 자율적이 되었고 외부적으로는 의존적이 되었다. 국가 자율성 전환의 궤적은 〈그림 5〉에서 보는 것처럼 변화했다.

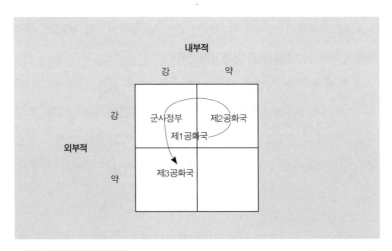

그림 5. 국가 자율성의 변화

353 Lee and Sato, 1982, p.43.
354 Han, 1978, p.910.

(2) 국가 능력과 국가 정당성

국가 자율성의 개념과 함께 국가 능력의 개념은 '국가의 강약 여부'를 판단하기 위해 자주 사용된다.[355] 국가 능력은 국가가 특정한 정책을 수행할 수 있게 하는 자원이나 역량을 의미하는 것으로 정의할 수 있지만, 서로 다른 국가 능력 사이의 다양성, 불균등성, 나아가 상충되는 관계들이 존재한다. 여기에서는 이들 중 두 가지 능력, 즉 강압적 능력과 재정적 능력을 강조하는데, 이러한 두 능력이 각각의 공화국에 따라 달라진 부분과 두 능력이 발전된 보편적 유형을 관찰한다.

제1공화국 이래 군부와 다른 안보 관련 제도를 구축하는 것이 한국 국가의 핵심 정책이었다. 이승만 정부는 1948년에 미국의 지도 아래 군을 건설하여[356] 미군정의 국방사령부(NDC)를 대체했다. 새로운 대한민국 육군(ROKA)은 이전의 광복군, 식민주의 시기의 장교들, NDC의 군사영어학교 출신들을 포함했다.[357] 그 뒤 한국전쟁은 군대의 관료적 조직을 확장하고 군의 위상을 한국 사회에 각인하는

---

355 R. Samuels, *The Business of the Japanese State: Energy Markets in Comparative and Historical Perspectives,* Ithaca: Cornell University Press, 1987; S. Krasner, *Defending the National Interest: Raw Material Investment and U.S. Foreign Policy,* Princeton: Princeton University Press, 1978을 보라.

356 소여(Sawyer)는 "1945년에서 1948년까지 한국 육군의 창설과 육성은 대부분 미군의 고문들에 의해서 이루어졌다."라고 지적했다. R. Sawyer, "Military Advisors in Korea: KMGA in Peace and War". S. H. Lee, "Military Expansion in South Korea," *Asian Perspective,* 11(2), 1987, p.273에서 재인용했다. 초대 국방장관이었던 이범석은 NDC가 미국이 한국에 영향을 미치려는 첫 번째 시도였다고 주장했다. 이범석, "건군의 산고와 발육", 『사상계』, 6, 1968, p.42.

357 ROKA의 조직적 구도와 고위 장교, 장성들의 배경을 살펴보기 위해서는 S. Kim, 1971, pp.40-55를 보라.

표 7. 한국의 군비지출(1955~1970년)

연도	군비지출	전체 지출	군비지출의 확대 비율
1955	10,942	20,948	
1960	14,930	46,006	36.4
1965	28,022	95,430	87.7
1970	101,291 (1백만 원)	484,906 (1백만 원)	261.5

출처: 『한국통계연감』, 경제기획원.

데 결정적인 역할을 했다. 군비지출로 본 전후 군의 확대 양상은 〈표 7〉과 같다.

한국에서의 군사력 확대 유형은 국가 간 체제에서의 긴장(미소 간, 남북한 간), 대외원조의 유입, 국가의 억압적 능력의 증대 사이의 인과적 관계를 보여주었다.[358] 1945년부터 1970년까지 미국의 원조 는 한국의 국가조직, 특히 군의 구성에서 주요한 역할을 했고, 1970 년대 초반에는 공적차관이 유사한 기능을 수행했다. 〈표 8〉은 1949 년부터 1972년까지 미국의 군사원조 액수를 보여준다.

미국의 군사원조는 '무기 이전'의 형태를 통해 직접적으로 한국 국가의 강압적 능력을 확대했다.[359] 캐시디(Cassidy)는 무기 이전의 영향을 다음과 같이 서술했다.

무기 구입이 필요한 가장 큰 이유는 구매자가 그것을 통해 외부적·

---

358 Lee, 1987, p.272.
359 무기 이전의 구체적인 내용을 살펴보기 위해서는 이성수, "무기이전의 국제정치학", 서울대학교 석사학위 논문, 1986을 보라.

표 8. 한국에 대한 미국의 군사원조(1949~1972년)　　　　　　　　　　　(1백만 달러)

연도	차관	원조	합계
1949-1952		12.5	12.5
1953-1959		1215.3	1215.3
1960		256.5	256.5
1961		276.4	261.5
1962		210.5	210.5
1963		158.2	158.2
1964		123.4	123.4
1965		237.1	237.1
1966		277.1	277.1
1967		422.7	422.7
1968		563.9	563.9
1969		354.8	354.8
1970		354.8	354.8
1971	15.0	665.0	680.0
1972	17.0	728.0	745.0

출처: Lee and Sato, 1982, p.24.

내부적인 안보 목적을 위해 무력을 유지·증강하기 위해서이다. (…) 또한 무기 이전은 수용자의 정치적 구조에 영향을 미친다. (…) 무기 이전은 수용국의 지도자에게 군사적 리더십의 필요와 욕구를 충족시킬 기회를 부여하고 그 결과로 그의 지원과 충성을 얻게 된다.[360]

특히 한국의 베트남 참전은 국가의 군사적 능력에 간접적이고 긍

360　R. Cassidy, "Arms Transfer and Security Assistance to the Korean Peninsula: Impact and Implications", Unpublished MA Thesis, Naval Postgraduate School, 1980, p.23.

정적인 결과를 가져왔다. 병력을 파견함으로써 그 대가로 군사적 지원을 이끌어냈고 한국의 안보에 대한 미국의 공약을 재확인했다. 브라운(Brown) 대사는 1966년 3월에 한국의 1개 사단 증파와 연계하여 14개 조항의 메모를 한국 정부에 전달했다. 3개월간의 한미 간 고위급 협상의 결과인 이 '브라운 메모랜덤'은 미국이 한국의 베트남에서의 증대된 군사적 역할에 대한 보상으로 추가적인 경제적·군사적 지원을 할 것을 공식적으로 확인해주었다. 이 메모의 주요한 공약은 다음 사항을 포함하고 있었다. 첫째, 향후 2년간 새로운 무기를 추가한 한국군의 현대화, 둘째, 북한의 침투에 대비한 새롭고 특별한 장비의 도입, 셋째, 추가적인 파병과 한국에서의 그 대체를 위한 비용 부담, 넷째, 이전에 논의된 AID 차관의 신속한 도입, 다섯째, 베트남에서 한국 기술자의 추가 채용이다.[361] 미국은 주한미군의 3분의 1에 해당하는 2만 명을 감축했던 1971년 전까지는 한국에서의 병력수준을 유지했다.[362]

군부와의 밀접한 연계를 갖지 못했던 제1공화국과 제2공화국의 민간 정권은 증대되는 강압적 능력을 정책을 수행하거나 내부적 안보를 강화하는 데 사용하지 못했다. 그러나 군 인사와 군 출신들이 고위층에 대거 포진된 박정희 정부는 이러한 강압적 능력을 좀 더 유용하게 사용했다. '민간화된' 박정희 정권은 이전의 '전우'들로 채워졌으며, 이러한 군부와의 연결점을 활용하고 많은 민간 지도자들

---

361 S. Kim, "South Korea's Involvement in Vietnam and Its Economic and Political Impact", *Asian Survey*, 10(6), 1970, p.529. 한국에 대한 군사원조의 세부적 사항을 살펴보기 위해서는 U.S. Congress, *United States Security Agreement and Commitments Abroad: Republic of Korea, Part 6*, 1970, pp.1570-1571을 보라.
362 군사원조의 양은 1972년부터 감소하기 시작했다. Han, 1978, p.905, 908을 보라.

을 현실정치에서 배제함으로써 행정부와 군 사이의 독특한 정치적 제휴를 구축할 수 있었다.[363] 군사원조의 주된 수혜자이자 국내 공급자로서 제3공화국의 국가는 그것을 통해 군부와의 연계와 국내정치적 입지를 강화해나갔다.

한국 국가의 재정적 능력 확대 역시 미국과의 외부적 연계를 기반으로 했다. 1940년대 말과 1950년대에 한국 정부의 예산은 미국의 경제원조에 크게 의존하고 있었다. 〈표 9〉는 1945년부터 1961년까지 한국이 받은 경제원조의 액수를 보여준다. 미군정이 자산을 한국의 신생 공화국에 넘겨줄 때 미국은 한국 정부의 물자 조달과 분배를 관리하는 관료를 자국의 추천으로 임명함으로써 제1공화국의 정부 지출에 지속적인 영향력을 행사하려고 했다.[364] 이승만은 미국의 원조에 대한 의존 때문에 비록 몇몇 요구에 대해서는 저항했지만 미국의 재정적 통제에서 자유로울 수 없었다. 제1공화국은 경제원조를 통해서 공무원들의 봉급을 지불하고 다른 국가 지출을 충당하고 있었다. 따라서 1950년대 말에 원조가 감소하기 시작했을 때 심각한 재정 위기에 봉착했고 경제도 불황에 접어들었다.

이와 같은 경제적 사정은 제2공화국에서 수입 가격을 두 배로 만들고 급속한 인플레이션을 야기한 한국 화폐의 평가절하 이후에 더욱 악화되었다.[365] 이와 같은 평가절하와 이승만의 사임 이후 경제원조의 증가로 말미암아 당시 미국의 원조가 국가예산의 52%를 차지

---

363 S. Kim, 1971, p.155.

364 J. A. Kim, 1975, pp.127-128.

365 장면 정부는 미국의 권고에 따라 1961년 1월에 한국 '환'을 1달러 : 650환에서 1달러 : 1,000환으로, 이어서 2월에는 1달러 : 1,300환으로 평가절하했다. 『경제백서』, 경제기획원, 1963, pp.2-3.

표 9. 한국에 대한 해외경제원조(1945~1961년) (1천 달러)

연도	GARIOA	ECA	PL 480	ICA	CRIK	UNKRA	Total
1945	4,934						4,934
1946	49,496						49,496
1947	175,371						175,371
1948	179,593						179,593
1949		116,509					116,509
1950		49,330			9,376	58,706	117,412
1951		31,972			74,448	122	106,509
1952		3,824			155,534	1,969	161,327
1953		232		5,571	158,787	29,580	194,170
1954				82,437	50,191	21,291	153,925
1955				205,815	8,711	22,181	236,707
1956			32,955	271,049	331	22,370	326,705
1957			45,522	323,268		14,103	382,893
1958			47,896	265,629		7,747	321,272
1959			11,436	208,297		2,471	222,204
1960			19,913	225,236		244	245,393
1961			44,926	154,319			199,245

* 군사원조는 제외됨
출처: 『경제통계연감』, 한국은행.

하기도 했다. 장면은 미국이 정부 지출의 절반 이상을 감독하는 것을 허용했다.[366] 미국의 관리에도 불구하고 정부는 능력 부족과 국회의 파당적 마비로 인해 효율적인 경제정책을 집행할 수 없었고 경제 문제는 더욱 심각해졌다. 1961년의 첫 두 달 동안 물가는 15% 상승

366   이에 대해 어떤 국회의원은 "미국 대사가 이제 '총독'으로 임명되어야 한다."라고 비판했다. J. A. Kim, 1975, p.213.

했고 산업생산은 급격하게 감소해서 어떤 부분은 한 달 동안 24%가 감소했다.[367]

1961년의 군사정부는 일련의 재정개혁을 단행했고, 1962년에 한국은행법이 개정되어 중앙은행이 재무부의 통제 아래 있게 되었다.[368] 미국의 증가된 공공차관과 일본과의 국교정상화에 의한 자본 유입의 증대, 베트남 참전에 의한 이익으로 인해 국가의 재정적 능력은 크게 증가했다.[369] 〈표 10〉은 1959년부터 1971년까지 대외자본 흐름의 구성을 나타낸다. 김은미는 1960년대의 공공차관과 국가가 보증하는 상업차관의 유입이 국가의 내부적 자율성과 재정적 능력을 지원하고 강화시킨 반면 1970년대 후반 해외직접투자의 증가는 이를 약화시켰다고 주장했다.[370]

표 10. 해외자본의 구성(1959~1971년) (1천 달러)

연도	공공차관	국가 보증의 상업차관	해외직접투자	합계
1959-1961	4,386 (100.0%)			4,386
1962-1966	115,594 (36.8%)	175,598 (55.9%)	22,999 (7.3%)	314,191
1967-1971	811,173 (36.3%)	1,353,260 (60.5%)	72,673 (3.2%)	2,237,106

출처: E. Kim, 1989, p.29에서 인용.

367 J. A. Kim, 1975, p.214.
368 D. Cole and Y. Park, *Financial Development in Korea, 1945-1978,* Cambridge: Council on East Asian Studies, Harvard University, 1983, pp.56-57.
369 자세한 내용을 살펴보기 위해서는 5절을 보라.
370 E. Kim, "Foreign Capital in Korea's Economic Development, 1960-1985", *Studies in Comparative International Development*, 24(4), 1989, p.24.

표 11. 국가의 수입(1948~1971년) (1백만 원)

연도	조세	원조	차관	기타	합계
1948	5		10	16	31
1949	14		45	32	91
1950	43	13	153	40	249
1951	392			261	653
1952	966	307		939	2,212
1953	2,057	796	2,020	1,810	6,683
1954	5,143	4,470	2,320	2,987	14,920
1955-1956	10,938	15,054		6,386	32,378
1957	14,590	22,451	950	7,468	45,459
1958	14,349	24,580	2,230	6,551	47,710
1959	21,596	18,910	640	4,394	45,540
1960	24,964	16,763	801	5,928	48,456
1961	23,199	24,058	600	13,497	61,354
1962	28,242	28,726	2,465	33,781	93,214
1963	31,078	26,312	462	18,071	75,923
1964	37,421	28,020		13,947	79,388
1965	54,634	36,090		14,757	105,481
1966	87,646	38,415		27,716	153,777
1967	129,941	38,038		31,682	198,961
1968	194,288	33,418		48,120	275,826
1969	262,823	23,871		89,347	376,041
1970	334,723	23,698		87,436	445,857
1971	407,683	20,949		122,820	551,452

출처: 최광, 『재정통계자료집』, 한국개발연구원, 1983, pp.47-48.

표 12. 국가의 지출(1948~1971년) (1백만 원)

연도	군비지출	기타	합계
1948	6	24	30
1949	24	67	91
1950	132	111	243
1951	330	288	618
1952	946	1,205	2,151
1953	3,261	2,807	6,068
1954	5,992	8,247	14,239
1955-1956	10,638	17,506	28,144
1957	11,246	23,757	35,003
1958	12,732	28,365	41,097
1959	13,919	26,103	40,022
1960	14,707	27,288	41,995
1961	16,599	40,554	57,153
1962	20,474	67,919	88,393
1963	20,479	52,360	72,839
1964	24,929	50,254	75,180
1965	29,874	63,660	93,534
1966	40,542	100,400	140,942
1967	49,553	131,379	180,932
1968	64,708	197,356	262,064
1969	84,382	286,150	370,532
1970	102,335	338,994	441,329
1971	134,738	411,539	546,277

출처: 최광, 1983, pp.47-48.

국가의 수입과 지출에 관한 〈표 11〉과 〈표 12〉는 한국 국가의 재정적 능력이 냉전 시기에 전반적으로 증가했다는 것을 보여준다. 이는 아울러 한국의 예산에 해외원조와 군비지출이 차지하는 주요한 비중을 나타내기도 한다. 외부자금으로 주어진 재정적 능력의 확대로 인해 국가는 사회 통제를 확대할 수 있게 되었다. 앞에서 언급한 바와 같이 가장 중요한 통제 기제는 확대된 중앙정보부의 활동이었다.[371] 제3공화국에서 등장한 또 하나의 국가구조의 변화는 대통령비서실의 확대였다. 비서실은 박정희 정부의 효율적 운영을 위해 중앙정보부와 함께 모든 국가 관료의 행동을 조율했다.[372]

그렇지만 여러 국가 능력의 확대가 국가 정당성의 증대를 의미하지는 않았다. 박정희의 공화당은 선거에서 1950년대 이승만의 자유당과 1960년 장면의 민주당보다 더 적은 일반 국민의 표를 얻었다(표 13). 제3공화국의 준군사정권은 반공과 경제성장, 효율적인 행정을 통해서 정당성을 보완하는 데 한계를 갖고 있었다. 또한 박정희는 '민족적 민주주의'라는 개념을 통해서 '민주주의의 내용을 재정의'하려고 했는데, 이는 1972년에 궁극적으로 '유신'이라는 방식으로 전개되었다.[373]

제1공화국의 국가 정당성은 오랜 기간 동안 독립운동의 지도자였던 이승만 개인의 '카리스마적 권위'에 주로 의지했다.[374] 그러나

371 J. A. Kim, 1975, pp.264-265.

372 S. J. Kim, 1988, p.192.

373 S. Park, "The Failure of Liberal Democracy in Korea", K. D. Kim ed., 1987, pp.335-336. 그러나 '민족적 민주주의'라는 주장은 사실상 미국에 대한 군사적·경제적 의존에 의해 구조적으로 한계를 보였다.

374 베버(Weber)에 따르면, '카리스마'라는 용어는 "한 인물이 비상한 것으로 여겨지며 초

표 13. 선거 결과의 비교

선거	대통령 또는 집권당	득표율
1952년 대통령 선거	이승만	74.6
1954년 국회의원 선거	자유당	66.1
1960년 국회의원 선거	민주당	70.8
1963년 대통령 선거	박정희	42.6
1963년 국회의원 선거	공화당	32.4
1967년 대통령 선거	박정희	51.4
1967년 국회의원 선거	공화당	50.6

출처: 『대한민국선거사』, 중앙선거관리위원회.

국가와 사회 사이의 유기적 통합과 공유된 가치의 부족으로 말미암아 이승만 정부는 장기적인 통치에 필요한 견고한 기반을 갖지 못했다. 1950년대 후반 시민사회의 정치적 수요를 충족시키지 못하고 있던 제1공화국은 선거 부정을 통해 정당성의 위기와 정권의 몰락을 자초했다.[375] 이어진 제2공화국의 민주적 정부는 정당성의 요건은 갖고 있었지만 민주주의의 유지에 요구되는 사회적이고 제도적인 필수조건을 갖추지 못했다. 장면 정권은 국회와 사회에서의 정쟁이 가져온 권위와 내부적 안보의 위기를 관리할 수 없다는 것이 판명되면서 그 실패가 예견되었다.[376]

자연적, 초인적 그리고 적어도 예외적인 권력이나 자질을 갖춘 것으로 생각되는 개인적 차원의 특성"을 지칭한다. M. Weber, *Economy and Society*, Berkeley: University of California Press, 1978, p.241.

375 B. Ahn, "Political Changes and Institutionalization in South Korea", *Korean Social Science Journal*, 10, 1983, p.49.

376 B. Ahn, 1983b, p.50. 1960년대 초반의 경제적 불황 역시 이와 같은 정권 변화에 중요

박정희는 정치체제의 '정당성'보다는 '효율성'에 더 많은 강조점을 부여했다.[377] 군부는 시작부터 통치 명분을 그것이 가져올 더 나은 성과에 대한 기대에 두고 있었다. 많은 한국인들은 경제적 상황의 개선이 매우 중요하다는 사실을 잘 알고 있었고,[378] 따라서 1960년대 중반의 성공적인 경제성장은 제3공화국에 부분적인 정당성을 제공했다. 하지만 이러한 '산업화를 통한 정당화'의 과정에서 분배나 사회복지는 상대적으로 경시되었으며 기업에 대한 국가의 선호는 노동 계층의 불만을 낳게 되었다. 이는 이후에 정당성의 주요한 결손 요인을 제공했다. 일본과의 국교정상화와 베트남 파병을 통한 후견-피후견 국가관계에의 적극적인 참여 역시 제3공화국의 국가 정당성에 부정적인 영향을 미치게 되었다.

일본과의 국교정상화와 관련된 협상 과정은 국내적으로 큰 반발을 야기했다. 김종필의 일본 방문 이후 모든 야당은 박정희 정부의 협상 방식을 '굴욕외교'로 규정하고 단합해서 반대에 나섰다. 1963년부터 1965년까지 대규모의 학생데모와 반대운동이 전국적으로 일어났으며, 정부는 이를 계엄령을 선포해서 겨우 진압할 수 있었다.[379] 1964년 7월에 계엄령이 해제되자 신문과 잡지 발행인들은 정부의

한 역할을 했다.

377 이와 같은 구분을 살펴보기 위해서는 S. Lipset, "Some Social Requisites of Democracy", *American Political Science Review*, 53, p.1959를 보라.

378 당시 6개 대학이 실시한 전국 여론조사에 따르면, 응답자의 70%가 더 나은 경제적 성과가 정부에 가장 긴급하게 요구된다고 대답했다. 『동아일보』, 1960. 12. 28. Y. Lee, "Legitimation, Accumulation, and Exclusionary Authoritarianism: Political Economy of Rapid Industrialization in South Korea and Brazil", Unpublished Ph.D. Thesis, Harvard University, 1990, pp.236-237에서 재인용했다.

379 K. B. Kim, 1971, ch.4를 보라.

모든 홍보성 기사를 게재하지 않기로 결의했다. 또한 일본과의 협상에 대한 미국의 지속적인 지지는 한국 사회 내에 반미 정서를 불러일으켰다. 박정희는 조약에 서명하면서 국교정상화 조약 체결에 대한 광범위한 반대는 "한국은 일본에 대한 지배를 피할 수 없을 만큼 태생적으로 약하다는 그릇되고 유해한 믿음"에 뿌리를 두고 있다고 언급했다.[380] 비록 1965년 이후 이 정치적 논쟁은 곧 누그러졌지만 박정희의 '친일본' 정책은 계속해서 반대파들의 공격 대상이 되었고, 그의 '민족주의적 민주주의' 슬로건은 심각하게 훼손되었다.

군사적이고 경제적인 이익에도 불구하고 베트남 파병 역시 유사한 국내정치적 반대를 초래했다. 몇몇 여당 의원을 포함한 많은 국회의원들은 전투병의 파견에 대해 심각하게 반대했다. 예를 들어 공화당 국회의원인 이종태는 다음과 같이 주장했다.

우리나라는 세력균형의 토대에서 존재하며, 국제적인 여론을 무시하고는 생존할 수 없다. 그러므로 (베트남 전쟁에 대한) 우리의 입장은 미국의 그것과 근본적으로 달라야 한다. 당의 의견과 어긋나더라도 나는 파병에 반대한다.[381]

야당 지도자인 윤보선은 베트남의 한국 장병들을 '용병'이라고 불렀으며 신속한 철군을 요구했다.[382] 따라서 베트남 파병을 둘러싼 정치적 논쟁은 비록 1967년 선거에 큰 영향을 미치지는 않았지만 제3공

---

380   J. A. Kim, 1975, pp.260-262.
381   이상우, 『제3공화국 외교비사』, 조선일보사, 1985, p.265.
382   『중앙일보』, 1966. 11. 21.

화국의 국가 정당성을 약화시켰다고 볼 수 있다.

한국 국가의 변화하는 능력과 정당성에 대한 이와 같은 분석은 이 두 특성이 냉전 시기에 병행적으로 발전하지 않았다는 것을 보여주었다. 〈그림 6〉은 이러한 변화의 궤적을 나타내고 있다. 앞에서 서술한 것과 같은 국가의 내부적 자율성과 외부적 자율성, 그리고 국가 능력과 국가 정당성 사이에 존재하는 불균형은 한국의 정치발전에 대한 논의를 더욱 복잡하게 만들었다. 〈그림 5〉와 〈그림 6〉은 국가의 내부적 자율성과 능력이 강화되는 반면 국가의 외부적 자율성과 정당성이 약화되는 외부적 연계 조건 아래에서의 한국 국가전환의 주된 양상을 보여준다. 몇몇 학자들은 한국 국가의 권위주의적 속성이 1972년 10월 유신 이후에 등장한다고 설명했으나,[383] 이 절의 분석에서는 1970년대와 1980년대에 관찰되는 한국 국가의 권위

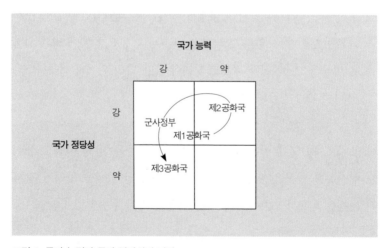

그림 6. 국가 능력과 국가 정당성의 변화

383   Im, 1987; Kil, 1987을 보라.

주의적 특성이 사실상 1960년대에 제도화되었다는 것을 나타내고 있다. 이러한 국가전환은 동아시아에서의 지역안보체제의 형성과 밀접하게 연결되어 있었다. 따라서 미국과의 후견-피후견 국가관계로 특징지어지는 외부적·지정학적 요인이 이 과정에서 순수하게 내부적이거나 경제적인 요인보다 더욱 중요하고 자율적인 역할을 했다고 할 수 있는 것이다.

5. 경제적 변화의 설명

1) 발전 전략의 전환

(1) 단기적인 수입대체산업화(ISI) 시기

이 절에서는 냉전 시기 한국의 경제적 변화를 분석한다. 이는 3절에서 서술한 동북아의 외부적·안보적 맥락과 4절에서 서술한 그에 따른 한국 국가전환이 갖는 영향에 초점을 맞춘다. 이 절은 두 부분으로 나뉘는데, 첫 번째 부분에서는 한국의 발전 전략이 어떻게 수입대체산업화(ISI)에서 수출주도산업화(EOI)로 이행되었는지, 그리고 어떻게 외부지향적 전략이 유지되었는지를 설명한다. 이 분석에서 외부적 맥락과 경제적 변화 사이의 중요한 '매개적' 변수로 국가의 역할을 다룬다. 두 번째 부분에서는 한국의 경제적 변화에서 외부적 안보관계의 좀 더 '직접적인' 영향과 그에 상응하는 군부의 역할을 분석함으로써 냉전기의 전략적 네트워크 내에서의 한국 경제성장의 유형을 검토한다.

냉전기를 검토하기 이전에 일본 식민주의 시기(1910~1945년)의 역사적 맥락을 먼저 고찰할 필요가 있다. 이 시기는 앞에서 서술한 한국의 국가형성 이외에 경제발전에도 중요한 영향을 미쳤다. 일본은 식민주의 세력으로서 한국에서 급속하고 강력하게 조직화된 산업화의 전례를 만들었다. 커밍스는 다음과 같이 지적했다.

일본은 한국을 근접에서 주시하면서 빡빡하게 그 안에서 허세 부리는 정복자가 아니라 입안자와 행정가가 모델인 조직적 식민주의를 추진했다. 일본이 자국에서 행했던 모델에 따른 고도로 집중화된 식민국가는 경제에 개입하고 시장을 만들며 새로운 산업을 이식하고 반대자들을 제압했다. 공식적인 한국은행은 중앙은행의 기능을 수행하여 이자율을 통제하고 기업—물론 모두 일본인들의—에 여신을 제공했다.[384]

다른 한편으로 일본 지배하의 한국 경제의 특징은 불균형한 산업구조였다. 이는 한쪽으로는 농업에 대한 단순한 특화와 다른 쪽으로는 종속적 산업화에 기반했다. 일본인들이 한국의 산업생산의 72%를 차지했으며 한국인들은 26.5%를 소유했는데, 한국인들의 소유 중 절반이 가내수공업에 해당했다는 점은 식민 경제에 대한 일본의 일방적인 독점 양상을 보여준다.[385] 대부분의 한국 수출품은 미완성품이었으며 한국인들은 일본에서 완성품을 재수입했다.[386] 일본 제

---

384 Cumings, 1984b, p.20.

385 H. Sunoo, *America's Dilemma in Asia,* Chicago: Nelson Hall, 1979, p.24.

386 손호철은 일본 식민주의 시기 한국의 산업화는 기본적으로 '왜곡된' 산업화였다고 주

국주의의 마지막 시기(1930년대 중반부터 1940년대 중반까지) 대규모 인구 이동, 농업의 황폐화, 산업구조의 급격한 전환은 해방 이후 많은 경제적·사회적 문제의 원인을 제공했다.

한반도의 분단은 이와 같은 산업의 불균형을 더욱 심화시켰다. 해방 당시 남한은 전체 한국 중공업의 21%만을 소유하고 있었고 경공업의 69%를 갖고 있었다. 주요 지하자원과 전력설비가 대부분 북한에 있었기 때문에 분단 이후 남한의 산업생산은 1936년보다 76% 하락했다.[387] 콜과 라이먼은 분단의 결과를 다음과 같이 설명했다.

나라의 분단이 아마도 가장 중요한 요인이었을 것이다. 이는 한국에 중공업, 주요 석탄광산, 대부분의 전력시설의 손실을 의미했다. 또한 북한에서 대규모의 인구가 유입되었다. 이와 같은 어려운 환경에서 한국은 크게 감소된 산업생산(부분적으로는 일본 관리자들과 기술자들의 송환에 의한)과 1946년까지 식료품 가격을 해방 전보다 백 배 가량 인상시킨 인플레이션, 계획과 인물이 부재한 (구)일본 산업의 처리 문제를 다루어야 했다. 이 모든 것들이 미래 한국의 정치적·경제적 발전에 핵심적인 영향을 미친 결과를 초래했는데, 그것은 미국에 대한 의존이었다.[388]

한국전쟁 이후 경제원조와 군사원조는 한국의 미국에 대한 의존을 증대시켰다. 전쟁 기간 중 생산과 수출은 정체된 상태였지만 원

장했다. Sonn, 1987, p.170.
387   이대근, 『한국자본주의론』, 까치, 1984, pp.73-78.
388   Cole and Lyman, 1971, pp.18-19.

조와 수입은 중요한 역할을 했다. 1953년에 수입이 국민총생산의 12.9%에 달했고 수출은 약 2%에 머물렀다.[389] 1953년 이후 한국은 미국으로부터 많은 액수의 대외원조를 받았다. 초기 원조는 대개 전쟁 후의 재건을 위한 것이었고, 나머지는 군사적 목적으로 사용되었다. 소비재와 1차 상품이 원조의 대부분을 차지했다. 1954년부터 1961년까지 ICA 원조 중 단지 25%만이 생산재였고 농산품이 1차 상품 원조의 23%를 차지했다.[390]

1950년대의 수입은 대부분 원조 자금에 의해 이루어졌다.[391] 1953년부터 1960년까지 매해 소비재가 수입의 대부분을 차지했으며 생산재는 전체 수입의 14%에 그쳤다.[392] 해외원조와 수입의 성격은 1950년대 산업화의 유형에 중요한 영향을 끼쳤다. 1953년부터 1960년까지의 시기는 한국에서 수입대체산업화(ISI) 시기로 간주된다.[393] 하지만 이 유형의 성장은 작은 내수시장, 빈약한 지하자원, 해

---

389 C. Frank et al., *Foreign Trade Regimes and Economic Development: South Korea*, New York: NBER, 1975, p.15.

390 진덕규 외, 『1950년대의 인식』, 한길사, 1982, p.189. 어떤 한국 학자들은 미국의 잉여 농산물의 무분별한 수입이 한국의 농업생산을 저해했다고 지적했다. 진덕규, 1982, pp.277-295.

391 1953년부터 1961년까지 수입의 거의 70%, 전체 고정자본 형성의 75%가 미국의 원조로 충당되었다. S. Haggard, B. Kim and C. Moon, "The Transition to Export-Led Growth in Korea, 1954-1966", *Harvard Monograph on Social Organization and Political Change,* 1989, p.5.

392 진덕규, 1982, pp.208-219를 보라.

393 Krueger, 1979와 K. Kim and M. Roemer, *Growth and Structural Transformation,* Cambridge: Harvard University Press, 1978을 참조하라. 몇몇 학자들은 다른 한편으로 ISI 의 개념을 동아시아의 발전도상국에 적용하기 힘들다고 주장했다. C. Bradford, "Trade and Structural Change: NICs and Next Tier NICs as Transitional Economies", *World Development,* 15(3), 1987을 보라.

외원조와 원자재의 수입에 대한 심한 의존도를 갖고 있었던 한국에는 많은 한계를 갖고 있었다. 원조로 들어온 원자재(밀, 설탕, 목화 등)의 가공이 1950년대에 한국 산업생산의 주된 부분이 되었다.

한국은 소비재와 경공업을 위주로 한 ISI의 소위 '용이한 단계'를 추진했다. 1955년부터 1960년까지 전체 경제성장에 대한 ISI의 기여는 24.2%였고 수출 확대의 기여는 5.1%에 불과했다. 그러나 수입대체화로의 전체적인 정향에도 불구하고 실제적인 수입의 대체 실적은 미약했다.[394] 한국의 수입대체화(그리고 대만의 사례)는 그 성격과 경로에서 남미 국가들의 것과는 달랐다.[395] 주요 산업들은 관세장벽과 과대평가된 환율로 보호받았고 생산은 원조 물품과 수입 자재들의 최종 가공에 중심을 두었다. 따라서 한국의 ISI 시기는 '내수시장을 통한 성장'의 체계적 추진이었다기보다는[396] 하나의 '과도적인' 단계에 해당했다고 보는 것이 적절하다.[397]

미국이 일부 제3세계 국가들의 ISI를 지원해주었다고 지적되기도 했지만,[398] 미국의 경제고문들은 경제적 가치는 적으나 전략적 가치가 큰 나라인 한국에서 ISI를 추진하기보다는 경제를 '안정화'하

394　Krueger, 1979, p.62.

395　1930년대 초의 세계 공황에 대응하여 처음 등장한 ISI는 2차 세계대전 이후 세계적 경쟁체제의 부활에도 불구하고 일부 남미 국가에서는 지속적으로 유지되었다.

396　이 개념을 살펴보기 위해서는 Hirschman, 1971, p.88을 보라.

397　이승만 정부가 취한 경제적 조치들은 국내적인 성장을 추진하기 위한 것이었다기보다는 기본적으로 원조를 극대화하기 위한 것이었다. Kuznets, 1977, p.151.

398　S. Maxfield and J. Nolt, "Protectionism and Internationalization of Capital: U.S. Sponsorship of ISI in the Philippines, Turkey and Argentina", *International Studies Quarterly*, 34(1), 1990. 그들은 미국의 ISI 지원이 미국의 해외직접투자를 위한 우호적인 환경을 조성하기 위한 세심한 노력과 관계가 있다고 주장했다. 하지만 한국 혹은 대만의 사례는 이러한 주장에 대한 반증을 제공한다고 할 수 있다.

는 것을 강조했다. 한국인들은 경제성장을 위한 생산재를 요구했지만, 미국은 인플레이션을 안정시키기 위해 소비재를 공급했다. 환율 정책은 유사한 논리로 양국 사이에 논쟁점이 되었다.[399] 브라질이나 필리핀과는 달리 한국은 특별한 지정학적 맥락으로 인해 ISI를 위한 '민족주의적이고 민중주의적인 연계'가 존재하지 않았다. 브라질 같은 나라에서는 지역 산업가들과 노동자들이 민족주의의 토대 위에서 ISI에 대한 합의를 형성했지만, 식민주의 시기 지역자본의 몰락, 1940년대 후반 민중주의적 요인의 제거, 한국전쟁 이후 냉전적 인식의 존재는 한국에서 유사한 사회경제적 세력의 등장을 억제했다.[400]

하지만 ISI의 짧은 시기는 한국에서도 국가 관료, 지배 정당(자유당), 지역자본가들 사이의 정치적 후견주의를 일시적으로 만들어냈다. 이들은 정부의 지원으로 미국의 지원 프로그램을 통해 공급되는 원자재들을 과대평가된 환율로 구입해서 희소가치를 반영하는 높은 가격에 가공품을 판매하는 것으로 이득을 취했다. 차관의 선택적인 할당과 한국 정부와 미군의 비경쟁적인 계약에 따른 보상도 일부 기업들을 편애하는 수단이 되었다.[401] 앞에서 언급한 것처럼 자유당은 심지어 미국의 원조를 받는 사적인 프로젝트에 직접적으로 투자하기도 했다(4절을 보라). 이와 같은 정치적 제휴는 1961년의 쿠데타를 통해서만 소멸될 수 있었다. 제1공화국 말기에 이승만 정권은 지역

399 해거드(Haggard)는 미국이 일본 지배 시기의 수출주도형으로 전환할 것을 권고하고 새로운 생산 투자에의 지원에 대해 의문을 갖고 있었다고 지적했다. S. Haggard, *Pathways from the Periphery: The Politics of Growth in the Newly Industrializing Countries*, Ithaca: Cornell University Press, 1990, p.57.
400 1960년에 등장한 대중운동은 그 성격상 기본적으로 '정치적'이었다고 할 수 있다.
401 Haggard, 1990, p.57.

자본가들에게 재정적으로 종속되었고 장면의 탈집중화된 정부는 이 관료자본주의의 사슬을 끊을 수 없었다.

1953년부터 1957년까지의 기간 동안 경제성장은 비교적 만족스러운 비율인 연간 실질성장 5% 정도로 유지되었다. 그러나 1958년부터 1960년까지의 시기에 성장률은 감퇴했다. 이 두 기간의 차이점은 수출을 통한 이익의 미비함에도 불구하고 수입의 증대를 유지시켜주던 원조의 흐름이 1957년을 정점으로 감소하기 시작했다는 것이다. 1950년대 후반에 미국의 경제원조가 줄어들고 한국의 정책결정자들이 경상수지 문제를 해결하기 위한 대안적인 외환의 원천을 찾아야만 하게 되면서 사실상 ISI를 통한 경상의 가능성은 거의 소멸했다.[402] 하지만 ISI 전략을 통한 원조와 수입품의 선별적인 할당은 여전히 당시 점증하는 정치적 저항에 직면한 이승만의 정치적 도구였다. 따라서 1957년 이후 ISI를 지속시키려는 이율배반적인 시도는 그것이 없으면 성공할 수 없는 수입과 원조의 감소를 배경으로 이루어졌던 것이다.

(2) 수출주도산업화(EOI)로의 전환과 지속

이승만의 사임 이후 장면은 내각책임제 정부를 구축하고 경제를 좀 더 시장중심적, 수출주도형으로 전환시키려고 노력했다. '경제개발 우선'이 새로운 슬로건이 되었고 이후에 경제기획원이 된, 핵심 기획과 정책개발 기능을 담당하는 '상위 부서'가 만들어졌다. 장면 정부는 1961년 초에 통화 평가절하와 같은 일련의 주요 정책 전환을

---

402 Krueger, 1979, p.42.

시도했다. 하지만 좀 더 포괄적인 정치적 맥락은 이러한 경제개혁에 우호적이지 않았다. '헌팅턴의 딜레마, 즉 취약한 정치제도와 광범위한 정치적 동원'으로 말미암아[403] 제2공화국은 경제적 전환에 필요한 최소한의 정치사회적 질서를 유지하지 못했다.

4절에서 논의한 것처럼 애초 쿠데타 이후 박정희가 선택했던 발전 전략은 미국의 기대와는 다른 것이었다. 군부 지도자들은 경제개발을 '진정한 국가적 독립'으로 향하는 핵심 단계로 보았고 초기에는 강한 '민중주의적' 정향을 제시했다. 대외관계에 있어서도 쿠데타 직후 '비미국적'인 외부적 재원을 찾으려는 노력을 수행했다.[404] 그러나 군사정부는 점차적으로 미국 원조 자문들의 권고를 따르게 되었고, 박정희는 궁극적으로 경제개발 5개년 계획의 방향을 미국의 선호를 반영하는 쪽으로 변화시켰다. 해거드, 김병국, 문정인은 이 전환에서 두 가지 내부적 요인을 지적했다.

첫째, 군부는 경상수지나 인플레이션과 같은 정책과 관련된 경제적 문제에 봉착했다. 둘째, 쿠데타 세력 내부에서의 알력은 결국 극단적인 젊은 장교들이 물러나고 좀 더 관리 중심의 고위 장교들이 득세하는 것으로 결론지어졌다.[405]

좀 더 중요하게 이와 같은 핵심적인 정책 전환은 당시 냉전기의 맥락에서 후견 국가(미국)의 영향력과 피후견 국가(한국)의 취약성을

---

403 Haggard, Kim and Moon, 1989, pp.18-19.
404 Cole and Lyman, 1971, pp.37-38.
405 Haggard, Kim and Moon, 1989, p.20.

보여주는 것이었다.

앞에서 서술한 것과 같이 원조는 미국이 한국을 다루는 가장 주요한 수단이었다. 일반적으로 원조, 경제제재, 통상정책은 대상국가가 대외정책 혹은 경제정책을 전환하도록 압력을 넣는 데 사용되는 경제적인 국가책략의 형태로 여겨져왔다.[406] 미국은 제한된 목표를 달성하기 위한 단기적 조종에서 장기적인 원조의 감축에 대한 위협에 이르기까지 대외원조를 특정한 정책적 전환을 강제하기 위한 무기로 사용해왔다. 미국 정부는 국제개발국(AID) 연구팀의 제안에 따라 통화 평가절하를 포함한 주된 안정화 프로그램을 요구했고, 1963년에는 군사정부가 조세개혁을 시행하도록 하기 위해 경제원조를 9개월 동안 중단했다.[407] 또한 미국은 원조를 과감하게 삭감하겠다고 위협하여 군사정부를 연장하려는 박정희의 계획을 무산시켰다.

1960년대의 경제적 어려움과 강력한 미국의 압력으로 인해 박정희는 자신이 선호하던 내부지향적 성장 전략을 수정했다. 해거드는 다음과 같이 말했다.

수출지향 전략으로의 마지막 움직임은 박정희가 대통령에 취임한 1964년부터 2년에 걸쳐 이루어졌다. 이는 미국의 경제 고문들과 경제기획원과 상공부의 중간관료들에게서 비롯되었다. 1963년 7월에 만들어진 한미경제협력위원회는 수출 진흥, 상업과 투자 관계 조율, 재정 개혁 등을 포함한 발전 전략 논의의 중심이 되었다.[408]

---

406 Baldwin, 1985, ch.10; S. Lenway, "Between War and Commerce: Economic Sanctions as a Tool of Statecraft", *International Organization*, 42(2), 1988을 보라.
407 Han, 1986, p.90.

AID와 관련된 미국 경제학자들은 많은 중요한 정책 전환에서 한국의 관료들과 협력했다. 1964년 5월에 상당한 정도의 통화 평가절하가 이루어진 동시에 수입제도의 자유화, 수출 촉진, 일련의 통화개혁이 행해졌으며 이는 이후 정책 전환의 성공을 유도했다.[409]

1965년에는 AID 관료들과 관련 한국 관료들로 구성된 공동수출발전위원회(Joint Export Development Committee)가 제도적 경계를 넘어서는 정책 조율을 하기 위해 만들어졌다. 일본의 일본대외수출기구(JETRO)를 모델로 한 대한무역투자진흥공사(KOTRA)도 설립되었다. '수출에 경도된' 정부 정책은 수출기업을 위한 정부보조 여신이나 다양한 제도적 지원을 포함했다. 1962년부터 1976년까지의 수출촉진정책 수단의 내용은 〈표 14〉와 같다.

표 14. 수출촉진정책 수단

촉진 유형	시행 시기
조세 관련	
사업 조세 면제	1962
수출로 인한 기업 수입에 대한 조세의 50% 감면	1962-1972
광업, 수산업, 제조업에서 수출을 위해 사용되는 고정자산의 가속적인 감가상각 허용	1968
새로운 대외시장 개발을 위한 과세 가능 자산에 대한 공제 예비기금	1969
수출이나 해외투자 지불을 위한 과세 가능 자산에 공제 예비기금	1973
관세 관련	
수출 생산을 위한 자산 설비에 대한 관세 면제	1964-1973

408 Haggard, 1990, pp.69-70.
409 크루거는 1964년 이전에도 수출 촉진을 위해 노력했지만 당시의 상황(인플레이션과 같은)으로 인해 정부가 일관성 있는 정책을 수행하는 것이 힘들었다고 지적했다. Krueger, 1979, p.84.

수출 생산을 위한 자산 설비 설치에 대한 관세 지급	1974
수출 생산을 위한 원자재 수입에 대한 관세 면제	1962-1971
수출 생산을 위한 원자재 수입에 대한 관세 환급	1975
손실 수당	1965
금융 관련	
수출 생산을 위한 원자재 수입에 대한 금융	1962-1972
미국 역외군사비품 공급자에 대한 금융	1962
수출산업진흥기금	1964-1969
중소기업의 수출기업 전환 기금	1964-1974
농업 및 어업 수출준비기금	1969
외환 대여	1967
수출신용금융	1969
기타	
수출 보조	1962-1965
KOTRA 금융	1962
수출-수입 연계체제	1962
전력비율 삭감	1965-1976
선적을 위한 위임증서 발행	1965
수출 실적에 의한 무역업자 선별 대우	1967
수출보험	1969
일반무역회사	1975
수출입은행	1976

출처: S. J. Kim, 1988, pp.198-199에서 인용.

많은 학자들은 발전 전략의 변화를 설명하기 위해 '정책적 선택'
이나 '제도적 개혁'의 역할을 강조했다. 루이스(Lewis)는 1960년대
개발도상국의 경우에 무역제도를 자유화하고 환율을 현실화해서 수
출주도형 전략으로 이전하기 위한 '정책들과 그에 필요한 정책적 변

화'의 중요성을 강조했다.[410] 신마르크스주의자와 신베버주의자는 경제 전환을 위한 포괄적인 사회경제적 맥락에 초점을 맞추었다. 오헌(O'Hearn)에 따르면, 개발도상국에서의 경제레짐의 변화를 이해하기 위해서는 "어떻게 이전의 레짐이 붕괴되고 새로운 국내적 제휴에 따라서 어떻게 새로운 레짐이 형성되는지"를 분석해야 한다. 따라서 국가의 내부적 자율성—압도적인 자본집단의 의사와 이익과는 독립적으로 정책을 수립하고 집행할 수 있는 국가 엘리트 집단의 능력—이 경제레짐 변화 분석의 중요한 차원에 해당한다.[411]

이와 같은 주장은 한국의 사례에도 일정 정도 적용할 수 있다. 한국 경제성장의 공식적 기록에서는 다음과 같이 서술되었다.

(한국) 정부가 1960년대에 장기적인 경제성장을 추진했을 때, 적절한 발전전략을 선택하는 데 많은 중요한 점들이 논의되었다. 토의된 주된 의제들은 다음과 같았다.

(1) 국내시장 중심으로 할 것인가, 외부지향적으로 할 것인가

(2) 어떤 분야를 강조할 것인가(농업 혹은 제조업)

(3) 어떻게 발전을 위한 자금을 동원할 것인가(국내저축 혹은 대외차관)

(4) 어떻게 불균등 발전을 관리할 것인가[412]

---

410 J. Lewis, "Development Promotion: A Time for Regrouping", J. Lewis and V. Kallab eds., *Development Strategies Reconsidered,* New Brunswick: Transaction Books, 1986, p.6.

411 D. O'Hearn, "The Road from Import-Substituting to Export-Led Industrialization in Ireland", *Politics and Society,* 18(1), 1990, p.3.

412 『한국경제개발약사』, 경제기획원, 1987, p.5.

박정희 정부는 외부지향적 발전을 택하고 경공업에 주안점을 두면서 해외자본을 유치하기로 결정했다. 하지만 그 결정 자체는 미국과 원조기관, 해외의 경제 자문가들에 의해 크게 좌우되었다. 정확하게 경제적인 측면에서 본다면 이러한 전략은 적절하게 선택되었다고 할 수 있다.[413]

제도적인 견지에서 볼 때 경제발전 전략은 단순한 개별적인 정책의 집합만이 아니라 그 입안과 수행에서의 행정적인 능력을 포함한다. 해거드, 김병국, 문정인은 1960년대 한국의 사회경제적인 조건을 정확하게 지적했다. 한국의 제한적인 ISI를 지탱하던 정치적 네트워크는 군부의 개입으로 제거될 수 있었다. 정책을 빠르고 유연하게 결정할 수 있었던 박정희 정부의 능력은 부분적으로 입법부와 기업과 노동을 포함하는 이익집단의 취약성에서 도출되었다.[414] 쿠데타 이후의 여러 가지 정치적 개혁 역시 사회정치적 행위자들로부터의 자율성을 증대시켰다.

정치적 권위의 집중화는 경제기획원의 경제정책 결정 집중화로 이어졌다. 경제기획원은 예산에 대한 통제를 통해 다른 부서들에 대해 우월한 지위를 획득했다. 경제기획원 내 외자 담당 부서는 대외적인 자금에 대한 완전한 통제를 행사했다. 경제기획원은 경제계획 구조의 공고화와 함께 관료적 이행과 성과를 향상시키기 위한 일련의 프로그램을 시작했다. 이와 같은 제도적 개혁과 함께 제3공화국은 국가의 수취 능력을 향상시키고자 했다. 1966년 국세청의 전면적인 개편을 통해 조세 수입이 현저하게 증가되었다. 박정희는 미국의

---

413 Krueger, 1978, ch.12를 보라.

414 Haggard, Kim and Moon, 1990, pp.48-49.

재촉에 따라 1965년에 이자율 개혁도 단행했다.[415]

따라서 국가의 '강도'에 주목하는 제도적 시각이 타당성을 갖기도 하지만, 미국이 이러한 대부분의 개혁에 중요하고 직접적인 역할을 수행했다는 점이 강조되어야 한다. 제3공화국의 경제적 전환은 국가가 주도한 것이었지만, 또한 이 전환은 외부에서부터 권고되고 영향력이 행사되었다. 즉, 냉전이라는 대외적 환경은 미국의 영향 아래에서의 한국의 급속한 경제적 변화를 설명하는 데 가장 중요한 요인인 것이다. 보다 정확하게 말해서 이 시기 한국과 미국 정부의 이해관계 사이의 갈등과 그 절충 부분과, 외부적 연계가 한국의 정치경제에 갖는 역할을 고려해야 한다. 초기의 충돌 이후 한미 간의 후견-피후견 관계는 박정희에게 외부지향적 발전을 위한 적절한 정책적 권고와 경제적 자원을 제공해주었다. 그 결과로서의 경제성장은 박정희의 국내정치적 입지를 공고히 했다.

경제원조, 정책 대화, 공공차관은 외부적 연계의 대표적인 예였다. 비록 경제원조의 액수는 1950년대 말부터 점차 감소하기 시작했지만 이는 제3공화국에서도 중요한 역할을 수행했다. 스타인버그(Steinberg)는 한국과 미국이 정치적·경제적으로 긴장관계였던 처음 2년을 제외하면 1961년 이후 두 나라 사이의 원조관계는 1975년에 잉여원조가 중단되기 전까지 전반적으로 매우 효율적이었다고 지적했다.[416] 비록 미국을 통한 교육이나 경제자문단의 지속적 조언의 영

---

415 이 개혁의 주된 목적은 예금을 국책은행으로 이동시키는 것이었다. Haggard, Kim and Moon, 1990, pp.38-39.
416 D. Steinberg, "Foreign Aid and the Development of the Republic of Korea: The Effectiveness of Concessional Assistance", U.S. Agency for International Development, 1985, p.70.

향을 직접적으로 측정하는 것은 쉽지 않지만, 1960년대의 발전 전략이나 거시경제정책에 관한 미국과의 대화는 한국의 수출지향적 발전에 전반적으로 긍정적인 영향을 미쳤다고 할 수 있다.

4절에서 보여주었듯이 1960년대 중반부터 1970년대 초반까지 공공차관과 국가가 보증하는 상업차관은 한국의 경제발전에 중점적인 역할을 했다.[417] 해외자본의 이러한 공적 원천은 제3공화국 국가의 능력과 내부적 자율성을 강화했고 장기적인 성장 프로젝트의 국가 통제를 원활하게 했다. 〈표 15〉는 1965년부터 1975년까지 해외

표 15. 해외자본의 유입(1965~1975년)　　　　　　　　　　　　(1백만 달러)

연도	차관	원조	해외직접투자	기타	합계
1965	77.7	131.4	10.7		219.8
1966	204.9	103.3	4.8		309.0
1967	297.1	97.0	12.7		406.8
1968	577.5	105.9	14.7		698.1
1969	659.4	107.3	7.0	8.3	782.0
1970	842.2	82.6	25.3	7.7	957.8
1971	970.8	51.2	36.7	12.7	1071.4
1972	817.0	5.1	61.2	10.9	894.2
1973	1021.6	2.1	158.4	49.1	1231.2
1974	1963.2	1.0	162.6	14.5	2141.3
1975	2698.2	1.2	69.2	138.8	2907.4

출처: 『주요통계지표』, 경제기획원, 1983.

417　마돈(Mardon)과 같은 학자들은 대외자본의 통합 유형을 만들어내는 데 고도의 통제력을 보여준 한국 국가의 능력을 강조했지만, 먼저 그러한 재원과 능력이 어디에서 유래했는가를 이해해야 하는 것이다. R. Mardon, "The State and the Effective Control of Foreign Capital: The Case of South Korea", *World Politics,* 43, Oct. 1990을 보라.

자본의 유입 상황을 보여준다.

1965년 국교정상화 이후 일본 자본의 배분 역시 박정희 정부가 국내적인 사회적 행위자, 특히 대기업들을 다루는 데 도움을 주었다. 1969년 말까지 일본은 1억 2천3백만 달러의 원조와 7천5백만 달러의 정부차관을 제공했다. 일본의 상업차관(1969년 말까지 3억 8천만 달러) 역시 원래 약속했던 10년 동안 3억 달러라는 액수를 초과했다.[418] 많은 한국인들이 국교정상화 이후 일본의 경제적 제국주의의 부활을 우려했지만, 박정희는 직접투자 대신 차관을 선호함으로써 일본 자본에 대한 더 강한 통제를 모색했다. 또한 박정희 정부는 각각의 대외상업차관 보장에 대해 국내기업에 7%의 수수료를 부과했다.[419]

제3공화국의 국가는 베트남 참전을 통해서도 직접적인 이익을 얻었다. 1965년에서 1969년까지 군사물품 조달, 전쟁 관련 보험할증, 서비스 계약, 건설 계약, 군인과 민간인 송금, 상품 수출을 포함해서 베트남 전쟁 관련 수입은 5억 4천6백만 달러에 이르렀는데, 이는 총 외화수입의 16%에 해당하는 금액이었다. 참전하기 전 시기(1965년~1973년)의 수입은 증가된 미국의 군사원조와 경제원조를 제외하고 최소한 10억 달러에 달했다.[420] 김종필은 필자와 면담에서 베트남을 통한 경제적 이익의 중요한 부분으로 한국 기업들이 해외에 진출할 수 있게 된 기회를 꼽았다.[421]

1960년대 동아시아의 지역적 맥락에 대한 고찰은 어떻게 EOI 전

---

418 Lee and Sato, 1982, p.36.
419 이 프로젝트의 핵심 구성원은 대통령 비서실장, 중앙정보부장, 경제기획원 고위관료, 공화당의 재정위원장이었다. S. J. Kim, 1988, pp.208-209.
420 Han, 1978, p.898.
421 김종필과의 면담, 1989년 8월 19일.

략이 채택되었는가와 더불어 그것이 어떻게 유지될 수 있었는가를 설명하는 데에도 도움을 준다. 2차 경제개발 5개년 계획(1967년~1971년)은 1차 계획보다 좀 더 수출지향적 산업화에 중점을 두었다. 화학, 기계, 철강 산업이 강조되었고 '신속한 수출 확대'가 2차 계획의 주된 전략이었다. 새로운 계획 역시 공공부문을 확대했는데, 전체 투자 중 정부가 차지하는 비율이 증가했고 정부 지출은 민간 지출보다 빨리 증가하도록 계획되었다.[422] 일본과의 국교정상화와 베트남 파병으로 인한 대외적 자본의 유입은 2차 경제개발 계획과 EOI 전략의 유지를 위한 정부의 재정적 수요를 충당해주었다.

해외자본에 대한 정부의 용이한 접근으로 인해 제3공화국이 국가-기업 관계를 재구조화하는 것이 가능해졌다. 차별적 차관의 사용은 이승만 정권 시기에 원조의 분배가 그랬던 것처럼 정치적 논쟁의 대상이 되었지만, 이와 같은 재정적 자원과 국내 은행체제의 조종은 국가가 정책을 집행하는 데 내부적 자율성을 확보하는 강력한 도구였다. 다른 개발도상국의 사례에 비해 1970년대 중반까지 한국 경제에 유입된 해외자본의 유형—원조, 공공차관, 국가 보증의 상업차관—은 이러한 자금의 분배에서 국가에 효과적인 통제의 여지를 제공했던 것이다.[423] 이러한 재정적인 내부적 자율성은 경제에 효율적으로 개입하는 국가의 능력을 증가시켰다. 해거드, 김병국, 문정인은 확대된 국가의 제도적 능력을 경제적 전환에 중요한 설명변수로 간주했다.[424] 하지만 이 절에서는 이와 같은 제도적 능력 자체도 외부

422 S. J. Kim, 1988, pp.221-222.
423 E. Kim, 1989, p.41.
424 Haggard, Kim and Moon, 1989, p.49.

적 요인에 영향을 받았다는 점을 보여준다. 그러므로 외부적 맥락이 주요한 독립변수이며 국가의 역할은 의미 있는 매개변수에 해당한 다고 볼 수 있는 것이다.

2) 전략적 네트워크 안에서의 경제성장

냉전기 한국의 대외관계는 지정학적 맥락에 의해 주로 형성되었다. 다른 국가와의 경제적인 상호작용 역시 후견-피후견 국가관계로 대 표되는 군사적이고 전략적인 네트워크에 영향을 받았다. 따라서 한 국에서의 경제적 전환은 남미에서의 '종속적 발전'의 유형과는 달랐 다. 경쟁적인 국가 간 관계의 논리(미국과 소련, 한국과 북한 같은)가 신제국주의나 경제적 종속보다 더 중요한 역할을 했다. 한국 사례의 분석을 통해 군사화, 국가형성, 산업화 사이의 독특하고 복합적인 상 호관계를 발견할 수 있는 것이다.

　틸리는 유럽의 사례를 바탕으로 현대 세계 전반에서 다음과 같은 국가형성에 대한 '정향적인 가설'을 추출하려고 노력했다.

- 국가형성의 경로에 대한 권력과 자본의 상대적인 분포가 갖는 의미 있는 영향
- 주요한 도시 집단의 유무에 따른 변화 방향의 커다란 차이
- 국가구조의 형성과 변화에 대한 전쟁과 전쟁 준비의 강력한 영향
- 재정적 구조, 무기와 군사의 공급원을 통한 이러한 영향의 중화
- 중앙관료제를 통한 국가권력의 문명화, 군사적 수단의 충원에 서 신용과 조세에 대한 의존의 증대, 이러한 수단에 대한 신민

과의 협상

- 국가의 조직적 형태의 '내부적' 결정에서 '외부적' 결정으로의
  경향 지속[425]

다른 한편으로는 현대의 제3세계에서 '실제로 일어나고 있는' 세
가지 다른 경향을 지적했다.

첫째, 제3세계에서 민간이 주도하고 있는 제도의 빈번한 실패와
그에 따른 군부의 집권
둘째, 제3세계의 군사조직에 대한 외부 국가의 불균형한 지원이
그 나라들의 다른 경쟁적 행위자들보다 군부에 강력한 힘을 부
여함
셋째, 서구에서 전반적으로 등장한 협상 과정과 군부에 대한 제
어가 등장하지 않고 있음. 이는 국가가 군사적 수단을 (국내적인)
상품이나 정치적 복종의 대가가 아닌 국가 외부의 강대국으로부
터 획득하고 있기 때문임[426]

이와 같은 '강압적인 궤도'를 통한 국가형성 과정은 한국의 사례
에 외부적인 지정학적 맥락과 경제적 변화 사이의 중요한 매개변수
로 작동했다. 틸리의 분석에 따르면, 한국은 국지적인 군부에 대한
광범위한 대외적 지원이 국가 경제에 대한 통제를 가능하게 했고 바
로 그 경제적 확대의 성공이 군사적 패권을 잠식하게 되었던 '극단

---

425   Tilly, 1990, pp.196-197.
426   Tilly, 1990, p.218.

적인 사례'의 하나이다. 한국의 경우 경제적인 성공은 국내적인 군사화, 북한에 대한 위협인식과 미국과의 군사적 동맹과 밀접하게 연결되어 있었다. 해밀턴(Hamilton)과 탠터(Tanter)는 다음과 같이 주장했다.

군사화는 (한국의) 경제 전환의 핵심에 위치했다. 산업화를 위한 사회적 기반을 구축하기 위해 높은 수준의 국내적인 강압이 사용되었다. 나아가서 강압적인 권력을 행사하는 군부(군사화된 한국의 국가)의 능력은 (…) 미국의 세계적 봉쇄정책에서 첨병국가로서 한국이 갖는 전략적 특권에서 도출된 것이었다.[427]

군사화의 역동성은 한국에서 1950년 열전의 존재로 인해 더욱 강화되었다. 세계적·지역적 영향에 더해 한국전쟁은 한국에 강력한 국가 통제에 의한 급속한 경제성장의 전제조건들을 제공했다. 사실상 경제성장을 위한 다른 대안들이 부재한 가운데 제3공화국은 1960년대에 외부지향적 전략을 추진하는 데 상대적으로 적은 국내적 저항에 직면했다. 이러한 국내적 조건—비교적 유동적인 계급구조, 민족주의와 민중주의의 이른 쇠퇴, 군부의 증대된 입지—은 근본적으로 한반도의 분단과 전쟁 이후에 만연한 냉전적 환경에서 기인한 것이었다.[428]

---

427 C. Hamilton and R. Tanter, "The Antinomies of Success in South Korea," *Journal of International Affairs*, 41(1), 1987, p.80.
428 커밍스는 1950년 여름에 한국의 점령지에서 북한이 행한 토지개혁 역시 지주 계급이 와해되는 결과를 가져왔다고 지적했다. B. Cumings, "The Abortive Abertura: South Korea in the Light of Latin American Experience", *New Left Review*, 173, 1989, p.12.

냉전기 한국 사회의 군사화 정도가 매우 높았기 때문에 군사적 차원이 한국의 정치경제를 좌우한 측면에 대한 분석이 필요하다. 군사적 차원은 세계적·지역적 맥락과 국가와 사회 형성 사이에서 중요한 매개 역할을 수행했다. 군부는 사실상 국가구조의 단지 하나의 부분에 불과했지만 경쟁적 국가 간 체제에서 제고된 위상이 이를 국가의 '외부적' 형성 과정에서 매우 주요한 행위자로 만들었던 것이다.[429] 전략적 이해관계에서 발전된 후견-피후견 국가관계는 자연스럽게 군부의 적극적인 참여를 요구하게 되었다. 포이트러스(Poitras)는 남미 사례에 대한 분석에서 다음과 같이 서술한 바 있다.

군부는 미주 국가 간 후견주의에서 핵심적이다. 군부가 권력을 잡지 않은 곳에서 군부는 정치적 목적에서 제휴를 형성하고자 하는 후견국과 피후견국을 연결시키는 중개인으로 행동했다. 군부가 권력을 잡고 있는 곳에서는 군부 자신이 직접적으로 후견국과 협상하는 피후견 국가로 기능했다.[430]

동아시아처럼 특별히 전략적으로 경쟁적이었던 지역에서는 국지적인 군부가 국가들 간의 지배-의존적 지정학적 관계의 핵심부가 되었다. 미국은 한국의 전략적 위치와 한국전쟁 이후 또 다른 분

---

429 틸리는 초기 유럽의 국가형성 경험에서도 '내부적'에서 '외부적' 과정으로의 이전이 발견되며, 특히 20세기 신생국가 형성 사례의 고찰을 통해 그것이 대부분 '외부적' 과정이라는 것을 알 수 있다고 주장했다. Tilly, 1990, p.207.

430 G. Poitras, "Inter-American Clientelism: Perspectives on the Latin American Military in United States-Latin American Relations", *Pacific Coast Council on Latin American Studies*, 3, 1974, p.136.

쟁을 예방하려는 의도에 따라 한국에 군사력을 지속적으로 제공해 주고 한국군의 고위장교들을 교육했다.[431] 이와 같은 지원으로 인해 1961년 쿠데타에 의한 군부의 권력 장악 이후 한국 사회의 모든 영역에 확대되기 시작했던 군부의 특별한 영향력 확대가 용이해졌다.[432] 몇몇 남미 국가에서 힘들게 이루어졌던 사회경제적 변혁이 한국에서는 비록 폭력에 의해서였지만 신속하게 행해졌다. 이러한 변화는 새로운 경제 프로그램의 추진에 대한 장애물을 제거한 반면 한국에서 민주주의의 발전을 저해하는 결과를 가져왔다.

호로위츠는 군부관료가 종종 사회에서 국가 자율성을 확보하는 기능을 하기도 한다고 주장했는데, 이는 군부관료가 민간관료들에 비해 경제적으로 지배적인 계층과의 연계로부터 자유롭기 때문이라는 것이다. 그리고 자율적인 군부관료들은 경제성장을 추진하는 새로운 방도를 시작하기도 한다고 지적했다.[433] 이러한 호로위츠의 견해는 한국 사례에서는 단지 부분적인 타당성을 갖는다. 한국의 군부는 내적인 연계로부터는 상대적으로 자율적이었으나 후견국과의 외적인 안보 연계에 대해서는 의존적이었다. 이와 같은 이중성은 실제적으로 한국 군부가 민족주의, 민중주의적 대안을 억제하고 외부지향적 성장 전략을 선택했던 과정을 설명해준다.

431 한국전쟁 이후 10년 동안 6천 명이 넘는 한국 장교들이 미국에서 교육받았고 귀국 이후 이들은 새로운 군부 인텔리겐치아의 핵심적인 부분을 형성했다. J. Huer, *Marching Orders: The Role of the Military in South Korea's 'Economic Miracle', 1961-1971*, New York: Greenwood Press, 1989, p.71.
432 이 장에서 미국과의 후견적 관계가 한국 사회의 군사화를 설명하는 유일한 독립변수였다고 주장하는 것은 아니다. 즉, 한국 사회에 군부의 정치적 개입을 불러온 여러 가지 다른 상황적, 의도적, 구조적 요인도 존재했던 것이다.
433 Horowitz, 1982, pp.135-136.

어떤 학자들은 1961년 쿠데타 이후 정치적 전환의 경제적 함의가 대체적으로 긍정적이었다고 말했다. 휴어(Huer)는 첫째, 정부와 집권당의 실용적이고 기능적 제휴로의 전반적 전환, 둘째, 좀 더 합리적인 방식의 거버넌스를 지향한 정책적 요인, 셋째, 효율성과 합리성을 증대하기 위한 정부와 집권당의 조직 개편 등을 지적했다.[434] 1960년대 이래 한국의 경제성장은 "합리적으로 조직된 행정체제가 지속적 성장을 위한 법제적이고 공적인 서비스 기제를 수립하고 강화하며 민간의 경제활동 확대에 우호적인 재정기구와 조세도구들을 만들어내거나 발전 프로젝트와 계획들을 추진하는 데 직접적인 책임을 진다는 것"을 보여주었다고 여겨졌다.[435]

또한 군부의 개입 이후 경제계획의 수립이 단기적 성격에서 장기적 성격으로 변화했다. 군사정부 초기부터 점차 증대되고 궁극적으로 지배적이 된 성장에 대한 강조가 존재했다. 쿠데타 이후 몇 개월 이내에 1차 5개년 계획(1962년~1966년)의 성장 목표가 이전에 설정되었던 5.2%에서 7.1%로 상향 조정되었다. 2차 5개년 계획(1967년~1971년)의 목표도 다시 7%로 설정되었는데, 1963년에서 1966년까지의 실제 평균성장률이 거의 10%에 달했기 때문에 1967년에 이를 다시 10% 수준으로 상향했다. 앞에서 언급한 것처럼 이 시기에는 대외적 차관에 의존하려는 경향이 있었다. 군부와 공화당은 이러한 대외적 자본을 유치하기 위해 노력했고 투자 수준을 높이기 위해 국내 저축을 장려하려는 시도도 병행했다.[436]

---

434 Huer, 1990, p.77.
435 I. Adelman and C. Morris, *Society, Politics and Economic Development*, Baltimore: Johns Hopkins University Press, 1967, p.76.

하지만 이러한 전개는 군사정부 초기의 '조국 근대화'라는 근본적인 목표와는 그 내용이 달랐다. 군부는 이 목표를 위해 원래 대중적 요구를 반영하는 개혁적인 프로그램을 제시했는데, 이는 이전 정부와 사회의 부정하고 부패한 관습을 철폐하고 국가 경제를 자주적인 토대에서 구축한다는 의도를 지닌 것이었다. 하지만 박정희가 미국의 지원 없이는 통치를 지속하는 것이 힘들다는 점을 파악한 후에 이와 같은 정치적 목표는 곧 철회되었다. 비록 몇몇 젊은 장교들이 지속적인 사회개혁을 주장하기도 했지만 이는 곧 무위로 돌아갔다.[437]

만약 미국과의 안보적인 관계가 부재했더라면 군부 집권 아래 한국의 발전 유형이 남미의 사례들과 유사할 수 있었다고 주장할 수도 있다.[438] 남미의 군부는 일반적으로 민족주의자들이나 중산층의 중요한 정치적인 제휴세력이었고 내부지향적인 ISI 전략을 추진하거나 지원했다.[439] 군부가 거부권을 행사한 경우는 좌파 민족주의와 반

---

436 Cole and Lyman, 1971, pp.165-168. 4절에서 살펴본 것처럼 대외자본을 유치하려는 이러한 노력은 우호적인 외부적 환경(일본과의 국교정상화와 베트남 참전)으로 인해 실제로 성공적인 결과를 얻었다.

437 손제석은 쿠데타 세력들 사이에 당파적 갈등이 있었고 그 결과 군사정부의 조직적 효율성이 감소되었다고 지적하기도 했다. J. Sohn, "Political Dominance and Political Failure: The Role of the Military in the Republic of Korea", H. Bienen ed., *The Military Intervenes: Case Studeis in Political Development,* New York: Rusell Sage Foundation, 1968, pp.114-115.

438 이러한 비교는 일종의 '반사실적 분석' 기법으로 시도될 수도 있을 것이다. 이 방법에 대해서는 J. Fearon, "Counterfactuals and Hypothesis Testing in political Science", *World Politics,* 43, Jan. 1991을 참조하라.

439 스테판(Stepan)은 군부의 자연스러운 모습이 민족주의적 사회주의의 민중주의적 변형 형태라고 주장했다. A. Stepan, *The Military in Politics: Changing Patterns in Brazil,* Princeton: Princeton University Press, 1971, pp.270-271.

공 보수주의 사이의 양극화가 심화된 후였다. 그러나 동북아와 한반도에서 공산국가들과의 지속적인 대립과 전략적 균형 상태는 한국의 군부를 상대적으로 보수적으로 변모시켰다. 군부 정권에 대한 구체적인 외부적 위협의 존재는 후견국의 도움을 통해 국내의 사회경제적 정책을 수행하는 데 특별한 권력을 행사하는 것을 정당화했다. 웨이드(Wade)는 이 차이를 다음과 같이 설명했다.

대부분의 다른 개발도상국의 정부들이 경제적으로 실패해도 침략을 받지는 않을 것이라고 생각한 데 비해서 이 나라들(한국과 대만)의 정부와 엘리트들은 빠른 경제성장과 사회적 안정이 없으면 그러한 일이 일어날 수 있다는 것을 알고 있었다. 이러한 점으로 인해 그들은 국가안보와 경제적 부강을 그토록 밀접하게 연결시켰다. 일본에서 이전에 그러했듯이 경제 관료들은 제조업의 전쟁 잠재력을 증대시키기 위해 자원을 동원할 책임을 부여받았으며, 이러한 목표는 확대되어 유사한 '할 수 있다'의 정신력으로 발전된 서구 국가들을 하루 빨리 따라잡는 것이 되었다. 이와 같은 지속적인 외부적 위협을 인식함으로써 관료들은 내부적 강압 기제들을 좀 더 감내할 수 있도록 단련되었으며 이는 전반적인 국민에게도 해당되었다. (…) 미국은 경제적(그리고 군사적) 목적에 맞도록 국가의 자원 사용을 훈련시키는 데 상당한 영향력을 행사했다.[440]

유사한 권위주위적 통치 아래에서 남미와 동아시아 국가에서의

---

440   R. Wade, "East Asia's Economic Success: Conflicting Perspectives, Partial Insights, Shaky Evidence", *World Politics*, 44, Jan. 1992, p.314.

자본 축적은 서로 다른 형태로 이루어졌다. 경제적 신제국주의의 내재화가 남미의 사례에서 국가의 새로운 위치를 요구했던 데 비해서 한국과 같은 동아시아 국가들에서는 외부적 지정학적 맥락의 내재화가 국가행위를 구성했다. 남미 국가의 발전 과정에서 이른바 '삼자동맹'은 국지적 자본, 국제자본, 국가를 연결했지만,[441] 동아시아 사례의 동맹은 기본적으로 후견국과 피후견국 사이에서 이루어졌고 국지적 자본, 국제자본은 국가들의 선호에 따라야 했다.[442] 이러한 구조적 차별성이 왜 한국 국가의 내부적 자율성이 남미 국가보다 더 강했는가를 설명해준다고 할 수 있다.

또한 군사화는 군비지출과 경제성장 사이의 상호작용을 통해 발전 과정에 영향을 미쳤다. 콜과 라이먼은 한국전쟁 이후 한국의 국가안보 지출의 증대를 다음과 같이 기술했다.

전쟁이 끝날 무렵 한국 발전의 모든 차원들, 문제들, 요구들이 변화했다. 첫 번째로 전쟁은 한국을 그 규모와 능력에 맞는 도움을 필요로 하는 작은 나라에서 극동의 안보적 거점으로 바꾸어놓았다. 한국의 군대는 6만 5천 명에서 70만 명으로 증가했고, 이러한 군사력의

441 P. Evans, *Dependent Development: The Alliance of Multinational, State and Local Capital in Brazil,* Princeton: Princeton University Press, 1979, pp.11-12. 이 동맹 내부에서 국가는 다국적 기업의 논리를 변용하려고 했지만 그 행동은 다국적 기업과 국지적 자본주의자들의 적극적인 참여를 유도해야 한다는 필요성에 의해 규제되었다.
442 예를 들어 수출지향 전략의 첫 단계였던 1962년에서 1966년까지 미국의 해외투자의 90% 이상을 미국 정부가 보증했다. C. Moon, "Between Supporting and Spoiling: Military Alliance and Economic Competition between the United States and South Korea", Paper presented at the conference, "Beyond the Cold War in the Pacific", UC San Diego, June 1990, p.5. 한편 박정희는 산업화 과정에서 몇몇 대기업(재벌)을 동반자로 선택했고, 이 연계는 이후 한국 사회에서 일종의 '군산복합체'로 발전했다.

필요에 부응하기 위해 한국 경제의 성격이 변모했다. 미국에서 오는 장비를 제외하더라도 군사력의 유지를 위한 국내적인 비용(임금, 식료품 등)은 (한국) 경제의 능력을 훨씬 벗어났고 경제원조로 충당해야 했다. 이는 수입 수준을 이전보다 크게 증대시켰고 무역 부문에 혁명적이라고 할 정도의 새로운 중요성을 부여했다. (…) 전쟁 이전에 벌써 양자에게 모두 불편한 면이 있었던 (한국의) 미국에 대한 의존은 더욱 깊어졌고 반영구적인 방식으로 전개되었다.[443]

많은 경제학자들이 군비지출과 경제성장의 관계를 '총과 버터'의 문제로 간주하는데, 이는 높은 국방비가 다른 생산요소로 가야 할 자원을 감소시키기 때문이다. 하지만 한국은 높은 군사적 부담과 높은 경제성장률을 함께 유지했던 사례 중의 하나였다.[444]

앞에서 지적했듯이 후견-피후견 국가관계는 한국에서 '국방을 통한 성장'을 만들어냈는데,[445] 여기에는 미국의 군사원조, 경제원조가 특히 중요하게 작용했다.[446] 베노잇은 다음과 같이 주장했다.

---

443 Cole and Lyman, 1971, pp.22-23.
444 당시 제3세계의 군비지출 내역을 살펴보기 위해서는 Benoit, 1973; S. Deger, *Military Expenditure in Third World Countries: The Economic Effect*, London: Routledge & Kegan Paul, 1986을 보라. 비교분석을 하기 위해서는 B. Bullock and G. Firebaugh, "Guns and Butter?: The Effect of Militarization on Economic and Social Development in the Third World", *Journal of Political and Military Sociology*, 13, Winter, 1990을 참조하라.
445 또한 일부 연구에서는 군사동맹과 국제무역에서의 협력 사이의 상관관계를 지적하기도 했다. J. Gowa, "Testing the Relationship between Alliances and Trade", Paper presented at the American Political Science Association meeting, Washington, D.C., 1991. 강대국은 경제원조를 제공하고 다자적인 대여기구를 통해 차관을 확보해주는 것에 더해 자국과의 무역을 증대시킴으로써 동맹국들의 경제를 강화시키려고도 했는데, 냉전기 미국과 한국의 양자무역이 하나의 예였다고 할 수 있다.
446 미국 경제학자 심슨(Simpson)은 오리건 대학 보고서에서 "만약 우리가 (한국에 대한 미

그와 같은 원조는 한국이 대규모의 군사적 노력을 유지하는 동시에 빠른 경제성장을 이룩하는 것을 가능하게 했는데, 이는 국민에게서 얻을 수 있는 정치적 지지도 강화시켰다. 이와 같은 사례에서는 경제적 성공 자체가 군사적 중요성을 의미했으며, 미국이 제공한 양자적인 경제 지원도 부분적으로는 군사적 동맹의 목적을 가졌다.

그러므로 군사적인 동기에 의한 지원은 한국의 성공담의 핵심적인 요소였다. 이는 어떻게 한국이 높은 수준의 군비지출을 하면서 매우 낮은 평균 소득—인도보다 조금 더 높은—과 지하자원—인도보다 훨씬 더 빈약한—을 갖고 결국은 인도의 거의 두 배에 달하는 민간 생산의 성장률을 거두게 되었는지를 설명해준다.

이것은 냉전기의 군사적 돌출부에 위치하면서 그 부채를 자산으로 전환시킬 수 있었던 한국의 상황에 기반한 성공 이야기였다. 이는 일차적으로 군사적 역할을 충족시키기 위한 한국의 능력을 유지시키는 데 요구되었던 자원의 유입이 그에 필요한 경제적 기초를 제공하는 데 마찬가지로 활용될 수 있다는 것을 확신시키고, 군사적 프로그램을 경제적인 목적에도 부합하도록 유도함으로써, 달성되었다.[447]

더 나아가 조금 이후의 시기에는 방위산업화를 통한 산업조직의

국의) 원조 프로그램을 단순하게 정의하고자 한다면, 그것은 한국이라는 수요자가 방대한 군사 설비를 유지하는 대가로 ICA와 미국의 군사비 지출에 의해 보조를 받은 것이라고 할 수 있을 것"이라고 말했다. Cumings, 1984b, p.26에서 재인용했다. 또한 군사원조 이외에도 한반도에서의 미국의 주둔 자체가 한국 정부가 군비지출을 경감하도록 하는 역할을 했다고도 지적되었다.

447   Benoit, 1973, pp.249-250.

개편과 기술적 파급 효과의 측면도 존재했다. 미국은 1970년대 초반에 박정희에게 방위산업을 건설할 것을 권고했다.[448] 2차 경제개발계획 이후 '역동적 비교우위'의 요구와 이 시기 안보의 긴급성으로 인해 한국의 일부 경제정책 입안자들은 중공업에 대한 좀 더 많은 투자를 제안했다.[449] 한국에서는 방위산업의 추진이 한국의 산업화가 노동집약적인 것에서 상대적으로 자본·기술집약적인 것으로 이행되는 데 도움을 주었다. 문정인과 현인택은 아마 이와 같은 증대된 방위 관련 지출이 없었더라면 한국 기업이 이후에 국제경쟁력을 가질 수 없었을지도 모른다고 지적했다.[450] 군비지출의 부정적인 경상수지 효과는 새로운 무기 수출로 상쇄되었다.[451] 아울러 방위비 지출은 고용과 인적자원 개발이라는 결과도 가져왔다.

한국 경제에 대한 군비지출의 긍정적인 영향에도 불구하고 이는

448   미국은 1971년까지 한국에 대한 군사적 지원을 대부분 군사지원프로그램(MAP)에 의한 원조 형식으로 제공했다. 하지만 1970년대 초반 이래로 상호 안보의 네트워크에서 한국에 좀 더 독립적인 입장을 취할 것을 요구했다. 이는 주한미군의 부분 철수 이후 박정희가 자주국방을 시도한 것으로 연결되었다.

449   포항제철과 같은 새로운 영역에의 산업투자가 진행되었으며, 정부는 자신이 관리하는 금융기관의 여신을 통해 기업들의 새로운 투자를 보조했다. 이 기간 중(1974년)에 국민투자기금을 만들었고, 이 기금과 일반은행의 여신을 통해 새로운 중화학공업 프로젝트를 지원했다. S. Yusuf and R. Peters, "Capital Accumulation and Economic Growth: The Korean Paradigm", World Bank Staff Working Papers, No. 712, pp.24-25.

450   C. Moon and I. Hyun, "Muddling through Security, Growth and Welfare: The Political Economy of Defence Spending in South Korea", Paper presented at the International Studies Association convention, Washington, D.C., 1990, p.22. 1970년대 이래 한국 방위산업의 성장을 살펴보기 위해서는 C. Moon, "South Korea: Between Security and Vulnerability", J. Katz ed., *The Implication of the Third World Military Industrialization*, Lexington: Lexington Books, 1986을 참조하라. 문정인은 한국의 방위산업화가 전반적인 거시경제적 발전에서 국방정책과 경제정책을 연결시키려는 정부의 노력을 구체화했다고 지적했다.

451   Kahler, 1988, p.446.

국가 경제를 부분적으로 왜곡시키고 1970년대 중반 이후에는 장기 발전을 제어하는 부정적인 결과를 낳게 되었다고 지적되기도 했다. 문정인과 현인택은 다음과 같이 주장했다.

첫째, 군비지출의 급격한 증가와 방위산업에 대한 과도한 강조는 시장 규모와 재정 능력, 기술적·공업적 역량을 넘는 중화학공업에 대한 대규모 투자를 초래했다. (…) 둘째, 방위산업화와 선진적인 해외무기체계의 도입을 통한 방위력 향상은 높은 국제이자율의 시기에 해외대출을 통해서 이루어졌고 그 결과는 해외부채의 빠른 증가였다. (…) 셋째, 방위, 중화학 산업화의 촉진은 한국의 기업구조에 위험한 수준의 집중화를 가져왔다. (…) 마지막으로 군비지출의 증가는 조세 부담의 증가로 이어졌으며 민간의 소비와 저축을 억제했다.[452]

또 하나의 논쟁적인 주제는 군비지출과 사회복지의 관계였다. 어떤 학자들은 군사적인 지출과 사회적인 지출 사이의 의미 있는 상충관계가 존재하지 않는다고 말했지만,[453] 일부 연구들에서는 한국의 공공지출에서의 불균형을 지적하기도 했다. 세계은행의 한 보고서에 따르면 한국 정부는 1972년의 전체 공공지출 중 단지 5.8%만을 주택, 사회보장, 복지 부문에 할당했는데, 이는 중상위 소득국가들

---

452 Moon and Hyun, 1990, pp.22-23.
453 J. Mok, "Defence Enigma: The South Korean Trade-off over Guns or Butter", *The Proceedings of the World Conference of Korean Political Studies,* Seoul: Korean Political Science Association, 1989를 보라.

표 16. 전체 정부 지출 중 교육, 보건, 사회보장, 복지에 대한 지출 비율

아르헨티나 (1980) 46.8%	대만 (1982) 29.2%
브라질 (1979) 54.5%	홍콩 (1982) 26.3%
멕시코 (1980) 36.3%	한국(1982) 20.8%
	싱가포르 (1982) 12.6%

출처: Deyo, 1987, p.198.

중에서는 두 번째로 낮고 중위 소득국가들 중에서는 열한 번째로 낮은 순위였다. 그 반면 한국은 군비지출에서는 두 그룹에서 각각 세 번째와 다섯 번째 순위를 차지했다.[454] 이후의 다른 통계는 동아시아 국가들이 전반적으로 남미 국가들에 비해서 교육, 보건, 사회보장, 복지에 지출을 덜했다는 것을 보여주었다(표 16).

군사화와 경제성장 사이의 인과관계에 대해서는 명확한 답이 주어져 있지 않다. 차이는 나라와 나라 사이에도 존재하지만 한 나라의 특정 시기와 다른 시기 사이에서도 나타난다. 한국의 사례는 앞에서 서술한 것처럼 군사화된 경제성장의 이익과 비용을 모두 보여준다. 어떤 학자들은 한국의 경제적 번영이 미국과의 후견주의적 군사동맹과 그것이 제공한 자본과 시장에 밀접하게 연결되어 있었다고 주장했다.[455] 다른 학자들은 장기적인 경제적 안정이 단지 '탈군

---

454 World Bank, *World Development Report,* 1974. Moon and Hyun, 1990에서 재인용했다.
455 이러한 점에 대해 문정인은 "미국은 공동방위라는 이름으로 군대를 주둔하고 원조를 제공하여 한국에 안보적 방어막을 제공하기도 했고 수출주도형 성장으로의 유도와 자유주의 경제질서의 기치 아래에서의 편승효과 용인을 통해 경제적 도약의 기회를 부여하기도 했다. 따라서 여러 면에서 한국의 경제적 기적은 미국 패권의 산물이라고도 할 수 있을 것이다."라고 말했다. Moon, 1990, p.1.

사화'에 적합한 정치제도와 경제구조에서만 가능하다고 지적하기도
했다.[456] 앞에서 논의한 바와 같이 한국에서 군부는 국가의 주요 특
성을 규정하고 이어서 산업화 과정을 주도하는 데 중요한 역할을 했
다. 1961년 이후 새로운 군부 리더십은 냉전적 환경에서 '이념적' 정
향보다는 '실용적' 정향을 선택했으며 외부적 세력(미국)의 지원을
통해 물질적 자원을 경제발전을 위해 효과적으로 사용했다. 그러나
아울러 경제성장은 한국 사회를 급속하게 변화시켜서 잠재적인 정
치적 불안정성의 요인을 만들어냈다.[457] 이와 같은 내부적 문제들과
외부적 환경의 변화(데탕트와 궁극적인 냉전의 종언)와 함께 제3공화
국 이후 한국의 정치경제는 새로운 위기에 직면하게 되었다.

6. 결론

1) 냉전체제의 전환

1970년대 초반부터 1980년대 후반까지의 시기에 동아시아에서는
많은 변화가 일어났는데, 이는 1970년대 초반 미국의 아시아 정책의
전환과 미중관계의 개선, 1980년대 후반 한국의 북방정책의 추진을
포함한다. 이 절에서는 데탕트에서 냉전의 종언으로 이어지는 이 기

---

456 Hamilton and Tanter, 1987, p.89.
457 예를 들어 특정한 사회 부문은 점차적으로 소외되어 급속한 성장의 포괄적 혜택 대
상이 되지 못했고 군사과두제에 의한 권력의 장악이 다시 등장하기도 했다. Hamilton and
Tanter, p.63.

간 동안 앞에서 논의했던 한국 사례가 보여준 외부적 맥락의 변화와 내부적 의미를 살펴보고자 한다. 이 분석은 특징적이지만 서로 연결되어 있는 두 가지 개념을 중심으로 이루어지는데, 그것은 '제도적 지체'와 '인과적 격차'이다.

제도적 지체란 (외부적) 위기 시기 동안의 급속한 (내부적) 변화는 일반적으로 외부적인 상황의 전환에도 불구하고 내부적으로는 공고화와 지체의 기간을 경험하게 된다는 것이다.[458] 크래스너의 용어를 빌리면, 냉전기는 한국 국가의 '제도적 형성'의 시기였고 1970년대부터 1980년대 후반까지의 기간은 '제도적 지체'의 시기였다고 할 수 있다. 1970년대 초의 데탕트의 도래에도 불구하고 남북한 사이의 군비경쟁은 궁극적으로 더욱 심화되었고 제4공화국과 제5공화국을 거치면서 한국의 정치체제는 더욱 경직되었다. 이는 한편으로 한반도와 한국의 국지적 구조가 최소한 일정 기간 동안에는 자기 자신의 역동성을 갖게 되었다는 것을 의미했다.

인과적 격차란 특정한 불합치의 시기를 거친 후에는 외부적 독립변수의 변화가 궁극적으로 내부적 종속변수의 변화를 가져오게 된다는 것이다. 1970년대 초반 이래 동북아시아에서 후견-피후견 국가관계의 특성은 변모했고 관계 내에서 경제적 변수의 중요성이 증가했다. 1980년대 후반에 이르러 변화한 외부적 환경은 한국의 국내 정치와 경제에 주요한 영향을 미쳤다. 제6공화국은 북방정책을 통해 부분적인 외부적 자율성을 추구했지만, 국가와 다른 내부적·외부적 행위자의 갈등(예를 들어 증가하는 노동분쟁과 미국과의 통상마찰)은 더

---

458   Krasner, 1984, p.240.

욱 증대되었다.

탈냉전에 대한 오이(Oye)의 분석은 이 시기 세계적 변화의 원인, 지속성, 결과에 대한 이해의 유용한 틀을 제공한다. 그에 따르면, 냉전기의 '진영체제'는 서서히 하지만 분명히 소련과 미국의 경제적 성과를 잠식했고 세계적 양극성의 붕괴에 공헌했다. 이는 군사력과 경제적 경쟁력 사이의 상충관계 조건이 시간이 지나면서 악화되었기 때문이었다.[459] 소련에서 군사력과 경제력 사이의 심각한 괴리는 급진적인 대외정책 변화로 이어졌는데, 이는 전후 세계질서의 근본적인 전환을 가져왔다. 동구 진영의 와해를 포함한 냉전적 세계질서의 종언은 전후 동맹체제의 '존재 이유'를 손상시켰고 새롭게 등장한 안보 위협에 대한 대응으로 군사적이고 경제적인 제휴가 나타나게 되었다. '제도적 지체'로 말미암아 국제레짐과 제도는 환경적 변화에 직면해서도 일시적으로는 지속되었지만 데탕트 이후의 변화는 서구 내에서 급속한 동맹의 와해가 아닌 점진적인 동맹의 퇴행을 가져왔던 것이다.[460]

비록 중국과 북한이 공산주의 체제를 그대로 유지했지만, 냉전체제의 와해는 동북아시아 국가들의 상호작용에 큰 영향을 미쳤다. 미일관계의 전환은 아시아·태평양 지역에서 가장 중요한 요인 중의 하나였다. 한때 두 국가 사이의 경쟁과 긴장은 점점 더 높아질 것으로 예측되기도 했지만[461] 한편으로는 지역 내의 양두패권(bigemo-

459 3절을 참조하라.
460 Oye, 1992, pp.4-19.
461 R. Scalpino, "The U.S.-Japanese Alliance — Cornerstone or Trouble Zone?", L. Hollerman ed., *Japan and the United States: Economic and Political Adversaries*, Boulder: Westview Press, 1980, p.184.

ny) 가능성이 언급되기도 했다. 챈은 다음과 같이 주장했다.

> 비록 미국이 이 지역 안보의 최종적인 담당자이기는 했지만, 일본은 점점 더 자신의 이웃 국가들을 위한 자본과 기술의 일차적인 원천이 되었고 그들이 식료품과 천연자원을 수출하는 시장이 되었다. (…) 동시에 일본의 제조업은 모든 아시아·태평양 국가들에서 실질적으로 압도적인 시장 지위를 획득했다. (…) 그러나 미국이 (새롭게) 등장한 양두패권의 상위 파트너인 점은 지속되고 있다. 미국은 이 지역의 안보와 안정의 군사적인 열쇠를 쥐고 있을 뿐만 아니라 여전히 아시아·태평양 국가들 산업의 지식의 근원이고 수출지역인 것이다. 더 나아가 워싱턴의 군사적 우위와 재정적 능력은 다른 영역에서의 일본의 이점을 무력화하는 두 가지 카드로 작용한다.[462]

이 시기의 한미관계 역시 변화 과정을 겪었다. 전통적인 안보협력관계는 계속되었지만 미국은 좀 더 증대된 상호성을 요구했고, '부담 공유(burden sharing)'는 두 나라 사이에서 민감한 문제가 되었다.[463] 다른 한편으로 한국은 미국과의 관계에서 좀 더 적극적이고 어떤 면에서는 좀 더 독립적이 되어 '피후견국에서 파트너'로 변모

---

462 Chan, 1990, pp.103-104.
463 문정인은 쇠퇴하는 미국의 패권과 이완되는 냉전은 미국과 동아시아의 동맹국들 사이의 주요한 군사적·경제적 재구성을 의미했다고 지적했다. 그에 따르면, 미국은 리더십의 비용을 부담하는 것이 힘들어졌고 적극적으로 하려고도 하지 않았다. 그리고 무임승차나 훼방꾼에 대해서 인내심을 보이지 않게 되었다. Moon, 1990, p.1. 동북아시아의 맥락에서의 부담 공유 문제에 대해서는 I. Hyun, "Defence Burden-Sharing and Patterns of Clientele Defence Spending in Japan and South Korea", Paper presented at the Southern Political Science Association meeting, Nov. 1989를 보라.

하고자 했다. 한국은 경제적으로 미국에 대한 수출이 증대되어 미국 측으로부터 불공정 무역에 대한 불평을 많이 듣게 되었다. 다시 말해 한국의 경제적 성공이 양 국가 간의 경제적 경쟁을 불러와서 경우에 따라서는 동맹관계에 영향을 미치게 되었던 것이다. 그 중 통상마찰이 양자관계에서 가장 논쟁적인 의제가 되었다.

미중관계의 개선으로 대표되는 1970년대 초반 동북아시아의 외부적 변화에도 불구하고 1980년대 중반까지는 한국의 국내정치에서 '권위주의적 적응'의 시기였다. 박정희 정부는 주한미군의 부분 철수에 이은 미중관계의 개선을 놀라움과 미국에 대한 불신으로 받아들였다. 비록 남북한 사이의 협상에서의 부분적인 성과—남북 적십자회담과 7·4 남북공동성명—가 있었지만, 박정희는 1971년 10월에 비상사태를 선포하고 내부적 통제를 강화했다. 그는 이러한 시도를 국제적 환경의 변화와 이에 따른 한국의 취약성을 이용하려는 북한의 지속적인 '공격적' 의도를 통해 정당화했다. 1972년에는 계엄령이 실시되어 제3공화국을 제4공화국으로 대체하는 정치적 시도가 준비되었고, 이어 안보와 통일을 위한다는 명분으로 10월 유신이 선포되었다.[464]

1970년대 후반은 여러 형태의 반정부 운동과 데모로 특징지어졌다. 유신체제는 박정희의 측근이었던 중앙정보부장 김재규가 대통령을 저격함으로써 막을 내렸다. 이후 정치적 혼란 속에서 전 기무사령관이었던 전두환이 비상조치를 통해 권력을 장악했고 박정희가 만들어놓은 통일주체국민회의를 통해 대통령으로 선출되었다. 제3

---

464   그러나 길영환은 이러한 과정에 집권을 연장하려는 박정희의 의도 역시 존재했다고 지적했다. Kihl, 1984, pp.58-61.

공화국과 유신체제와 마찬가지로 제5공화국에서도 군부가 중심적인 정치적 역할을 수행했다. 세 공화국의 공통점은 정권이 갖는 권위주의적 정향이라고 할 수 있다. 따라서 4절에서 서술했던 한국 국가의 주요 성격은 1980년대 중반까지 기본적으로 유지되었다고 할 수 있다.

하지만 1987년에 노태우가 민선을 통해 제6공화국의 대통령으로 당선되면서 한국 정치는 중요한 변화를 맞게 되었다. 제6공화국의 국가는 다른 정권에 비해 대외정책에 많은 관심을 기울였고,[465] 사회세력으로부터의 국내정치적 독립성은 이전에 비해서 크게 감소했다. 해거드는 다음과 같이 지적했다.

노태우의 (민주적인) 헌법 개정은 이전에 없었던 노동쟁의와 파업으로 이어졌다. 국회 내에서는 농산물 가격, 사회복지 지출, 통상정책, 심지어 군비지출 문제까지 정치화되었다. 이러한 논쟁 아래에는 한국의 대규모 통상흑자가 만들어낸 정치적 균열이 존재했다.[466]

다른 한편으로 30년이 넘는 기간 동안 자본주의적 발전을 통해서 한국의 정치경제는 점점 더 국지적 자본, 즉 재벌이라고 불리는 대기업의 성과와 이익을 반영하게 되었다. 재벌 자체의 성장이 많은 부분 국가의 혜택을 입은 것이었지만 그들은 점차적으로 경제에서 국가의 개입 축소를 요구하게 되었다.[467]

---

465   노태우는 소련을 비롯한 구사회주의 국가와의 수교를 추진했고 1991년에 북한과 함께 유엔에 동시 가입했다.
466   Haggard, 1990, p.137.

노태우 정권의 보수적인 정치적 환경에서 정부는 여전히 우월한 힘을 갖고 있었고 경제정책의 기본적인 정향은 그대로 유지되었다. 그러나 1990년대 초에 이르러 한국 경제는 많은 문제점을 노출했다. 원화는 높게 평가되었고 인플레이션이 심화되었으며 성장의 동력이었던 수출은 감소하고 수입이 증대되어 1990년에는 5년 만에 처음으로 경상수지 적자를 경험했다. 이상의 간략한 역사적 검토를 통해 제도적 지체와 인과적 격차의 기간 뒤에 한국의 정치경제가 냉전의 종언 이후 중요한 전환을 보여주기 시작했다는 것을 알 수 있다. 이 장에서 다룬 냉전기에 구축된 국가구조는 새로운 외부적 맥락에 따라 반대 방향으로 변화할 수 있는 개연성을 갖게 되었다. 즉, 1980년대 후반부터 내부적 자율성과 국가 능력은 실제적으로 약화되기 시작한 반면, 외부적 자율성과 정당성은 상대적으로 강화되기 시작했던 것이다.[468]

2) 결어

1절에서 지적했듯이, 동북아시아의 정치경제를 다룬 대부분의 접근법들은 역사적, 외부적·지정학적 요인을 경시하는 경향이 있었다. 이 장에서는 동북아시아 국가들, 특히 한국의 국가 기제의 확대와 경제적 성과가 냉전 시기에 상대적으로 자율적이었던 지정학적 맥

---

467   E. Kim, "The Changing State-Capital Relations in South Korea: The Weakening of a Strong Developmental State", Paper presented at the American Political Science Association meeting, Washington D.C., 1991을 참조하라.
468   이와 같은 변화를 이해하기 위해서는 외부적 요인과 함께 그 능력이 증대된 사회세력의 역할을 함께 고찰해야 한다.

락에 대한 고려 없이는 적절하게 설명될 수 없다고 주장했다. 즉 냉전체제의 독특한 구조와 미국과의 전략적 연계는 한국, 대만, 일본의 정치적·경제적 발전에 중요한 영향을 미쳤던 것이다.

따라서 현대 동북아시아 정치경제의 검토는 1940년대 후반부터 1970년대 초반까지의 시기에서부터 출발해야 한다. 한국의 사례는 약소국의 정치경제에서 국내적 요인에 비해 '세계체제' 요인이 차지하는 상대적인 중요성을 잘 보여준다.[469] 한국과 미국 사이의 후견-피후견 국가관계는 이러한 측면에서 핵심적인 역할을 했다. 체이스-던(Chase-Dunn)은 다음과 같이 주장했다.

한국은 국가가 큰 자율성을 갖고 자국을 급속하게 발전시키는 데 요구되는 힘을 통제할 수 있었지만 여전히 기존의 중심국가가 중요하게 제어하는 작은 나라로 남았다는 점에서 차별적인 사례이다. 이는 한국의 상향적 유동성이 부분적으로 자국과 동맹을 맺은 나라의 요구에 따라 선행될 수 있었다는 것을 의미한다. (…) 미국은 한국이 중국, 소련, 북한을 봉쇄하는 데 전략적으로 핵심적인 첨병국가였기 때문에 발전을 허용하고 나아가 촉진시켰던 것이다.[470]

이러한 독특한 지정학적 맥락 때문에 냉전기 한국의 사례는 '복제'되거나 '일반화'되는 것이 어려울 수도 있다. 하지만 이 특정한 역사

---

469 B. Cumings, "World System and Authoritarian Regimes in Korea", Winckler and Greenhalgh, 1988, p.268.
470 C. Chase-Dunn, "The Korean Trajectory in the World System", K. D. Kim, 1987, p.294.

적 사례는 제3세계의 국가형성과 경제발전 연구에서 중요한 이론적·비교적 함의를 갖는다.[471]

이 장에서는 냉전기의 지정학적 요인이 한국에 강압적 국가가 제도화되는 필요조건을 제공했다는 것을 보여주고 있다. 후견-피후견 국가관계의 외부적 연계를 통해서 한국의 국가는 내부적 자율성과 능력을 증대시켰지만 상대적으로 외부적 자율성과 정당성은 감소되었다. 해외원조와 공공차관과 같은 연계를 통한 대외적 재정의 공적인 네트워크는 국가의 내부적 역할 확대를 용이하게 했다. 그 결과로 외부적 안보 구조가 효과적으로 내재화되었고 한국의 국가는 사회경제정책을 좀 더 자율적으로 집행할 수 있었다. 또한 외부적 맥락은 한국의 경제적 변화에 중요한 영향을 끼쳤다. 경제발전의 양상은 부분적으로 군사화되었지만 후견-피후견 국가관계는 한국에 외부지향적 전략을 통한 급속한 경제성장의 조건들을 제공했다.

그러나 1980년대 후반 이후 냉전 질서가 와해되자 국제적·국내적 환경은 모두 변화했다. 한편으로 남북한 사이의 접촉은 간헐적으로 모색되었지만 미국은 안보와 통상에서 한국의 무임승차를 허용하지 않게 되었고 한일 사이의 갈등도 다시 등장했다.[472] 국내적으로는 정치적 민주주의, 분배적 형평성, 탈군사화를 위한 많은 조치가

471 이는 특별히 국제관계와 비교정치 사이의 상호적인 접근과 비교정치경제의 연구에 좀 더 정교한 변수 구분의 필요성을 제기한다.
472 어떤 학자들은 1990년대 초반에 동아시아의 냉전이 확실히 끝나지 않았고 단지 미소 관계의 긍정적 전환만이 지역적 안정과 평화를 가져오는 것은 아니었다고 주장했다. S. Han, "Asian Security and the Cold War", *Tokyo 1991: The Annual Meeting of the Trilateral Commission*, 1991. 당시 미국 국방성은 탈냉전의 군사적 계획에서 여전히 북한의 위협을 가능한 잠재적 갈등 중 하나로 간주했다. 이러한 지적은 이후 북핵 문제의 등장으로 인해 그 타당성이 입증되었다.

행해졌다. 이러한 변화는 이후 탈냉전기의 새로운 연구 주제를 제공하게 되었다. 냉전의 전환과 더불어 한미일 삼각안보체제는 어떻게 변화할 것인가? 동북아의 기존 안보 네트워크는 다자주의 협의체의 추진과 어떻게 양립할 것인가? 냉전의 종언은 한국의 내부적 요인, 즉 한반도의 상황, 한국의 국가-사회 관계, 경제 발전에 어떠한 영향을 미칠 것인가? 이 장에서 다루었던 냉전기에 형성된 구조적 맥락에 대한 이해는 이와 같은 1990년대 초반 이후 변화 양상의 분석을 위한 토대가 될 수 있을 것이다.

3장

냉전기 미일동맹의 정치경제*

* 이 장은 신욱희, "냉전기 미일동맹의 정치경제, 1954-1960: 일본의 역할", 문정인·오코노기 마사오 편, 『시장, 국가, 국제체제』, 아연출판부, 2002를 수정한 것이다.

1. 서론

이 장에서는 냉전 시기에 미국과 일본이 맺었던 쌍무적 동맹관계의 정치경제적 측면을 다룬다. 이 주제에 관한 이전의 작업들에서 상대적으로 미국이 주도하는 안보협력의 차원에 치중했던 것과 비교해서 이 장에서는 일본이 행사한 역할과, 군사적 영역 및 경제적 영역의 상관관계에 초점을 맞춘다. 이 장에서 분석한 시기는 동아시아에서 냉전적 환경이 본격적으로 제도화된 1950년대 중·후반이다.[1]

첫 번째 이론적 논의 부분에서는 2차 세계대전 이후 일본의 대외정책을 설명하기 위해 많이 사용되었던 반응국가(reactive state) 개념의 적실성 문제를 제기하고 이에 대한 대안으로 주체-구조의 틀이 갖는 유용성을 검토한다. 두 번째 역사적 고찰 부분에서는 1950년대 중반에 존재했던 일본의 대외정책의 유동성을 먼저 살펴보고

---

1 1950년대 중반을 흔히 한국전쟁 이후 미국과 소련을 중심으로 한 동서 진영 간의 대결구도가 구체화된 시기로 이해하고 있으나, 다른 한편으로 평화공존론이 등장하고 중립주의의 움직임이 나타나는 등 탄력적인 모습을 보였던 시기라는 점도 아울러 고려해야 할 것이다.

주체로서 기시(岸) 내각의 역할과 당시 미일관계에서 안보와 경제 문제의 관련성을 규명한다. 결론에서는 일본 국가의 능동적 전략의 존재 여부와 그것이 가져온 국내적·국제적 결과에 대해 생각해본다.

2. 이론적 논의

국제관계에서의 행위가 작용(action)과 반작용(reaction)으로 이루어진다는 명제는 새삼스러운 것이 아니다. 하지만 이러한 과정에서 관련된 모든 국가가 동일한 자율성을 갖고 움직이는 것은 아니며 주어진 상황에서 보다 능동적인 정책 수행을 할 수 있는 국가와 상대적으로 수동적인 대응을 하는 국가가 병존하는 것이 보통이다. 따라서 쌍무적이거나 다자적인 국제관계에서 실제적으로 자신의 '전략(strategy)'을 구사할 수 있는 국가는 그리 많지 않으며, 다수의 국가는 대외적 변화에 대한 적응 형태로 외교정책을 수립하고 집행하게 된다.

이러한 지적은 냉전체제에 대한 설명에도 마찬가지로 적용할 수 있다. 냉전의 기원을 어디에 두든 간에 그 체제적 특성의 대부분은 미국과 소련이라는 두 행위자 사이의 일련의 작용과 반작용에 의해 형성되었다는 것이 일반적인 해석이다. 그리고 대부분의 다른 국가들은 이 국가들이 만든 구조적 제약 속에서 주로 그것에 대한 대응 형태로 정책을 펴나갔다고 본다. 이것이 우리가 냉전체제를 양극체제라고 부르는 이유이며, 이 시기의 세계화된 전략적 대치 상태는 대부분의 국가의 안보관계는 물론 경제관계의 규칙과 규범의 형성에도 절대적인 영향을 미쳤던 것이 사실이다.

냉전 초기의 미일관계는 이러한 비대칭적 쌍무관계의 대표적인 예로 꼽힌다. 패전 후 일본에 대한 군정에서부터 역코스 정책 이후 쌍무적 군사동맹의 체결에 이르기까지의 과정은 두 나라 간 안보적 후견주의의 구축으로 이해할 수 있다.[2] 그 이후 양국관계의 발전은 '미국의 온실(American greenhouse)' 내에서 일본의 성장으로 표현되는데,[3] 일본은 아직까지는 미국이 '이끌어나가야 할(bound to lead)' 대상으로 간주되었다.[4] 다시 말해서 미일 간의 군사적·경제적 상호작용은 미국의 주도적 전략 행사와 이에 대한 일본의 의존적 대응으로 특징지어진다는 것이다.

일본 국가의 특성을 분석하면서 캘더(Calder)가 사용한 반응국가 개념은 이와 같은 측면을 적절하게 수용할 수 있는 틀을 제공한다.[5] 그의 설명에 따르면, 반응국가는 주요한 대외(경제)정책을 독립

---

2 피후견국이 후견국과 자국의 안보를 위해 일종의 '기능적 분업'을 이루게 되는 이 관계에 대한 설명은 2장 2절을 참조하라. 마쓰우라(松浦)는 이를 더 세분화해서 1945년부터 1950년대까지의 미일관계를 보호자와 피보호자의 관계로, 1960년부터 1970년대 초반까지를 후견인과 피후견인의 관계로 묘사했다. 이호철, 『일본경제와 통상정책』, 삼성경제연구소, 1996, pp.30-33에서 재인용했다.

3 D. Hellmann, "Japanese Politics and Foreign Policy: Elitist Democracy within an American Greenhouse", T. Inoguchi and D. Okimoto eds., *The Political Economy of Japan 2: The Changing International Context*, Stanford: Stanford University Press, 1988 을 참조하라. 헬만(Hellmann)은 냉전기 일본의 대외정책이 수동적인 태도, 일차원적인 경제중심 전략, 미국과의 쌍무관계에 대한 극단적인 의존의 특성을 갖는다고 설명했다. D. Hellmann, "The Imperative for Reciprocity and Symmetry in U.S.-Japanese Economic and Defense Relations", J. Makin and D. Hellmann eds., *Sharing World Leadership?: A New Era for America and Japan*, Washington D.C.: AEI, 1989, p.238을 보라.

4 J. Nye, *Bound to Lead: The Changing Nature of American Power*, New York: Basic Books, 1990, ch.5를 참조하라.

5 캘더의 이 개념이 냉전기의 안보관계를 분석하기 위해 만들어진 것은 아니다. 따라서 이

적으로 수립하지 않고 외부적 압력의 변화에 대한 반응으로 시행한다. 즉, 여기에서는 작용보다는 반작용의 측면이, 능동적인 행위보다는 수동적인 적응의 차원이 강조되는 것이다. 캘더는 반응국가인 일본의 정책결정 과정에서 국제적 구조의 중요성을 지적하면서 특히 미일동맹이라는 변수, 즉 미국의 대일정책이 결정적인 영향을 미쳤다고 본다.[6]

이와 비교해서 볼 때 주체-구조 문제에 대한 고찰에서는 국제체제와 개별 국가 간의 유사한 상호작용을 다루면서 반응국가 가설과는 조금 다른 해석을 한다. 국제관계의 미시적·거시적 연계에 대한 새로운 관점을 제시하는 구성주의의 입장에서는 개체적 환원주의와 구조적 결정론을 동시에 비판하면서 의도적 행위자와 체제의 구조가 서로에게 동시에 영향을 미친다고 본다. 따라서 한 국가의 정책은 그 국가가 처해 있는 구조적 제약의 일방적인 결과물이 아니라 그 나름의 주체성이 발휘되는 영역으로 간주된다. 그러므로 개별 국가는 일정한 자율성의 범위 내에서 구조적 변화에 상응하는 전략적

장에서 반응국가 개념은 캘더의 논의에 한정된 것이 아니라 위에서 언급한 헬만이나 나이(Nye)의 글에서 보이는 것과 같이 주어진 구조 내에서 일본 국가의 수동성을 나타내는 포괄적인 의미로 사용되고 있다. 여기에서 '구조'란 넓게는 냉전체제의 구조를, 좁게는 미국과의 쌍무적 관계의 구조를 뜻한다.

6 K. Calder, "Japanese Foreign Economic Policy Formation: Explaining the Reactive State", *World Politics*, 40(4), 1988, pp.518-519. 캘더에 따르면, 이러한 대외적 구조와 함께 일본 국가의 수동성을 유도한 것은 정책결정 과정에서 사회세력의 강력한 역할로 특징지어지는 내부적 구조의 측면이다. 그는 주로 안보 문제보다는 경제 문제에서 이러한 국내정치적 요소의 영향을 고찰했는데, 최근의 연구에서는 경제 문제와 관련된 외압(gaiatsu)에 대한 일본의 차별적인 정책 대응 사례들을 보여준다. L. Schoppa, "Two-Level Games and Bargaining Outcomes: Why Gaiatsu Succeeds in Japan in Some Cases but Not Others", *International Organization*, 47(3), 1993을 보라. 하지만 안보 문제에 관한 유사한 논의는 상대적으로 적은 것으로 보인다.

모색을 하게 되며 더 나아가 특정한 규범이나 규칙의 창출을 통해 구조적 특성을 제도화하거나 전환하는 역할을 할 수 있다는 것이다.

칼스네스(Carlsnaes)는 외교정책 연구에서 이와 같은 상호적이고 역동적인 연계의 존재를 상정하는 동시에 의도적이고 해석적인 행위자의 인식론적 측면을 염두에 둠으로써 개체주의와 구조주의 사이의 간극을 좁힐 수 있다고 보았다.[7] 그는 한 국가의 정책이 주체와 구조가 일정한 시간을 통해 서로를 인과적으로 통제하는 역동적인 과정의 결과이며 실제 사례에 대한 구체적인 고찰을 통해 이를 이해해야 한다고 주장했다. 여기에서 국가 주체(state agent)는 국내적인 구조와 국제적인 구조 사이에 존재하는 양면적인 행위자(janus-faced actor)이며, 양쪽의 정치적·제도적 환경은 구조적 제약을 부과하기도 하고 때로는 특정한 행위를 가능하게 하는 역할을 하기도 한다. 그리고 이러한 정책의 생성과 변화는 시간 차원을 고려하여 이전 구조의 영향과 현 행위의 구조적 결과를 함께 고려하는 방식으로 분석해야 한다는 것이다.[8]

이 장에서는 이와 같은 틀을 적용하여 냉전 시기의 일본을 반응국가로 파악하는 기존의 논의를 비판적으로 검토하려고 한다. 반응국가 논리에서는 1950년대에 미국의 일관성 있는 대동아시아 정책과 대일본 정책이 존재했고, 그것이 만들어낸 동아시아에서의 전략적 양극성과 쌍무적 안보관계에 대한 적응의 형태로 일본의 안보정

7 W. Carlsnaes, "The Agency-Structure Problem in Foreign Policy Analysis", *International Studies Quarterly*, 36(3), 1992.
8 예를 들어, 한 시기를 t1이라고 본다면 행위자는 t1의 한 시점의 구조적 조건에서 일정한 선택을 하게 되고 그 선택은 다음 시기, 즉 t2의 구조적 성격을 부분적으로 변화시키게 된다는 것이다. Carlsnaes, 1992, pp.256-260을 보라.

책이나 대외경제정책이 형성되었다고 본다. 오키모토(Okimoto)와 이노구치(Inoguchi)는 전후 냉전체제의 형성과 일본의 발전이 서로 떼어놓을 수 없는 것이라고 말하면서 당시의 환경을 자국에 유리한 방향으로 '기울게끔 한(tilting)' 일본 정부의 노력을 지적했지만, 이들 역시 미일동맹의 구조적 영향을 외생적으로 부과된, 상대적으로 영속적인 변수로 간주하고 있다.[9]

이 장에서는 같은 시기의 미국 정책의 불명확성이나 1950년대 중반의 국제적·국내적 변화에 따른 일본의 유동적이고 적극적인 대응에 좀 더 주목한다. 특히 기시 수상이 자신의 전략을 추구하면서 냉전기 동아시아의 안보와 정치경제적 특성을 오히려 미국과 '함께 만들어갔던' 측면을 관찰해보고자 한다. 이 중에서도 미일 안보조약 개정의 협상 과정, 일본 정부의 안보정책과 통상정책 간의 연관관계, 일본의 동아시아 전략이 주요한 역사적 고찰 대상이 될 것이다.

3. 역사적 고찰

한국전쟁의 발발은 소련의 전략적 의도에 대해 미국이 갖고 있던 의구심을 확인해주었다. 따라서 전쟁 이후 미국 내에서는 봉쇄 전략에

---

9 D. Okimoto, and T. Inoguchi, "Introduction," T. Inoguchi and D. Okimoto eds., 1988을 참조하라. 헬만은 냉전기 일본의 안보정책이 본질적으로 미국 대외전략의 '결과'이며 일본은 이 시기 국제적 환경의 변화에 대해 어떠한 통제력도 갖고 있지 않았다는 구조결정론적인 주장을 피력했다. Hellmann, 1989, p.243. 이에 반해 주체-구조 분석에서는 외부적 구조가 일본의 최소주의(minimalist)적 안보정책이나 통상국가(trading state) 모델을 일방적으로 부여한 것이 아니라 일본 국가의 정책적 선택 측면을 함께 포함한 것으로 본다.

대한 냉전적 합의가 유지되었고 일찍이 「NSC-68」에서 제안했던 대외정책들이 구체적으로 실현되었다.[10] 트루먼 독트린이 동아시아까지 확대되면서 미국은 자유 진영의 후견국으로서 이 지역에서 자국을 주축으로 하는 지역안보체제를 구축하려 했고, 이는 미일, 한미 간의 동맹체제의 확립과 SEATO의 창설로 표현되었다. 미국은 아시아에서 소련과 중국에 대항하는 대립구도가 본격화되자 일본과의 쌍무적 안보관계를 더욱 중요한 축으로 인식하게 되었다.

하지만 다른 한편으로 1954년에 소련과 중국의 이른바 '평화공세'가 시작되었는데, 이는 오히려 일본에 나름대로 전략적 행위공간을 마련해주었다.[11] 그해 10월에 소련과 중국은 대일본 선언을 통해 평화공존의 가능성과 무역 및 문화 교류의 중요성을 강조하면서 국교정상화를 재촉했다. 미국은 이러한 일련의 행동을 본질적인 목표의 변경 없이 서구 진영의 결속을 저해하고 미국의 고립을 조장하려는 소련의 술책으로 간주했다. 아이젠하워는 "우리들의 안전과 관련하여 일본이 철의 장막의 나라, 즉 크렘린의 지배를 받지 않도록 하는 것이 절대적인 지상명령이다."라고 말하고 만약 이를 방관한다면 "태평양은 공산주의의 호수가 될 것이다."라고 강조한 바 있다.[12]

같은 해 3월 일본 어선이 미국 수폭실험의 방사능에 오염되었던

10 이 문서에서 가장 바람직하다고 여겨진 미국의 대안은 "소련 진영의 군사적 잠재력을 능가하고 어떠한 새로운 도전도 즉각적이고 단호하게 막아낼 수 있도록 서구 진영의 군사력을 재건하기 위한 전격적이고 대규모적인 계획을 수행하는 것"이었다. C. Phillips, 1966, pp.306-308에서 재인용했다.
11 이리에(入江)는 기본적으로 1950년대를 '전환기'로 규정하면서 특히 중일관계의 변화 과정을 중요한 변수로 간주했다. 이에 대해서는 이리에 아키라, 『일본의 외교』, 이성환 역, 푸른산, 1993, 2부 3장을 참조하라.
12 石井修, 『冷戰と日米關係』, ジャパン タイムズ, 1989, p.128.

이른바 후쿠류마루(福龍圜) 사건은 일본의 잠재적인 중립주의나 반미주의의 위험성, 핵 시대에 군비를 증강하려는 일본에 대한 두려움, 일본과 공산국가들 간의 관계 개선 가능성 등에 대한 미국의 우려를 증대시켰다. 1954년 8월 이케다의 발언은 바로 이러한 미국의 아킬레스건을 건드렸다. 이케다는 당시의 인도차이나 사태가 미국의 '롤백(rollback) 정책'의 실패를 의미한다고 비판하고 일본은 정치적·경제적 맥락을 고려하여 동서관계를 재검토하고 보다 유연한 정책을 취해야 한다고 주장했다. 이는 이시이(石井)가 분석한 바와 같이 국내적인 목적과 더불어 미국과의 쌍무관계에서 나름대로 입지를 확보하기 위한 복합적인 포석이었던 것으로 생각된다.[13]

이와 같은 사태로 인해 미국은 일본에 대해 적극적인 태도를 취해야 할 필요성을 느끼게 되었다. 1955년 1월과 2월 앨리슨 대사의 전문에 이 사실이 잘 나타나 있다. 그는 이 전문에서 일본이 소련 진영에 합류하거나 중립주의 노선을 채택하지 않게 하려면 일본을 경제적으로 부흥시키고, 극동에서 일본의 역할을 증대시키기 위해 미국이 노력해야 하며 이를 위해서는 단기적인 정책이 아닌 장기적인 전략의 수행이 요구된다는 점을 강조했다. 또한 그는 방위력을 중시하는 미국과 정치적 안정, 경제성장, 방위력의 순서로 우선순위를 두고 있는 일본을 비교하면서 미국이 일본의 입장을 존중하는 방향으로 정책을 전환할 것을 권고했다. 결국 당시 미일관계의 전개는 그 안에서 오히려 '일본의 주도권이 촉진되고(stimulating Japanese initiative)' 반대로 '미국이 자국의 협상력을 증대시키려는(maximizing

---

13 石井修, 1989, pp.138-140.

U.S. bargaining power)' 방식으로 이루어지게 되었다.[14]

안보적인 면에서 소위 '일본주'의 상승은 일본과 관련된 다자적·쌍무적 통상관계에 중요한 요인으로 작용했다. 주미 일본 대사 이구치(井口)는 미국 국무부가 일본 상품의 수출에 반발하고 있는 미국 기업들에 대해 좀 더 강력한 입장을 취해줄 것과 미국 시장의 확대에 지속적으로 협조해줄 것을 요청했다. 또한 일본의 GATT 가입에 대한 영국 정부의 이견을 고려할 때 미국의 적극적인 지원과 선의가 요청된다고 강조했다.[15] 1954년 이후 일본의 증대된 전략적 가치를 계속 의식해왔던 미국으로서는 이 요청을 긍정적으로 검토할 수밖에 없었다. 미국은 일본과의 관세협상에서 의류, 도기, 참치 등의 일본 상품에 대한 관세를 인하했고,[16] 백악관의 관리들은 일본의 경제 성장이 미국의 안보를 위해 필수적이고 이를 위해서는 일본 제품의 수입이 불가피하다는 점을 미국의 소비자와 기업에 홍보하기 시작했다.[17] 덜레스는 제네바에서 열린 일본 관련 GATT 협상에서 다른 나라의 반대에 대해 서방세계에서 통상을 확대하려는 일본의 다자적 노력을 미국이 앞장서서 지지하고 있음을 분명히 했다.[18]

이러한 미일관계의 맥락 변화는 다음의 일본 주재 미국 참사관 파슨스의 말에 잘 나타나 있다.

14   U.S. Department of State, From Tokyo to Secretary of State, Central Decimal Files, 611.94/1-1055(1955.1.10.); From American Embassy, Tokyo to the Department of State, Central Decimal Files, 611.94/2-1155.

15   From Iguchi to Sebald, Central Decimal Files, 611.94/1-2855.

16   From Weintraub to McClurkin, Central Decimal Files, 411.9441/2-1155.

17   From Hauge to Tinch, Central Decimal Files, 411.9441/1-1055.

18   From Dulles to American Embassy, Central Decimal Files, 411.9441/4-2855.

우리들 쪽에서 일본의 일을 거듭 강조하는 것이 자신들의 교섭력을 크게 높인다고 일본 정부도 확실히 느끼고 있다고 생각한다. (…) 일본 측은 미국이 태평양에서 일본을 동맹국으로 갖지 않으면 안 된다고 믿고 있다고 판단하고 이제 약자의 입장이 아니라 강자의 입장에서 행동하고 있다.[19]

1956년 덜레스가 방일했을 때 제기된 미일 간의 현안 내용은 하토야마(鳩山) 내각 시기의 일본 대외정책에 탄력성이 있었음을 보여준다. 즉, 주일미군과 기지에 대한 여러 안건과 더불어 미국의 핵실험에 대한 일본의 반대, 일본의 대미 수출 문제, 대중국 통상 문제와 일소 교섭 문제 등 다양한 의제가 논의되었던 것이다.[20] 관료 출신인 요시다(吉田)에 비해 정당인인 하토야마의 외교정책은 국내정치적 영향을 상대적으로 많이 반영했던 것으로 생각된다.[21] 요시다가 안보 문제에서 점진적인 자위력 증강을 지지했던 데 반해 하토야마는 헌법 개정과 재군비를 주장해왔다.[22] 외교에서도 하토야마는 미국 일변도의 탈피와 자주노선의 가능성을 모색했는데, 1955년 중국과의 민간무역협정 체결과 1956년의 일소 공동선언의 조인은 그러한

---

19 石井修, 1989, pp.145-146에서 재인용했다.

20 Memorandum on Current Problems, Central Decimal Files, 611.94/3-2256.

21 1950년 공직추방 해제 이후 자유당의 주도권을 둘러싸고 전전의 당료파와 전후의 관료파 사이에 경쟁이 점점 심화되었다. 이는 요시다 퇴진운동, 민주당 결성, 하토야마 내각의 등장, 자민당 결성의 순서로 전개되었다. 한상일, 『일본전후정치의 변동: 점령통치에서 새 체제의 모색까지』, 법문사, 1997, 3장을 참조하라.

22 하토야마의 노선에 대한 국민적 지지를 간접적으로 확인해준 1955년의 총선거 결과는 일본에서 전후 청산과 민족적 자존심의 회복에 대한 사회 수준의 공감대가 어느 정도 형성되고 있었음을 의미한다. 한상일, 1997, p.89를 보라.

측면을 잘 보여주었다. 특히 국내 일각과 미국의 반대에도 불구하고 성사시킨 소련과의 국교정상화는 일본의 유엔 가입이라는 결과를 낳았다.[23]

　일본의 자율성 추구 노력은 대미관계에서 안보조약 개정의 움직임으로 표현되었다. 주일 미국 참사관 모건(Morgan)은 1955년 7월 전문을 통해 하토야마 내각이 미일 안보조약과 행정협정의 개정을 염두에 두고 있으며 미국은 개정의 필요성은 인정하되 적당한 시기를 설정해야 할 것이라고 보고했다.[24] 시게미츠(重光) 외상은 그다음 달에 미국을 방문해서 덜레스와 회담하고 미일관계의 불평등성을 비판하는 좌익세력에 대응하기 위해서는 현행 조약을 서태평양의 상호방위조약으로 바꾸어야 한다고 제안했다. 하지만 덜레스는 일본이 '반독립' 상태에 있다고 지적한 시게미츠의 견해를 반박하고 개정은 시기상조라는 입장을 분명히 했다.[25] 그러면서 그는 일본 측이 안보조약을 개정하면서 이를 일본 수출의 확대, 동남아 경제발전에 대한 미국의 협력, 중국과의 무역 통제 완화, 전범 석방, 보닌 섬 문제 등과 연계하려 한다고 파악했다.[26]

　이시바시(石橋) 내각에서도 대미 일변도를 지양하는 자주외교 노

23　하토야마는 내각을 구성하면서 "정치인으로서 나의 사명은 헌법 개정과 일소 국교정상화에 있다."라고 정책 방향을 명확히 했다. 하지만 국내정치적 제약으로 인해 개헌에 대한 집념은 유보되었고 이후 자주외교에 전력을 기울이게 된다. 한상일, 1997, pp.96-100을 보라.

24　From American Embassy, Tokyo to the Department of State, Central Decimal Files, 611.94/7-655.

25　From American Embassy, Tokyo to the Department of State, Central Decimal Files, 611.94/7-655.

26　From Dulles to American Embassy, Central Decimal Files, 611.94/8-3155.

력이 계속되었는데,[27] 이는 비록 구체적인 성과는 없었지만 미국이 일본 정책을 재평가하게 하는 역할을 했다. 극동 담당 차관보 로버트슨(Robertson)은 일본의 대소 교섭과 중국과의 비공식적 결속 강화 등으로 인해 일본의 중립주의 경향이 현실화되면 미국 안보에 큰 영향을 초래할 것이므로 현 상황을 악화시키기보다는 미일 간의 현안에 대해 주도권을 재조정하고 부분적으로 미국의 양보가 필요하다고 지적했다.[28] 기시 내각에 이르러 이러한 미국의 입장은 좀 더 정리되었다. 미국은 대일본 정책의 방향 수정을 논의하면서 안보조약 개정 문제를 '사정 변경의 원칙(Rebus Sic Stantibus)'의 견지에서 취급하고 기존의 관계와 안보조약을 개선하기 위한 다양한 의견들을 검토했다.[29]

로버트슨은 미국이 "일본이 다시 강대국의 지위를 회복하는 것을 고려하는" 방식으로 대일정책을 수정할 필요성이 있다고 말하고 두 나라 사이의 상호 의존적인 동맹관계를 통해 자유로운 아시아를 위한 공동 목표를 추구해야 한다고 주장했다. 그리고 일본의 보수적 정치인들은 일본의 장기적 국가 목표가 미국과의 협력을 통해서만 달성될 수 있음을 알고 있을 것이고 이러한 미일협력의 '새로운 시대'를 열기 위해서는 미국과 세계정세를 잘 이해하고 있는 기시 수

27 이시바시는 개헌에 대해 반대 입장이었으나 중국과의 국교정상화를 추진하고 국내적으로 사회당과 대화를 재개하려는 탄력적인 모습을 보였다. 한상일, 1997, pp.102-103을 보라.
28 From Robertson to the Secretary, Central Decimal Files, 611.94/1-757.
29 미국 국무부는 1951년 조약 체결 시의 가정(assumption)과 1958년의 상황 사이에 중요한 차이가 존재하며 이 간극이 미일관계를 위태롭게 하고 있다고 보았다. 여기에서 고려된 주요 요인은 공산 중국과 미국 사이의 갈등에서 일본의 위치 변화이다. From Martin to Parsons, Central Decimal Files, 611.94/1-2258.

상의 역할이 중요하다고 언급했다.[30] 미국은 재무장에 대한 의지와 미국에 대한 잠재적인 독립성을 시사했던 하토야마나 시게미츠, 이시바시에 비해 보다 신중하고 친미적인 기시를 상대적으로 선호했던 것으로 보인다. 1955년 시게미츠의 방미에 동행했던 기시는 당시 앨리슨 대사에게 안보조약 개정에 관한 시게미츠의 행동을 "본말을 전도하고 있는 것(has cart before horse)"이라고 비판한 바 있다.[31]

1957년 기시와 아이젠하워의 회담은 1951년의 안보조약이 '과도적인(transitional)' 것이었으며 이에 대해 새롭게 고려할 필요가 있다는 점에 관해 상호 합의가 이미 존재함을 보여주었다.[32] 하지만 기시 내각에서 개정 논의가 본격화된 것은 1958년 6월부터라고 생각된다. 맥아더(MacArthur) 대사는 전문을 통해 기시가 안보조약 개정 문제를 공식적으로 요망하고 있으며 이와 함께 미군 주둔 문제, 핵 문제, 아시아의 지역안보 문제를 연계하려 한다고 보고하고 향후 조약 체결은 미일 간의 관계를 강화하는 방향으로 진행해야 할 것이라고 지적했다.[33] 이에 대해 덜레스는 국무부가 조약 개정에 대한 전반적인 검토를 시작할 것이며 맥아더에게 일본 정부를 상대로 포괄적인 대화를 계속하라고 지시했다.[34] 맥아더 장군의 조카인 맥아더 대사는 안보조약 개정 문제와 관련해 기시와 덜레스 사이에서 핵심적인 매개 역할을 하게 되었다.

30 From Robertson to the Secretary, Central Decimal Files, 611.94/3-2858.

31 From Dulles to American Embassy, Tokyo, Central Decimal Files, 611.94/8-3055.

32 T. Kim, "The Origins of Japan's Minimalist Security Policy in Postwar Period: A Designed Strategy", Unpublished Ph. D. Thesis, The University of Chicago, 1997, p.70.

33 From Tokyo to Secretary of State, Central Decimal Files, 611.94/6-558.

34 From Tokyo to Secretary of State, Central Decimal Files, 611.94/6-558.

사카모토(坂元)가 지적한 것처럼, 기시는 시게미츠의 실패에서 얻은 교훈을 바탕으로 일본의 국내적 분위기와 미국의 의향, 그 사이에서의 자신의 정치적 입지에 대한 다양한 검토에 입각해 안보조약 개정을 추진했다.[35] 맥아더는 기시의 입장을 적극적으로 지지하면서 이번 기회가 "일본 정부의 자발성과 미국 정부의 이익이 가장 잘 맞는" 적절한 시기임을 강조했다. 사카모토는 새로운 조약 체결, 현 조약의 근본적 개정, 보조적 협약에 의한 현 조약 보완의 세 가지 안 중에서 두 번째 안이 채택된 데 대해 기시가 맥아더의 제안을 '수동적으로' 수용했을 가능성을 시사했다.[36] 하지만 전반적인 과정을 살펴보면 오히려 이 협상을 궁극적으로 헌법 개정과 상호방위조약 체결을 위한 하나의 예비단계로 파악하고 있었던 기시 자신의 전략적 고려가 반영된 측면이 더 많아 보인다.

기시는 사실상 1957년 4월부터 비공식 모임을 통해 미국의 군사 정책, 안보조약하에서 일본의 종속적 입장, 영토 문제, 일본의 대미 수출 문제 등에 관해 자신의 의견을 맥아더 대사에게 지속적으로 전달해왔다. 특히 그는 맥아더에게 일본 내 반미주의 감정의 존재를 지적하고 미일 안보조약의 불평등성에 대한 해소 필요성을 이와 연관시켜서 설명하려고 노력했다. 맥아더는 이러한 일본의 국내적 요

---

35 坂元一哉, "岸首相と安保改定の決断," 『阪大法學』 45, 1, 1995, pp.25-26을 보라. 아루가 (Aruga)는 기시가 미국의 힘을 잘 알고 있는 민족주의자였으며 미국과의 공고한 관계를 활용해 일본이 아시아에서 다시 강대국으로 등장할 수 있게 하려는 전략적 목표를 갖고 있었다고 지적했다. T. Aruga, "The Security Treaty Revision of 1960", A. Iriye and W. Cohen eds., *The United States and Japan in the Postwar World*, Lexington: The University Press of Kentucky, 1989, p.63.

36 坂元一哉, 1995, pp.34-40.

인을 충분히 고려할 것을 약속하고 기시의 정치적 입장에 대한 미국의 지지를 확신시켰다.[37] 그 결과 구체적으로 안보조약 개정을 통해 양국 간의 새로운 우호관계를 확립하고 일본의 자위능력을 극대화하는 방향으로 조약을 개정한다는 점에 의견 일치를 보았다.

안보조약 개정은 전후 미일 간의 첫 번째 주요 협상의 타결물이었다. 물론 이는 미군의 지속적인 일본 주둔을 위한 재조정에 지나지 않는 것으로 간주되거나 '점령통치로부터 단지 미미한 수준의 진전(only a modest step from occupation)' 정도로 평가되기도 한다.[38] 하지만 다른 시각에서 보면 이 진전을 일본의 의미 있는 자율성 증대로 이해할 수도 있다. 일본은 개정을 통해 미군의 작전계획, 핵탄두와 미사일을 포함한 장비 설치, 육·해·공군의 군사적 배치에 관한 결정에서의 협의를 보장받았고, 내부 소요에 대한 미국의 개입 조항이 삭제됨으로써 최소한 내부적 안보에 대한 독립성을 확보했다.[39] 이러한 변화에서 당시 일본의 상황에서 무엇이 정치적으로 가능하고 그렇지 않은가를 미국에 인식시킨 기시의 능동적 태도가 중요한 역할을 했다.[40]

기시는 미국과의 협상에서 군사 문제와 통상 문제를 항상 밀접하게 연관시켜서 함께 논의했으며 기본적으로 일본의 경제성장을 안

---

37 From Tokyo to Secretary of State, Central Decimal Files, 611.94/4-1057.

38 I. M. Destler et.al., *Managing an Alliance: The Politics of U.S.-Japanese Relations*, Washington D.C.: Brookings Institution, 1976, pp.13-15.

39 이를 통해 사실상 오늘날 미일 양국이 각각 독립된 지휘체계를 유지하다가 유사시에 공동작전을 수행하는 병렬형 안보협력체제의 근간이 만들어졌다고 할 수 있다. 이러한 점은 미국을 중심으로 하는 동아시아 안보협력체제의 다른 핵심축인 한미 군사동맹관계의 내용과 큰 차이를 보인다.

40 T. Kim, 1997, pp.78-82.

보적인 차원에서 이해해야 한다는 종전의 주장을 계속 미국에 전달하려고 노력했다. 이종원은 1957년 2기 아이젠하워 정부 출범 이후 미국의 동아시아 전략을 검토하면서 미국이 냉전 상황의 변화에 따라 안보 우선에서 경제 우선으로 정책적 전환을 했다고 지적했다.[41] 하지만 원조정책의 변화, 즉 군사원조에서 개발원조로의 로스토(Rostow)식 이행을 주요 내용으로 하는 이러한 양상은 주로 대제3세계 정책의 맥락에서 발견된다.[42] 따라서 동아시아에서는 대한국 정책 또는 대대만 정책이 그 영향을 받았고, 일본에 대해서는 기본적으로 군사적 고려를 중심으로 쌍무관계를 관리하는 방식을 유지했던 것으로 보인다. 일본 정부는 미국의 안보적 관심을 자국의 경제적 이해와 연관시키려는 노력을 지속적으로 시도했고, 안보조약 개정의 경우와 유사하게 맥아더 대사가 이 입장의 대변자로 활약했다.

기시는 맥아더와의 대화에서 일본의 무역 증대와 생산성 향상을 위한 미일 양국의 협력이 일본의 경제적 안정뿐만 아니라 정치적 안정을 위해서도 중요하다고 말하고 미국과 세계은행(WB)의 차관 및 미국의 기술이전에 대한 적극적인 협조를 당부했다.[43] 맥아더는 경제적 영역과 장기적인 고려를 중시하는 일본의 입장을 본국에 전달했는데, 이와 같은 요구에 대해 미국 정부는 일본 이외의 다른 국가

41　李鍾元, 『東アジア冷戦と韓米日関係』, 東京大學出版會, 1996, 4장을 참조하라. 이종원은 이 시기의 한·미·일 관계의 변화를 아이젠하워 행정부의 뉴룩(New Look) 전략의 '지역적 왜곡'과 '시간적 지체'라는 수사를 중심으로 설명했다.

42　'NSC 5707-8'의 내용은 군사원조의 삭감과 장기적 경제개발원조의 강조로 대표되는 이러한 정책적 변화를 잘 보여준다. 李鍾元, 1996, p.212를 보라.

43　From American Embassy, Tokyo to Secretary of State, Central Decimal Files, 611.94/5-157.

들의 인식과 '미국 국민의 감정'도 고려해야 한다는 점을 지적했다. 그러나 자유와 안보를 위한 미일관계의 장기적 목표에 대해서는 동의하면서 미일 통상을 일본 쪽의 기회를 확대하는 방향으로 추진하겠다고 약속했다.[44]

이에 대해 맥아더는 일본의 경제와 미국의 전략적 이해 간의 관계를 다시 한 번 강조하고 미일 경제협력에 대해 미국 의회와 일반 대중의 이해가 부족하다는 점을 언급했다. 맥아더 대사는 이 문제를 해결하기 위해서는 미국 고위관리의 공식적인 언급이나 언론을 통한 홍보, 기업인이나 경제단체, 사회단체, 이익집단들에 대한 설득이 필요하며 아울러 일본인들이 자신들의 입장을 효과적으로 충분히 알릴 수 있도록 해야 한다는 등의 구체적인 제안을 했다.[45] 이후 미국 내의 토의도 일본의 경제성장과 동아시아의 안보 유지 사이의 밀접한 관련을 염두에 두고 '포괄적인 전략적 견지'에서 일본의 대서방무역 확대를 지원해야 한다는 방향으로 진행되었다.[46] 이러한 측면은 군사동맹과 국제무역 사이에 존재하는 인과관계의 독특한 예를 보여준다고 할 수 있다.[47]

또한 맥아더는 일본 경제의 동남아 진출에 대한 기시의 계획에 대해서도 같은 맥락에서 긍정적인 평가를 내렸다. 기시는 일본이 공

44　From Dulles to American Embassy, Tokyo, Central Decimal Files, 611.94/5-857.

45　From American Embassy, Tokyo to Secretary of State, Central Decimal Files, 611.94/11-1557.

46　From Robertson to MacArthur, Central Decimal Files, 411.9441/1-1358; From Macomber to Humphrey, Central Decimal Files, 411.9441/1-2458.

47　고워(Gowa)와 맨스필드(Mansfield)는 양극체제의 정치적-군사적 동맹 내부에서 자유무역의 확대가 상대적으로 용이했다는 점을 지적했다. J. Gowa, and E. Mansfield, "Power Politics and International Trade", *American Political Science Review*, 87(2), 1993을 보라.

동시장을 확보하고 있는 다른 서방 국가들과 비교해서 인근에 안정된 해외시장을 갖고 있지 않으며 동남아 국가들은 자본과 기술 부족으로 인한 경제적 저발전의 문제와 공산화의 위험성을 안고 있다고 말하고, 일본과 동남아 국가들의 경제적 연계는 이러한 고민을 동시에 해결해줄 수 있는 방법이 될 수 있다고 강조했다. 맥아더는 일본의 아시아개발기금(ADF)의 설립을 통한 동아시아 경제개발계획안을 본국에 설명하고 미국이 이를 선도하면 적극적으로 협력할 준비가 되어 있다는 일본의 의향을 알렸다.[48]

1957년 5월 기시의 동남아 순방은 '아시아를 대표하는 일본'의 이미지를 고양하고 미국이 선호하고 있는 '반공 경제권'의 구축을 일본이 앞장서서 모색하고 있음을 보여주려는 생각을 담은 것이었다.[49] 히와타리(樋渡)는 이 순방이 미국에 대해 좀 더 독립적이고 대등한 위치를 확보하려는 의도와 일본 중심의 아시아 경제통합을 통해 중국의 영향력을 견제하려는 목적을 함께 갖는 것으로 해석했다.[50] 미국은 동아시아로의 경제 확대와 이를 위한 일본의 SEATO 가입을 중요한 정책적 목표로 삼고 있는 기시의 의향에 대해 자국의

---

48 From American Embassy, Tokyo to Secretary of State, Central Decimal Files, 611.94/4-1757.

49 이후 기시는 같은 해 11월 2차 방문을 통해 배상 문제의 해결과 일본의 경제적 입지 확보를 모색했다. 한상일, 1997, pp.106-107을 보라.

50 樋渡由美, "岸外交における東南アジとアメリカ", 近代日本研究會 編, 『協調政策の限界: 日米関係史, 1905-1960』, 山川出版社, 1989, p.219를 보라. 미국이 1940년대 후반부터 동아시아에 일정한 형태의 경제통합이 필요하다는 점을 인지하고 있었던 것은 사실이다. 菅英輝, "アメリカの戰後秩序構想とアジアの地域統合", 『米ン冷戰とアメリカのアジア政策』, ミネルウア書房, 1992를 참조하라. 하지만 1950년대 중반 이후에 이러한 미국의 구상이 정책적으로 구체화된 모습은 뚜렷하게 나타나지 않았으며, 오히려 기시 내각하의 일본이 먼저 전후의 새로운 동아시아 경제권 구상을 제시하는 자세를 보였다.

전략적 이해와 일치한다는 점을 인정하면서도 그 결과가 일본의 강대국화와 지역패권의 추구로 이어지는 데에 대한 우려를 표명했다. 일본의 움직임에 대한 당시 국무부의 보고서 내용은 다음과 같다.

이 국가(일본)는 아마 향후 수십 년 동안 자국의 정치적 정향을 결정하게 될 내부적인 위기를 경험하고 있다. 앞으로 등장하게 될 것은 미국과 밀접하게 연결되고 동남아시아에서 공산 중국과의 경쟁을 초래할 팽창적 정책에 깊은 관심을 가진 권위주의적 국가라는 점에 대체적으로 동의하고 있다. 이 내부적인 정치적 갈등의 해결과 대외적인 팽창은 기왕에도 빠른 산업성장 속도를 가속화하고 강대국으로서 일본의 이전 지위를 급속하게 회복시킬 것이다.[51]

기시는 동남아 순방 이후 인도네시아와 미국 사이에서 외교적 중재에 나서는 등 독자적 아시아 외교를 모색했고, 이 지역에서 리더십을 확보하려는 구체적인 노력은 앞에서 언급한 ADF 구상으로 나타났다. 미국 정부는 반공주의라는 분명한 이해를 일본과 공유하고 있었지만 이 제안에 대해서는 구체적인 계획을 결여하고 있다는 이유로 부정적인 의사를 표시했다. 미국은 당시에 이미 재정적인 문제를 안고 있었고 동남아의 통합적인 지역 정체성에 대해서도 의문을 갖고 있었기 때문에 자국이 오히려 일본의 전략적 주도에 따른 조연 역할을 하게 될지도 모른다고 생각했던 것으로 보인다.[52]

---

51 Foreign Reports, Central Decimal Files, 611.94/12-1158.
52 결국 이 문제는 기시가 미국의 부정적 입장에 대해 기존 국제기구 중심의 프로젝트 방식을 선호한 미국의 의견을 수용함으로써 일단락되었다. 하지만 기시는 기본 구상의 타당성에

당시 한일회담에 대한 일본의 적극적인 자세도 기시의 이러한 아시아 중심 노선 추구와 무관하지 않다. 기시 수상은 구보다(久保田)의 발언을 취소하고 역청구권 주장을 철회하는 등 유화적인 태도를 보이고 한일 간의 현안에 대해서도 상당 정도 양보할 의사를 표명했다.[53] 이러한 변화는 1957년 방미 외교를 통한 안보조약 개정 당시 대미 교섭력을 증대시키려 했던 시기의 계산에 기반한 것이었다. 기시는 이에 대해 회고록에서 "아시아에서 일본의 지위를 향상시키는 것, 즉 아시아의 중심은 일본이라는 것을 부각시키는 것이 결국은 아이젠하워와 만나 일미관계를 대등한 것으로 개선하려고 교섭하려는 나의 입장을 강화할 것이라고 판단했다."라고 술회했다.[54]

위 사례들을 통해 볼 때 기시 시기 일본의 대외정책은 미국이 주도하는 냉전체제에 단순히 순응하거나 적응하는 형태가 아니라 미국과 전략적으로 상호작용하면서 이를 통해 점진적으로 일본의 주체성을 추구하려 하는 형태였다고 이해하는 것이 보다 적절할 것이다.

대해서는 자신의 견해를 수정할 생각이 없다는 점을 분명히 했다. 樋渡由美, 1989, pp.222-230을 보라.

53　이원덕, 『한일 과거사 처리의 원점: 일본의 전후처리 외교와 한일회담』, 서울대학교 출판부. 1996, pp.92-94. 하지만 1957년 4월에 재개된 한일회담은 재일 한국인 북송 문제가 대두됨으로써 심각한 난항을 겪게 되었다. 이에 대해서는 C. Moon, "International Quasi-crisis: Theory and A Case of Japan-South Korean Bilateral Friction", *Asian Perspective*, 15(2), 1991을 참조하라. 기시 내각의 북송 결정은 한일 양국 정부 간 대립의 결과라기보다는 주로 당시 일본의 국내 여론과 정치적 상황에 기인했다고 지적되었다. 미국 정부는 한국의 중재 요청에 대해 "자유의지에 의한 귀국 원칙"이라는 일본의 입장을 지지하면서 이를 거부했다. 이원덕, 1996, pp.110-114를 보라.

54　T. Kim, 1997, pp.78-82.

4. 결론: 주체(agent)로서의 일본

이상에서 살펴본 바와 같이 1950년대 일본의 대외정책은 일관성의 측면보다 오히려 상대적 변화의 측면이 두드러지는 양상을 보여준다. 즉, 요시다, 하토야마, 이시바시, 기시에 이르는 각 시기의 정책적 입장에는 어느 정도 차별성이 있었던 것이다. 특히 하토야마 이후의 일본 외교는 수동적 반응국가의 일방적인 유형이라기보다는 구조적 변화에 대응하고 나아가서 이를 활용하려 하는 행위 주체의 전략적 선택이라는 특성을 나타낸다.[55] 1950년대 중반에 형성된 유동적인 지역 환경에서 기시는 안보조약의 개정, 안보 문제와 경제 문제의 연결, 동아시아 정책 추진 과정에서 능동적인 대미관계를 전개했으며 이를 통해 '일본 나름의' 냉전정책을 수행하려고 했던 것으로 보인다.[56]

하지만 기시의 이러한 주체성 모색은 국내적으로 안보 소동을 초래했고,[57] 대외적으로 아시아 국가들에 일본의 전후 의도에 대한 새

---

55 물론 이러한 주장이 다양한 시기와 의제에 적용되려면 캘더가 반응국가 논의에서 중시한 일본 내부의 사회경제적 제약요인의 형성 여부와 안보정책과 경제정책 간의 차별성 측면을 함께 고려해야 할 것이다

56 이러한 점에서 당시 "일본은 양(미소) 진영 간의 긴장을 완화하고 새로운 '현실'을 만들도록 노력해야 한다."라고 주장했던 남바라(南原)의 말이 중요한 의미를 갖는다. 이리에, 1993, p.217에서 재인용했다.

57 안보조약 개정 문제는 당시의 근평정책(勤評政策)과 경직법(警職法) 파동과 맞물려 커다란 국내정치적 소요로 발전했고, 이는 이후 보혁 간의 대결구도로 이어졌다. 한상일, 1997, pp.110-115를 보라. 아루가는 기시가 안보조약 개정에 대한 의회의 승인을 얻기 위해 좀 더 주도면밀한 접근을 했더라면 이러한 정치적 혼란은 없었을지도 모른다고 지적했다. Aruga, 1989, p.75를 참고하라. 이와 같은 점은 정책적 주체로서 기시가 미국으로 대표되는 대외적 구조에 대한 전략적 고려에 비해 의회 내의 관계나 사회세력들과의 관계로 나타나는 대내적 구조의 제약을 상대적으로 소홀하게 생각했던 것으로 해석할 수도 있다.

로운 불안감을 안겨주었으며,[58] 미국에도 일본의 잠재적 패권 가능성에 대한 우려를 갖게 하는 '의도하지 않은 결과'를 가져왔다. 또한 통상 문제와 군사 문제의 지나친 연계는 이후 미일 사이에 공정무역에 관한 쌍무적 마찰을 가져오는 원인을 제공했다. 따라서 사후적으로 기시가 원래 장기적으로 계획했던 헌법 개정을 통한 일본의 보통국가로의 이행은 좌절되었고, 이케다 내각 이후 대외적으로는 일방적인 경제주의가 추진되었으며, 국내적으로는 관료파에 의한 보수체제가 오랜 기간 지속되었다.[59]

고든(Gordon)이 지적했듯이, 전후 일본에 대한 이해는 광범위한 역사적, 국제적, 비교적 맥락에 대한 고찰을 통해 이루어져야 하며 대외적인 환경과 국내정치의 밀접한 상관관계에 대한 검토를 병행해야 한다.[60] 미국과의 쌍무적 동맹관계가 일본이 처한 대외적 환경의 가장 중요한 부분이었던 것은 사실이지만 이를 구조적인 상수로 파악하는 데에는 문제가 있다. 냉전기 일본의 정치경제에 대해 적절하게 이해하기 위해서는 보다 역동적인 주체-구조의 관점에서 구조적인 조건—냉전체제와 미국 정책의 변화 양상과 주체로서의 일본, 즉 1950년대 중·후반의 정책적 모색과 그 결과—에 관한 통합적인 분석이 요구된다고 할 수 있다.

---

58 특히 기시의 친대만, 반중국 정책의 추진과 이로 인한 중국의 대일 경제·문화 교류의 단절은 동아시아에서 양극체제를 공식화하는 주요 변수로 작용했다. 한상일, 1997, p.108을 보라.

59 이와 같은 기시의 대외정책 특성을 앞에서 인용했던 칼스네스의 논의에 따라 이전 시기의 구조적 조건, 그 안에서의 주체적 선택, 그 선택의 구조적 결과 차원으로 연결해서 분석할 수 있다.

60 A. Gordon, *Postwar Japan as History*, Berkeley: University of California Press, 1993, ch.1을 참조하라.

이 장에서는 1950년대 중·후반에 동아시아가 기본적으로 형성적인 국면에 있었고 그 안에서 일본이 단순히 소극적인 반응이 아닌 계산된 전략을 추구하려고 했다는 점을 살펴보았다. 기시는 냉전적 구조를 완화하려고 노력하기보다는 미일동맹을 축으로 해서 이를 제도화하려고 시도했다. 이 시기에 일본은 동아시아 지역체제의 특성을 사실상 미국과 함께 만들어나가려고 했던 것으로 보인다. 1960년대의 대외적·대내적 변화, 즉 이 지역에서 냉전 질서의 공고화와 일본 국가의 역동성 감소는 이러한 1950년대의 정책적 선택의 (의도하거나 의도하지 않은) 결과라는 맥락에서 부분적으로 설명될 수 있는 것이다.

4장

'한국조항'의 문제*

* 이 장은 신욱희, "'한국조항'의 문제: 한미일 관계 속의 한일관계", 『한국과 국제정치』, 35(3), 2019를 수정한 것이다.

1. 서론

1969년 미국 닉슨(Nixon) 대통령과 일본 사토(佐藤) 수상의 정상회담에서 발표되었던, "한국의 안보는 일본의 안보에 필수적이다."라는 내용의 '한국조항'은 한국 안보에 대한 양국의 인식을 보여주었다고 할 수 있다.[1] 이 조항은 이후 다나카(田中) 내각 시기의 두 차례 정상회담에서는 표명되지 않았고 미국 포드(Ford) 대통령과 일본 미키(三木) 수상의 정상회담에서 '신한국조항'으로 다시 등장했다. 이 장에서는 이 조항의 등장과 부재, 수정의 원인을 분석하려고 하며, 기존의 미국 정책과 냉전체제의 변화 요인을 중심으로 한 설명을 보완하기 위해 상대적으로 다른 국가들의 주체성을 포괄할 수 있는 논의를 제시하고자 한다.

　냉전기 한일관계는 미국의 아시아 정책에 영향을 받았던 것이 사실이며 1965년의 한일 국교정상화가 그 전형적인 예였다고 할 수

---

[1]　여기에서의 '한국조항'은 국제회의나 정상회담에서 한국에 관해 표명된 조항 전체가 아니라 '미일 정상회담에서 언급된 한국의 안보에 관한 조항'을 의미한다.

있다. 즉, 양자적인 한일관계는 미일, 한미의 양자관계와 그 합으로서 한·미·일 삼자관계의 영향 속에서 움직였던 것이 사실이다. 하지만 한·미·일 3국과 한일 양국의 관계는 1960년대 후반 미국의 데탕트 정책과 그에 이은 오키나와 반환으로 중요한 변화 시점을 맞았다. 이는 한편으로 냉전기 3국의 안보협력의 쇠퇴로 인식되기도 하고 다른 한편으로는 미국의 주도로 3국 사이의 안보분업관계가 제도화된 계기로 파악되기도 한다.[2] 빅터 차는 이른바 '의사동맹(pseudo-alignment)' 모델을 제시하면서 미국의 아시아 공약의 상대적 철회가 한일 사이의 협력을 증대시킨 측면을 강조했다.[3] 빅터 차의 논의는 미국의 정책으로 대표되는 동아시아 국제관계의 체제 요인의 전환이 한일관계의 변화를 가져온다는 구조적 현실주의 주장의 일단을 보여준다.[4] 하지만 앞에서 언급한 한국조항의 등장, 부재, 수정의 측면을 적절하게 설명하려면 미국 변수 이외에 동아시아 국제관계의 다른 양자관계의 역할과 일본의 정책 변수를 함께 고려할 필요가

2 최희식, "한미일 협력체제 제도화 과정 연구: 1969년 한미일 역할분담의 명확화를 중심으로", 『한국정치학회보』, 45(1), 2011을 보라. 즉, 한·미·일 3국은 1965년 한일 국교정상화로 본격적인 삼각관계 구도를 형성했으나 1968년 이후 한국과 일본 사이에 안보 대화가 전개되고 미국과 일본 사이에 오키나와 반환 협상을 둘러싸고 한반도에서 일본의 역할이 규정되면서 비로소 실질적인 삼각안보협력의 형태가 구체화되었다는 것이다.

3 V. Cha, *Alignment despite Antagonism: The US-Korea-Japan Security Triangle*, Stanford: Stanford University Press, 1999, ch.3을 보라. 한·미·일 관계의 형성에 대한 차의 권력정치적 해석을 살펴보기 위해서는 V. Cha, *Powerplay: The Origins of the American Alliance System in Asia*, Princeton: Princeton University Press, 2016을 참조하라.

4 월츠(Waltz) 류의 구조적 현실주의에서는 물질적 능력의 상대적 분포가 만들어내는 위계성이 해당 국가의 행위를 규정한다고 본다. K. Waltz, 1979, ch.5를 보라. 이에 따르면, 한·미·일 관계에서는 미국의 정책이 일본과 한국의 행위를, 그리고 일본의 정책이 한국의 행위를 규정하는 것으로 생각할 수 있다. 하지만 뒤에서 서술하는 데탕트 시기의 한·미·일 관계는 이보다 훨씬 더 복합적인 역동성을 보여준다.

있다. 이 장에서는 이와 같이 체제와 행위자, 한·미·일 관계의 특성을 함께 고찰하는 '주체-구조 문제'와 '복합성'의 관점에서 한국조항의 사례를 검토하고자 한다. 즉, 미국이라는 상위 주체의 영향에 따른 구조적 영향 아래에서 다른 하위 주체들의 대응 양상을 함께 검토하고, 한·미·일 삼각관계를 형성하는 횡적 연계의 상호작용이 초래하는 복잡성에 더하여 적응적 주체의 상대적 자율성이 작동하는 복합성을 고려하는 것이다.[5] 경험적 논의를 위해서는 다른 2차 자료와 함께 미국 국립문서보관소(NARA)와 일본 외교사료관의 문서들을 사용할 것이다.

2. 데탕트의 도래와 한국조항

상대적으로 독자적인 측면을 갖고 있었던 유럽의 데탕트에 비해 아시아에서의 데탕트는 주로 미국의 주도로 전개되었다. 미국은 중소분쟁을 활용하여 대중, 대소 화해정책을 추진하면서 아시아에서 자국의 핵심적 이익이 걸려 있지 않은 국가에 대한 개입을 자제하고 방위비 부담을 줄이고자 했다.[6] 이러한 미국의 전략적 전환은 '닉슨

---

5 양자의 차이를 살펴보기 위해서는 신욱희, "체제, 관계, 복잡성/복합성, 삼각관계", 서울대학교 국제문제연구소 편, 『세계정치 26: 복잡성과 복합성의 세계정치』, 사회평론, 2017을 참조하라. 이는 7장에서 다시 논의할 것이다. 이와 유사한 논의는 1장에서 언급한 저비스의 체제 논의에도 등장한다. 그는 국가 사이의 잠재적이고 실질적인 제휴에서 구조의 비결정성과 '상호작용 효과(interaction effects)'의 영향을 지적했다. Jervis, 1997, pp.204-209.

6 전재성, "1960년대와 1970년대 세계적 데땅뜨의 내부 구조: 지역적 주도권의 변화과정 분석", 『국제정치논총』, 45(3), 2005를 보라.

독트린'이라는 이름으로 표명되었다. 잘 알려진 이 독트린의 내용은 다음과 같다

첫째, 미국은 자국의 조약에 따른 모든 공약을 준수한다.

둘째, 우리는 만약 핵보유 국가가 우리 혹은 우리가 고려하기에 미국의 안보에 핵심적이라고 생각되는 국가의 자유를 위협할 경우에 그 방어를 제공할 것이다.

셋째, 다른 공격 유형에 연관되었을 때 우리의 조약 공약에 따라 요구되는 경우 군사적·경제적 지원을 제공한다. 그러나 우리는 직접적으로 위협이 되는 국가가 자국의 방어를 위해서 인력을 제공하는 첫 번째 의무를 질 것으로 예상한다.[7]

"아시아의 안보는 아시아인의 손으로"라고 표현된 이 독트린은 베트남 전쟁과 같은 또 다른 '연루의 우려'를 피하려는 미국이 이후 아시아의 갈등 상황에 지상군을 파병하지 않을 것이라는 점에서 지역 국가들에는 '방기의 우려'를 야기했다.[8]

빅터 차는 독트린의 내용에도 불구하고 이러한 정책 변화가 아시아에서 미국의 방어 공약의 신뢰성에 대한 의문을 제기했다고 지적했다. 이는 한국과 일본에 미국에 의한 방기의 우려를 가져왔으며 그 결과 두 나라 정부는 안보적인 면에서 양자관계의 개선을 도모하게 되었다는 것이다.[9] 그는 일본이 한국에서의 7사단 철수 문제를

---

7 https://en.wikipedia.org/wiki/Nixon_Doctrine
8 1장에서 언급한 Snyder, 1984를 보라.
9 Cha, 1999, p.60.

자국의 안보 문제와 연결해서 생각했고 한국과 일본이 비록 양자적 안보조약의 대상국은 아니지만 지리적으로 인접한 두 나라가 공유하는 동맹국인 미국의 공약 후퇴로 '실질적인 안보 연계'를 모색했다고 주장했다. 빅터 차에 따르면, 이와 같은 한일 안보협력은 첫째, 오키나와 반환, 둘째, 한국조항, 셋째, 군사 문제에 대한 정부 간 상호 협력이라는 세 의제와 연결되어 있었다.[10]

샌프란시스코 강화조약에 따라 미국의 신탁통치를 받았던 오키나와의 반환은 존슨(Johnson) 대통령 때까지는 고려되지 않다가 베트남 전쟁의 명예로운 종결을 바랐던 닉슨 대통령이 미일 안보조약의 연장 대가로 약속했다. 일본 외무성의 북미 국장 카즈오는 한 보고서에서 오키나와 문제의 중요성에 대해 다음과 같이 언급한 바 있다.

> 미국 정책의 명백한 즉각적 목표는 1970년이 가져올 시련의 성공적인 극복이어야 한다. 차기 대통령과 곧 수립될 정부는 이 사실을 되도록 빨리 충분히 이해해야 한다. 이 정책의 핵심은 오키나와에 있다. 왜냐하면 양 정부에 안보조약을 개정할 의사가 없는 동안에 반대파는 상이한 수정주의 세력의 공통적인 슬로건인, 그들이 '미국의 점령 정서에 대한 일본인들의 굴종'이라고 부르는 이 상징적 문제에 집중할 것이기 때문이다. 오키나와 문제는 시간과 세대 변화로 인해 이를 해결하기 더욱 어려울 것이기 때문에 긴급성을 가진다. 유일한 선택은 어떻게 하면 빠른 시간 안에 이를 일본에 반환할 것인가에 대

---

10   Cha, 1999, pp.71-73.

한 것이어야 한다. 왜냐하면 1969년에 민선 지사가 임기를 시작하면서 미국 행정부의 도덕적 권위의 근본적인 토대를 잠식하고 대중적인 태도 변화를 가속화할 불가피한 경향이 자리 잡았기 때문이다.[11]

당시 미국의 한 관료도 국무장관 로저스(Rogers)에게 보낸 보고서에서 "오키나와 문제의 긴급성은 아무리 과장해도 지나치지 않으며 이는 안보조약 전반, 미일 간의 장기적 관계에 영향을 미치고 있다."라고 말했다.[12]

또한 오키나와의 반환은 베트남 전쟁의 처리와 함께 일본의 안보적 역할의 재검토와 대중관계 개선이라는 두 중요한 전략적 고려와 연결되어 있었는데, 이는 그 처리에 따라 민감한 영향을 가질 수 있는 문제였다. 일본과 미국 양국은 일단 오키나와의 전략적 중요성과 일본의 역할 확대에 대해 다음과 같이 합의했다.

사토는 오키나와의 미군기지가 일본과 극동의 평화와 안보 유지에 중요하며 미국이 오키나와인들의 복지를 증진해왔다는 점을 인정했다. 그는 이러한 두 요인이 어려운 오키나와 문제의 존재에도 불구하고 미일관계의 훼손을 방지해왔다고 지적했다.[13]

11   Research and Analysis Division, Ministry of Foreign Affairs, Japan, "Japan-US Relations —Present Patterns and the Next Decade", Nov. 1, 1968, Pol 1 Japan-US, Subject-Numeric Files, RG 59, National Archives.
12   From Olds to Rogers, "Reports on Kyoto Conference on Japan-United States Relations", Feb. 7, 1969, Pol Japan-US, Subject Numeric Files, RG 59, National Archives.
13   From American Embassy Tokyo to Secretary of State, Apr. 1969, Pol Japan-US, Subject-Numeric Fiels, RG 59, National Archives.

우리는 이 지역(극동)에서 유일한 산업국가인 일본이 단순히 경제력뿐만 아니라 통상적인 군사력에 기반해서 외교적으로 더 큰 역할을 수행하는 새로운 정책을 필요로 했고 환영했다.[14]

오키나와 문제가 갖는 대중관계에 대한 영향에 관해 윤덕민은 다음과 같이 말했다.

당시 아시아에서의 냉전구조라는 것은 미중 대립, 베트남 전쟁, 그리고 한반도의 분단구조가 그 전형이었다. 닉슨 정권이 추진했던 극동 정책은 한국전쟁 이래 동아시아에 형성되어 있던 냉전구조의 일대 전환을 여지없이 하는 것이었다. 닉슨 정권은 베트남 전쟁의 종결을 외교정책상의 최우선 과제로 하여 적극적으로 조기 타결을 모색하였다. 따라서 베트남 전쟁의 수행을 위해서 오키나와 기지의 자유사용을 집착해야 할 이유가 없어진 것이었다.

한편, 당시 오키나와 반환 문제는 「새로운 평화구조」를 지향하는 닉슨-키신저 정책 구상에 있어서 아킬레스건과 같은 존재이기도 하였다. 그러나 오키나와 반환 문제는 대응 여하에 따라서는 대일관계뿐만 아니라 대중관계에도 악영향을 미칠 것이 우려되었다.

닉슨 대통령은 취임 직후 키신저 주도하의 NSC에 대중정책을 재검토하고 대중관계 개선을 시도할 것을 지시하고 있었다. 따라서 일본

---

14 "Aichi Call on the President", Jun. 2, 1969, Pol Japan-US, Subject-Numeric Files, RG 59, National Archives.

의 요구대로 오키나와를 비핵화한 형태로 일본에 반환한 것은 중국에 대해서도 상당히 배려했다고 볼 수 있는 것이다. 그리고 이러한 형태의 반환은 중국과의 관계 개선을 위한 환경 조성에 적지 않게 기여했던 것이다. 결국 오키나와의 핵무기 철수에 의한 반환의 실현은 일본으로서는 커다란 외교적 승리였지만 미국으로서는 대일 배려뿐만 아니라 오키나와의 핵무기가 대중관계에 미치는 영향을 충분히 고려한 조치였다고 생각되어진다.[15]

실제로 닉슨-사토 성상회담 이후 중국의 반응에 대해 일본과 미국은 다음에서 보는 것처럼 어느 정도 절제된(moderate) 것이었다고 해석했다.

『인민일보』의 사설과 저우언라이(周恩來)의 연설에서는 "미국의 부추김을 받은 일본이 다시 한 번 아시아에서 주도적 역할을 모색하고 또다시 대동아공영권을 만들려는 꿈을 꾸고 있다."라고 비판했다. 하지만 이러한 비판은 같은 해 6월 25일 마츠에 시에서 열린 일일내각회의에서 한 사토의 연설(중국 공산당은 닉슨의 소위 '괌 독트린'과 연결하여 이 연설에 중요성을 부여한 바 있다)에 대한 비판의 연장선상에서 쓰인 것이다. 이는 특별히 새로운 내용을 담고 있지 않다.

---

15 윤덕민, "미일 오키나와 반환협상과 한국외교: 오키나와 반환에서 보는 한국의 안보를 둘러싼 한미일의 정책연구", 『국제정치논총』, 31(1), 1991, pp.126-128. 미중관계의 개선 과정에서 미일동맹 문제의 처리와 이른바 '병마개론' 논의를 살펴보기 위해서는 김남수·신욱희, "1972년 미중 데탕트에서 '미일동맹 문제' 처리의 의미와 한계", 『한국정치외교사논총』, 37(1), 2015를 보라.

따라서 지금까지의 공산 중국의 반응으로 판단해볼 때 비록 공산 중국이 그것을 일본의 대아시아 정책의 견지에서 문제제기하고 있지만 금번의 미일회의와 공동선언이 미래의 중일관계를 악화시킬 것이라는 차원에서 일본 정부를 비난하는 것은 피하고 있다.

다시 말해서 공산 중국은 "사토 내각이 지속되는 한 중일관계의 개선은 불가능하다."라거나 "미일 안보조약이 있는 한 일본과 중국 사이에 관계 정상화의 희망은 없다."라는 단정적 표현을 쓰는 것은 피하고 있다는 것이다.[16]

이처럼 미·중·일 관계에서 중요한 문제였던 오키나와 반환은 한국의 안보와도 밀접한 관련을 갖고 있었으며 미일 사이의 이러한 고려가 바로 한국조항으로 나타났다고 볼 수 있다.[17] 이에 대해 최희식은 다음과 같이 서술했다.

67년 11월 미일 정상회담에서 오키나와 반환이 합의된 이후, 한국은 처음에는 오키나와 반환에 대한 발언을 피했다. 하지만 미일 간에 본격적으로 반환교섭이 전개됨과 동시에, 69년 3월 사토 수상이 '핵 제외, 본토와 같은 조건의 반환' 정책을 공식적으로 발표하자, 한국은 본격적으로 오키나와 반환 문제에 대응하기 시작했다. '본토와

16　From Ambassy Tokyo to Department of State, Dec. 5, 1969, Pol Japan-US, Sub-ject-Numeric Files, RG 59, National Archives.
17　박선원은 한국조항의 내용과 그 변화가 단순히 일본의 한국에 대한 안보 공약의 측면보다는 한·미·일 관계의 전체적인 협력 정도와 일본 대외정책의 방향을 알려주는 지표로서 의미를 갖는다고 지적했다. 박선원, "냉전기 한미일관계에 대한 체계이론적 분석", 『한국정치와 교사논총』, 23(1), 2001, p.327.

같은 조건의 반환' 정책하에서 오키나와가 반환되면서 핵의 반입이 불가능해지면 핵우산의 제공에 차질을 빚게 된다. 이렇게 미국의 핵우산이 충분히 확보되지 못하면, 한국, 대만, 필리핀 등의 안보에 중대한 영향을 미칠 것으로 보았던 것이다. 따라서 일본이 오키나와 반환 이후 어떤 형태로 극동의 안보에 역할을 할 것인가 등, 지역안보 문제에 대한 일본의 역할을 협의하지 않으면 안 되었던 것이다.

일본은 자유 아시아에 대한 전략적 경제원조, 오키나와 역할의 수용이라는 군사적 역할에 소극적이었다. 하지만 68년 한반도 위기 이후 국가 전략의 전환을 통해 북한과의 체제경쟁을 본격화시킨 한국, 아시아에의 관여 축소를 모색하던 미국은 일본의 적극적 역할을 요구했으며 일본은 이를 간과할 수 없었다. 그렇다면 일본은 어떤 형태로 한국과 미국의 요구에 배려했을까? 이를 찾기 위한 실마리는 69년 미일 정상회담 공동성명에서 발표된 한국조항과 한일 각료회담 공동성명에서 발표된 한국조항을 분석하지 않으면 안 된다. 전자를 '미일관계에 있어서의 한국조항'이라고 한다면, 후자는 '한일관계에 있어 한국조항'이라고 부를 수 있다.

'미일관계에 있어 한국조항'은 한반도의 유사사태를 상정하여, "한국의 안보가 일본의 안보와 긴밀히 연계되어 있다"는 논리하에, 주일미군의 한반도 전개를 사전협의제도 예외조항으로 인정하는 것에 의해 오키나와가 수행해왔던 한국 안보에의 역할을 일본이 수용하는 것을 약속한 것이었다. 따라서 이는 '전시' 시, 한국을 포함한 극동에 대한 일본의 군사적 역할을 규정한 것이었다.

한일관계에서의 한국조항은 '자주국방과 고도경제성장의 병행'이라는 박정희 정권의 정책에 협조하는 정치적 의미를 가지고 있었다. 한국은 당시 자주국방을 주장하면서, '군수산업의 개발과 고도경제성장의 병행'을 추진하고 있었다. 한국은 일본이 자주국방과 고도경제성장을 동시에 추진하는 한국의 정책을 이해하고, 한층 적극적인 경제원조를 할 것을 기대하였던 것이다. 이른바 '정치적 경제원조'를 요구하였던 것이다.

이러한 '한일관계에 있어 한국조항'은 69년 제3차 한일 각료회담에서도 재확인되었으며, 한층 구체적인 형태로 전개되었다. 공동성명에서는 "양국의 안전과 번영이 매우 긴밀한 관계에 있다"는 것을 재확인하였다.[18]

미국 국무부의 한 비망록은 이와 같은 '한일관계에서의 한국조항'과 관련된 내용을 다음과 같이 보여준다.

다나카 대사는 일본이 한국을 만족시키기 위해서 노력해왔고 한국을 위한 제철소에 대해 원칙적인 합의에 도달했다고 말했다. 아이치(愛知, 외무성 장관)와 일본 재무성 장관은 그 결정을 위한 정상적인 절차를 가속화하고 있었다. 다나카 대사는 일본이 공식적인 약속은 하지 않았지만 한국 정부는 그런 것으로 받아들이고 있고, 일본 정부도 다소간 그런 방향의 결정으로 가고 있다고 언급했다.[19]

---

18 최희식, 2011, pp.303-305.
19 "Okinawa, GOJ-ROK Relations, Viet-nam, China Policy", Sep. 8, 1969, Pol Japan-US, Subject-Numeric Files, RG 59, National Archives.

하지만 사토 수상에게 닉슨 독트린보다 더 중요한 영향을 미친 것은 1970년대 초반에 이루어진 미국의 대중국관계 개선이었다. 1950년대 말 친대만 반중국 정책을 분명하게 해서 동아시아의 냉전을 심화시켰던 기시(岸) 수상의 동생인 사토는 이러한 미국의 정책 변화를 '쇼크'로 받아들였다. 한상일은 이에 대해 다음과 같이 말했다.

미국의 대중국 정책의 전환은 사토 정부에 커다란 혼란과 충격이 아닐 수 없었다. (⋯) 일본 정부가 받은 충격은 미중관계의 급진적인 진전이라는 점에도 있었지만, 그보다는 미국 정부가 취한 방법과 태도에 더욱 자극을 받았다. (⋯) 미국과의 무역마찰이 점차 심화되기 시작한 시기에 미국이 취한 일련의 조치는 미국의 대동아시아 정책이 변화함을 의미하고 있었다. (⋯) 일본에도 특히 대외정책에 있어서 이제까지와는 달리 미국에 의존하는 일변도에서부터 독자적 진로를 모색하지 않으면 안 된다는 것을 인식하게 된 계기가 되었다.

어떻게 해서든지 중국과 관계 개선의 길을 찾아야 한다고 판단한 사토는 여러 형태로 중국과 대화의 방법을 모색하였다. (⋯) 중국은 퇴진이 임박한 사토 정권을 대화의 상대로 판단하지 않았다. '닉슨 충격'으로부터 퇴진까지의 1년 동안 사토의 대중국 정책은 실패였고 그 유산은 다음 정권으로 넘어갔다.[20]

이와 같은 사토의 섣부른 대응은 1972년 미일 공동성명에서 '대

20　한상일, 1997, pp.148-151.

만조항'의 소멸 문제를 야기했다. 『중앙일보』는 당시 이 논쟁에 대해 다음과 같이 보도했다.

미국 정부는 금년(1972년) 1월 7일 샌클러멘티에서의 미일 수뇌회 담이 끝난 뒤 사또 일본 수상이 기자회담에서 밝힌바 1969년 미일 공동성명 중 한국 및 대만 조항에 관한 견해를 문제 삼고 주일 미국 대사를 통해 그 정의를 타진 중에 있다고 한다.

외신에 의하면 미국 정부는 ① 1969년 미일 공동성명 가운데 한 국 및 대만 조항은 미일 수뇌가 신중히 검토한 끝에 만든 것이며, 오 끼나와 반환의 전제가 된다는 점, ② 극동 정세가 그 후 완화되고 있 으나 일이 생각하는 정도는 아니며, 한국 및 대만 조항이 오끼나와 반환 조건의 전제가 된다는 데는 변함이 없다는 점, ③ 한국 및 대만 의 조항이 미국 정부의 양해 없이 일방적으로 없어졌다고 발언한 것 은 화이트하우스가 미 국방성이나 의회에 설명할 수 없다는 점 등을 강조, 일본 정부의 진의를 물은 것이라 한다.

문제의 사또 발언의 핵심은 72년 닉슨-사또 성명에서 세계정세 의 긴장완화에 언급하고 이 추세를 더 한층 촉진하겠다고 강조한 부 분이 그에 앞선 69년 닉슨-사또 성명 중 대만 조항의 소멸을 나타내 는 것으로 해석해도 무방하다고 한 것이다. 이 발언이 큰 파문을 일 으키게 되자 사태를 중시한 일의 후쿠다(福田) 외상은 지난 1월 9일 사또를 만나 의견을 조정한 후 사또 발언은 대만 조항을 대만 정세 에 관한 질문으로 잘못 듣고 대답한 것이라 정정했었다.[21]

21 "한국조항과 대만조항", 『중앙일보』, 1972. 2. 1, https://news.joins.com/article/13 12749

또한 이 과정에서 대만조항의 문제와 한국조항의 문제의 연동성이 문제가 되었고 이에 대해 『중앙일보』에서는 다음과 같이 우려를 표명했다.

1월 31일의 의회 답변에서 사토 수상은 금년 초 미일 정상회담에서 "양국 수뇌는 과거 10여 년간 유지되어온 미일 안보체제가 변하지 않고 지속된다는 것과 미일 안보조약의 적용에도 변화가 없다는 것을 인식했다"고 밝혔다.

이 답변이 '한국 및 대만 조항 소멸 운운' 발언의 취소를 의미하는 것으로 간주할 수 있느냐에 관해서는 의문이 적지 않다. 그러나 사또는 의회 답변에서 "한반도 문제에 관한 한 유엔 결정을 존중하는 일본의 태도는 불변한 것"이라고 말함으로써 '두 개의 한국 정책'을 추구할 의사가 전혀 없음을 명백히 하였다.

이 점, 일 정부가 대한 정책의 기본을 변경할 의사가 없음을 명확히 표시한 것을 우리는 환영한다. 그러나 일본 정부가 한국 문제와 대만 문제를 되도록이면 같은 시야, 같은 차원에서 다루어보겠다는 사고방식을 갖고 있음을 우리는 유감으로 생각한다. 샌클러멘티에서 행한 기자회견에서 사또 씨는 "69년 미일성명 중의 한국 조항과 대만 조항의 차이와 72년 미일성명이 표시하는 동북아 정세에 대한 인식의 차이는 어떤 것이냐"는 질문에 대해 "대만과 한반도에 대한 인식은 이번에는 변함이 없다. 그러나 대만 조항의 형해화는 한국 조항의 형해화와 같은 것"이라고 시사했었다.[22]

---

22 『중앙일보』, 1972. 2. 1.

이러한 점에서 1970년 10월 한국 외무부의 최광수가 1960년의 아이젠하워-기시 정상회담 공동성명의 한 조항을 문제 삼고 이에 대해 미국 정부에 질의했다는 사실은 매우 흥미롭다고 할 수 있다.

오늘 아침 면담에서 최광수는 '외교 공약'에 관한 문안을 준비하는 과정에서 한국 정부가 검토한 아이젠하워-기시 공동성명에 대해 언급했다. 나는 그 문안의 카피를 부탁했고 그는 다음의 문서를 제공했다.

동봉한 서류 3쪽의 한 문단에 실제로 "미국 정부는 조약하의 사전 협의를 포함하는 문제들에 대해 일본 정부의 요청에 반하는 방식의 어떠한 행동도 할 의도가 없다."라는 표현이 쓰여 있다.[23]

이러한 부분은 당시 한국 정부가 미국에 의한 '방기의 우려'와 함께 일본 정부의 입장에 따른 미국 정책의 변화에 대해 우려하고 있었다는 점을 시사해준다.

3. 다나카 수상 시기 한국조항의 부재

오키나와 반환 의제가 사토 수상 시기의 가장 중요한 현안이었다면 다나카 수상 시기의 가장 중요한 외교적 안건은 중일 국교정상화였

---

23 "From Peters to Ranard", Lot Files, 73D 360, RG 59, National Archives.

다고 할 수 있다. 한국 정부는 이 문제가 일본의 대북정책에 영향을 줄 것을 우려했다. 다음의 미국 문서는 이러한 측면을 잘 보여준다.

닉슨 대통령의 베이징 방문, 아시아에서 전반적이고 점증하는 데탕트 분위기, 김일성의 평화공세 전략 등은 동맹국인 미국과 일본이 곧 북한과의 관계를 개선할 것이라는 한국 측의 우려를 낳았다. 가장 최근에 한국의 지도자들은 자신들의 북한과의 대화가 이러한 정책 변화를 촉진할 것을 걱정했다. 일본 정책에 대한 한국의 우려는 다나카의 당선과 베이징과의 관계를 정상화하려는 그의 신속한 행동으로 더욱 증대되었다. 한국은 이러한 전개가 1969년 닉슨-사토 공동성명에서 인정된 일본의 한국 안보에 대한 관심의 약화로 이어질 것을 걱정했다. 게다가 최근에는 북한에 대해 좀 더 탄력적인 태도를 부여하려는 일본 정부의 일련의 조치가 있었다.

우리는 일본과 북한 사이의 장기적인 경제적, 심지어 정치적 관계에도 원칙적으로 반대하지 않는다. 북한과 공산 중국의 심각한 반대의 증대와 북아시아에서 긴장의 확대를 불러일으킬 수 있는 일본의 한국에 대한 집중적이고 배타적인 관여보다 남한과 북한에 대한 균형 있는 일본의 관여가 좀 더 이로울 수도 있다. 하지만 우리는 남북한 사이의 대화가 취약하고 초보적인 단계에 있는 상황에서 한국이 북한에 비해 자국의 위치가 불안정해진다고 믿게 하는 일본의 대북정책이 변화하기를 원하지 않는다.[24]

24 "From Ranard to Green", Pol 5-2 Japan, Subject-Numeric Files, RG 59, National Archives.

다나카 수상 시기 중국과 일본 사이의 관계 개선은 양측 모두 적극성을 보이면서 진행되었다.[25] 사토의 중국관에 불만을 갖고 있었던 중국은 사토가 물러나고 다나카가 등장하자 국교정상화를 일거에 성취하고자 했다. 중국은 다나카 내각 취임 이틀 뒤인 1972년 7월 5일에 방일단을 파견하여 저우언라이가 설정한 '복교 3원칙'이 교섭의 전제가 아니라는 뜻을 전달했다.[26] 초기에 국교정상화에 대해 신중한 입장을 견지했던 다나카 수상은 소위 '다케이리(竹入) 메모'로 인해 적극적인 태도로 전환했다.[27] 다나카 수상이 이끄는 교섭단은 1972년 9월 25일 베이징에 도착해서 단 4일간의 협상을 통해 국교정상화에 합의했다. 이러한 신속한 타결은 저우언라이의 소련의 대일 접근에 대한 우려와 함께 미·중·일 관계에서 일본의 역할 확대에 관한 다나카의 전략적 고려에 따른 것이었다. 국교정상화 이후 10년이 지난 뒤 다나카는 자신의 판단을 다음과 같이 말했다.

일본으로서는 국가안보를 위해 미일 안보조약뿐만 아니라 중국과의 우호관계를 결부시킬 필요가 있었다. 일·미·중 3국이 이등변삼각형

---

25 일본의 대중교섭에서는 당시 외상이었던 이케다가 중요한 역할을 담당했다. 이 과정을 이해하기 위해서는 핫토리 류지, 『중국과 일본의 악수: 1972년 국교정상화의 진실』, 서승원·황수영 역, 역락, 2017을 보라.

26 이는 첫째, 중화인민공화국이 중국을 대표하는 유일한 합법정부이고, 둘째, 대만은 중화인민공화국의 불가분한 일부이며, 셋째, 일본-중화민국 평화조약은 불법이고 무효이므로 폐기해야 한다는 내용이었다. 손열, "미중데탕트와 일본: 1972년 중일국교정상화 교섭의 국제정치", EAI 국가안보패널보고서, 2014. 2, p.4.

27 저우언라이는 일본 공명당 다케이리 위원장에게 중국이 미일 안보조약과 1969년의 닉슨-사토 공동성명의 대만조항을 거론하지 않겠다고 말했으며, 센카쿠 영유권 문제에 대해서도 유연한 입장을 보이고 일본에 배상청구권을 제기하지 않겠다는 마오쩌둥(毛澤東)의 결정을 전달했다. 손열, 2014, pp.5-6.

형태의 관계를 형성하면 극동에 평화가 온다. 일본이 중국과 국교를 정상화하는 것은 아시아에 나토를 만드는 것보다 강력한 안전보장이 된다.[28]

따라서 동아시아의 데탕트가 미국의 주체성에 의해 시작된 것은 사실이지만 실제적인 해빙의 제도화는 중국과 일본의 정책적 주체성에 따른 것이었다고 할 수 있다.[29] 잘 알려진 것처럼 데탕트의 설계자 키신저는 이러한 중일관계의 급속한 진전에 대해 유보적인 자세를 취했다. 그는 중일교섭 자체에 반대하지는 않았지만 중일수교가 미중수교보다 빨리 전개되는 것을 원하지 않았고 아울러 일본의 독자적 노선의 등장으로 인해 동아시아에서 미국의 전략적 이익이 훼손되는 것을 우려했다.[30] 이와 같은 부분이 바로 닉슨-사토 공동성명에서 표명되었던 대만조항과 한국조항에 대한 미중 간 논의로 이어졌다. 1972년 6월 19일 키신저가 베이징을 방문했을 때 중국은 닉슨 대통령의 중국 방문 이후 대만조항은 더 이상 타당하지 않다는 입장을 개진하면서 그가 일본과 한국의 안보가 연결되어 있다는 한국조항이 여전히 유효하다고 생각한다는 일본 언론의 보도에 대해 질문했다. 미국 문서에 나타난 키신저의 답변은 다음과 같다.

---

28 손열, 2014, p.9에서 재인용했다. 이와 같은 미·중·일 관계에서 일본의 위치는 소위 '낭만적 삼각관계'에서 '중추(pivot)' 역할에 해당한다. L. Dittmer, "The Strategic Triangle: An Elmentary Game-Theoretic Analysis", *World Politics*, 33(4), 1981을 보라.

29 이러한 맥락에서 1956년 하토야마 수상이 행한 일소 국교정상화의 사례도 흥미롭다고 할 수 있다.

30 손열, 2014, pp.6-7.

일본인들이 내게 말했지 내가 그들에게 말한 것은 아니다. 내가 대화를 나눈 대부분의 사람들이 대만에 대해서 혼란을 느끼고 있고 한국은 매우 특별한 사례라서 일본의 안보가 그들의 안보와 밀접하게 연결되어 있다고 말했다. 나는 특별한 의견을 표시하지 않았다. 내가 수상에게 말씀드렸듯이 우리는 일본이 한국에서 군사적 역할을 행사하도록 촉구하지 않는다. 실제로 그에 반대하고 있다. 그러한 이유로 우리가 한국에서 궁극적으로 철군한다는 원칙을 세우고 있지만, 수상이 설명하셨듯이 일본이 개입할 가능성이 많기 때문에 시간을 두고 진행하려 하고 있다.

우리는 이러한 이해를 바탕으로 일본이 자국의 영토 밖에서 군사적 역할을 수행하는 것을 허용하지 않으려고 한다.[31]

이러한 미국의 고려와 함께 다나카 역시 중국과 국교정상화를 한이후 미일 정상회담에서 다시 한국조항을 언급할 필요성을 느끼지 않았을 것으로 생각된다. 일본의 문서에서는 1973년 닉슨-다나카 정상회담의 내용을 정리하면서 다음과 같이 서술했다.

이번 일미 정상회담에서는 한마디로 말해서 '세계 속의 일미관계'라는 거시적인 입장에서 토의를 진행하면서 그중에서 일본 외교의 새로운 방향을 발견한다는 관점에서 양국 간의 문제보다는 양국 간의 틀을 넘어선 국제정치 문제(일미 양국의 대중, 대소, 대아시아 외교

---

31 "Document 233: Memorandum of Conversation", *Foreign Relations of the United States (FRUS), 1969-1976, Vol. XVII: China*, Government Printing Office, http://history. state.gov/historicaldocuments/frus1969-76v17/d233

등) 및 국제경제 문제(다자 라운드, 국제통화, 에너지 문제 등)에 대한 의견 교환이 큰 비중을 차지했다. 그리고 공동성명에서도 국제정치 및 국제경제상의 여러 문제에 대해 이후에 긴밀한 협의 및 협력을 해나간다는 자세가 두드러졌고 일본의 국제적 지위가 크게 향상되었다는 것을 실감할 수 있는 내용이 담겼다.

양 정상은 일본과 밀접하게 관련된 아시아 지역의 최근 평화 움직임, 즉 일본과 중화인민공화국의 국교정상화 및 미국과 중화인민공화국의 정상적 관계로의 발전에 만족하면서 파리협정의 충실한 이행으로 인도차이나에서 안정적이고 영속적인 평화를 확립할 수 있다는 강한 희망을 피력했고, 한편으로 한반도에서의 평화의 새로운 전개에 대해서도 이야기했다.

이와 같이 최근의 아시아 정세는 전체적으로 평화의 방향으로 가고 있으며 이에 가능한 범위 내에서 협력을 하는 것이 선진국이자 경제 대국인 일본의 아시아에 대한 책무라고 할 수 있다. 이는 아시아의 안정과 평화가 일본의 평화와 밀접하게 관련되어 있는 현실에서 대아시아 외교를 강조하고 있는 일본으로서는 당연히 생각해야 할 일이다.[32]

따라서 1973년 닉슨-다나카 회담에서 한반도 문제는 큰 비중을 차지하지 않았으며, 한국에 대한 논의에서는 한국조항 부재의 측면과 더불어 이후에 등장할 '신한국조항'으로의 이행 조짐을 보였다고

---

32 일본 외무성 정보문화국, 『세계의 움직임』, No.275, 1973.

할 수 있다.[33] 이러한 상황은 1974년 포드-다나카 회담에서도 유사하게 지속되었다. 1974년 11월 포드 대통령이 일본을 방문했을 때 다나카 수상과 기무라(木村) 외상과의 대화 내용이 일본 외교문서에 다음과 같이 정리되어 있다.

한국 문제와 관련해서 첫째, 남북대화는 안타깝게 정체되어 있다. 한 반도의 안정에는 주한미군의 억지력이 공헌하고 있다. 둘째, 북한에 미국의 대한 지원이 약화된다는 인상을 주지 않는 것이 중요하다. 이러한 점에 포드 대통령의 방한이 갖는 의미가 있다.

최근 인도차이나 정세가 한반도에 미치는 영향이 주목받고 있지만, 한반도는 다음의 여러 면에서 인도차이나와는 사정이 다르다. 첫째, 현행 휴전협정이 유효한 역할을 하고 있다. 둘째, 미·중·소 3국의 이해관계도 사정을 변경시키는 방향으로 주어져 있지 않다. 셋째, 미국의 명확한 대한 공약은 포드 대통령의 4월 10일 연설에도 명확하게 나타나 있다. 넷째, 한국 내에서 공산주의 체제를 받아들이려는 국내적 움직임은 보이지 않는다.[34]

빅터 차의 설명에 따르면, 이 시기는 중화인민공화국과 데탕트를 구축하고 미국으로부터는 안보 공약의 재확약을 받은 일본이 지속적

---

33 1972년부터 1974년까지 다나카의 국회 소신표명 연설에서 한국에 대한 언급이 거의 없었다는 점에서 그의 한국에 대한 무관심의 일단을 파악할 수 있다. http://worldjpn.grips.ac.jp/index-PC-ENG.html

34 "본국외교정책/대아시아", 분류번호 2012-1484, 일본 외무성 외교사료관.

으로 방기의 우려를 느끼면서 국내 정치체제를 경직시켜가는 한국과는 다른 위협인식을 갖게 된 기간이었다.[35] 즉, 일본은 오히려 한국조항에 대한 지나친 집착에 따른 '연루의 우려'를 갖게 되었다는 것이다.[36] 하지만 이러한 설명은 데탕트 시기 미국의 정책 전환이 한일관계를 좌우했다는 그의 기본적 주장과는 달리 미국의 정책 변화에 따른 냉전체제의 이완과 함께 중국의 전략, 그리고 그와 연관된 일본의 인식 전환 요인이 한국조항의 부재로 상징되는 한일관계의 변화에 함께 영향을 미쳤다고 보는 것이 오히려 적절하다는 것을 나타내준다. 이는 1972년에 공표된 다나카 수상의 10대 기본 정책 중 아홉 번째로 언급된 일본의 남북한 등거리 외교 모색과 맞물려 있었다.

아홉째, 조선반도의 긴장완화와 남북의 평화적 통일에 관하여 우방국들과 함께 협력한다.[37]

4. 신한국조항

이른바 '금권정치'의 후유증으로 다나카 수상이 사임하자 상대적으

---

35 이러한 사실은 한·미·일 관계 내 미일관계와 한미관계 사이의 위계성의 존재를 보여준다고 할 수 있다.

36 Cha, 1999, pp.139-140.

37 하야사카 시게조우, 『다나카 가쿠에이 회상록』, 광제당, 2016. pp.189-190. 그는 아울러 남북한 유엔 동시가입 결의안에 반대하지 않겠다는 입장을 표명했다. 미국의 '두 개의 한국' 정책과 더불어 이와 같은 일본의 '등거리' 외교 문제는 이후 한·미·일 관계에서도 중요한 변수로 작용했다.

로 청렴한 이미지를 갖고 있었고 자민당의 근대화를 주장해왔던 미키가 수상으로 취임했다. 미키 수상은 1975년 8월에 미국의 포드 대통령과 정상회담을 갖고 11월에는 제1차 선진국 정상회담에 참석하는 등 대외관계에 의욕을 보였다. 하지만 그의 대외정책은 "국제평화와 아시아·태평양 지역의 안전을 위해 국제협력정책을 택한다."는 기존의 정책 틀에서 벗어나지 않았다.[38] 1975년 미일 정상회담의 공동성명에는 소위 '신한국조항'이 포함되었는데, 그 내용은 "한국의 안보가 한반도 평화에 필수적이며 한반도의 평화는 일본의 안보에 필요하다."는 것이었다. 이는 한국과 일본의 안보를 직접적으로 연결시켰던 본래의 한국조항과는 크게 다른 의미를 가진 것으로 해석될 수 있다.[39]

두 조항의 차이는 기본적으로 당시 관련국들의 위협인식의 차이로 설명할 수 있다. 예를 들어 1970년에도 미국은 저우언라이의 평양 방문에 주목하면서 문서에서 다음과 같은 그의 언급을 인용했다.

한국에서 미국의 제국주의자들은 아직도 남반부에 머무르면서 한국인민들을 착취·억압하고 통일을 방해하고 있다. 미국은 한일관계를 조정하고 나아가 일본의 군사력을 제휴세력으로 사용하려고 한다. 일본은 미국 통제하의 '동북아 군사동맹'과 반동세력으로서 실질적으로 자리를 잡았는데, 이는 북한의 안보에 심각한 위협을 제기한다.

---

38 한상일, 1997, p.240.
39 여기에서 '한국의 안보'가 명시된 것은 당시 사이공 함락 이후 한국의 위협인식을 고려한 것으로 보인다. 하지만 이후 미일 정상회담의 한반도 논의에서 '한국의 안보'라는 표현은 더 이상 사용되지 않았다. 박선원, 2001, p.326을 보라.

(…) 미국의 목적은 중국을 주적으로 상정하고 중국에 대한 군사적 포위를 가속화하는 것이다. 따라서 베트남인, 한국인, 중국인, 그리고 모든 아시아 인민들은 미국의 군사적 위협과 함께 그 제국주의적 공격에 맞서 싸워야 하는 공동의 임무를 갖는다.[40]

현상 유지를 지향하는 '두 개의 한국 정책'의 기원은 1968년의 미국 문서에서 처음 발견되지만,[41] 1969년과 1970년 한·미·일 3국은 북한의 위협을 다루는 삼자협의체를 지속적으로 가동했다. 또한 1971년 주미 일본 대사는 미국의 대중국 정책의 전환에 따른 미국에 대한 신뢰 문제를 방중을 앞둔 키신저에게 다음과 같이 제기했다.

일미관계는 신뢰의 위기에 처해 있다. (…) 양국의 상호관계에서 일미관계 또한 미중관계만큼 중요하다고 생각한다. 이러한 점을 닉슨 대통령도 알고 있지만 요즈음은 이를 효과적으로 명시하지 않는다. 일본에는 미국이 중국에 기울면서 일본을 경시하는 태도를 보인다고 염려하는 경향이 있다. 나는 그렇게 생각하지 않으나 이러한 심리적 경향이 존재한다는 사실을 고려하여 귀하의 이번 방중에 즈음해서는 일미관계의 안정에 도움이 되도록 배려해서 행동하시기를 바란다.[42]

40 "From Kreisberg to Brown", NK Int. Relations, Lot Fiels, RG 59, National Archives.
41 Department of State, US Policy toward Korea, 1968. 이 문서에서는 기본적으로 북한을 단순한 적국이 아닌 '구체적인 정책이나 계획의 대상'으로 간주할 것을 권고했다.
42 "나카가와 대사가 외무대신에게 보낸 서한", 미국외교(대일관계), 분류번호 2015-1122, 일본 외무성 외교사료관.

하지만 이와 같은 일본의 냉전적 안보 인식과 방기의 우려는 중일관계의 정상화에 따라 오래지 않아 크게 감소·소멸했고 이는 앞에서 언급한 북일관계의 개선 모색으로 이어졌다. 따라서 오히려 대중관계와 한반도에 대한 일본의 적극적인 주체성 행사를 미국이 제어하려는 방식으로 동아시아의 국제정치가 이루어졌던 것이다. 미국은 1972년 8월 한반도 문제에 대해 일본에 다음과 같이 권고한 바있다.

우리는 현재 남북한이 접촉하는 것을 한반도에서 긴장을 완화하는 가장 중요한 수단으로 간주한다. 이 과정은 느리고 매우 초보적이며 취약하다. 우리는 일본이 대북관계에서 너무 앞서나가서 한국이 자국의 입장이 경시되고 있다고 느끼는 것을 원치 않는다.

우리는 일본이 북한과의 관계 확대에 대해 한국이 놀라움이나 충격을 느끼지 않도록 미리 설명해주기를 바란다.

우리는 일본이 한국에 대한 경제적·기술적인 지원을 지속함으로써 일본이 너무 빨리 북한에 접근하고 있다는 한국의 우려를 상쇄해주기를 바란다.

우리는 우리 자신의 대북정책에서 빠른 전환을 예상하고 있지 않다. 우리는 이 문제에 대해 일본과 한국 정부와 밀접하게 협의할 것이며, 일본도 자국의 계획에 대해 우리에게 알려주기를 바란다.[43]

이러한 미국의 태도를 고려한다면 오히려 미국이 미일관계와 한

---

43 "From Ranard to Green", Pol 5-2 Japan, Subject-Numeric Files, RG 59, National Archives.

일관계에서의 한국조항을 강조하고 있었으며 일본은 위협인식의 전환에 따른 자기 나름의 두 개의 한국 정책을 추진하고 있었다고 볼 수 있다. 그러므로 한국조항의 부재나 신한국조항의 내용은 미국의 정책적 의도라기보다는 일본의 의도가 반영된 것으로 해석하는 것이 보다 적합하다. 이후 한·미·일 관계 속의 한일관계는 미국 요인과 더불어 김대중 납치사건이나 문세광 사건과 같은 우발성(exigency)과 한국의 국내정치와 관련된 한일 양자관계 자체의 문제에 따라 움직이게 되었다.

5. 결론

미국 정부는 닉슨 독트린이 한반도에 미친 영향에 대해 다음과 같이 긍정적인 평가를 내렸다.

> 닉슨 독트린의 적용 이후 3년 동안 한반도의 상황에서 의미 있고 긍정적인 영향이 나타났다. 1971년 7월 2만 명의 병력 철수를 통해 미국이 주한미군을 재조정하자 한국은 자주국방을 위한 자국의 새로운 책임을 받아들이고 자신감과 열정을 갖고 분단 문제를 해결하기 위한 조치를 취하기 시작했다.[44]

그러나 남북한 간의 해빙 분위기는 오래 지속되지 못했고, 박정희는

---

44 President's Review of Foreign Policy, 1972. 10. 13, Pol 5-2 US, Subject-Numeric Files, National Archives.

사실상 두 개의 한국 정책을 택한 미국과 일본에 대해 전략무기 개발과 국내정치체제의 권위주의화로 대응했다. 이는 한국조항의 명문화에도 불구하고 세 나라의 위협인식의 차이로 인해 데탕트 시기 한·미·일 3국 사이의 안보관계가 상대적으로 협력적이지 못했다는 것을 의미한다.[45]

한·미·일 관계는 일본의 전수방위조항과 한국의 전작권 부재로 인해 특수한 주권적 관계를 그 특징으로 한다. 따라서 미국의 정책 변화가 다른 양자관계와 일본과 한국의 대외정책 전환에 중요한 역할을 수행한다는 것은 분명한 사실이다. 하지만 이 장에서 한국조항의 등장, 부재, 수정 과정에 대해 역사적으로 검토한 것처럼 한일 간의 양자관계가 미국이라는 구조적 요인에 일방적으로 영향을 받은 것은 아니며 일본과 한국의 주체성 역시 의미 있는 변수로 작용했다는 것을 알 수 있다. 즉, 한·미·일 관계에서 미일, 한미의 양자관계가 비교적 위계적인 성격을 갖는 데 비해 한일관계는 상대적으로 자율적인 역동성을 갖고 있었던 것으로 보인다. 이는 냉전의 종언과 한국의 민주화 이후 좀 더 분명하게 나타나고 있다고 할 것이다.[46]

빅터 차는 미국 공약의 변동이 일본과 한국의 위협인식이라는 성향적 변수를 거쳐 양국 사이의 관계를 좌우했다고 주장했다.[47] 그러

45　빅터 차 역시 1972년에서 1974년의 기간 동안 한일 양국의 안보협력관계가 북한 문제로 인해 갈등을 빚었다는 점을 지적했다. Cha, 1999, p.119.

46　이와 같은 점에서 서론에서 언급한 것처럼 한·미·일 관계 속의 한일관계의 설명에서 구조적 현실주의가 갖는 한계가 드러난다. 전재성은 신현실주의, 즉 구조적 현실주의가 비서구의 현실이 하나의 조직원리로 설명되지 않는다는 사실에 무관심하다고 지적하면서 서로 다른 지역에 대한 차별적 조직원리에 관한 고찰이 필요하다고 주장했다. 전재성, 『동아시아 국제정치: 역사에서 이론으로』, EAI, 2011, p.46.

47　Cha, 1999, p.202.

나 미국에 의한 방기의 우려가 한국조항을 통해 한일 간의 협력관계를 도출했던 시기는 극히 짧았는데, 이는 닉슨 독트린의 영향이라기보다는 오키나와 반환이라는 사건의 처리를 통해 도출되었다고 볼 수 있다. 미국의 정책적 주도로 시작된 동아시아의 데탕트는 그 전개 과정에서 미국의 정책뿐만 아니라 중국과 일본, 남북한이라는 행위자의 각기 다른 대응에 따라 복잡하게 전개되었다. 그러므로 이 시기의 고찰 역시 구조적 현실주의의 간결한 논리보다는 주체-구조 문제와, 적응적 주체로서의 일본의 역할을 포괄하는 복합성의 고려를 통해 이루는 것이 더 적절하다고 생각되며, 이러한 측면은 탈냉전기에 더욱 두드러지게 되었다고 할 수 있다.

5장

한일관계의 양면 안보딜레마*

* 이 장은 신욱희, "한일관계의 양면 안보딜레마: 이명박 정부의 사례", 『아시아리뷰』, 8(1), 2018; 신욱희, "일본군위안부 피해자 문제 합의와 한일관계의 양면 안보딜레마", 『아시아리뷰』, 9(1), 2019를 통합, 수정한 것이다.

1. 서론

한일관계는 한미관계와 함께 냉전기 한국의 안보협력체제의 중요한 부분을 형성해왔다. 냉전의 종언과 중국의 부상에 따라 한일관계가 갖는 전략적 의미는 변화 양상을 보이기도 했지만, 북핵 문제와 중국의 잠재적 위협 논의의 존재로 인해 한일 간 안보협력의 필요성이 유지되고 있는 것이 사실이다. 또한 한일관계는 과거 역사 문제로 인해 관념 변수와 국내정치적 요인이 강하게 작동하는 상대적으로 '특별한' 양자관계라고 할 수 있다. 따라서 국가 간 관계에서의 협력이 요구되는 사안에서도 비합리성 또는 제한된 합리성이 작동하면서 갈등이 야기되는 경우가 존재하는 것이다.

이 장에서는 이명박 정부와 박근혜 정부 시기의 한일관계를 다룬다. 초반기에 대일 협력을 강조하고 실제로 진행했던 이명박 정부 시기는 후반기에는 상대적으로 한일 양국 간의 갈등이 가장 고조되었던 기간으로 기록되었다. 박근혜 정부에 의한 2015년 12월의 일본군 위안부 피해자 문제 합의(이하 위안부 합의)는 한일 양국의 가장 민감한 역사 문제를 해결하려는 목적에서 이루어졌지만 합의 이후 한일관계는 더욱 경색되었다.[1] 이 시기의 사례들은 관념과 국내정치적 요인의 역할이 두드러지는 한일관계에서 잘못된 지도자 혹은 정부의 행동이나 협상이 가져오는 의도하지 않은 결과의 측면을 잘 보여준다.

이 장에서는 관념 변수와 국내정치적 요인의 영향을 고려할 수 있는 분석틀을 사용해서 이명박 정부와 박근혜 정부의 대일관계 사례들이 보여주는 특징적인 측면을 고찰해보고자 한다. 여기에서 활용하는 틀과 개념은 주체-구조의 문제, 양면 안보딜레마(two-level security dilemma), 위협인식(threat perception)과 위협전이(threat transition), 표상적 접근(representational approach), 정체성(identity)의 사회적 형성, 형태발생 주기(morphogenetic cycles)이다. 검토하는 사례에는 이명박 정부 시기의 한일 정보보호협정, 이명박 대통령의 독도 방문, 한일 통화스와프 등이 포함된다. 박근혜 정부 시기에 해당하는 상황과 사례들은 정부 초기의 대일, 대중 정책의 영향, 미국 정부의 역할, 한일 통화스와프 종료, 한·중·일 정상회의, 위안부 합의와 그에 따른 저항적 정체성의 확산, 문재인 정부에 의한 위안부 합의 재검토, 강제징용 배상에 대한 대법원 판결 등인데, 이 중에서 위안부 합의 사례가 분석의 중심이 될 것이다.

이 장의 첫 번째 부분에서는 분석틀과 방법에 대해 소개하고 두 번째 부분에서는 각 시기의 사례에 대해 시계열적으로 경험적 논의를 한다. 결론에서는 한일관계의 양면 안보딜레마 상황의 특성을 고

---

1 이후 문재인 정부는 이를 공식적으로 파기하거나 재협상을 요구하지는 않았지만 합의의 결과로 만들어진 화해치유재단을 해산함으로써 '사실적인 파기'를 선택했다.

찰함으로써 외교정책분석에서 한일관계가 갖는 보편성과 차별성을 고려해보고 그것이 주는 학문적·정책적 함의를 살펴보고자 한다.

2. 분석틀과 방법

이 장에서 사용하는 가장 포괄적인 분석틀은 주체-구조 문제의 논의이다. 1장에서 언급한 바와 같이, 신현실주의 이론이 갖는 개체론적 환원주의와 세계체제론이 보여주는 구조의 물신화를 각각 비판하면서 국제정치의 행위 주체와 체제의 구조가 서로를 구성한다고 (co-constitute) 주장한 웬트의 논의는 이후 다른 학자들의 작업을 통해서 좀 더 체계적으로 발전했다. 주체-구조 상호 과정의 복잡성을 보여주는 여러 사례 중의 하나는 주체로서의 국가가 갖는 양면적인 분석 수준에 대한 것이다. 이는 매스탠두노(Mastanduno), 퍼트넘(Putnam), 그리고 드 메스퀴타(de Mesquita) 등의 작업을 통해 다양한 방식으로 다루어져왔다.[2] 여기에서는 이러한 시각에서 한일관계의 분석에서 정부 사이의 관계와 각국의 국내정치가 연결되는 양면 안보딜레마의 개념을 활용하려고 한다. 양면 안보딜레마의 상황에서는 협상을 위한 'win-sets'가 아닌 협력을 저해하는 'lose-sets'의 존재가 중요해진다. 이와 같은 사회적 수준의 위협인식을 검토함으로써 국가 수준의 협력 필요성에도 불구하고 양자관계에서 갈등이

2 M. Mastanduno et. al., 1989; R. Putnam, "Diplomacy and Domestic Politics: The Logic of Two-level Games", *International Organization*, 42(3), 1988; B. Bueno de Mesquita, *Principles of International Politics,* 5th ed., Washington D.C.: CQ Press, 2014.

지속되는 이유를 밝혀낼 수 있을 것으로 생각한다.[3]

이와 같은 맥락을 이해하기 위해서는 위협인식이 갖는 다양한 속성과 엘리트 수준에서 위협이 투사되고 그것이 사회적 정체성으로 형성되는 과정에 대한 분석이 요구된다. 안보적 위협에 대한 인식은 본질적(primordial), 구성적(constitutional), 도구적(instrumental) 측면의 세 부분으로 이루어질 수 있는데, 본질적인 것은 상상된 것이 아닌 '실재하는' 위협을, 구성적인 것은 고정되거나 이미 정해진 것이 아닌 '형성되는' 위협을, 도구적인 것은 정치적 혹은 물질적 이익을 위해서 '사용되는' 위협을 지칭한다.[4] 따라서 한일관계에서 서로의 인식 또한 이러한 세 측면이 복합적으로 작동하는 것으로 볼 수 있다. 위협전이는 주체의 투사나 사건의 발발로 인해 특정한 대상에 대한 위협인식이 등장하는 것을 의미하는데, 이는 도구적 측면과 구성적 측면의 결합으로 나타나게 된다.

구성주의자들은 국제정치학에서 '설명'과 '이해', '인과적 기제'와 '담론적 관습'에 각각 기반하는 방법론 사이의 연계를 모색해왔다. 1장에서 지적한 바와 같이, 그중 하나는 주체와 구조의 상호작용 과정에서 매개로 작동하는 정체성의 역할을 분석하는 것이다. 클

---

3 이 경우에는 '신현실주의-신자유주의 논쟁'과 달리 이득(gain)이 아닌 손실(loss)에 대한 분석이 요구된다. 즉, 절대적(absolute) 혹은 상대적(relative) 손실의 계산을 넘어서 전체적(total) 손실을 선택할 수도 있는 '감정적 선택(emotional choice)'의 문제가 생겨나는 것이다. 양면 안보딜레마의 내용은 신욱희, 2017a, 3장을 보라.

4 다위샤(Dawisha)는 민족주의에 대한 연구에서 이와 같은 구분을 사용했다. A. Dawisha, "Nation and Nationalism: Historical Antecedents to Contemporary Debates", *International Studies Review*, 4(1), 2002. 국제정치이론 중 신현실주의가 본질적 측면을 강조하고 구성주의가 구성적 측면에 중점을 둔다면, 신고전적 현실주의는 국내정치를 다루면서 도구적 측면을 고려한다고 볼 수 있다.

로츠와 린치는 상대적으로 엘리트의 역할이 강조되는 표상적 접근과 사회적 수준의 관념을 중시하는 사회정체성 형성(social identity formation) 이론을 결합한 과정 지향적 방법론(process-oriented methodology)을 통해서 정체성이 갖는 본질적인 유동성을 간파하고자 한다.[5] 이와 같이 인식을 통한 정체성의 구성 과정을 개인, 국가, 국제 수준에서 함께 고찰하는 방식을 활용함으로써 정치 지도자가 하나의 인식을 제시하고 그러한 인식이 타국의 지도자나 자국의 사회세력에 확산·공유되어 이후 그 지도자의 대외정책적 선택을 규제하는 사회적 구조를 형성하게 되는 맥락을 검토할 수 있다. 다음에 설명하는 루소(Rousseau)의 위협의 구성(construction of threat) 모델이 그러한 예라고 할 수 있다.

개인적 수준에서 이 모델은 사람들이 마음속에서 관념을 구성하는 과정을 설명한다. 국내적 수준에서 이 모델은 개인들 사이의 상호작용이 국내사회에서 관념의 확산을 가져오는 과정을 보여준다. 마지막으로 국제적 수준에서 이 모델은 반투과적인 경계로 구분되는 집합적인 그룹 사이에서 어떻게 관념이 전파되는가를 설명한다.[6]

이 장에서는 앞에서 논의한 분석틀과 세 사례를 연결하는 기제로 3장에서 논의했던 시간적 차원과 분석적 차원을 결합한 칼스네스의 형태발생 주기의 방법을 사용하고자 한다. 웬트의 논의가 주로 국제

5 A. Klotz and C. Lynch, 2007, ch.4를 보라.
6 D. Rousseau, *Identifying Threats and Threatening Identities: The Social Construction of Realism and Liberalism,* Stanford: Stanford University Press, 2006, p.61.

정치이론의 인식론과 존재론에 관한 것이었다면, 칼스네스의 논의에서는 이 문제를 외교정책분석에 연결시켜서 좀 더 구체적인 분석틀을 제공하고 있다. 칼스네스는 논문에서 의도적, 성향적, 구조적 차원을 결합한 삼중(tripartite) 접근을 제시했다. 여기에서 의도적 차원은 선택과 선호로, 성향적 차원은 인식과 가치로, 구조적 차원은 객관적 조건과 제도적 환경으로 이루어지며, 구조적 차원과 성향적 차원으로부터의 인과관계가 의도적 차원을 규정하며 의도적 차원으로부터의 목적론적 관계가 외교정책행위를 산출하는 것으로 설명한다.[7] 이 장에서 주목하는 것은 두 번째의 성향적 차원의 역할인데, 그 중에서도 위협인식의 변수이다.

칼스네스는 사례연구를 위한 구체적인 방법으로 아처(Archer)의 사회이론을 원용해서 한 시점(time)의 구조(structure)에서 이루어진 행동(action)이 새로운 시점의 구조를 창출하고 그 아래에서 또 다른 행동을 유도하는 순환 형태를 제시했다.[8] 그는 아래와 같이 설명한다.

이 분석적 접근의 기저를 이루는 근거는 제도와 규칙과 같은 구조적 요인들이 그것들에 영향을 미치는 어떠한 행동에 선행하거나 후행하며 정책과 같은 특정한 행동도 논리적으로 그것에 영향을 미치는 구조적 요인들에 선행하거나 후행한다는 것이다. 따라서 이는 사회

---

7 W. Carlsnaes, 1992, p.254.
8 즉, 이전에 언급된 바와 같이 주체의 행동을 A1, A2 (…)로, 사회적 구조의 전환을 S1, S2 (…)로, 시점의 변화를 T1, T2 (…)로 하는 분석틀을 사용하여 주체-구조 사이의 시계열적 상호작용을 검토해보는 것이다.

적 체계들에 연속성과 변화를 제공하기도 하면서 사회적 전환에서 핵심적인 순차적 추동력을 분석적으로 파악할 수 있도록 하는 변증법적인 과정으로서의 행동-구조 상호작용의 지속적 순환에 대한 존재론적 개념을 추출해낼 수 있게 한다.[9]

이 장에서는 이와 같은 시계열적 분석을 통해 이명박 정부에서 시작되어 박근혜 정부를 거쳐 문재인 정부에 이르는 한일관계의 양면 안보딜레마의 형성 과정을 검토하려 한다.

3. 경험적 논의[10]

1) 이명박 정부 시기

한일 정보보호협정의 체결 실패, 이명박 대통령의 독도 방문, 한일 통화스와프 종료의 사례는 사건과 주체, 맥락과 행위, 위협인식의 도구적인 측면과 구성적인 측면이 연결되는 적절한 예를 보여준다. 이 세 사례는 협력에서 갈등으로 이명박 정부의 대일관계가 전환되는 계기로 작동했는데, 박영준은 이 과정을 다음과 같이 서술했다.

---

9   Carlsnaes, 1992, pp.259-260.
10   경험적 논의의 주요 자료로는 한국과 일본의 주요 일간지의 보도와 사설을 사용하며, 부분적으로 다른 온라인 자료를 활용할 것이다. 언론 보도는 사회적 정체성을 나타내기에 적절한 자료라고 할 수 있을 것이다.

'성숙한 세계국가'를 표방하면서 일본과의 성숙한 동반자관계 구축을 외교 목표로 내세운 이명박 정부는 임기 초반에는 전임 정권에서 약화되었던 한일관계를 회복하는 데 주력하면서 안보협력관계를 구축하고자 하였다. (…) 이후 양국 간의 군사 및 안보 분야 협력은 질적으로도 확대되기 시작하였다. (…) 이러한 성과들을 바탕으로 한일 양국은 2011년 1월 10일에 개최된 김관진 국방장관과 기타자와 도시미 방위상과의 회담을 통해, 양국 간 정보보호협정과 상호군수지원협정 체결에 대한 논의를 하였고, 2012년 6월에 신각수 주일 대사가 일본 측과 이 협정들에 공동서명하려는 단계까지 이르렀다. (…) 이명박 정부 초기에 활성화 조짐을 보였던 한일 안보협력의 양상은 2012년 중반 이후 차질을 보이기 시작했다. 2012년 6월에 체결 예정이던 한일 간 정보보호협정 및 상호군수지원협정에 대해 한국 시민단체 및 정치인들이 반발하기 시작했다. (…) 그에 더해 2011년 12월 이명박 대통령과 일본 측 노다 요시히코 수상 간에 종군위안부 문제 해결방안에 대한 논의가 결렬되면서 양국 측의 역사 문제로 인한 갈등이 더욱 고조되었다. 더욱이 2012년 8월 이명박 대통령이 독도를 방문하고, 일본 천황에 대해 발언한 것이 일본 내에서의 반발을 불러일으켰다.[11]

한일 정보보호협정의 공식 명칭은 '대한민국 정부와 일본국 정부 간의 군사비밀정보의 보호에 관한 협정'이며 이를 줄여서 '한일 군사정보포괄보호협정(GSOMIA)'이라고 부른다. 이는 2010년 일본

---

11 박영준, "한국외교와 한일안보 관계의 변용, 1965-2015", 『일본비평』, 12, 2015, pp.159-162.

외상이 체결을 제안했고 2011년 양국 국방장관 회담에서 실무 차원의 논의가 이루어졌다. 2012년 6월에 체결 예정이었으나 일본에서 협정 체결안이 통과된 후 한국 정부가 체결 연기를 통보했고 결국 2016년 박근혜 정부에서 체결되었다. 그 이후 이명박 대통령은 2012년 8월 10일 한국의 현직 대통령으로는 최초로 독도를 방문했고 일본의 노다 수상이 이에 대해 직접 유감성명을 발표했다. 한일 통화 스와프는 한일 양국이 두 나라 사이의 통화를 맞교환하는 방식으로 단기적 자금 융통을 가능하게 한 협약으로, 두 나라는 2001년 7월에 20억 달러 통화스와프의 체결을 시작으로 2011년 12월에는 3백억 달러 통화스와프를 체결함으로써 액수가 7백억 달러에 이르렀다. 이 대통령의 독도 방문 이후 2012년 10월에 3백억 달러 통화스와프, 11월에 270억 달러 통화스와프가 종료되었고, 박근혜 정부 시기인 2015년 2월에 1백억 달러 통화스와프가 종료됨으로써 완전히 종료되었다. 이 사례의 전개를 단계적으로 살펴보면 다음과 같다.

(1) 첫 번째 단계: 한일 정보보호협정 체결 추진과 보류

이명박 정부는 2012년 6월 26일에 한일 정보보호협정 체결안을 국무회의의 즉석 안건으로 상정해 비공개로 처리했다. 처리 직후 한국 국내에서는 협정의 밀실 추진에 대한 논란이 등장했고 비판적인 여론이 고조되었다. 야당과 함께 여당 역시 같은 해 12월의 대통령 선거를 의식하여 이에 대해 부정적 입장을 표시했다. 일본에서는 6월 29일에 협정 체결안이 통과되었으나 한국 정부는 서명식을 50분 남겨놓고 체결 연기를 통보했고 이명박 정부하에서는 결국 체결되지 못했다. 당시의 신문 보도는 다음과 같다.

일본과의 군사정보호협정 체결은 결코 비밀작전하듯 처리할 수 없는 사안이다. 김관진 국방부 장관은 지난달 17일 "한일 군사협정 체결은 국회 차원의 논의를 거쳐 처리하겠다"고 밝힌 바 있다. 그런데 국회 논의는커녕 상정 사실마저 숨긴 채 국무회의에서 졸속으로 처리했다. 정부 대변인인 김용환 문화부 2차관은 "사안의 심각성을 인지하지 못해 브리핑에서 빠뜨렸다"고 말했으나 터무니없는 변명이다.[12]

정부가 지난 26일 열린 국무회의에서 일본과의 '(군사)정보보호협정(GSOMIA)'을 '즉석 안건'으로 올려 비공개로 통과시킨 것은 청와대가 주도한 것으로 알려졌다.[13]

정부가 지난 26일 국무회의에서 비밀리에 통과시켰던 한일 군사정보보호협정이 29일 오후 일본과의 서명식을 한 시간 남겨두고 전격 보류됐다. 야당이 협정 자체를 반대한 데 이어 새누리당이 이날 "협정 내용은 반대하지 않지만 국회와 상의하는 절차가 필요하다"며 서명 연기를 요청했기 때문이다.[14]

이한구 새누리당 원내대표는 오후 2시께 김성환 외교통상부 장관에게 전화를 걸어 한일 군사정보협정 체결을 보류할 것을 공식 요청했다. 진영 정책위 의장은 기자들에게 "국민 정서에 반하는 문제도 있고, 절차상으로도 잘 알려지지 않은 채 급하게 체결하는 것은 납득

12 『한겨레』, 2012. 6. 28.
13 『조선일보』, 2012. 6. 29.
14 『조선일보』, 2012. 6. 29.

할 수 없고 너무 부적절하다"고 밝혔다.[15]

한국 정부는 29일 이날 오후 예정하고 있던 일본과의 GSOMIA 체결을 연기하기로 결정하고 일본 측에 통보했다. 국내에서 야당뿐만 아니라 여당 내에서도 반발이 나왔기 때문으로 당분간 체결이 어려운 상황에 빠졌다.

연기의 통지는 일본 외무성의 스기야마(杉山) 아시아태평양 국장에게 "국회와의 관계 때문에 서명을 연기하고 싶다"고 전화가 있었다. 스기야마는 "서명은 해야 한다"며 불쾌감을 전했다.[16]

한일 군사정보포괄보호협정(GSOMIA)의 서명 연기를 요청한 한국에서 정치권이 크게 동요하고 있다. 여야가 "각의 결정 과정을 비밀리에 진행했다"며 이명박 정부에 대한 비판의 목소리를 높이자, 5일에는 청와대에서 외교, 안보 정책을 총괄하는 김태효 대외전략기획관이 책임을 지고 사의를 표명했다. 임기 종반에서의 '실책'에 정권의 구심력이 한층 저하된 것은 당연한 일이다. 한편 야당 측이 맹렬히 반발하는 배경에는 중국에 대한 배려가 강하게 드러난다.[17]

이 문제는 국회의 비준을 필요로 하는 조약의 사례는 아니지만, 일부 학자들은 헌법 제60조 제1항의 조약 체결에 대한 쟁점과 부분

---

15 『한겨레』, 2012. 6. 30.
16 『아사히신문』, 2012. 6. 30.
17 『마이니치신문』, 2012. 7. 6. 한국 정부는 일본과의 협정 체결을 추진하면서 중국에도 같은 내용의 군사협정을 맺자고 제의했던 것으로 알려졌다. 하지만 북한의 입장을 고려한 중국은 이에 대해 신중한 입장을 취했던 것으로 보인다. 『조선일보』, 2012. 5. 21.

적으로 연결하기도 한다. 정민정은 다음과 같이 말했다.

> 특정 조약의 체결, 비준에 대해 국회의 동의가 필요한지 여부는 국
> 회와 행정부 간에 끊임없이 이루어지는 논쟁의 대상이다. 국회의 동
> 의가 필요한 조약의 범주에 속하는가에 대한 판단은 실제로 외교와
> 조약을 둘러싼 대통령과 국회 간의 권력 역학에서 이루어지는 것이
> 며, 특히 한일 정보보호협정과 같은 애매한 사안일 때에는 당시의
> 상황에 좌우될 가능성이 높다. 따라서 궁극적으로는 해당 조약이 국
> 회 또는 국민과의 관계에서 정치적으로, 경제적으로 어떠한 함의를
> 가지는지를 고려할 필요가 있다.[18]

따라서 이는 정치적으로 볼 때 북한의 장거리미사일 실험, 미국의
한·미·일 안보협력 강조 등에 따른 국가 주체의 안보적 고려에 따
른 협정 체결 의도가 적절한 절차의 무시라는 행위와 연결되면서 국
회 내지는 국내사회의 반발에 따라 좌절된 양면 안보딜레마의 사례
로 간주될 수 있다.[19]

한국 정부의 한일 정보보호협정의 무리한 체결 시도와 그 실패는
한국의 국내사회와 정치권에서 일본에 대한 부정적 사회정체성 강
화라는 의도하지 않은 결과를 가져왔다. 다음의 기사는 이러한 반응
을 잘 보여준다.

---

18 정민정, "한일 정보호호협정의 체결행태에 관한 논란과 개선과제", 『국제법학회논총』,
57(4), 2012, pp.143-144.
19 당시 상황에서 한일 양국 사이에 북한군, 북한 사회, 핵과 미사일에 대한 정보를 공유하
는 협정의 존재는 안보협력의 차원에서 합리적인 것으로 해석될 수 있다.

한국정신대문제대책협의회는 28일 성명을 내어 "이명박 정부는 일본 우익보다 더 큰 모욕을 우리 국민과 위안부 피해자에게 줬다"며 "위안부 문제에도 법적 해결이 아닌 인도적 해결만 운운하더니 날치기 군사협정을 강행해 '뼛속까지 친일'이라는 정체성을 확인시켰다"고 거세게 반발했다. (…) 박지원 민주통합당 원내대표는 이날 "핵무장을 하겠다고 나서는 일본에 '휴민트(human intelligence, HUMINT)' 등 핵심 군사기밀을 갖다 바치는 일이 있어서는 안 된다"며 "일본 자위대가 어떤 방향으로 발전할 것인가를 우리는 빤히 알고 있기 때문에 한일 (군사)정보보호협정을 반대한다"고 밝혔다.[20]

사실 한국 입장에서 일본은 단순한 이웃이 아니다. 일본은 고대부터 근세에 이르기까지 한반도 침략의 야욕을 한 번도 버리지 않았다. 왜구의 수많은 노략질과 임진, 정유왜란에 이어 결국 1910년 한반도를 병탄해 수탈과 유린을 자행했다. 그러고도 진솔한 반성과 사죄는커녕 영토분쟁을 도발하고 역사왜곡을 남발했다. 침략의 면에선 6·25전쟁을 도발한 북한과 다를 게 없다. 게다가 요즘 핵무장까지 도모하고 있다. 그럼에도 미국은 줄기차게 한일 군사협정을 재촉했다. 삼각군사동맹과 엠디체제 구축이 자국의 이익 관철엔 최선이지만, 한국의 처지에선 경제적 명줄이 걸린 중국과 군사적 갈등이나 마찰을 감수해야 한다.[21]

20 『한겨레』, 2012. 6. 29.
21 『한겨레』, 2012. 6. 30.

(2) 두 번째 단계: 이명박 대통령의 독도 방문

연말의 대통령 선거를 앞둔 이명박 대통령은 이와 같은 한국 내 분위기에 대한 반전 시도를 모색했고, 이는 2012년 8월 10일 독도 방문의 형태로 나타났다. 이 대통령은 문화체육관광부 장관과 환경부 장관, 소설가 이문열, 김주영과 함께 독도를 찾아 방명록에 기록을 남기고 독도경비대를 방문했다. 이에 대한 『조선일보』의 보도는 다음과 같다.

> 이명박 대통령이 광복절을 닷새 앞둔 10일 우리 대통령으로는 처음으로 독도를 방문했다. (…)
>
> 청와대 고위관계자는 "일본 정부가 방위대강 및 방위백서, 외교청서 등을 통해 독도 영유권 주장을 계속 강화하고 있고, 초중고 검정교과서의 영유권 관련 표현도 점점 강해지고 있다"며 "더 이상 조용하게만 대처하지는 않겠다는 뜻"이라고 말했다.
>
> 일본 정부는 이날 저녁 무토 마사토시 주한 일본 대사를 소환하는 등 강하게 반발했다. 노다 요시히코 총리는 "지극히 유감이며 단호하게 대처하겠다"고 말했다. 겐바 고이치로 외상은 이날 신각수 주일 한국 대사를 불러 "왜 이 시기에 방문하는지, 전혀 이해할 수 없다"고 말했다. 일본은 25~26일 서울에서 열리는 한일 재무장관회담도 취소키로 했다고 일본 언론들이 전했다.[22]

일본에 대해 비판적 입장을 유지해온 『한겨레』도 독도 방문에 대

---

22 『조선일보』, 2012. 8. 11.

해서는 의외라는 반응을 보이면서 국내정치적 요인을 지적했다.

이 대통령의 독도 방문은 일본의 도발에 대한 맞대응 차원이라고 하기엔 상징성과 강도가 너무 세다. 정책전환이라고 하기에는 너무 돌발적이다. (…)

일본에서 나오는 주장처럼, 친인척 비리와 실정으로 임기 말 권력누수에 빠진 이 대통령이 곤경을 탈피하는 수단으로 국민의 감정적 호응이 큰 일본 문제를 활용했을 가능성도 배제할 수 없다. 일본에 대한 관심이 집중되는 광복절과 런던올림픽 한일 축구 대결을 코앞에 둔 시점을 택한 것을 보면, 국내 여론을 강하게 의식했음을 엿볼 수 있다.[23]

이 대통령의 독도 방문에 대해 일본은 예상대로 강력하게 반발했다. 다음 두 신문의 보도는 이를 잘 보여준다.

한국의 이명박 대통령은 10일 오후, 한일 양국이 영유권을 주장하고 한국이 실효 지배하고 있는 시마네현의 독도를 헬기로 방문했다. 한국 대통령의 독도 방문은 처음이다. 이에 일본 정부는 방문 중지를 요구하고 반발했다. 겐바 고이치로 외상은 항의하기 위해 무토 마사토시 주한국 대사를 일시 귀국시켰다. 대사는 이날 밤 하네다 공항에 도착했다.

노다 요시히코 총리는 10일 저녁 기자회견에서 "매우 유감이다.

---

23 『한겨레』, 2012. 8. 11.

일본 정부로서 의연한 대응을 취해야 한다"고 밝혔다. 겐바 외상은 이날 오후 신각수 주일 한국 대사를 불러 강력히 항의했다. 김성환 외교통상부 장관에게도 전화로 항의하며 "일본 국민의 한국에 대한 감정과 한일관계에 큰 부정적인 영향을 미칠 것"이라고 전했다. (…)

이 대통령은 친형이 비자금 사건으로 체포되는 등 레임덕 상태에 있다. '광복절'(15일)을 앞두고 위신 회복을 도모하려는 의도가 있었던 것으로 보인다.[24]

한국의 이명박 대통령의 독도 방문에 여야는 '전대미문의 폭거'라고 일제히 반발했다. 한편 모리모토 사토시 방위상은 "다른 나라의 내정에 이러니저러니 코멘트하는 것은 자제해야"라고 발언해, 자민당이 이를 문제 삼아 문책 결의안을 내는 검토에 들어갔다. 노다 정권은 내외에 불씨를 안게 되었다.

"매우 유감이다. 한일의 전략적 중요성을 크게 훼손하는 것은 틀림없다." 민주당의 마에하라 세이지 정회장은 10일 국회에서 기자들에게 대통령의 독도 방문이 한일관계에 심각한 타격을 주었다는 인식을 보여주었다. (…)

반발은 야당에서도 일어났다. 자민당의 다니가키 총재는 기자들에게 "한일관계를 개선하려는 과거의 노력을 크게 부정한다"고 비판했다. 국민생활제일당의 아즈마 쇼즈 간사장은 기자회견에서 "일본 정부는 대항적인 수단을 통해 의연한 태도를 취해야 한다"고 말했다.

---

24 『마이니치신문』, 2012. 8. 11.

다만 야당의 비난의 화살은 민주당 정권의 외교 수완에도 향한다. 자민당의 '영토에 관한 특명위원회'는 항의성명을 통해 "독도를 불법점거라고 하지 않고 잘못된 메시지를 보내 결국 발생한 것이 이번 사태"라고 지적했다. 모두의 당 와타나베 요시미 대표도 회견에서 "민주당 정권이 저자세 인상을 주었던 대가가 돌아왔다"고 말했다.[25]

일본 신문의 한 사설에서는 이 대통령의 독도 방문이 갖는 정보보호협정 체결 문제와의 연관성과 국내정치적 고려에 대해 다음과 같이 지적했다.

정치인의 퍼포먼스에는 계산이 존재한다. 한국의 이명박 대통령의 독도 방문에 대한 계산에 대해서는 야당인 민주통합당의 의견이 명쾌하다.

"GSOMIA 체결 문제로 비판을 받은 대통령이 독도 방문 이벤트로 국민의 분노를 억제하려 했다."

GSOMIA라는 보조선을 사용하면 계산식이 잘 보인다. 이 협정은 양국 간 군사정보를 교환하기 위한 포괄적인 협약이다. (⋯) GSOMIA는 지난해 1월 한일 국방장관회담에서 협상이 결정되었으며, 지난 6월 29일에 체결될 예정이었다. 한국에서는 북한을 고려한 야당이 강력히 반발했고, 위안부 문제를 끼고 반일 여론을 부추겨왔다.

---

25 『아사히신문』, 2012. 8. 11.

이 대통령은 위안부 문제에 관해 일본으로부터 양보를 이끌어내면 반대 여론을 억제할 수 있다고 판단했다. 그러나 일본의 노다 정권은 소비증세법안 문제로 인해 자민당을 자극하는 위안부 문제에 대해 양보할 수 없었다.

미국은 외무국방 당국자협의를 통해서 조기체결에 대한 압력을 가했다. 이명박 정부는 비밀리에 각의 결정을 했지만, 그것이 언론에 누설되면서 체결이 미뤄지고 대통령 측근인 대외전략기획비서관이 책임을 지고 사퇴하는 혼란이 야기되었다.

대통령의 심정은 이럴 것이다. 야당에서 친일이라고 비판당하고, 북한과 중국과의 관계를 악화시키면서까지 협정을 체결하는 것이다. 그런데 위안부 문제에 양보하지 않는다면 영토 문제에서 허들을 올려버릴 것이다.

북한의 통일운동단체들도 "(독도 방문은) 친일매국노의 정체를 숨기고 분노하는 민심을 달래려는 정치적 코미디"라고 말했다. 독도 방문 퍼포먼스는 북한에 불리한 GSOMIA 체결 전에 한국 여론의 김 빼기를 한 것일 뿐이라는 것이다.

그러나 결과는 어떠했나. 한일 양국의 국민감정은 악화되었고 협정 체결을 위한 환경은 더욱 악화되었다. 이 대통령의 계산은 실수가 아닌가.[26]

다른 사설에서는 양국 사이의 영토 문제에 대해서 독도 방문이 가져온 의도하지 않은 결과에 대해 말하고 있다.

---

26 『마이니치신문』, 2012. 8. 16.

외교에 능숙한 한국은 역사 문제가 관련된 대일정책에서는 왜 이렇게 서툰 것인가. 이명박 대통령의 독도 방문 문제로 느낀 사실이다.

한국 외교의 활력이 인상에 남은 사례가 몇 가지 있다. (…)

그 한국이 독도 문제에 대해서는 스스로 쟁점화하는 우를 범하고 있다. 영토분쟁은 실효 지배하고 있는 나라가 우월한 입장에 있다. 일본이 중국이 센카쿠 열도에서 하는 것처럼 감시선을 독도 주변에 보내 "여기가 우리 영토"라고 강압적으로 주장하는 것은 아니다. 무력으로 탈환할 의도 등도 전무하다. 한국의 입장에서 보면 조용히 눈에 띄지 않고 실효 지배를 다져나가는 것이 최선의 방법인 것이다.

쟁점화의 두 번째 문제는 독도 문제에 대한 일본 여론을 각성시킬 수 있다는 것이다. 어떤 국민이라도 영토 문제에 민감하다. 북방 영토와 센카쿠 열도에 비해 독도 문제에 대한 일본 국민의 관심은 단지 시마네현 등 어업 문제가 포함된 지역 이외에는 일반적으로 낮았다.

이유는 몇 가지 있다. 한국과는 가치를 공유하며 오랜 기간 양국이 협력을 통해 신뢰를 조성했으며 일본에서는 독도 문제를 상대적으로 문제시하지 않았다. 그러나 대통령이 방문함에 따라 북방 영토와 센카쿠 열도와 같은 문제로 진행될 수 있는 분위기가 생겨나고 있다.

말하는 것과 같이 이명박 대통령은 침체된 국내적 인기 회복을 위해 독도 문제를 이용한 것이다. 그러나 오늘날 한국이 국제사회에서 차지하는 위치와 투박한 대일 외교 사이에는 큰 간극이 있다.[27]

---

27 『마이니치신문』, 2012. 8. 17.

한일 정보보호협정 체결 사례와는 상대적으로 이 대통령의 독도 방문은 한국에 대한 일본 국내사회의 갈등적 정체성을 강화시키게 되었다. 이성환은 이에 대해 다음과 같이 설명했다.

이명박 대통령의 독도 방문은 국가원수의 자국 영토 순방이라는 점이 강조되었지만, 독도를 분쟁지역으로 국제사회에 각인시키고 양국 간의 관계를 심각하게 악화시켰다. 이명박 대통령의 독도 방문은 독도 문제뿐만 아니라 한일관계 전체를 악화시켰다는 의미이다. 이명박 대통령의 독도 방문 두 달 후 실시된 일본 내각부의 여론조사 결과에서 이를 확인할 수 있다. 일본 내각부가 매년 10월에 실시하는 '외교에 대한 세론조사' 결과를 바탕으로 이명박 대통령의 독도 방문이 한일관계에 어떠한 변화를 가져왔는지를 살펴보자. 일본인의 한국에 대한 친근감, 한일관계에 대한 평가, 그리고 한국 방문자 수를 중심으로 살펴보자. (…)

1999년부터 2011년까지는 '친근감을 느낀다'가 '친근감을 느끼지 않는다'를 상회했다. 2011년에는 '친근감을 느낀다'(62.2%)가 '친근감을 느끼지 않는다'(35.3%)보다 약 두 배 가까이 높다. 그런데 2012년에 들어와 이러한 현상은 반대로 바뀌었다. '친근감을 느끼지 않는다'가 59.0%, '친근감을 느낀다'가 40.7%이다. 일본 내각부가 조사를 시작한 1978년 이래 '친근감을 느끼지 않는다'가 가장 높게 나타났다. (…)

한일관계에 대한 평가는 친근감의 변화와 거의 같은 추세를 보이고 있다. (…) 2001년부터 2011년까지의 평균은 '좋다고 생각한다'가 52.03%, '좋다고 생각하지 않는다'가 40.06%였다. 1990년대에 비해 2000년대에 긍정적인 평가가 약 10% 정도 상승했으며, '좋지 않다고 생각한다'는 부정적 평가가 약 3% 정도 감소했다. 이러한 긍정적인 변화의 추세는 2012년에 급변한다. 2012년의 평가는 한일관계가 '좋다고 생각한다'가 18.4%, '좋다고 생각하지 않는다'가 78.8%이다. 2012년 한일관계에 대한 평가는 1986년 일본 내각부가 조사를 시작한 이래 가장 부정적인 결과이다. (⋯)

한국에 대한 친근감의 퇴조와 한일관계에 대한 부정적 평가가 높아진 사정을 반영하여 일본인의 한국 방문자 수도 급감했다. 2012년까지 일본인의 한국 방문자 수는 매년 꾸준하게 증가세를 보였으나, 2013년에는 2012년에 비해 약 70만 명이 감소하였다. 이러한 급격한 변화 역시 이전에는 볼 수 없었던 현상이다.[28]

이명박 대통령의 독도 방문은 엘리트에 의한 위협전이의 시도를 보여주는 것으로, 표상적 접근의 분석 대상이라고 할 수 있다. 하지만 이와 같은 도구적 측면이 갖는 위협인식의 섣부른 투사는 한국 내부의 사회정체성 형성을 통해 외부적 위협과 내부적 응집의 조응을 가져오기보다는 한일 정부 사이의 갈등과 일본 사회의 부정적인 대한 인식을 초래했고, 이러한 관념적 구조는 이후 한일 통화스와프 협상에 부정적 조건을 제공하게 되었다.

(3) 세 번째 단계: 한일 통화스와프 협상
한일 통화스와프 연장 논의는 독도 문제로 악화된 한일관계에서 민

28　이성환, "일본의 독도정책과 한일관계의 균열: 2012년 이명박 대통령의 독도 방문을 중심으로", 『한국정치외교사논총』, 36(2), 2015, pp.150-152.

감한 의제가 되었다. 연장될 것으로 예상되었던 양국 간의 통화교환 협약은 2012년 말 두 차례 모두 종료되었다. 대통령 선거를 앞둔 한국 정부와 유보적인 국내 여론을 의식한 일본 정부 사이에서 통화스와프라는 경제적 사안은 정치적 관점에서 다루어졌고 결국 연장 불가라는 결과를 가져왔다. 다음의 신문 보도는 양국 사이의 국내정치와 외교정책, 인식과 이익 사이의 복합적인 상관관계를 잘 드러낸다.

> 일본 정부가 이달 말로 시한이 끝나는 한일 통화스와프 규모 확대 조처와 관련해 "한국 쪽의 요청이 없으면 확대 조처를 연장하지 않는다"는 방침을 정했다고 NHK 방송이 3일 보도했다. (⋯)
> 아즈미 준 전 일본 재무상은 지난 8월 10일 이명박 대통령의 독도 방문에 대한 보복으로 통화스와프 확대 조처의 중단 가능성을 시사한 바 있다.[29]

> 재무부와 한국 기획재정부는 9일, 10월 말에 기한을 맞이하는 한일 통화교환(스와프)협정의 확대 조치를 연장하지 않기로 합의했다고 발표했다. 스와프 협정의 규모는 11월 이후 7백억 달러(5조 4천억 원)에서 130억 달러로 축소된다. 합의 배경에는 금융시장의 환경 개선에 관한 공통 인식이 있지만 양국 국내 여론의 동향을 생각해서 결정한 측면도 부정할 수 없다. 한국 시장에서의 자금 유출 우려는 완전히 사라지지 않았고, 앞으로도 한일 양국은 정치·경제관계의 균형에 고심할 것 같다. (⋯)

---

29 『한겨레』, 2012. 10. 4.

확대 조치의 연장 문제가 어려워진 것은 한국의 이명박 대통령의 독도 방문과 천황에게 사과 요구 발언이 있었기 때문이다. 확대 조치의 연장 문제는 이 대통령의 발언에 '대응조치'적인 의미를 가진 정치 문제로 발전했다. 한국 내에서는 "연장을 요청하면 일본에 고개를 숙이게 된다"는 여론의 반발이 강해져서 연장을 제안하기 어려운 상황이 되어 있었다.[30]

일본은 통화스와프 확대 조치의 중단이 독도 문제와 전혀 관련이 없다고 애써 강조했다. 일본 조지마 고라기 재무상은 9일 "합의는 정치적인 것이 아니며 순수한 경제 금융적 판단"이라고 강조했다. 일본 언론들도 "11일 재무장관회담을 앞두고 이날 양국 통화스와프 확대 조치 중단을 발표한 것은 양국 간 회담이 예정대로 진행되며 이번 조치가 한일관계 악화에 따른 것이 아니라는 인상을 주기 위한 것"이라고 전했다.

하지만 일본 정부의 이 같은 표면적 설명에도 이번 조치는 양국 관계의 악화가 직접적인 원인이 됐다고 외신들은 보도했다. 블룸버그, 로이터 통신은 한일 통화스와프 중단 결정이 독도를 둘러싼 양국 간의 갈등이 발생하고 있는 가운데 발표된 것이어서 주목된다고 전했다.

한일 통화스와프 중단이 일본 경제에 자충수가 될 수 있다는 지적도 나온다. 다카시마 오사무 씨티은행 애널리스트는 "이번 조치는 엔화 가치를 높이고 일본 주식시장에 하락 압력으로 작용할 수 있

---

30 『마이니치신문』, 2012. 10. 10.

다"고 밝혔다.

한 전문가는 "일본 정부 내에서 한국이 고개를 숙이고 지원을 요청하면 양국의 미래지향적 관계를 위해 생색내며 연장해준다는 분위기가 강했다"면서 "한국이 오히려 주도적으로 연장을 거부하는 모양새가 돼 예상이 빗나갔다"고 말했다. 일본 우익 정치인들은 "통화스와프를 이용해 한국으로부터 독도 문제에 양보를 받아내야 한다"고 주장해왔다.[31]

일본 정부는 10월 말에 만료되는 통화스와프 협정의 확충분을 연장하지 않기로 했다. 독도 문제로 한일 양국 정부의 관계가 악화되고 있기 때문이다. 정치적 대치가 경제협력관계에 그림자를 드리우고 있다.

"정치적인 것이 아니라 순수하게 경제적인 것에 근거한 것"(일본의 조지마 재무상), "순수하게 경제적인 관점에서의 판단이다"(한국 기획재정부 고위관계자) (…)

그러나 독도를 둘러싼 대립이 배경에 있는 것은 분명하다. 원래 일본 재무 간부는 "아무것도 없으면 특별히 현상을 바꿀 필요는 없다"며 연장하는 것이 기본이라고 생각하고 있었다.

그것이 한국 대통령의 독도 방문 후 크게 바뀌었다. 한일 간의 마찰이 커지자 한국에서는 "(스와프 확대는) 일본 측이 요청한 것"이라는 보도가 나왔다. 이에 대해 일본 정부는 "한국에서 요구해 확충했다"고 정색하고 반박했고 "한국의 요청이 없으면 확충분의 연장은

31 『조선일보』, 2010. 10. 10.

하지 않는다"는 판단으로 기울었다.

한국의 일부 언론은 반발했고, 한국 기획재정부 고위관계자는 9일 기자들에게 "우리는 (확충분) 스와프 연장을 일본에 일절 요청하지 않는다"고 설명했다. 한국에서는 12월 대선을 앞두고 국내 여론을 의식해 일본에 양보 자세는 보여주지 못하고 있는 실정이다.[32]

이와 같은 경우는 이명박 정부가 양면 안보딜레마의 상황에 빠졌다고 해석하기보다는 자국의 사회적 수준과 타국 정부의 정체성 파악을 통해 그 가능성을 인지한 행위자가 사전에 합리적 선택(rational choice)이 아닌 이유 있는 선택(reasoned choice)을 한 사례로 보아야 할 것이다.[33]

2) 박근혜 정부 시기

박근혜 정부 시기 한일관계의 전개는 위안부 합의 사례를 중심으로 합의 이전, 합의, 합의 이후의 세 단계로 나눌 수 있다. 이명박 정부의 사례와 비교해볼 때 박근혜 정부 시기의 대일 외교는 한국의 대미관계, 대중관계에 좀 더 많은 영향을 받았다. 따라서 합의 이전의 국제적 맥락에 대한 검토가 중요하다고 할 수 있다.

(1) 첫 번째 단계: 위안부 합의 이전
손열은 2015년 12월에 이루어진 한국과 일본 정부 간 위안부 합의

---

32 『아사히신문』, 2012. 10. 10.
33 양자를 비교하기 위해서는 1장에서 논의한 M. Hollis and S. Smith, 1991을 참조하라.

를 두고 "시대에 어울리지 않는 밀실협상"에 의한 "문제 많은 합의"라고 표현했다.[34] 따라서 우리는 이와 같이 한일 양자관계와 각 국가의 국내정치에 커다란 영향을 미친 중요한 행동이 어떠한 구조에서 행해졌고 그것이 어떠한 새로운 구조를 만들어냈는가를 위안부 합의라는 시점을 전후로 해서 분석해볼 필요가 있다.

이 합의가 이루어진 구조의 차원을 크게 대내적 차원과 대외적 차원으로 구분하고, 대외적 차원은 양자관계, 지역정치, 세계정치의 차원으로 세분할 수 있다. 냉전기의 한일관계가 북한과 중국의 존재, 미국의 정책에 조건지어졌던 것처럼, 21세기 초반의 한일관계 역시 북한 문제, 한국의 대중 정책, 미국의 역할과 밀접하게 연관되어 있었다.

전임인 이명박 대통령과는 달리 박근혜 대통령은 임기 초기 일본에 대해 상대적으로 강경한 입장을 표명했다. 취임 직후인 2013년 3·1절 기념사에서 박 대통령은 일본에 대해 다음과 같이 언명했다.

역사는 자기성찰의 거울이자, 희망의 미래를 여는 열쇠입니다.

한국과 일본, 양국 간의 역사도 마찬가지입니다. 지난 역사에 대한 정직한 성찰이 이루어질 때 공동 번영의 미래도 함께 열어갈 수 있습니다.

---

34 손열, "위안부 합의의 국제정치: 불완전 주권국가 간 경쟁과 협력의 동학", 전재성 편, 『동아시아 지역질서 이론: 불완전 주권과 지역갈등』, 사회평론아카데미, 2018, p.131. 이 문제에 대한 박근혜 정부 이전의 양국 간 논의 내용을 살펴보기 위해서는 이면우 편, 『위안부 합의와 한일관계』, 세종연구소, 2017, 서장, 한일 양국 행동가들의 견해를 보려면 김창록 외, 『'위안부' 합의 이대로는 안 된다』, 경인문화사, 2016; 미에다 아키라, 『한일 '위안부' 합의의 민낯』, 이선희 역, 창해, 2016을 참조하라.

가해자와 피해자라는 역사적 입장은 천년의 역사가 흘러도 변할 수 없는 것입니다. 일본이 우리와 동반자가 되어 21세기 동아시아 시대를 함께 이끌어가기 위해서는 역사를 올바르게 직시하고 책임지는 자세를 가져야 합니다. 그럴 때 비로소 양국 간에 굳건한 신뢰가 쌓일 수 있고, 진정한 화해와 협력도 가능할 것입니다.[35]

이후 한국이 역사 문제의 진전을 한일 정상회담과 연결하는 방식을 선택하자 양국 관계는 급속히 냉각되었다.[36] 이처럼 경색된 한일관계의 다른 편에는 협력적인 한중관계와 박근혜 정부의 대북정책에 대한 중국의 지지 기대가 자리하고 있었다. 미국의 오바마(Obama) 행정부는 이와 같은 한국의 정책과 한미일 관계의 상황에 대해 우려하고 중재적 역할을 모색했다. 미국의 노력에 따라 2014년 헤이그 핵안보 정상회의 때 열린 한미일 정상회담이 대표적인 예라고 할 수 있다. 『허핑턴포스트』는 이에 대해 다음과 같이 보도했다.

전통적으로 한·미·일 3국은 미국의 주도 아래 동북아 지역에서 공고한 협력관계를 유지해왔지만, 최근 수년간 중국의 군사대국화와 일본의 우경화 흐름을 배경으로 동북아 안보지형이 급변하면서 공조체제에 파열음을 내왔다.

특히 과거사 문제를 놓고 대립한 한일관계는 3국 공조의 약한 고

---

35 박근혜 대통령 3·1절 기념사, 2013. 3. 1.
36 손열은 이와 같은 강경노선의 이면에는 일본 지도자들의 퇴행적 언행이 자리하고 있다고 지적했다. 즉, 이는 그 안에서 한국의 행동이 이루어진 관념적 구조를 만들어낸 일본의 행동을 먼저 고려해야 한다는 것을 의미한다. 손열, 2018, p.138.

리로 지목되어왔다.

한·미·일 3국 정상회담이 지난 2008년 이후 6년만에야, 그것도 갖은 우여곡절 끝에 개최된 것이 이를 방증한다.

이런 상황에서 일단 3국 정상은 회담에서 북핵 문제 해결을 고리로 공고한 협력관계를 구축하자는 데 공감대를 형성, 3각공조를 복원할 지점을 다시 찾아냈다. (…)

이날 박 대통령도 "북한의 비핵화를 위해 한·미·일 공조가 핵심적인 역할을 해야 하는 만큼 한·미·일 3국 수석대표들이 조속히 만나서 비핵화의 실질적인 진전을 이룰 수 있는 협력 방안을 모색할 수 있기를 바란다"고 공감했고, 아베 총리 역시 "대북 억제에 있어서 일본의 협력도 중요하다"면서 3국간 협력의 필요성을 강조했다.[37]

그러나 오바마 행정부가 기대했던 것처럼 3국 정상회담을 통해 과거사 문제를 넘어서는 한일 양국 간의 실질적인 협력의 기초가 마련된 것은 아니었다. 위의 보도는 다음과 같이 이어지고 있다.

그러나 한·미·일 공조가 진정한 의미에서 복원되기 위해서는 '한일 과거사 갈등'이라는 걸림돌을 넘어야 한다는 지적도 제기된다.

한국과 일본은 미국의 '아시아 재균형정책'의 핵심 파트너임에도 과거사 문제로 갈등을 빚으면서 미국의 역내 전략적 이해관계에 부담을 줬던 것이 사실이고, 미국은 어떻게든 한일관계 개선이 필요하다는 외교적 압박을 가해온 터였다.

37 "헤이그 한미일 정상회담 마침내 열리다", https://www.huffingtonpost.kr/2014/03/26/story_n_5032759.html

그러나 이날 회담에서도 과거사 문제는 전혀 언급되지 않은 것으로 알려져 한일 간 과거사 갈등이 좋은 의미에서 전환점을 맞이할 수 있을 것이라는 관측은 당분간 유보해야 할 상황이다.

아베 정부가 일본군 위안부와 관련된 고노(河野) 담화를 수정하지 않겠다고 밝히는 등 3국 정상회담 전에는 과거사 문제에 대해 진전된 입장을 보이는 듯하다가 3자 정상회담이 성사된 이후 '과거사 왜곡 본색'을 드러내고 있는 점도 좋지 않은 신호로 받아들여진다.

북핵에 대응하기 위한 한일 간 협력 필요성이 큰 것은 사실이지만, 왜곡된 역사인식으로 마찰을 빚는 일본과의 안보협력은 여론의 반발을 불러올 가능성이 농후한 것도 부인하기 힘든 현실이다.

결국 한·미·일 3각공조는 이번 회담을 계기로 한자리에 앉았던 한국과 일본이 과거사 문제를 어떻게 해결해나가느냐에 따라서 그 복원의 속도와 강도가 결정될 것이라는 관측이 지배적이다.[38]

하지만 이후의 한일관계는 답보상태를 벗어나지 못했고 반대로 한중관계는 더욱 가까워지는 모습을 보여주었다. 이와 같은 상황을 손열은 다음과 같이 설명했다.

이런 상황은 분명 중국에 유리하다. 중국은 역사 문제의 전략적 유용성을 잘 인식하고 있다. 이번 헤이그 핵안보 정상회의에서 중국은 한·미·일 회담에 앞서 한중 정상회담을 개최하여 한일관계에 쐐기를 박고자 했다. 이는 역사 문제를 고리로 한 '한중 대 일본' 구도로

---

38 "헤이그 한미일 정상회담 마침내 열리다", https://www.huffingtonpost.kr/2014/03/26/story_n_5032759.html

일본 및 미국의 전략을 흔들고자 하는 것으로 한국에 묘한 전략적 딜레마를 가져다주고 있다.[39]

2014년 7월에 열린 한중 정상회담의 내용은 한중관계의 강화된 양상을 잘 보여주었다. 이태환은 이 회담의 의미를 다음과 같이 열거했다.

지난 7월 3일의 한중 정상회담은 한중 양국의 역사상 아주 중요한 시기에 이루어진 회담이었다는 점에서 정상회담의 성과 못지않게 회담 자체가 갖는 의미가 크다.

단순히 양국 관계와 한반도만이 아니라 좀 더 큰 그림을 보면서 양국 정상이 회동했다는 데에 그 의미가 있다. 시진핑 체제가 들어선 이후 처음으로 동북아 지역방문외교를 추진하는 중차대한 시기에 북한과 일본에 앞서 한국을 단독으로 방문하여 이루어진 정상회담이라는 점에서이다. (…)

다음으로 이러한 맥락에서 정상회담 이후 왕이 외교부장의 정상회담 평가에 나타난 4가지 동반자의 의미도 짚어볼 필요가 있다. (…)

공동성명에 포함된 한중 정상회담의 성과도 적지 않으며 주요 성과는 다음과 같이 정리할 수 있다.

첫째, 신뢰 구축을 위한 고위급 대화 방식을 한 단계 높인 것이다. (…)

---

39 손열, "한미일 정상회담 그 이후", https://www.huffingtonpost.kr/yul-sohn/story_b_5075388.html

둘째, 북핵을 반대하는 양국의 입장이 과거보다 좀 더 강경하게 표현되었다. (…)

셋째, 6자회담에 대해 매우 상세하게 그 절차나 방식을 제시했다는 점이다. (…)

넷째, 중국의 한반도 통일에 대한 관심과 지지이다. (…)

다섯째, 위안부 문제에 대해 공동으로 연구하고 협력해가기로 한 점이다. (…)

여섯째, 한중 자유무역협정의 연내 타결에 대한 합의이다. (…)

일곱째, 위안화 직거래 시장과 위안화 청산결제 은행 개설, 그리고 한국이 중국의 자본시장에 투자할 수 있는 위안화 적격외국인기관투자자 자격 확보도 큰 성과이다. (…)

마지막으로 금번 한중 정상회담은 한중 양국의 미래 비전과 한반도 통일시대를 맞이하여 양국의 꿈을 공동으로 실현하기 위한 진정한 동반자로서의 가능성을 보여주었다는 점에서 그 의미를 찾을 수 있다.[40]

이와 같은 한중 협력의 증대가 최고점에 달했던 것은 2015년 9월 박근혜 대통령의 전승절 참석과 열병식 참관이었다고 할 수 있다. 여러 논란 끝에 박근혜 대통령은 9월 3일 천안문 광장에서 푸틴(Putin) 러시아 대통령을 사이에 두고 시진핑 주석과 나란히 전승절 열병식을 참관했다. 북한 대표인 최룡해 노동당 비서는 성루의 오른쪽 가장 끝부분에 자리 잡았다. 중국의 언론인 장잉춘(張迎春)은 박

---

40 이태환, "2014년 한중정상회담의 성과와 의미", 『인민망』, http://kr.people.com.cn/n/2014/0708/c203282-8752705.html

대통령의 열병식 참석의 의미를 이렇게 지적했다.

9월 3일이면 세계의 이목이 집중된 중국의 반파시즘 및 항일전쟁 승리 70주년 기념행사가 성대한 막을 올리게 될 것이다. 미국과 대부분의 구미국가 지도자가 불참할 것으로 보이는 가운데, 박근혜 대통령은 열병식에 참석하겠다고 결정하며 남다른 행보를 보였다. 이에 대해 박근혜 대통령의 결정은 전략적으로 옳은 선택이며, 한국이 '자주외교'의 길을 걷고 있음을 보여주는 것이라는 평가가 우세하다. (…)

최근 한중 양국은 역사적으로 가장 긴밀한 우호관계를 유지하고 있으며, 양국 모두 70년 전 일본 침략전쟁의 피해국이자 일본 군국주의에 유린당한 역사적 아픔을 지니고 있다. 한국은 무려 35년 동안 일본의 식민통치를 받았고, 과거 한국과 중국은 힘을 모아 일본에 대항했다. 또한 박근혜 대통령이 이번 열병식에 참여함으로써 한중 양국 간의 경제무역 확대, 북핵 대응, 일본 군국주의 부활 저지 등 다방면에 긍정적으로 작용할 것이다.

그렇다고 해도, 박근혜 정부가 열병식에 참여하겠다는 결정을 내리기까지에는 많은 우여곡절이 있었다. (…)

일본 교토통신은 미국이 박근혜 대통령에게 중국의 열병식에 참석하지 말 것을 요구했다고 보도한 바 있다. 해당 보도 내용에 따르면, 미국은 박근혜 대통령이 열병식에 참석하면 매우 불쾌할 것이라고 전하면서 '한미일 공조'를 핵심 축으로 하는 '아시아 중시 전략'에 부정적인 영향을 미칠 수도 있다며 걱정했다는 것이다. 물론 한미 양국은 모두 이러한 보도 내용은 사실이 아니라고 부정했지만,

알다시피 한미관계는 한국 외교의 핵심이기 때문에 박근혜 대통령은 이번 결정을 내리는 것이 쉽지 않고 조심스러웠을 것이다. (…)

이번 박근혜 대통령의 열병식 참여 결정이 얼마나 큰 의미를 지니는지는 굳이 말로 설명할 필요도 없을 것이다. 사실 박근혜 대통령이 중요하게 생각하는 것은 중국과 미국 중 누구의 편에 서고 어떻게 균형을 맞출 것인가가 아니라 세계 속에서 한국의 이미지를 어떻게 만들어갈 것인가라고 한다. 만일 한국이 미국의 말만 따르고 중국과 미국 사이에서 갈피를 못 잡았다면, 결국 독립적이고 자주적인 외교정책을 펼칠 수 없게 되었을 것이다. 그러나 박근혜 대통령은 최종적으로 국가의 이익을 수호할 수 있는 결정을 내렸다. 이번 결정은 박근혜 대통령의 외교적 기지와 정치적 역량이 십분 발휘된 결과라고 볼 수 있다.[41]

41 장잉춘, "박근혜 대통령의 열병식 참석 의미", 『중국전문가포럼』, 2015. 9. 4, https://csf.kiep.go.kr/expertColr/M004000000/View.do?articleId=14941. 이에 반해 한국의 보수 언론인 조갑제는 다음과 같은 이유로 박 대통령의 전승절 행사 참석을 비판했다. "박근혜 대통령이 중국이 초청한 전승절 행사에 참석하는 것은 국익에 도움이 되지 않는다. 특히 한미 동맹관계에도 악영향을 줄 것이다. 1. 2차 대전 때 연합군 편에 서서 일본군과 싸워 승리한 중국군의 주체는 마오쩌둥의 팔로군이 아니라 장개석이 지도하던 중화민국 군대였다. (…) 2. 전승절 행사는 중국군이 주도하는데, 중국군은 6·25 남침전쟁 때 패주하는 북한군을 돕기 위하여 불법 개입, 우리의 북진통일을 막은 전력이 있다. (…) 3. 중국군은 북한군과 동맹관계이다. 적의 친구는 우리 편이 될 수 없다. 4. 미국은 박근혜 대통령의 중국 전승절 참석을 한미동맹 정신에 대한 배신행위라고 생각할 가능성이 높다. 박 대통령의 친중반일적 외교노선은 중국 견제에 주력하는 미국의 신경을 건드렸다. (…) 6·25 때 한국 및 미국과 싸웠던 중국군 행사에 한국 대통령이 참석하게 되면 친중반일을 넘어 친중반미로 넘어간다는 의심을 받게 될 것이다. 5. 한국인 5천만 명의 생사가 달려 있는 북의 핵미사일 위협으로부터 한국을 지켜줄 나라는 중국이 아니라 미국이다. (…) 도덕적, 역사적, 전략적 면에서 박근혜 대통령은 중국의 전승절 행사에 불참하는 게 옳다. 이게 국가 이익에 도움이 된다." 조갑제, "박근혜 대통령이 중국 전승절 행사에 가지 말아야 하는 5가지 이유", 『조선pub』, 2015. 7. 29, http://pub.chosun.com/client/news/print.asp?cate=C03&mcate=m1001&n-NewsNumb=20150717952

위에서 언급한 것처럼 박 대통령의 열병식 참관에 대해 미국은 실질적으로 부정적인 입장을 표시했다. 『한겨레』는 다음과 같이 보도하고 있다.

박근혜 대통령의 중국 '항일전쟁 및 세계 파시스트 전쟁 승리 70주년 기념행사' 참석에 대해 미국 국무부의 공식적 반응과 달리, 워싱턴에서는 부정적인 분위기가 적지 않다.

마크 토너 국무부 부대변인은 3일(현지 시각) 정례 브리핑에서 "지역 내 다른 국가와 어떤 관계를 맺을지 결정하는 것은 한국의 주권적 사항"이라는 기존 입장을 재확인했다. 미 국무부는 지금까지 박 대통령의 전승절 참석을 '존중한다'는 태도를 유지해왔다.

그러나 워싱턴 싱크탱크의 한 전문가는 익명을 조건으로 "박 대통령의 전승절 참석에 대해 워싱턴의 전반적 분위기는 상당히 부정적"이라며 "일부에선 '블루팀에 있을 사람이 레드팀에 있다'고까지 말한다"고 전했다. 블루팀은 '우리 팀', 레드팀은 '상대 팀'을 가리키는 말로, 국방부에서는 '아군'과 '적군'을 지칭할 때 사용하기도 한다. 그만큼 박 대통령의 전승절 참석을 심각하게 바라본다는 뜻이다.

중국의 열병식과 관련해선 토너 부대변인은 "우리는 중국이 기념행사를 주최하는 권리와 권위에 의문을 제기하거나 도전하려는 건 아니다"면서도 "화해와 치유를 강조하는 행사를 바란다는 점을 중국과 공유해왔다"고 밝혀 행사의 '일본 때리기' 성격엔 우회적으로 불만을 표시했다.[42]

---

42 『한겨레』, 2015. 9. 4, http://www.hani.co.kr/arti/PRINT/707531.html

일본은 이후 "박근혜 정부의 중국 경사 자세를 부각하며 한중 양국이 일종의 역사동맹으로 일본을 때리고 한·미·일 협력구도를 훼손한다는 논리를 사용했다."[43] 한일관계에서의 기능적 협력 또한 2015년에 최악의 상황을 경험하게 되었다. 2월에는 치앙마이 이니셔티브(CMI)에 따른 양자 간 통화스와프가 완전히 종료되었고,[44] 양국 간 교역 규모도 2012년 대비 30% 축소되었다.[45] 한·미·일 정상회담에 이어 박근혜 정부가 모색한 한일 정상 간 대면의 장소는 한·중·일 정상회의의 무대였다. 중일 간 영토 문제로 인해 이미 냉랭한 분위기를 보였던 2012년 베이징 한·중·일 정상회의 이후의 한·중·일 관계는 역사 문제로 인해 더욱 교착상태에 빠졌고 이후 2년 동안 3국 정상회의는 열리지 않았다. 한국의 중재 노력으로 성사된 2015년 11월 서울 정상회의에서 3국은 56개 항목에 이르는 동북아 평화협력을 위한 공동선언을 채택하고 영토와 역사 문제를 가능한 한 협력과 분리하는 투 트랙(two-track) 접근을 강조하는 모습을 보였다. 이 회의에서 채택된 '동북아 평화협력을 위한 공동선언'은 3국 협력에 대해 다음과 같이 천명했다.

---

43 손열, 2018, p.146.
44 한국의 한 거시경제학자는 "외환보유액과 경상수지 흑자 규모, 단기외채 등 한국의 펀더멘털이 여러 측면에서 개선되었지만, 한일관계를 개선하고 대외충격 발생 시 방어망으로 통화스와프를 활용할 수 있었으면 더욱 좋았을 것이다."라고 진단했으며, 한 외환전문가는 "글로벌 금융위기가 재발하면 미국 달러화나 일본 엔화 등 기축통화의 필요성이 커질 수밖에 없으며, 향후 미국의 금리인상 등에 따른 자본유출 가능성을 감안할 때 이에 대한 대비도 필요하다."라고 지적했다고 보도되었다. "한일 통화스와프 종료… 진짜 충격 없을까", 『연합인포맥스』, 2015. 2. 16, http://news.einfomax.co.kr/news/articleView.html?idxno=139692
45 손열, 2018, p.147.

우리는 향후 3국 협력을 흔들림 없이 발전시켜나가고 항구적인 지역의 평화안정과 공동번영을 구축하기 위해서는 경제적 상호 의존과 정치안보상의 갈등이 병존하고 있는 현상을 극복해야 한다는 데 인식을 같이했다.

우리는 이를 위해 3국 간의 양자관계가 3국 협력의 중요한 토대를 이루며, 3국 협력의 심화가 결국 3국 간의 양자관계 및 동북아 지역의 평화와 안정, 번영에 기여한다는 데 인식을 같이했다. 역사를 직시하며 미래를 향해 나아간다는 정신을 바탕으로, 우리는 3국이 관련 문제들을 적절히 처리하고, 양자관계 개선 및 3국 협력 강화를 위해 함께 노력해나가기로 했다.

하지만 세 정상의 회의에 대한 언급은 다음에서 보는 것처럼 다소 차이를 보였다.

박 대통령은 "이번 정상회의가 한·일·중 3국을 넘어 동북아 전체의 평화와 번영에 한걸음 더 나아가는 계기가 되기를 바란다"며 "세계 경제성장의 견인차라고 할 수 있는 동북아에서 경제적 상호 의존이 빠르게 심화되고 있지만, 정치안보 측면의 갈등과 그 반복을 가져오는 문제들을 해소하지 못하고 있어서 무한한 협력 잠재력이 충분히 발휘되지 못하고 있다"고 언급했다.

그는 "오늘 정상회의를 계기로 3국 협력을 정상화해서 협력의 장애물과 도전요소를 함께 극복하고 진정한 동반자관계를 구축하여 동북아에서 평화와 협력의 질서를 세워나가기를 기대한다"고 덧붙였다. (…)

아베 신조 일본 총리는 이에 대해 "이번에 박근혜 대통령께서 주도하셔서 3년 반 만에 일한중 정상회의가 개최된 것을 정말 좋게 생각한다"고 화답했다. 또 "이번 정상회의 개최로 인해 일한중 프로세스는 정상적인 상태로 돌아갔다"며 "정상회의가 정례적 개최로 회귀된 것을 지지하겠다"고 했다. 이어 "오늘 세 정상 간에서 건설적인 논의를 통해서, 그리고 3국의 국민, 지역 사람들을 위한 커다란 성과를 얻어서 내년에 일본에서 개최되는 정상회의로 이어지도록 하겠다"고 말했다. (…)

리커창 중국 총리는 "이번 제6차 한중일 정상회의를 개최하는데 있어서 보내주신 커다란 노력과 기여에 대해 박근혜 대통령과 한국 정부에 진심으로 감사드린다"고 말했다. 이어 "이번 회의는 3년 만에 개최되는 회의"라며 "회의 자체가 회복된다는 것은 결코 쉬운 일이 아니다"고 강조했다.

리커창 총리는 "3국이 글로벌 경제, 발전과 지역 안전에 있어서 중요한 영향력이 있고 3국이 잘 협력하면 더 큰 역할을 발휘할 것"이라면서도 "협력은 타당하게, 역사를 비롯한 민감한 문제를 처리하는 토대 위에서 동아시아 지역이 서로 이해를 증진하는 토대 위에서 이루는 것"이라고 밝혔다. 또 "불행히도 우리는 이렇게 가까운 세 나라인데 일부 국가들 간에 더 깊이 이해하지 못하는 것이 아쉽다"며 "우리는 이해를 증진시키고 진정한 포용, 관용을 실현하고 지역의 지속적인 발전과 번영을 위해서 기여해줄 것을 기대한다"고 말했다.[46]

---

46 "한중일 정상회의 종료… 박 대통령 '동북아 평화협력 새 시대 이정표 되길'", 『조선비즈』, 2015. 11. 1, http://news.chosun.com/site/data/html_dir/2015/11/01/ 2015110101218.html

(2) 두 번째 단계: 위안부 합의

6차 한·중·일 정상회의에서 나타난 한일 간의 역사 문제에 대한 탄력적인 입장 제시에는 이유가 있었다. 악화된 한일관계에 대한 미국의 안보적 우려와 국내경제 문제를 고려한 박근혜 정부는 2014년 8월경부터 '비공개 고위급협의'를 고려했고, 한국 측에서는 당시 국정원장으로 임명된 이병기 전 주일 대사가 주요 역할을 담당하게 되었다.[47] 한국은 위안부 합의 문제에 대해 일본이 먼저 해결방안을 제시해야 한다는 입장을 수정해서 한국이 기준을 제시하고 이에 대해 쌍방이 합의를 모색하는 방안을 선택했다.[48] 하지만 이후 유네스코 세계유산 등재 문제와 중국 전승절 참석에 따른 양국 갈등으로 말미암아 협의는 난항을 거듭했고, 한·중·일 정상회의에서의 한일 정상 간 회동이 위안부 문제 협상 타결의 마지막 기회를 제공하게 되었던 것이다.

한·중·일 정상회의 개최 직전의 보도는 한일 양국 간 물밑조율 과정과 양측의 이견을 보여준다.

한일 정상회담이 임박했지만 위안부 문제를 둘러싼 양측의 물밑교섭은 별 성과를 내지 못하고 있다. 외교소식통은 30일 "회담까지는 아직 시간이 남았다"면서도 "상황은 두 정상이 직접 담판을 하는 쪽으로 가고 있는 것 같다"고 했다.

앞서 29일 김홍균 외교부 차관보는 스기야마 신스케 일본 정무

---

47 이러한 방식은 김종필 중앙정보부장이 비공개 협상을 추진했던 1965년의 한일 국교정상화의 사례와 여러 면에서 유사하다고 할 수 있다.

48 손열, 2018, p.151.

담당 외무심의관(차관보급)과 양자회동을 갖고 내달 2일 열리는 한일 정상회담의 의제를 협의했다. 이 회동 결과에 대해 청와대 관계자는 "신통치 않은 것 같다"고 했다. 추가조율의 여지는 아직 있다. 윤병세 외교부 장관은 내달 1일 기시다 후미오 일본 외무상과 회담을 갖기로 돼 있다.

이런 공개채널 외에 이병기 청와대 비서실장과 야치 쇼타로 일본 국가안전보장국장 간의 '핫라인'도 주목된다. 주일 대사를 지낸 이 실장은 그간 한일 정상회담 추진에 관여해왔다고 한다. 야치 국장 역시 아베 총리의 최측근 외교참모다. 이들이 움직이면 양국 정상의 '최근접 고위급'이 직접 나서게 되는 셈이 된다.

그럼에도 불구하고 일본 정부가 위안부 문제에 대해 진전된 변화를 보일 가능성은 그리 높지 않다는 게 우리 정부 예상이다.

박 대통령이 일본의 『마이니치신문』과의 인터뷰에서 "이번 한일 정상회담을 계기로 위안부 문제가 금년 내에 타결되기를 바란다"고 했지만, 이에 대한 일본 정부 반응은 시큰둥했다.

하기우다 고이치 일본 관방부 장관은 이날 기자회견에서 이에 대한 질문이 나오자 "군 위안부 문제에 대한 일본 정부의 입장은 이제까지 밝혀온 대로"라며 "전제조건 없이 정상회담을 개최해야 한다고 거듭 말하고 있다"고 했다.

아베 총리는 이번 방한 중에 갖기로 했던 내외신 기자회견도 갖지 않는 쪽으로 가닥을 잡은 것으로 전해졌다. 여기에는 한일 정상 간에 오찬 및 공동 기자회견 없이 회담만 갖기로 한 것에 대한 일본 측의 불만이 배어 있다는 관측이다.[49]

하지만 다음에서 보는 것처럼 회담 이후 오랜만의 정상 간 만남이 역사 문제의 해결로 이어질 가능성에 대한 기대도 표현되었다.

박근혜 대통령과 아베 신조 일본 총리는 2일 청와대 영빈관에서 1시간 40분 동안 정상회담을 갖고 양국 간 최대 현안인 '위안부 문제' 해결 등을 협의했다.

한일 정상회담이 열린 것은 2012년 5월 이후 3년 반 만이며, 두 정상으로선 취임 후 첫 양자회담이었다. 그러나 두 정상의 '위안부 협의'는 해결책을 내놓진 못했다. 대신 두 정상은 "가능한 조기에 위안부 피해자 문제를 타결하기 위한 협의를 가속화한다"는 데 합의함으로써 막혔던 양국 관계 복원의 불씨만 살려놨다. (⋯)

박 대통령은 이날 "위안부 문제는 피해자가 수용할 수 있고 우리 국민이 납득할 만한 수준으로 조속히 해결돼야 한다"고 말했다. 반면 아베 총리는 "미래지향적 일한관계의 새로운 시대를 구축하기 위해 박 대통령과 함께 노력하고자 한다"며 '미래'를 강조했다. 위안부 문제에 대한 양 정상의 인식 차이가 여전함을 보여주는 대목이다.[50]

일본 내 한국 전문가들도 회담 직후 다음과 같이 희망적인 견해를 피력하기도 했다.

일본 내 한국 전문가들은 아베 신조 일본 총리가 2일 한일 정상회담 이후 기자들과 만나 위안부 문제에 대해 "가능한 한 조기타결을 목

---

49 『조선일보』, 2015. 10. 31.
50 『조선일보』, 2015. 11. 3.

5장 한일관계의 양면 안보딜레마 319

표로 해 협상을 가속화하자는 데 일치했다"는 발언에 주목하면서, 기존보다 문제를 해결하려는 의지를 좀 더 분명히 담은 진전된 태도라는 반응을 보이고 있다.

와다 하루키 도쿄대 명예교수는 이날 『한겨레』와의 전화 인터뷰에서 "아베 총리가 위안부 문제 해결에 대한 분명한 의지를 보였다. (…) 앞으론 한국 정부가 단독으로 협상을 하는 것보다 한국의 여러 사회단체들이 구체적인 입장을 밝히고 활발히 토론을 하는 게 좋다"고 말했다.

기무라 간 일본 고베대 교수도 "일본 정부가 '문제의 존재'를 인정하고, 해결을 위해 노력하겠다는 뜻을 밝혔다. 지금의 일한관계를 생각한다면 꽤 획기적인 일인지도 모른다"고 말했다.[51]

하지만 다음에서 보는 것처럼 일본 내에 부정적 의견 역시 존재했다.

자민당 내에는 역사인식 문제로 한중에 다가가는 것에 대해 거부감을 가진 의원도 적지 않다. 올해 6월 언론에 대한 압력 발언이 튀어나왔던 연구회인 '문화예술 간담회'에 참가한 의원은 위안부 문제에 대해 "강제연행이 있었다는 것이 사실이 아님을 인정받도록 해야 한다"고 말했다.[52]

다른 한편으로 쟁점이 된 것은 '조기', 그리고 박근혜 정부가 원

51 『한겨레』, 2015. 11. 3.
52 『마이니치신문』, 2015. 11. 3.

했던 '연내' 합의의 문제였다. 양국 정상이 "가능한 한 조기에 위안부 피해자 문제를 타결하기 위한 협의를 가속화한다."라고 합의한 지 이틀 만에 아베 총리는 "연내에 일본군 위안부 문제가 타결되기는 어렵다."라는 뜻을 밝혔다.[53] 하지만 이 발언 이후 "청와대가 밝혀온 '연내 위안부 문제 타결' 목표가 여전히 유효하냐"라는 한국 기자의 질문에 정연국 청와대 대변인은 "그렇다"라고 답변했다.[54] 이 부분은 여전히 박정희 대통령이 성사시킨 국교정상화의 50주년인 해에 이 문제에 대한 합의를 이루고자 하는 박근혜 대통령의 의사가 반영된 것이라고 할 수 있다.

하지만 12월 15일에 2015년에 마지막으로 열렸던 한일 국장급 협의가 이견을 좁히지 못하고 끝나면서 박근혜 대통령이 강조해온 '연내 해결'은 현실적으로 어려워지는 것처럼 보였다. 그러나 한국 법원이 『산케이신문』 전 지국장에 대해 무죄판결을 내리고 헌법재판소가 한일 청구권협정 관련 헌법소원을 각하하면서 일본 측 입장에 변화가 생겼고, 기시다 외상이 28일 '위안부 특사'로 방한하게 되었다. 연내 타결을 원하는 한국 정부에 대해 일본 정부는 합의가 "최종적이고 불가역적이어야 한다."라고 요구했고 위안부 합의를 소녀상 이전 문제와 연계시키고자 했다.

합의 이전에 한국 시민사회가 가장 크게 우려한 점은 과연 이 합의가 '청구권협정의 틀'을 넘는 해결방안일 수 있는가의 여부였다. 일본 정부의 법적 책임에 관한 이 문제에 대해 한국 언론은 다음과 같이 지적했다.

53 『조선일보』, 2015. 11. 5.
54 『조선일보』, 2015. 11. 6.

한일 간의 최대 쟁점인 위안부 문제를 외교협상을 통해 빠른 시일 안에 최종적으로 타결하자는 생각에 대해, 어느 누구도 반대할 사람은 없을 것이다. 하지만 중요한 것은 내용이다.

한일 양쪽에서 이제까지 여러 가지 다양한 해결책이 제시되어왔지만, 핵심 쟁점은 위안부 문제가 1965년 한일 청구권협정으로 해결된 문제인가 아닌가 하는 점이다. 일본 쪽은 위안부 문제도 청구권협정으로 '완전하고 최종적으로 해결'되었다는 입장이다. 따라서 법적 책임은 없으며 단지 인도적 책임으로 무언가를 해볼 수 있다는 자세이다. 이에 반해 우리 쪽은 위안부 문제는 협정 당시에 거론되지 않았으며 해결되지 않은 문제라는 원칙을 유지하고 있다. (…)

지금 일본 정부 소식통이나 미디어를 통해 나오는 안은 어떤 수사가 붙어 있든, '일본 정부의 법적 책임은 없다'는 논리를 고수하고 있다. 변한 것이 있다면 위안부 피해자를 위한 기금의 규모를 대폭 늘리겠다는 것뿐이다. 더욱이 이와 함께 소녀상 철거와 위안부 문제제기의 완전 봉인을 요구하고 있다. 쉽게 말하면, 돈을 더 줄테니 소녀상도 철거하고 더 이상 문제제기도 하지 말라는 것이다.

이제까지 한국 쪽이 위안부 문제를 제기해온 것은 일본 쪽으로부터 돈을 더 받아내자고 한 것이 아니다. 인간의 존엄을 인정받자는 것이다. 정부는 본말을 잘 헤아려 일본의 법적 책임을 인정하지 않는 어떤 방안에도 섣불리 타협해서는 안 된다. 나라의 위신이 걸린 문제다.[55]

---

55 『한겨레』, 2010. 12. 28.

이 문제는 양국이 해석의 여지를 남기는 '중립적 표현' 혹은 '창의적 대안'을 모색하는 것으로 의견이 모아졌는데, 이는 결국 일본의 "정부의 책임을 통감한다."라는 말로 정리되었다. 12월 28일 기시다 외상과 윤병세 외교부 장관은 회담 이후 한일 양국의 위안부 문제가 해결되었다고 선언했고, 양국 정상은 전화로 합의를 확인했다.

(3) 세 번째 단계: 위안부 합의 이후

그러나 한일 양국의 정부가 기대했던 것과는 달리 이 합의는 문제를 '최종적으로' 해결했다기보다는 오히려 악화시켰다고 볼 수 있다. 먼저 합의 자체가 갖는 법적인 효력 문제가 제기되었다. 박배근은 이 합의가 비조약 합의이지만 국제법상의 '금반언 요건'을 충족하고 있으므로 한국과 일본은 위안부 합의에 따라 합의 내용에 반하는 권리 주장을 할 수 없으며 합의에 반하는 행위의 법적 효과도 인정되지 않을 것으로 보았다.[56] 이에 반해 강경자는 위안부 합의는 그 내용과 합의 이후 책임 인정을 둘러싼 기만행위에서 강행규범(jus cogens)을 정면으로 위반한 합의로 국제적으로 그 실효성을 인정할 수 없다고 주장했다.[57] 이러한 견해 차이는 일본의 계약충실의 원칙 (pacta sunt servanda)의 입장과 한국의 강행규범 입장으로 대별되는 양국의 국제법적 접근의 차이를 적절하게 나타내고 있다.

---

56 박배근, "2015년 한일 '위안부' 합의의 국제법적 지위: 조약인가 비조약인가?", 『법학연구』, 59(2), 2018을 참조하라.
57 강경자, "12.28 '위안부' 합의의 규범적 재조명: 국제 강행규범(jus congens)을 중심으로", 『일본연구』, 28, 2017을 참조하라.

하지만 이러한 법적인 쟁점보다 더욱 중요한 것은 이 합의가 한국과 일본 각각의 국내사회적 정체성과 이 문제에 관한 국제사회 혹은 세계사회적 정체성에 미친 영향이라고 할 수 있다. 이와 같은 점에서 위안부 합의라는 정부 간 행동이 사회적 구조에 갖는 영향력을 적절하게 검토해야 한다. 먼저 한국의 국내적 결과를 살펴보면, 이는 대일 역사 문제에 대한 국가-사회의 대립적 구도의 심화로 요약할 수 있다.『한겨레』는 이에 대해 다음과 같이 지적했다.

> 28일 한일 외교장관회담에서 위안부 협상이 타결되면서, 어떤 식으로든 한일관계가 새로운 지평을 맞게 됐다. 하지만 피해자 위안부 할머니들과 시민사회가 반발하고 있어 여론의 향방이 양국 관계 진전의 주요 변수로 등장하게 됐다. (…)
>
> 박 대통령이 위안부 문제의 연내 타결을 추진한 배경에는 한미동맹, 대일 경제 의존도 등이 두루 고려된 것으로 전해졌다. 중국 견제를 위한 '한미일 삼각동맹' 구상에서 한일 간의 과거사 갈등이 걸림돌로 작용하자 미국은 그동안 기회가 있을 때마다 위안부 문제 타결을 독려해왔다. (…)
>
> 양국관계의 최대 현안이었던 위안부 문제가 타결되면서, 양국관계도 정상화 국면에 진입할 것으로 전망된다. 지난달 박 대통령의 취임 뒤 처음으로 한일 정상회담이 열린 데 이어, 내년 3월에 미국에서 열리는 핵안보 정상회의에서 박 대통령과 아베 총리가 다시 만날 가능성도 점쳐진다. 하지만 시민사회단체의 반발 등 협상 결과에 대한 반대 여론은 한국 정부가 풀어야 할 과제로 남았다. 박 대통령이 피해자 할머니들과 시민사회의 강한 반발을 설득해내지 못할 경우

일본을 향하던 반감이 한국 정부를 향해 부메랑으로 되돌아올 수 있다. 이 경우 한국 정부와 시민사회의 '대립' 구도가 형성되면서, 위안부 합의를 둘러싼 국내 갈등이 한일관계의 진전에 악영향을 끼칠 가능성이 크다.[58]

이러한 갈등적 구도의 등장 이유는 이 합의가 소녀상 철거와 징용 문제라는 다른 의제와 연결되어 있기 때문이기도 하다. 이에 대한 보도 내용은 다음과 같다.

위안부 소녀상(평화비) 이전, 철거 문제는 민간 차원의 일로 정부 간 협상 대상이 아니라고 줄곧 밝혀온 한국 외교부가 28일 오후 한일 외교장관회담 결과 발표에서 "관련 단체와의 협의를 통해"라는 단서를 달았지만 해결 노력을 명시했다. 정부의 예고 없는 선회에 위안부 피해자 관련 단체들은 크게 반발했다. (…)
  '정신대 할머니와 함께 하는 시민모임'의 안이정 대표도 "민간에서 설치한 것이기 때문에 철거하라 마라 할 수 없다고 수차례 얘기해놓고 돌연 정부가 태도를 바꾸었다"며 "10억 엔을 받는 대신 소녀상 문제를 덮고 가는 건 용서할 수 없는 일"이라고 비판했다.[59]

28일 한일 외교장관의 '위안부' 문제 해결 선언으로, 일본군 위안부 외에 강제징용 등 여전히 미해결 상태인 일본 식민지 피해자들의 문제해결은 더욱 어려워질 것이라는 지적이 나온다.

58 『한겨레』, 2015. 12. 29.
59 『한겨레』, 2015. 12. 29.

일본의 강제징용 피해자들이 일본 기업을 상대로 한 청구권 소송을 대리하고 있는 '민주사회를 위한 변호사 모임(민변)'의 최봉태 변호사는 이날 "이번 양국 외교장관 발표에서는 1965년 체결된 한일 청구권협정의 해석에 대한 합의는 물론이고, 일본군 위안부 문제 외 다른 문제들에 대해서는 전혀 언급하지 않았다. 이 상태에서 양국 행정부가 위안부 문제가 최종적으로 해결되었다고 한다면 남은 문제들에 대해서는 신경 쓰지 않을 가능성이 높다"고 말했다.[60]

이후 아베 수상이 소녀상 철거와 10억 엔 사이의 상관관계를 분명히 한 반면, 박근혜 대통령은 이 문제에 대해 모호한 태도를 견지했다. 일본의 언론도 합의 자체에 대해서는 상대적으로 긍정적인 입장을 표시하면서 소녀상 문제를 다음과 같이 언급했다.

양국이 서로 필요로 하는 협력관계를 더욱더 추진하기 위해서는 위안부 문제의 합의를 진정으로 '최종적이고 불가역적으로 해결'하려는 노력이 필요하다. 이를 위해 양국에서 많은 국민의 동의를 얻을 필요가 있다.

박 대통령은 기자회견에서 "협상에 제약이 있어 100% 만족은 할 수 없다"며 국민 설득에 최선을 다하겠다고 밝혔다. 동시에 위안부 할머니들에게 상처를 주는 언동이 일본 정부와 언론에서 나오면 한국 여론에 대한 설득이 어려워진다고 지적했다.

양국의 여론이 가장 민감한 것은 주한 일본 대사관 앞에 세워진

60 『한겨레』, 2015. 12. 29.

소녀상의 이전 문제가 될 것이다.

한국 정부는 "적절한 해결을 위해 노력하겠다"고 약속했고, 일본은 "적절히 대처하는 것은 이전되는 것"(아베 총리)으로 해석하고 있다. 일본에서는 한국 정부가 설립한 재단에 일본 정부가 10억 엔을 내는 조건으로 이전을 강요해야 한다는 주장도 있다.

한편 합의 직후 한국에서의 여론조사에서는 66%가 이전에 반대했다.

한일 양국에서 소녀상은 위안부 문제의 상징이 되고 있다. 이전을 둘러싼 감정 대립으로 합의 자체가 공중에 뜨는 사태는 피해야 한다.

한국 정부는 이전이 실현되도록 노력해주기를 바란다. 다만 여론의 설득이 쉽지 않은 것은 분명하다. 한일 모두 성실함을 잃지 말고 합의를 꾸준히 이행해나가야 한다.[61]

결국 이 부분은 박근혜 정부 시기에 지속적인 쟁점으로 남았고, 징용 문제는 이후 문재인 정부 시기에 본격적인 갈등의 원인으로 등장하게 되었다.

한일 양국 정부 간 합의의 또 하나의 영향은 이 문제에 대한 국제사회 내지 세계사회의 논의에 미친 부정적 결과라고 할 수 있다. 이지영은 다음과 같이 지적했다.

---

61 『마이니치신문』, 2016. 1. 14. 일본의 우익 정치인들은 합의에 대해 좀 더 비판적인 의견을 피력했다. 산토 아키코 전 참의원 부의장은 『산케이신문』에 "미국에 설치된 소녀상에 대한 언급이 없어 (불만이) 뼈에 꽂히는 기분"이라고 말했고, 하라다 요시아키 자민당 국제정보검토위원장은 "국민이 납득하지 않을 것"이라고 말했다. 『조선일보』, 2015. 12. 29.

위안부 문제가 국제사회의 주요 이슈가 된 지 20여 년, 한국의 시민사회는 위안부 문제의 해결을 위해 성찰적인 일본의 시민단체, 식민지배와 위안부 피해를 공유하고 있는 아시아, 더 나아가 국제사회와 연대하며 다양한 활동을 전개해왔다.[62]

12·28 합의 발표 이후의 실태는 위안부 문제의 해결을 위해 지금까지 추진되어온 글로벌 거버넌스의 역량과 성과를 무시한 채 오로지 국가만이 관여하여 한일 정부 차원에서 외교적으로만 접근하는 방식의 한계를 명백히 나타낸 것이라고 할 것이다.[63]

일본 정부는 위안부 합의 이후 이를 계기로 2016년 3월 핵안보회의를 비롯한 각종 국제회의에서 한일 정상 간의 대화를 추진할 방침이라고 말했다.[64] 다음에서 보는 것처럼 미국 정부는 합의를 적극적으로 환영했다.

라이스 보좌관은 "이번 합의는 (위안부 문제의) 치유와 화해를 위한 중요한 제스처로, 국제사회의 환영을 받을 것"이라며 "특히 미국의 중요한 두 동맹인 한국과 일본의 지도자들이 용기와 비전을 갖고 최종적이고 불가역적인 합의를 이끌어냈다"고 말했다. 마크 토너 국무부 부대변인은 정례 브리핑에서 "한일 정부가 자국민의 불

---

62 이지영, "일본군 '위안부' 문제를 둘러싼 한일 갈등의 해결 모색: 여성인권과 글로벌거버넌스", 『일본학』, 44, 2017, p.78.
63 이지영, 2017, p.98.
64 『조선일보』, 2015. 12. 30.

만과 우려 상황을 해소해야 한다"고도 말했다. 다시는 한일 갈등으로 미국의 세계 전략이 뒤틀리는 일이 없기를 바란다는 뜻을 담은 것이다.

그러면서 케리 장관과 라이스 보좌관 등은 "동맹관계가 이번 합의를 계기로 개선될 것으로 믿는다.", "한·미·일 3자 안보협력의 진전을 비롯해 폭넓은 지역적·지구적 과제들을 다뤄나가는 데 있어 협력을 강화하기를 기대한다"고 말했다.[65]

한일 양국은 2016년 8월에 종결되었던 양자 통화스와프 논의를 재개했고, 2016년 11월에는 이명박 정부 시기에 무산되었던 한일 정보보호협정을 체결했다. 그러나 박근혜 대통령은 같은 해에 사드 배치 이후 중국과의 외교적 갈등과 그에 따른 경제적 문제를 경험하게 되었고, 이른바 '최순실 게이트'로 인해 퇴진론이 제기되면서 2017년 3월 헌법재판소의 탄핵 선고로 하야했다. 위안부 합의와 박근혜 대통령의 하야 사이에 직접적인 인과관계가 있는 것은 물론 아니지만, 이 합의가 이후 정부에 대한 한국 사회의 저항적 정체성 형성의 요인 중 하나가 되었다고 볼 수 있을 것이다.

이후 등장한 문재인 정부는 '한일 일본군 위안부 피해자 문제 합의 검토 태스크포스(위안부 TF)'를 만들어서 이 합의에 대해 내부적 검토를 진행했고,[66] 2017년 11월에 합의 결과로 만들어진 화해치유재단을 해산하겠다고 공식 발표함으로써 2015년의 합의는 실질적인

---

65 『조선일보』, 2015. 12. 30.
66 합의 당시 야당 대표였던 문재인 대통령은 위안부 합의에 대해 무효를 선언하면서 정부에 재협상을 요구한 바 있었다. 『조선일보』, 2015. 12. 31.

파기 상태로 남게 되었다. 2018년 10월에는 한국 대법원이 일제 강점기 강제동원 피해자들에게 해당 일본 기업이 배상해야 한다는 최종 확정판결을 내렸는데,[67] 이는 한일관계의 또 다른 쟁점이 되었다. 이에 뒤따른 일본 사회의 부정적 분위기 속에서 등장한 한국 함정의 레이더 작동 문제에 대해 아베 수상이 적극적인 위협전이의 자세를 취하면서 한일관계의 갈등은 더욱 증대되었다.[68]

4. 결론

외교정책분석의 사례로서 한일관계는 보편적 성격과 차별적 양상을 함께 보여준다. 즉, 체제 수준의 영향을 받으면서 양국 정부와 내각의 변화에 연동되는 한편 정치 지도자의 관념적 변수와 그와 관련된 국내정치적 역동성의 역할이 두드러지게 나타난다. 이러한 점에서 이 장에서 사용한 양면 안보딜레마 틀의 유용성을 지적할 수 있다. 이명박 정부 시기의 대일관계는 서론에서 언급한 것처럼 초기에는 협력이 증대되었다가 후기에 이르러서는 가장 악화된 모습으로 전환되었다. 이러한 변화를 이해하려면 한일 정보보호협정 체결

---

67 대법원 전원합의체의 다수의견은 피해자들의 손해배상청구권은 한일협정의 적용 대상에 포함되지 않는다는 것이었고, 소수의견은 한일협정에 따라 피해자들의 권리 행사가 제한된다는 것이었다. http://www.hani.co.kr/arti/society/society_general/867981.html
68 이전까지 양국 간의 갈등이 역사 문제에 대한 관념적 차원의 것이었던 데 비해 이 문제는 좀 더 직접적인 안보적 측면의 위협에 대한 논쟁이라는 점에서 차별성이 있다고 할 수 있다. 아베 총리는 관련된 영상의 공개를 지시했으며 방위성 관계자가 공개가 한일 군 당국 간의 관계를 한층 냉각시킬 수 있다고 주저하자 이를 강행시켰다고 보도되었다. http://news.choson.com/site.data.html_dir/2019/01/01/201001011603.html

의 모색과 보류, 독도 방문, 통화스와프 연장 요청 철회의 세 단계로 이루어진 과정에 대한 시계열적 검토가 필요하다. 이를 위해서 특정한 시기의 지도자의 행위와 관념적 구조가 순환적으로 연결되는 것을 보여주는 칼스네스의 형태발생 주기의 틀을 적절하게 활용할 수 있다.

　박근혜 정부 시기의 위안부 합의 사례 역시 이와 같은 외교정책 결정의 양면적 맥락과 단계적 검토의 유용성을 보여준다. 문재인 정부의 위안부 TF에서는 피해자 중심적 접근, 보편적 가치와 역사 문제를 대하는 자세, 외교에서 민주적 요소, 부처 사이의 유기적 협력과 소통을 통한 균형 잡힌 외교 전략의 마련이라는 네 가지 차원에서 박근혜 정부의 위안부 합의를 비판했다. 보고서에서는 한편으로 "이번 경우처럼 피해자들이 수용하지 않는 한 정부 사이에 위안부 문제의 '최종적 불가역적 해결'을 선언했더라도 문제는 재연될 수밖에 없다."라는 점을 지적하고, 다른 한편으로는 "위안부 등 역사 문제가 한일관계뿐만 아니라 대외관계 전반에 부담을 주지 않도록 균형 있는 외교 전략을 마련해야 한다."라고 권고했다.[69] 이와 같은 사회적 수준에 대한 고찰과 전략적 고려를 병행하기 위해서는 이 장에서 강조한 한일관계의 양면 안보딜레마 상황에 대한 이해가 요구된다. 즉, 어떠한 국제적·국내적 상황이 이와 같은 행위를 유도했으며 그 행위는 어떠한 의도하거나 의도하지 않은 결과로 또 다른 국제적·국내적 구조를 만들어냈는가 하는 과정을 시계열적으로 분석해야 하는 것이다. 따라서 박근혜 정부 초반의 한중관계, 남북관계, 국

69　한일 일본군 위안부 피해자 문제 합의 검토 태스크포스, 『한일 일본군위안부 피해자 문제 합의(2015. 12. 28) 검토 결과 보고서』, 2017. 12. 27, pp.28-29.

내정치, 그와 연관된 미국의 대일 정책과 대한 정책, 그 결과로서의 정부의 대일 정책 전환과 위안부 합의, 또다시 그에 따른 양자관계, 지역정치의 전환과 국내정치적 변동을 유기적으로 고찰할 필요가 있다.

한·미·일 3국 사이의 안보협력 차원과 한·중·일 3국 사이의 지역협력 차원에서 교집합을 이루는 한일관계는 한국에 중요한 의미를 갖는다고 할 수 있다. 영토 문제나 역사 문제는 그 중요성을 고려할 때 한일관계에서 지속적으로 문제를 제기하고 논의해야 한다. 하지만 다른 한편으로 두 나라 정부 간의 안보적·경제적 협력의 지속과 시민사회 간의 교류 활성화가 요구되기 때문에 이른바 투 트랙(two track), 트랙 투(track II) 접근의 필요성이 대두된다. 이를 위해서는 앞에서 분석한 바와 같이 한일관계의 사례에서 주체와 관념 변수가 갖는 역할을 이해하고 위협인식의 도구적인 측면과 구성적 측면의 결합을 통해 양국 간에 형성되는 양면 안보딜레마의 등장을 제어하려는 노력을 수행해야 할 것으로 보인다.

인테리어 디자이너 허혁은 도시재생(gentrification) 문제를 다루면서 "좋은 시작은 결코 과거를 지우는 데 급급하지 않는다."라고 말했다.[70] 역사 문제를 내생적으로 품고 있는 한일관계를 다루는 방법도 이와 같이 좀 더 장기적이고 탄력적인 접근을 필요로 한다고 생각된다. 이와 같은 점에서 불시에 독도를 방문하거나 연내에 최종적으로 위안부 문제를 해결하는 것을 고집한 이명박, 박근혜 대통령의 행위가 갖는 한계가 있었다고 할 수 있다. 따라서 한일 양국 사이의

---

70 『Casa Living』, 2018년 10월호.

갈등의 구성과 재구성 과정에 대해 검토함으로써, 적절한 정책적 선택에 의한 행위와 국내적·국제적 구조 사이의 선순환적 과정의 창출 가능성을 모색해야 하는 것이다.

6장

중국의 부상과 샌프란시스코 체제의 전환*

* 이 장은 신욱희, "중국의 부상과 샌프란시스코체제의 전환", 전재성 편, 『동아시아 지역질서 이론: 불완전 주권과 지역갈등』, 사회평론아카데미, 2018을 수정한 것이다.

1. 서론

냉전기 한국의 안보는 한·미·일 삼각안보체제에 의해 유지되어왔다. 하지만 냉전의 종언은 세계질서에 커다란 전환을 가져왔으며, 이는 다극체제, 일극체제, 새로운 양극체제의 논의를 거쳐 현재는 다양한 형태의 무질서에 대한 논쟁이 전개되고 있다. 즉, 냉전의 종언 직후 '과거로의 복귀(back to the future)',[1] 9·11로 이어진 '일극적 순간(unipolar moment)',[2] 중국의 부상에 따른 'G2'와 '아시아의 세기' 논의를 거쳐서 '미국의 부활' 가능성, 중국의 '신창타이(新常態)', 복수의 '지역'의 등장으로 특징지어지는 모호하고 복잡한 상태로 이어지고 있는 것이다.

하지만 한반도와 동아시아의 분석 수준을 중심으로 이루어지

---

1 J. Mearsheimer, "Back to the Future: Instability in Europe after the Cold War", *International Security*, 15(1), 1990을 보라.

2 M. Mastanduno, "Preserving the Unipolar Moment: Realist Theory and US Grand Strategy", *International Security*, 21(4), 1997을 보라.

는 한국 안보에 대한 고찰은 중국의 부상에 따른 구조적 맥락의 변화에 여전히 큰 영향을 받고 있다. 루만의 용어를 빌려 표현하자면, 한·미·일 관계를 중심으로 하는 한국의 기존 안보'체계'가 부상하는 중국이라는 '환경' 요인에 따라 그 '경계'가 새롭게 구획될 수 있는 시기를 맞고 있다고 말할 수 있을 것이다. 이를 주체-구조 문제와 연결시키면 한국이라는 주체가 지역체제의 구조 변화와 어떠한 방식의 상호 구성을 이루어나갈 것인가 하는 주제로 표현된다.

이 장에서는 이와 같은 전제 아래 '샌프란시스코 체제'라고 지칭되는 기존의 안보체계가 중국의 부상에 따라 어떠한 영향 아래 놓이게 될 것이며, 그러한 양상에서 한국이라는 행위자에게 주어지는 정책적 범주는 어떠할 것인가에 대해 검토하고자 한다. 먼저 중국의 부상에 대한 다양한 해석과 그 지정학적·지경학적 결과를 생각해본다. 그리고 샌프란시스코 체제의 형성 과정과 그 안보-경제-관념의 연계 방식과 변화의 측면을 분석한 후 동아시아 안보에서 중국의 부상과 미국의 역할이 상충되는 부분을 고찰해보고, 이에 관한 한국의 기존 샌프란시스코 체제의 전환적 시도 방식에 대해 논의할 것이다.

2. 부상하는 중국

중국의 부상이 얼마나 객관적인 사실인가에 대해서는 다양한 주장과 논의가 있었다. 하지만 소련의 해체 이후 21세기 초반에 이르기까지 미국과 중국의 국방비 지출과 GDP의 변화를 참고한다면, 냉전 말기 일본의 부상에 대한 논쟁과 비교해볼 때 그 추세 면에서 좀 더 분명한 경향을 보여주었다고 할 수 있다. 미국의 국방비는 1989년 5,262억 달러에서 2010년 6,871억 달러로 약 30% 증가한 데 비해, 중국의 국방비는 1989년 159억 달러에서 2010년 1,143억 달러로 약 700% 증가했다.[3] GDP의 경우 미국은 1989년 5조 4,396억 달러에서 2009년 14조 1,190억 달러로 약 2.5배 증가한 데 비해, 중국은 1989년 3,439억 달러에서 2009년 4조 9,854억 달러로 약 14배 증가했다.[4] 2010년대 중반 이래 이른바 신창타이 시대로 들어서면서 중국의 고속성장은 주춤하지만 일대일로로 대표되는 중국의 '영향력의 영역(spheres of influence)'의 확대는 지속되고 있다고 할 수 있다.

중국의 부상에 대한 실질적인 척도보다 더욱 논쟁적인 것은 그것이 가져올 결과에 대한 인식의 문제이다. 이에 대해서는 중국위협론, 중국포위론, 중국기회론의 세 입장이 대립하고 있다. 공격적 현실주의자인 미어샤이머(Mearsheimer)와 방어적 현실주의자인 월트(Walt)의 의견이 수렴되고 있는 중국위협론은 21세기 초반에 중국의 상대적으로 적극적인(assertive) 대외정책이 본격화되면서 미국 국가 전략의 관념적 기반으로서의 위치를 굳혀가고 있다. 물론 중국은 이러한 인식이 자국의 평화로운 굴기를 미국이 기존 동맹국들과 함께 제어(constrain)하려는 것이라고 주장하는데, 이와 같은 중국포위론은 한국전쟁에서의 교전을 통해 만들어진 이른바 미국위협론의

---

3   SIPRI Military Expenditure Yearbook Database(http://milexdata.sipri.org/). 더욱이 미국 국방부는 중국의 국방비가 이 자료의 수치보다 1.5배에서 2배 정도인 것으로 추정하고 있다. US Department of Defense, "Annual Report to Congress: Military Power of the People's Republic of China 2010", 2010.

4   World Bank Database(http://data.worldbank.org).

연장이라고 할 수 있다. 마지막으로 중국기회론은 다음에 서술하는 지경학 또는 신지정학적인 입장에서 중국의 부상을 비교적 중립적으로 해석하고 그것이 수반할 수 있는 이익 혹은 협력의 측면을 강조하려는 것이라고 할 수 있다.

다위샤가 민족주의를 분석하기 위해 사용했던 유형론을 위협인식에 적용한다면,[5] 중국의 위협 또한 본질적, 구성적, 도구적 측면으로 구분할 수 있다. 본질적인 것은 상상된 것이 아닌 '실재하는' 위협을, 구성적인 것은 고정되거나 이미 정해진 것이 아닌 '형성되는' 위협을, 도구적인 것은 정치적 혹은 물질적 이익을 위해서 '사용되는' 위협을 지칭하는데, 중국의 위협도 이 세 요인을 함께 갖고 있다고 보는 것이 적절하다. 이를 어떻게 구분하거나 수용할 것인가에 따라 위협, 포위, 기회 입장의 상대적 평가가 정해질 것으로 보인다.

중국의 부상이 가져오는 지정학적인 영향을 주로 살펴볼 경우에 본질적 위협을 수반하는 중국위협론이 조금 더 설득력을 갖는데,[6] 이는 '지정학의 귀환'이나 '강대국 정치의 비극' 논의와 연결되어 세계정치의 가장 핵심적인 주제가 되고 있다. 부상하는 중국을 동아시아의 지역적 수준, 한반도의 국지적 수준에서 생각해본다면, 중국은 이미 일본과의 지역적 패권 경쟁에서 우위를 차지하고 있고 부분적인 갈등에도 불구하고 북한에 가장 강력한 영향력을 행사하는 행위자로 간주된다. 이러한 전환 양상은 동북아시아 지역협력과 북핵·북한 문제의 해결에 장애요인으로 작용할 가능성이 있다고 할 수

---

5   Dawisha, 2002. 이는 5장의 사례에서도 언급되었다.
6   한국의 사례에 대한 연구로는 이상택·윤성석, "한국에 대한 중국위협론의 성립 조건과 군사적 함의", 『동북아연구』, 31(1), 2016을 보라.

있다.

지정학적 차원에 비해 중국의 부상이 가져오는 지경학적 영향에 대한 분석은 좀 더 복합적인 사고를 요구한다. 시웅(Hsiung)은 지경학적 시대의 특성을 "권력과 세력균형 게임의 규칙이 재정의되며 한 국가의 경제안보가 그 국가의 군사안보(혹은 전통적인 국가방위)에 영향을 주는 것"으로 설명했다.[7] 우리는 사드 배치 이후 중국 조치의 영향을 통해 한중 간의 경제적 상호 의존 상황과 안보적 갈등이 가져오는 경제적 비용 문제를 실감한 바 있다. 하지만 부상하는 중국이 수반하는 지경학적인 역동성은 한국에 기회의 요인을 아울러 제공하는 것으로 보인다. 이는 접경이나 반도와 같은 공간적 특성을 협력 요인으로 활용하는 이른바 '신지정학'적 고려와 관련된다.[8]

충칭과 뒤스부르크를 연결하는 중국의 일대일로 구상은 동북아시아와도 밀접하게 연결된다고 지적된다. 장루이핑(江瑞平)은 "동북아는 일대일로 건설에서 중요한 전략적 위치를 차지하고 한·중·일 3국이 함께 일대일로 건설에 주도적 역할을 해야 한다. 이는 3국의 정치적 관계의 회복과 협력의 강화에 유리한 조건을 제공한다."라고 주장했다.[9] 이 제안에서는 중국의 동북지방이 중요한 위치를 차지

---

7 J. Hsiung, "The Age of Geoeconomics, China's Global Role, and Prospects of Cross-Strait Integration", *Journal of Chinese Political Science*, 14, 2009, p.113.
8 고전 지정학에서는 영토로서의 장소를 탐구하면서 자원과 시장을 확보하기 위한 경쟁이라는 차원에서 국가 전략을 이해하는 반면, 신지정학에서는 국가의 영토성을 절대적이고 영속적인 것으로 보는 인식론을 비판하면서 협력과 공생의 공간에 대한 사회학적 상상력을 강조한다. 대표적인 저작으로 J. Agnew and J. Duncan eds., *The Power of Place: Bringing together Geographical and Sociological Imaginations*, Oxford: Routledge, 1989를 보라.
9 장루이핑, "'일대일로', 동북아 성장과 협력을 촉진하는 필수 전략", 제22차 한중미래포럼, 2017. 12. 13, 제주.

하며 북핵·북한 문제가 단계적 해결 과정을 거친다면 중국과 북한의 접경지역은 핵심적인 경제협력의 장으로 활용될 수 있다. 이 경우 동북지방이 남북한과 중국, 그리고 러시아와 일본 사이의 공생적 장소로 전환되어 동아시아 평화의 미래 공간으로 활용될 수 있는 신지정학적 가능성을 모색할 수 있는 것이다.[10]

중국의 부상에 따른 또 하나의 지경학적 구도의 변화는 지역적 차원에서 다자주의의 경쟁적 등장이라고 할 수 있다. 중국의 자기중심적인 다자적 권역의 확대는 상하이협력기구(SCO), 아시아인프라투자은행(AIIB), 역내포괄적경제동반자협정(RCEP) 등의 다양한 형태로 이루어졌다. 이는 일대일로와는 달리 세계적 패권보다는 지역적 영향력의 확대를 지향하는 것으로 여겨지는데, 이러한 중국의 시도에 대해 아시아·태평양 지역을 다자주의의 권역으로 삼고 있는 미국과 일본은 기존의 아시아태평양경제협력체(APEC), 오바마 행정부 시기까지는 환태평양경제동반자협정(TPP)을 중심으로 아시아 지역의 규칙 제정 경쟁(rule-making competition) 양상을 유지해왔다. 이와 같은 소위 경쟁적 다자주의(contested multilateralism)의 등장은 한국과 같은 국가에는 선택의 딜레마를 가져올 수도 있으나,[11] 오히려 양자에 모두 가입할 수 있는 기회를 제공하는 것으로 인식할

10 이는 안중근이 구상했던 '동양평화론'의 21세기적 형태가 될 것이다. 물론 이러한 구상은 중국 정부가 동북지방에 대해 어느 정도의 전략적 중요성을 부여하는가, 기본적으로 서진(西進)전략인 일대일로에서 이 지역이 어느 정도의 의미를 갖는가, 변경·월경 협력을 통해 중국이 얻을 수 있는 기대이익의 내용과 비중이 무엇인가에 따라 좌우될 것이다. 그리고 현재의 안보적 상황의 제약에 따라 일차적으로는 인프라, 물류, 에너지, 환경, 관광 분야의 기능적 협력을 우선해야 할 것으로 보인다.
11 경쟁적 다자주의 개념을 살펴보기 위해서는 J. Morse and R. Keohane, "Contested Multilateralism", *The Review of International Organizations*, 9(4), 2014를 보라.

수도 있다.[12]

3. 샌프란시스코 체제

1장에서 언급한 것처럼 루만은 사회이론에서 가장 큰 수준의 사회로 세계사회를 상정하고, 세계사회가 분화되는 네 가지 형태로 주체 내지는 부분체계들이 서로 평등한 분절적 분화, 불평등이 존재하는 중심과 주변에 따른 분화와 계층적 분화, 평등과 불평등이 모두 성립하는 기능적 분화를 들었다.[13] 주권과 무정부성으로 묘사되는 근대 국가와 국제체제의 특성을 전형적인 분절적 분화 형태로 설명하지만, 많은 국가들 사이의 관계는 실질적으로 계층적 분화의 특징을 보여주는 경우가 많다. 냉전 시기 양 진영 내부의 국가들의 관계 역시 후견주의적 관계로 표현되면서 행위자들 사이의 안보협력에서 위계적인 분업구조가 관찰되기도 한다.[14]

콩(Khong)은 미국 주도의 위계적 국제관계를 미국의 조공체제 (American tributary system)라고 부르면서 다음과 같이 말했다.

---

12 이승주는 한국이 중국과 미국이 주도하는 각각의 경제통합 과정에서 배제되지 않기 위해 궁극적으로 TPP와 RCEP에 모두 참여하는 선택을 해야 한다고 지적한 바 있으며, 임반석은 TPP와 RCEP가 경쟁적인 관계로 인식되고 있지만 양자는 여러 측면에서 조화를 이룰 수 있는 공간을 갖고 있다고 말했다. 이승주, "미중일 삼각구도와 한국의 전략적 대응: 환태평양경제동반자협정(TPP)과 역내포괄적경제동반자협정(RCEP)의 사례를 중심으로", 『미국학』, 36(2), 2013; 임반석, "TPP와 동아시아 RCEP의 경합과 보완의 가능성", 『한국동북아논총』, 70, 2014.

13 루만, 2012, 4장을 보라.

14 2장 2절을 참조하라.

지금까지 만들어진 것 중에서 가장 광범위한 공식 또는 비공식 동맹의 중추 혹은 핵심으로서 미국은 자국의 동맹국이나 파트너—혹은 조공국—에 시장과 더불어 군사적 보호를 제공한다. (…) 이러한 노력의 대가로 미국이 바라는 것은 명확하다. 첫째는 자국을 절대적인 권력체 또는 패권국으로 인정해주는 것, 둘째는 다른 나라들이 자국의 정치적 형태와 관념을 모방하는 것이다.[15]

한·미·일 관계를 중심으로 하는 샌프란시스코 체제도 냉전기에 형성된 계층적 분화의 한 형태로 이해할 수 있다. 태평양 전쟁 이후 미국의 일본에 대한 역코스 정책, 한국전쟁 발발, 샌프란시스코 평화회의의 개최를 거치면서 형성된 이 체제는 미국에 의한 아시아·태평양의 관리와 일본의 재무장으로 특징지어졌다. 하지만 전후처리체제로서 샌프란시스코 체제는 영토나 역사 문제와 같은 지역 내 갈등을 재생산했다는 비판을 함께 받았다. 일본사 연구자인 다우어(Dower)에 따르면 다음과 같다.

샌프란시스코 강화조약은 일본에는 관대하여 평화국가로서 민주주의와 경제적 번영을 가져다준 반면, 일본의 군국주의와 식민 지배의 피해자인 주변국을 배제하여 근린국으로서 화해를 통해 새로운 지역적 관계 질서를 조성하기보다 제국주의와 침략, 그리고 착취로 인

---

15 Y. F. Khong, "The American Tributary System", *The Chinese Journal of International Politics*, 6, 2013, p.1. 이러한 점에서 중국이 주장하는 '신형국제관계'가 국가 간의 '평등'을 강조한다는 점은 흥미롭다고 할 수 있다. 왕이저우, "동아시아 질서에 대한 인식", 한국학술좌담, 베이징대학교 국제관계학원, 2018. 3. 31.

한 상처와 그 유산이 곪는 '유해한 결과'를 안겨주었다."[16]

한·미·일 관계의 빠진 고리(missing link)였던 한일관계는 1965년의 국교정상화로 채워졌고, 이어 베트남 전쟁에서 이루어진 3국 간의 협력은 샌프란시스코 체제하의 안보적 분업의 전형적인 형태를 보여주었다. 닉슨 독트린 이후 한일 양국은 방기의 우려에 따라 '의사동맹'으로서 상호 협력을 강화하면서 데탕트의 차별적인 모습을 보여주었지만,[17] 한편으로는 일본의 오키나와 환수에 따라 미일 간에 이른바 '한국조항'이 명문화됨으로써 한·미·일 삼각안보체제가 '냉전적 원형'을 갖추게 되었다고 평가되기도 한다.[18] 그러나 한국조항은 미국의 대아시아 정책과 일본 국내정치의 변화에 따라 그 내용을 달리했고,[19] 미일관계의 중심성과 미국의 상대적인 일본 위주의 정책 수행이 한·미·일 안보협력체제의 연속성의 요소가 되었다.

위계성과 더불어 샌프란시스코 체제가 갖는 두 번째의 특성은 그것이 보여주는 안보-경제-관념 연계 부분이다.[20] 이러한 특성에 대한 이해는 세 측면을 함께 고찰하면서 서로의 인과관계와 각각의 중

16 현무암, "샌프란시스코 체제의 전환과 한미일 의사 동맹 관계", 『황해문화』, 83, 2014, pp.35-36에서 재인용했다.
17 4장에서 논의된 Cha, 1999, ch.3을 참조하라.
18 최희식, "한미일 협력체제 제도화 과정 연구: 1969년 한미일 역할분담의 명확화를 중심으로", 『한국정치학회보』, 45(1), 2011을 참조하라.
19 4장을 보라. 한 예로 1969년 닉슨-사토 공동성명에서 "한국의 안보는 일본에 긴요하다(essential)."라고 지적된 반면, 1975년 포드-미키 공동성명에서는 "한반도의 안정은 일본에 필요하다(necessary)."라고 언급되어 그 차이를 보여주었다. 신욱희, 『삼각관계의 국제정치: 중국, 일본과 한반도』, 서울대학교출판문화원, 2017, p.105.
20 손영원은 이를 각각 위협, 교환, 동의의 체계라는 용어로 표현했다. 손영원, 1985를 보라.

요성을 검토하는 통합적·상호적 접근을 필요로 하는데, 루만이 말한 복수의 부분체계의 존재와 상대적 비중에 대한 관찰이 이에 해당한다고 볼 수 있다.[21] 캘더는 '번영을 통한 안보의 추구'라는 샌프란시스코 체제의 군사와 경제 연결 전략이 전후 동아시아 안보와 경제성장의 토대가 되었다고 하면서 다음과 같이 지적했다.

샌프란시스코 체제라고 (여기에) 알려진, 1951년 9월 일본과의 조약 이래 태평양에 존재해온 정치·경제 관계의 통합된 체제는 세계어느 곳의 하부지역체제와 비교해도 독특한 면이 있다. (⋯) 중국의역동적인 역할 확대가 (샌프란시스코 체제) 변화의 중심 요인인 반면, 태평양 양측의 보완적인 국내적 정치·경제적 이해가 기존 딜레스의 탁월한 일본 중심 구상을 강화하면서 그 존재가 지속되었다.[22]

하지만 중요한 점은 이와 같은 호혜적인 성격이 냉전체제의 전환에 따라 변화를 보여왔다는 것이다. 그 한 예가 1990년대 초반에 등장한 이른바 '일본과의 다가오는 전쟁(coming war with Japan)' 논쟁이라고 할 수 있다. 프리드먼(Friedman)과 르바르드(Lebard)는 1990년대 초반의 국제정세가 미국이 초강대국으로 존재하지만 경제 부문에서의 갈등과 지역 국가의 부상이 심화되는 방식으로 전개될 것이라고 전망하면서, 특히 미일 대립구도의 형성 가능성을 강조

---

21 루만, 2012, pp.645-659.
22 K. Calder, "Securing Security through Prosperity: The San Francisco System in Comparative Perspective", *The Pacific Review*, 17(1), 2014, p.135. 이와 상반되는 종속이론적 시각으로는 H. Bix, Baldwin ed., 1973을 참조하라.

한 바 있었다.[23] 즉, 현재의 중국위협론과 유사한 형태로 일본위협론이 거론되었다는 것을 알 수 있는 것이다.

1990년대 후반의 아시아 외환위기는 또 다른 측면에서 샌프란시스코 체제의 경제적 효용성에 대해 의문을 제기했다. 일본의 재정지원을 기대했던 한국 정부의 희망은 좌절되었고, 샌프란시스코 체제의 제도적 형태인 APEC의 역할 부재로 인해 많은 아시아 국가들이 동아시아 중심의 지역주의를 강조하는 결과가 생겼다. 레이븐힐(Ravenhill)은 이에 대해 다음과 같이 지적했다.

(동아시아 국가들이 했던) 1990년대의 주요한 생각은 국제체제가 다른 지역에서 (제도적으로) 발전하는 것에 대한 우려, 그리고 1997~1998년에 동아시아 경제가 직면했던 문제에 대한 미국의 무관심과 동아시아에 국한된 제도 형성에 대한 좀 더 일반적인 서구의 반대를 향한 분노였다고 할 수 있다.[24]

이근은 자신의 논문에서 1998년에 미국이 급격하게 절하되는 일본의 엔화를 방어해주면서 그 반대급부로 일본의 경기부양과 시장개방에 관한 미국의 요구를 관철시키는 과정과 당시 미국 행정부가 중간선거를 앞두고 달러를 고평가해서 미국의 다양한 국내정치경제세력의 이해를 충족시키는 과정을 분석했는데,[25] 이는 캘더가 샌프

23 G. Friedman and M. Lebard, *The Coming War with Japan,* New York: St. Martin's Press, 1991을 보라.

24 J. Ravenhill, "East Asian Regionalism: Much Ado about Nothing?", *Review of International Studies,* 35, 2009, p.235.

25 이근, "환율정책과 국가권력: 아시아 금융위기, 국제통화력, 그리고 미국 행정부의 독자

란시스코 체제의 기본이 되었다고 말하는 미국과 일본의 국내정치적·경제적 이해관계의 수렴과는 거리가 있다고 할 것이다.

2008년의 글로벌 금융위기는 좀 더 포괄적인 면에서 샌프란시스코 체제의 관념적 토대인 워싱턴 컨센서스에 대한 비판을 야기했다. 중국의 부상과 더불어 이를 대체할 베이징 컨센서스가 명확하게 등장한 것은 아니지만, 할퍼(Halper)와 같은 일부 학자들은 다음과 같이 중국적 관념의 확산 가능성을 언급한 바 있다.

> 베이징의 전 지구적 부상은 평화롭게 이루어질 수도 있는데, 이는 중국의 통상관계의 세계적인 확산과 함께 진행된다. 따라서 워싱턴과 브뤼셀은 상대적인 빈국과 맺은 조건적 관여를 통해 전통적으로 향유해온 레버리지와 1989년 이후 '세계화'될 것으로 기대했던 시장-민주 모델의 두 핵심적 영역에서 그 토대를 상실하고 있다. 이와 같은 전개는 함께 연계되어서 내가 마땅한 용어가 없어 중국 효과(China effect)라고 부르는 현상을 만들어내게 된다. 이는 워싱턴 컨센서스가 개발도상국에서 성공을 거두지 못함에 따라 베이징이 단순히 비즈니스를 통해서 워싱턴과 서구의 레버리지와 자유주의적 의제를 잠식하는 전 지구적 경제관계의 네트워크를 구축한다는 것을 의미한다.[26]

캘더가 지적한 바와 같이 중국의 부상은 기존의 샌프란시스코 체

적 영역", 『국제·지역연구』, 9(4), 2000을 보라.

26　S. Halper, *The Beijing Consensus: How China's Authoritarian Model Will Dominate the Twenty-first Century*, New York: Basic Books, 2010, pp.38-39.

제에 대한 가장 큰 변화 요인으로 작용하고 있으며, 이와 같은 전환 양상은 냉전 시기에 형성되었던 '동맹의 정치경제(political economy of alliance)' 역학의 변화를 뜻하기도 한다.[27] 문정인과 류상영은 이에 대해 다음과 같이 말했다.

한국은 미국이 건설한 자유주의 경제 질서의 주요 수혜국 중 하나였다. 하지만 주요한 외부적인 경제위기 혹은 이어지는 결정적인 국면들로 인해 한국은 미국이 주도하는 경제적·재정적 구조에서 벗어나 대안적인 기제를 모색하게 되었다. (…) 그럼에도 불구하고 이러한 움직임은 세계적인 경제적·재정적 제도의 안정성에 대한 지속적인 선호와 북한의 핵위협에 따른 동맹에 대한 재강조에 의해 근본적으로 억제되고 있다.[28]

결국 민주주의, 경제적 상호 의존, 국제기구로 대표되는 신칸트주의적 평화론의 장기적인 의미는 여전히 유효하다고 할 수 있으며,[29] 현재 진행 중인 북핵 문제의 존재는 샌프란시스코 체제가 담당해온 안보적 역할의 기본적 성격을 유지시키고 있는 것으로 생각된다. 전재성은 글로벌 금융위기 이후 미국이 단기적으로 위기를 극복

---

27 냉전기의 사례를 이해하기 위해서는 W. Shin, "The Political Economy of Security: South Korea in the Cold War system", *Korea Journal,* 38(4), 1998을 보라.
28 C. Moon and S. Rhyu, "Rethinking Alliance and the Economy: American Hegemony, Path Dependence, and the South Korean Political Economy", *International Relations of the Asia-Pacific,* 10, 2010, p.441.
29 이는 현재의 '트럼프(Trump) 현상'에도 불구하고 상대적인 연속성을 가질 것으로 보인다. 최근에 다시 언급되고 있는 TPP 논의가 하나의 예가 될 것이다.

하기 위해 중국과의 양자적 혹은 다자적 협력을 유지할 것으로 예측하면서, 한국의 전략 목표를 세력전이에서 협력적 지역질서의 변환으로 가는 전기를 마련해가는 것이라고 보았다.[30] 하지만 문제는 2010년대에 들어서서 미중관계에서 점차 대립 양상이 부각되면서 한국이 전략적 선택을 해야 하는 상황이 등장하고 있다는 점이다. 사드 배치를 둘러싼 갈등이 그 대표적인 사례라고 할 수 있다.

4. 미국의 역할 vs 중국의 부상

민주화 과정을 거치면서 한국 사회에서는 냉전기와는 다른 대미관계를 설정하자는 주장이 제기되었고 북핵 문제의 대응에 관해 한미 간에 이견이 표출되기도 했다. 일부 학자들은 이와 같은 상황이 월트가 지적한 동맹쇠퇴의 요인인 위협인식, 신뢰도, 국내정치의 변화에 따른 한미동맹의 쇠퇴를 의미한다고 지적했다.[31] 하지만 이명박, 박근혜의 보수 정부를 거쳐 현재의 문재인 정부에 이르기까지 안보협력에서 한미관계는 상대적으로 안정적인 모습을 보이고 있는데, 이는 기본적으로 심화되고 있는 북핵 문제에 대한 인식을 공유한 데에서 기인했다고 할 것이다.

　　냉전의 종언 직후의 북핵 1차 위기와 9·11 이후의 북핵 2차 위기를 거쳐 중국의 부상과 겹쳐지는 현재의 '북핵 3차 위기' 상황은

30　전재성, "2008년 경제위기와 미중관계의 변화, 한국의 전략", 『한국과 국제정치』, 28(1), 2012, p.123.

31　S. Walt, "Why Alliances Endure or Collapse", Survival, 39(1), 1997을 참조하라.

한국, 북한, 미국, 중국 사이에 복잡한 전략적 상황을 만들어내고 있다.[32] 한국 내에서는 북한을 잠정적인 핵보유국으로 의식해서 미국의 전술핵 재배치 내지는 한국의 핵개발 주장이 제기되기도 했다. 하지만 전술핵 재배치는 한반도 비핵화라는 원칙에의 상충과 '과거로의 복귀'라는 측면이, 그리고 핵개발은 지역적 핵확산의 문제, 한국이 갖는 취약성과 과거 개발 사례에서 나타났던 미국의 민감성을 생각할 때 적절한 선택이 아니라고 할 수 있다. 만약 한반도에서 비핵화의 최종적 상태(end state)의 목표와 그 내용을 한국과 북한, 미국과 중국이 공유한다고 해도, 이에는 단계적 접근이 필요하며 중·단기적으로는 미국이 한국에 제공하는 확장억제가 불가피하다는 결론에 도달할 수 있다.

혹자는 셰일혁명이나 4차 산업혁명을 언급하면서 '미국의 부활'을 말하기도 하지만,[33] 시차를 두고 제기된 자카리아(Zakaria)의 '미국 이후의 세계(post-American world)'나 쿱찬(Kupchan)의 '무주공산의 세계(no one's world)', 하스(Haass)의 '혼돈의 세계(World in Disarray)' 주장도 각각 설득력이 있는 것이 사실이다.[34] 그러나 만약 북핵 협상의 타결이 북한 문제의 해결로 이어져서 한반도 수준의 현재적 위협이 감소된다고 해도 동아시아에서 지역적 수준의 잠재

---

32 북핵 1차 위기가 대량살상무기(WMD)의 확산을 둘러싼 국제안보의 문제였고 2차 위기가 대테러전과 관련된 지구안보의 문제에 해당했다면, 현재의 위기는 중국의 부상과 미국의 국방과 관련된 국가안보의 문제에 가깝다고 할 수 있다.

33 함재봉 외, 『팍스 아메리카나 3.0: 다시 미국이다』, 아산정책연구원, 2016을 보라.

34 F. Zakaria, *The Post-American World*, New York: W. W. Norton & Company, 2008; C. Kupchan, *No One's World: The West, The Rising Rest, and the Coming Global Turn*, Oxford University Press, 2012; 리처드 하스, 『혼돈의 세계』, 김성훈 역, 매일경제신문사, 2017.

적 위협은 여전히 존재한다고 할 수 있다. 따라서 이러한 '이중적 무정부성(dual anarchy)'을 고려할 때 역외 균형자로서 미국과 주한미군의 역할은 여전히 동아시아 안보의 핵심적 요건이라고 할 수 있는 것이다.

문제는 이렇게 지속되는 샌프란시스코 체제 내에서의 미국의 범위(scope)와 부상하는 중국이 설정하는 새로운 범위가 상충되고 있다는 점인데,[35] 사드 배치 이후 문제가 된 이른바 '3불(不) 정책' 사례가 그것에 해당한다. 이는 중국이 사드 배치 이후 한국과의 회담에서 미국의 MD 체제 참여, 사드 추가 배치, 한·미·일 군사동맹에 대한 불가 입장을 표명한 것을 의미하는데, 강경화 외교부 장관이 국회에서 세 가지 사안에 대한 계획이 없다고 발언한 것이 발단이 되어 '안보주권' 논쟁으로 이어진 바 있다. 이러한 논쟁의 존재는 향후 한반도와 동아시아 안보의 의제에서 미중 양국의 입장 차이가 한국의 전략적 선택 문제로 연결될 개연성을 보여준다고 할 수 있다. 하지만 노무현 행정부 시기의 동북아 균형자론과 현 정부가 언급하는 '균형외교'가 최소한 중·단기적으로는 한계가 있다는 점을 생각해 볼 때, 한국에 안보적인 측면에서 한·미·일 관계가 갖는 상대적 비중은 부인하기 어렵다고 할 것이다.[36]

---

35 포괄적인 동아시아 안보 의제에서는 남중국해 문제가 대표적인 예라고 할 수 있다.

36 이와 같은 측면에서 볼 때 장기적으로 기존의 안보협력체제와 새로운 동북아시아의 지역협력체제를 복합화하는 구상을 생각해볼 수 있다. 이 경우에 한·미·일 관계와 더불어 한·중·일 삼각관계와 그 안에서의 한국의 위치가 중요해진다. 이 주제에 대한 이론적·역사적 고찰을 살펴보기 위해서는 신욱희, 2017a를 참조하라. 서주석은 노무현 행정부의 동북아 균형자론이 사실상 미중 사이의 균형이 아닌 중일 사이의 균형을 염두에 둔 측면이 있었다고 말했다. 그에 따르면, 노 대통령은 국방발전자문회의에서 "중국과 일본이 동북아에서 갈등 상황을 겪을 때를 대비하여 우리가 그 격차보다 큰 군사력을 보유해야 한다."라고 발언했다는

5. 한국의 샌프란시스코 체제 전환 모색

미국 오바마 행정부의 아시아 재균형정책은 21세기 초반 중국의 부상에 따른 미국의 변화된 위협인식의 반영이었다고 할 수 있다. 이는 안보적인 측면에서는 대일 협력의 강화와 일본에 대한 지역적 책임 전가(buck-passing) 내지 부담의 공유(burden sharing), 경제적인 측면에서는 TPP를 통한 중국 견제, 관념적인 측면에서는 민주주의와 인권 요인에 대한 강화 등으로 나타났다.[37] 아베 내각은 이와 같은 미국의 전략을 적극적으로 수용하면서 이를 바탕으로 헌법 개정을 포함한 전후체제의 탈각을 모색했다. 이와 같은 미국의 아시아 중시 정책과 그에 따른 미일관계의 강화는 기본적으로 샌프란시스코 체제의 유지 내지는 강화를 의미하는 것이다.[38]

스튜어트(Stuart)는 미국의 아시아 피봇(Pivot) 전략의 군사적 측면을 '샌프란시스코 2.0'이라고 지칭하면서 다음과 같이 말했다.

미국은 아시아·태평양을 위한 새로운 전략에서 미국의 상대적인 경제적 쇠퇴로 인해 미국 외교정책에 부과되는 엄격한 제한을 염두에 두어야만 할 것이다. (⋯) 소위 샌프란시스코 체제라고 불리는 미국 주도의 동맹은 이 지역의 미국의 우방과 동맹이 직면한 문제들에 좀 더 잘 반응하기 위해 전환되어야 한다. (⋯) 중국의 군사 현대화에

것이다. 국제관계연구회 추계학술회의, 2015. 10. 23.

37 유상범, "미국 아시아태평양 중시정책의 내용과 함의: 미중 대결 가능성과 일본의 책임 전가 역할을 중심으로", 『한일군사문화연구』, 18, 2014를 보라.

38 트럼프 행정부에서도 아직까지 이러한 기본 방향에는 변화가 없다고 보는 것이 적절하다고 생각된다.

대한 대응으로, 그리고 지역의 우방과 동맹을 위한 보증의 원천으로
국방부가 제안한 공해전(AirSea battle) 개념이 고려될 것이다.[39]

문제는 이러한 미국의 전략과 미일 협력이 미중 간의 군사적 충
돌 가능성, 한반도 유사시 일본 자위대의 역할, 앞에서 언급한 중국
의 부상에 따른 지정학과 지경학의 복합적인 연계 문제로 인해 한국
정부의 정책적 딜레마 혹은 국내사회적 반발을 야기할 수 있다는 점
이다. 따라서 일본과 달리 한국은 자국의 안보를 위해 샌프란시스코
체제를 대체할 수 있는 다자적 기제를 모색해야 한다는 주장이 제기
되기도 했던 것이다. 김명섭은 다음과 같이 지적한 바 있다.

> 샌프란시스코 평화체제의 변동은 다음과 같은 새로운 흐름에 의해
> 추동되어왔다. (…) 냉전 종식 이후 미국의 세계 전략 변화, 냉전 종
> 식 이후 미일동맹 강화, 일본 내 헌법 9조 개정 움직임, SCO와 같은
> 대륙 중심적 국제체제 형성, 타이완의 정체성 추구, 샌프란시스코 평
> 화조약에 대한 해석상의 차이로 인해 지속되고 있는 동아시아 영토
> 분쟁 (…) 북한의 핵실험이 샌프란시스코 평화체제의 변동을 가속화
> 시키는 한편, 북한 핵 문제 해결을 위해 만들어진 6자회담체제가 샌
> 프란시스코 평화체제의 임시적 안정성을 뛰어넘어 동아시아의 새로
> 운 국제체제로까지 발전할 수도 있다.[40]

---

39   D. Stuart, "San Francisco 2.0: Military Aspects of the U.S. Pivot toward Asia",
Asian Affairs: An American Review, 39, 2012, p.202.
40   김명섭, "샌프란시스코평화체제의 변동과 6자회담", 『국방연구』, 50(2), 2007, p.57.

6자회담이 남북한, 중국, 러시아를 포괄하고 있다는 점에서 샌프란시스코 체제보다 더 포괄적이고 궁극적으로 태평양 전쟁의 전후 처리체제로서 공식적인 적합성을 가질 수 있다는 것이 사실이라고 해도, 북핵 2차 위기 이후에 6자회담은 일단 휴면상태에 들어가 있고 현재의 해결 모색도 남북한, 북미, 북중 간 양자대화의 중첩 형태로 이루어지고 있다는 점에서 볼 때 중·단기적인 대체 가능성은 없다고 보는 것이 적절할 것이다. 또 다른 고려로 한·미·일 관계를 디트머(Dittmer)가 말하는 '전략적 삼각관계(strategic triangle)'로 변환하는 것을 생각해볼 수 있다. 그러나 이는 각 행위자 사이의 전략적 의미와 더불어 정당한 자율성 인식의 존재를 전제로 한다는 점에서 역시 중·단기적인 실현 가능성이 희박하다고 할 것이다.[41]

따라서 한국이 샌프란시스코 체제의 현상 유지를 넘어서 고려할 수 있는 정책적 입장은 내부적 전환의 모색이라고 할 수 있는데, 이는 여러 측면의 노력을 포함한다. 첫 번째는 한국의 전략적 능력을 확대함으로써 체제의 '내부적 균형(internal balancing)'을 추구하는 것이다. 미중 간 세력전이의 상황에서 한국, 주한미군, 평택기지가 갖는 전략적 가치는 증대되고 있는 것으로 보이는데, 한국 정부는 미국과의 연합방위태세를 유지하는 것과 함께 국방개혁을 통해 적정 군사력을 확보하고 미국과 지속적으로 원자력·미사일 협상을 함으로써 한국의 포괄적 역량을 강화하는 데 주력할 필요가 있다. 이러한 노력은 현재적 위협과 잠재적 위협 모두에 대비하는 장기적인 노력에 해당한다.

41   Dittmer, 1981을 참조하라.

두 번째는 한미동맹의 유지와 병행되는 한국의 상대적 자율성 증대에 대한 모색의 측면이다. 김준형은 한국 대외정책의 지속적인 대미 의존성 문제를 지적하면서 북한을 행위 주체로 인정하면서 동북아시아에서 미국의 패권적 영향력을 다자화하고 한미동맹의 제도적 관성과 이와 연관된 사회정체성을 재검토할 필요가 있다고 강조했다.[42] 이러한 맥락에서 가장 중요한 것은 전시작전권 환수에 대한 논의라고 할 수 있는데, 이명박, 박근혜 정부가 이에 유보적인 입장이었던 데 반해 문재인 정부는 조기전환의 입장을 취하고 있다. 이러한 노력은 확장억제의 실효성을 제고하고 한국이 갖는 취약성을 보완하는 방향으로 행해져야 하며, 환수에 따른 한미연합사 재편 문제가 핵심적인 고려 대상이라고 할 수 있다.

샌프란시스코 체제 내부의 자율성을 신중하게 모색하기 위해서 한국은 2010년대 초반 일본 민주당 정부의 사례를 참조할 필요가 있다. 하토야마는 취임 초기에 '대등한 미일관계론'과 미국이 배제된 '동아시아 공동체론'을 추진하고자 했다. 이에 대해 아미티지(Armitage)와 나이(Nye)는 대등한 미일관계를 만들기 위해서 "일본은 현재처럼 GDP 1%가 아닌 4%를 방위비에 충당하지 않으면 안 될 것이다. 그리고 핵무기를 독자적으로 개발하고 독자적인 외교를 실현하겠다는 결단을 내리지 않으면 안 된다."라고 지적했다. 또한 동아시아에서 "만약 미국이 '배제되고 있다'고 느낀다면 아마도 보복에 나설 것이다. 그것은 (일본에) 큰 대가를 치르게 할 것이다."라고 경

---

42 김준형, "한국대외정책의 대미의존성의 고착화과정과 원인에 대한 분석", 『21세기정치학회보』, 19(2), 2009, pp.404-405.

고했다.[43] 이후 노다 내각은 미일동맹을 강화한다는 입장으로 선회했고, 2012년 11월에 미일 양국은 중국 견제를 목표로 하는 신가이드라인을 개정하는 데 합의하게 되었다.

한국의 정책적 모색의 세 번째 부분은 한일협력의 유지에 관한 것이다. 한일관계는 샌프란시스코 체제의 내부적 균형과 더불어 체제의 환경 요인인 한·중·일 관계 혹은 동북아 지역체제를 구축하기 위해서도 필요하다고 볼 수 있다. 서승원은 "한일협력은 중국의 미래의 힘을 중화시키는 방향으로 나아가야 한다. 군사·안보 게임을 동아시아 공동체 구축 게임으로 전환시킬 필요가 있다. (…) 한일 간 상호 불신 해소의 경우도 중일 간 상호 불신 완화에 참고가 될 것이다."라고 주장했다.[44] 한국과 일본의 정부 간 관계를 개선하기 위해서는 5장에서 지적된 것처럼 인식과 국내정치의 변수에 기인하는 소위 '양면 안보딜레마'를 극복하려는 노력이 요구되며,[45] 이와 더불어 정치·안보와 다른 분야를 구분하는 투 트랙, 그리고 다양한 채널을 활용하는 트랙 투 외교를 강화해야 한다.[46]

한국의 전환적 시도의 마지막 측면은 대북관계의 관리에 대한 것이다. 제재 국면을 넘어서 북한과의 다양한 양자적 접촉이 진행되고 있는 변화된 상황은 한국 정부에 북한의 병진노선에 대해 분리 대응

43　이명찬, "센카쿠제도를 둘러싼 중·일 간 갈등과 동북아", 『국제정치논총』, 53(1), 2013, p.283; p.279에서 재인용했다.

44　서승원, "중국의 부상에 대응하는 한·일의 전략: 협력과 갈등", 현대일본학회 공개발표회, 『한국과 일본의 지역전략과 한일협력에 대한 함의』, 2017. 12. 8, p.10.

45　양면 안보딜레마 개념을 살펴보기 위해서는 신욱희, 2017a, 제3장을 보라.

46　과거에 거론된 바 있었던 한일 해저터널 건설에 대한 논의도 기능적 협력 모색의 하나로 재론할 수 있을 것이다.

을 할 수 있는 기회를 제공할 수도 있다. 즉, 북한의 비핵화에 대해서는 일관된 입장을 견지하면서 경제 및 다른 교류의 확대에 대해서는 유연한 자세를 보이는 것이다. 물론 이는 제재와 협력의 경계를 어디에 둘 것인가 하는 문제를 유발할 수 있지만, 관련 당사국들 사이의 양자적 정치관계의 전환에 따라 장기적인 정책 추진과 그 결과에 대한 기대가 가능해질 수도 있을 것이다.

6. 결론

탈냉전기 중국의 부상은 냉전기에 형성된 샌프란시스코 체제에 불가피한 전환 요인을 제공하고 있다. 이는 중일 사이의 지역적 패권 경쟁을 넘어서 미중 간의 세력전이, 패권전이, 질서전이의 양상과 관련되어 있는데, 이 변화에 대응하는 미국, 일본, 한국의 입장은 상대적일 수밖에 없다. 즉, 미국과 일본이 유지 내지는 강화를 선호한다면 한국은 유지 내지는 전환을 모색하게 될 수 있는 것이다. 전환의 방향은 해체나 대체보다는 내부적 조정 방식을 취하는 것이 보다 적절할 것으로 생각된다.

서론에서 언급한 바와 같이, 개념적으로 볼 때 한·미·일 삼각관계가 핵심을 형성하는 샌프란시스코 '체제'는 부상하는 중국이라는 '환경'의 변화에 따라 그 '경계'가 재설정되는 상황에 놓여 있다고 할 수 있다. 이 장에서 논의한 지정학적 변수와 '신지정학적' 내지 '지경학적' 변수의 동시적인 고찰은 한국의 선택이 샌프란시스코 체제의 단순한 '재생산'이 아닌 '재구성'이 되어야 한다는 점을 시사해 준다고 하겠다.

이와 같은 구조적 맥락의 변화에 따른 주체의 적응 문제는 '적응적 주체'가 가진 '구성적 권력'의 범주와 내용에 대한 구체적인 분석을 요구한다.[47] 이를 위해서는 홉슨(Hobson)이 고찰한 바와 같이 개별 주체의 대외관계와 더불어 국내정치적 상황을 함께 검토해야 하는데,[48] 이는 니버(Niebuhr)가 강조하는 '신중성'을 필요로 한다.[49] 즉, 한국의 전략적 모색을 위해서는 바꿀 수 없는 것을 받아들일 수 있는 마음의 평화와, 바꿀 수 있는 것을 적극적으로 바꾸어나가는 용기와, 양자를 구별할 수 있는 지혜가 있어야 하는 것이다. 따라서 한국이 샌프란시스코 체제를 내부적으로 전환하는 실질적인 방법 역시 그것을 실현할 수 있는 대내외적 조건에 대한 고찰을 먼저 수행하는 것에서 시작된다고 볼 수 있다.

---

47 권력에 대한 구성주의적 이해를 살펴보기 위해서는 한병철, 『권력이란 무엇인가』, 김남시 역, 문학과 지성사, 2011, 2장; D. Baldwin, *Power and International Relations: A Conceptual Approach*, Princeton: Princeton University Press, 2016, ch.6을 참조하라.

48 그는 국가의 '국제적 주체 능력(international agential power)'을 '국제-구조적인 요구와 국제적인 비국가 행위자의 이해에서 자유롭게 외교정책을 수립하고 국제적 영역을 형성하는 국가의 능력'이라고 정의했다. 그리고 이 능력에 따라 국가의 형태를 '국제적 주체성이 없는 수동적-적응적 국가', '어느 정도 국제적 주체 능력이 있으면서 국내적으로는 수동적인 국가', '큰 국제적 주체 능력이 있으면서 국내적으로는 수동적인 국가', '높은 국내적·국제적 주체 능력을 가진 선도적인 국가', '탄력적인 국내적·국제적 주체 능력을 가진 구성적인 국가'의 다섯으로 분류하면서 주체성과 양면적 행위자로서의 국가의 위상 문제를 연결시켰다. J. Hobson, *The State and International Relations*, Cambridge: Cambridge University Press, 2000을 보라.

49 R. Niebuhr, *Moral Man and Immoral Society: A Study in Ethics and Politics*, New York: Charles Scribner's Sons, 1932를 참조하라.

7장

결론

1. 냉전, 탈냉전, 탈냉전의 종언?

체제로서의 냉전과 한·미·일 삼각관계는 서로 밀접하게 연관되어 있으며, 아직도 이 두 체제는 동아시아와 한반도에서 우리의 국제정치적 삶을 규정하는 가장 큰 요인으로 작용하고 있다. 동아시아와 한반도의 냉전은 글로벌 냉전의 하나의 부분이기도 했지만 나름대로 자율성을 갖고 있었으며, 냉전의 종언 이후에도 상대적인 지속성을 갖고 있는 것으로 보인다. 따라서 이러한 지역적·국지적 특성을 이해하고 그것을 통해 현재의 문제에 대한 답을 구하려면 먼저 다음과 같은 크로닌(Cronin)의 지적을 받아들일 필요가 있다.

> 희망은 (과거의) 경로를 되돌아봄으로써 우리가 현재 살고 있는 세계와 우리가 미래를 만들어나가야 하는 조건들을 탄생시킨 환경에 대해 좀 더 명확히 이해하는 것에 존재한다.[1]

---

1 J. Cronin, *The World the Cold War Made: Order, Chaos, and the Return of History*, New York: Routledge, 1996, p.14.

동아시아 냉전체제의 구성은 태평양 전쟁 이후 탈식민화 과정의 변환과의 관계 속에서 파악되어야 한다. 이는 '중국의 상실(loss of China)' 논쟁으로 대표되는 중국 요인과 '역코스 정책', 샌프란시스코 체제로 대표되는 일본 요인의 결합 형태로 전개되었다. 이 과정에서 한국전쟁이라는 사건(event)과 그와 연관된 여러 인간 주체성(human agency)이 각각의 역할을 수행했고, 그 결과 남방삼각관계와 북방삼각관계의 대립구도가 등장했다. 이는 위계적 동맹의 형성과 통합적 지역의 실종을 의미했다. 중국의 양안관계, 평화·기지 국가로서의 일본, 한반도의 분단체제는 개디스가 지적한 대로 '예측 불가능한 합리성보다 예측 가능한 비정상성을 선호한' 냉전체제 특성의 전형이었다고 할 수 있다.[2]

2장 전반부와 3장에서 살펴본 것처럼 냉전기 남방삼각관계의 핵심축인 미일관계는 양국 사이의 압도적 위계성과 미국의 일방적인 주도로 형성되었다기보다는 상대적 형평성과 일본의 주체성에 의해 상호적으로 구성되었다.[3] 이와 비교해볼 때 한미관계의 냉전적 형성에는 좀 더 후견주의적 성격이 두드러졌는데, 이는 한국의 국가가 미국이 원하는 후견국의 특성과 경제정책의 내용, 즉 대외적 순응과 대내적 안정 추구, 외부지향적인 발전 전략을 택하는 것으로 귀결되었다. 2장에서 다룬 한일 국교정상화, 베트남 파병, 경제개발 5개년 계획의 수정이 후견-피후견 국가관계의 전형적인 예라고 할 수 있

2   J. L. Gaddis, 1987, p.242.
3   J. Swenson-Wright, *Unequal Allies?: United States Security and Alliance Policy toward Japan, 1945–1960*, Stanford: Stanford University Press, 2005; 유지아, "전후 대일 강화조약과 미일안보조약 과정에 나타난 미군의 일본주둔과 일본재군비 논의", 『일본학연구』, 41, 2013을 보라.

다. 그 과정에서 공식적으로 연결된 한일관계는 냉전기 미국의 아시아 정책을 효율적으로 지원하게 되었지만 한일 양국 사이의 탈식민주의적 전환은 온전히 이루어지지 못했다.[4]

1960년대 중반의 상대적으로 우호적인 미일, 한미, 한일, 한·미·일 관계는 냉전기 미국 주도의 안보협력 구상에 기반했다. 하지만 지구적 수준에서의 미소 데탕트, 지역적 수준에서의 미중관계와 중일관계의 개선에 따라 한·미·일 삼각관계는 변화 양상을 띠게 되었다. 즉, 루만의 개념을 원용하자면 보다 포괄적인 '환경'의 변화에 따라 '체제'의 전환이 요구되었고 이것이 기존 체제의 새로운 자기조직화를 가져왔던 것이다. 4장에서 다룬 한국조항의 문제가 바로 이러한 미국의 아시아 정책의 변화에 따른 한·미·일 관계의 재구성 측면을 보여준다고 할 수 있다. 하지만 이러한 전환이 미국 요인의 일방적인 결과물이었던 것은 아니며, 각각의 횡적 연계의 상대적 자율성과 일본과 한국의 주체성도 함께 작용했다고 보아야 한다.

1980년대 말 냉전의 종언은 한·미·일 삼각안보체제에 좀 더 근본적인 변환의 환경을 제공했다고도 할 수 있다. 한국은 탈냉전의 유동적 상황과 미국의 상대적인 방임 아래에서 북방정책을 통해 남방삼각관계로부터 다변화를 모색했다. 이는 한국의 정책 자율성을 제고하고 미국에 대한 의존을 완화하는 계기로 작용했지만, 탈냉전적인 전략적 주체성의 사례로 보기에는 무리가 있다. 1991년과 1992년에 걸쳐 한반도 수준의 평화체제를 구축하려는 노력이 진행되면서 남북한 유엔 동시가입, 기본합의서 체결, 한반도 비핵화 공동선

---

4 이원덕, 1996을 참조하라. 실질적 화해가 없는 양자관계의 냉전적 복원은 5장에서 다룬 한일 간 양면 안보딜레마의 원인을 제공하게 되었다.

언, 북한의 국제원자력기구(IAEA) 가입이 이루어졌지만, 데탕트의 경우와 마찬가지로 이러한 변화는 궁극적인 남북관계의 개선으로 이어지지 못했다. 한국의 대소관계와 대중관계의 정상화 역시 북미관계와 북일관계의 개선으로 연결되지 못했으며, 1993년 1차 북핵 위기가 발발함에 따라 한·미·일 관계는 다시 새로운 방식의 안보협력체로 기능하게 되었다. 그리고 한반도의 평화와 통일을 궁극적 목표로 설정했던 북방정책은 제한적인 성과를 거두는 데 그쳤다.[5]

6장에서 언급했던 것처럼 냉전 이후의 고전적 다극체제 혹은 일극체제로의 이행 주장은 곧 다양한 방식의 불확실한 체제 등장에 관한 논의로 이어지게 되었다. 자카리아는 2000년대 말 이러한 '탈-탈냉전(post-post Cold War)의 시기'를 '미국 이후의 세계'라고 부르면서 다음과 같이 말했다.

우리는 지금 근대 시기에서 세 번째로 커다란 권력 전환의 시기에 살고 있다. 이는 (서구가 아닌) '다른 지역의 부상'이라고 지칭할 수 있다. (…) 처음으로 우리는 진정으로 지구적인 성장을 목격하고 있는 것이다. (…) 우리는 정치군사적인 수준에서 아직도 단일 강대국의 시대에 머물러 있다. 하지만 다른 영역—산업, 재정, 교육, 사회, 문화—에서는 권력의 분포가 변화하고 있는데, 이는 미국의 주도에서 벗어나고 있다는 것을 의미한다. 이것이 우리가 반미의 시대로 진입한다는 것을 의미하는 것은 아니다. 우리는 많은 지역의 많은

5 북방정책의 의미와 한계에 대해서는 하용출 편, 『북방정책: 기원, 전개, 영향』, 서울대학교 출판부, 2003을 보라. 북방정책과 북핵 위기의 잠재적 상관관계에 대해서는 신욱희, "압박과 배제의 정치: 북방정책과 북핵 1차 위기", 『한국정치외교사논총』, 29(1), 2007을 참조하라.

사람들이 정의하고 지적한 바와 같이 '미국 이후의 시대'로 움직이고 있는 것이다.[6]

쿱찬은 2010년대 초반에 『무주공산의 세계』라는 책에서 다음과 같은 유사한 의견을 제시했다.

이 책은 미래의 세계가 어떠한 나라나 지역에 의해서도 지배받지 않을 것이라고 지적하는 첫 번째 책이다. 일부는 서구의 가치와 질서 개념을 온건하게 포용하는 지구적 공동체를 예견하기도 하고, 일부는 아시아 세기의 등장을 예측하기도 한다. 이 책에서는 다음번 세계가 중력의 중심이 없는 무주공산의 세계일 것이라고 주장한다.[7]

지구적인 전환이 전개됨에 따라 서구와 다른 지역들은 원칙과 지위, 지정학적 이익들을 둘러싼 경쟁을 시작할 것이다. 서구와 다른 지역들 모두에 주어진 임무는 다음 세계를 구성할 다양한 근대의 견해들 사이에서 안정을 유지하고 규칙 기반적인 국제체제를 보존하는 새롭고 다원적인 질서를 만들어내는 것이다.[8]

하스는 2010년대 중반, 자신의 저서 『혼돈의 세계』에서 질서를 구축하기 위한 '주권적 의무(sovereign obligation)'라는 새로운 개념을 제시했다.

6   Zakaria, 2008, pp.2-5.
7   Kupchan, 2012, p.5.
8   Kupchan, 2012, p.10.

주권국가는 다른 국가나 정부에 대한 권리뿐 아니라 의무도 가져야 한다는 식으로 정통성의 개념을 발전시키고 이런 인식이 널리 지지받아야 한다는 것이다. 국경선 외부에 사는 사람들에게까지 부정적인 영향을 줄 수 있는 활동을 단지 국경선이 그어져 있고 그 내부에서 발생한 사건이라는 이유로 용인하기에 세계는 너무나 작고 아주 긴밀하게 연계되어 있다. 나는 이러한 개념을 '주권적 의무'라고 부르고자 한다.[9]

한편 그는 아시아·태평양 지역의 미래가 전 세계의 흐름을 좌우할 것이라고 예견하면서 다음과 같이 지적했다.

어떤 경우이든 이 (아시아-태평양) 지역의 미래를 논의하는 무대에 중국이 포함되어야 하며, 지역협정에도 중국을 참여시켜야 한다. 아시아-태평양 지역 내의 질서가 중국이 보기에 정통성이 있고 무력으로 전복시킬 수 없다면(그럴 이유가 없다면 더욱 바람직하다) 수많은 영토분쟁에도 불구하고 오래갈 가능성이 크다.[10]

이를 좀 더 좁혀서 한·미·일 삼각안보체제 혹은 동아시아 지역체제로 국한할 때 우리는 미국의 전략과 함께 본질적인 환경 혹은 체제 요인인 중국 변수를 고려해야 한다. 이는 좀 더 구체적으로 '중국의 부상' 논의의 변화에 대한 고찰을 필요로 하는데, 이는 일단 신창타이에 의한 부상의 지속 여부 혹은 속도에 대해 검토하는 것에

---

9 하스, 2017, p.240.
10 하스, 2017, p.278.

더해, 이 연구가 전제하는 통합적 접근, 즉 안보-경제-관념 연계의 분석 대상이 되어야 한다. 즉, 지정학적 측면에 더해 다음에 논의할 지경학적 요인,[11] 일대일로와 같은 지역 건축(regional architecture) 논의,[12] 중국위협론이나 베이징 컨센서스와 같은 관념적 변수와 그들 사이의 상호작용에 대한 고려가 필요하다고 할 수 있다.[13] 냉전기의 미소관계와 같이 21세기의 미중 양자관계는 한·미·일 삼각관계를 규정하는 핵심적인 환경 요인에 해당한다. 따라서 6장에서 제시한 것처럼 한·미·일 관계의 미래는 중국을 포함한 사각관계의 맥락과 현재 모색되고 있는 한반도 평화프로세스와 같은 국지적 역동성의 견지에서 복합적으로 논의해야 하는 것이다.

---

11   이는 현재의 미중 통상 갈등을 넘어서 글로벌 밸류 체인(global value Chain)이나 기술 패권의 문제와 함께 검토해야 할 것이다. 두 문제에 대해서는 G. Gereffi, "Global Value Chains in A Post-Washington Consensus World", *Review of International Political Economy,* 21(1), 2014; 배영자, "미중 패권 경쟁과 과학기술혁신", EAI 국가안보패널 연구보고서, 2017을 참조하라.

12   6장에서 언급된 것처럼, 우리에게는 기본적으로 중앙아시아와 동남아시아를 포괄하는 서진 전략인 일대일로가 중국의 동북지방과 동북아시아와 어떻게 연결될 것인가에 대해 고려하는 것이 중요할 것으로 보인다. 이를 살펴보기 위해서는 김준영·이현태, "일대일로 구상에서의 중국 동북-한국의 협력 평가와 시사점", 『현대중국연구』, 19(3), 2017; 김흥규, "중국 일대일로 전략과 동북아 국제관계의 변화: 한계점과 전망", 『중소연구』, 40(3), 2016을 보라.

13   박건영은 21세기 동아시아 국제관계를 분석하기 위해서는 "중국의 부상이 과연 세력전이와 패권전쟁을 우려할 정도인지"에 대한 숙고가 요구되며 이와 함께 "미중 양국의 독특한 '태생적 세계관', 그리고 그것들의 대립과 충돌적 측면이 (동아시아의) 삼각관계, 사각관계, 육각관계 논의에 포함될 필요가 있다."라고 지적했다. 박건영, "유익하고 흥미로운 삼각관계 이야기: 신욱희 지음, 『삼각관계의 국제정치: 중국, 일본과 한반도』를 읽고", 『아시아리뷰』, 8(2), 2019를 보라.

2. 복잡성, 위계성, 복합성

냉전사가인 레플러(Leffler)는 냉전의 종언 이후 냉전 연구의 방향을 거론하면서 냉전을 하나의 복잡계(complex system)로 간주할 것을 제안한 바 있다. 그는 냉전이란 각기 보편화된 이념과 상충적인 정치경제적 체제를 가진 두 권력국가 사이의 경쟁으로 특징지어지는 복합적인 현상이라고 말했다.[14] 크로닌도 냉전을 외교정책이나 전략적 동맹을 넘어서서 경제체제, 정치제도, 문화의 모든 영역에서 균열선이 존재하고 진영 간-진영 내 관계, 국가의 안과 밖이 상호작용하는 특수한 체제로 묘사했다.[15] 따라서 냉전은 저비스가 지적한 바와 같이 '서로 연결된 단위와 요인의 집합'이라는 체제의 특성을 잘 보여준다고 할 수 있다. 그는 체제적 영향을 설명하면서 단위와 맥락, 관계와 관계 사이의 상호 연계에 따라 복잡성과 예측의 어려움이 생겨난다고 주장하면서 체제의 순환적 영향과 행태가 갖는 체제 전환의 능력을 아울러 지적했다.[16] 이 책에서는 서론에서 언급한 것처럼 가장 단순한 복잡성의 유형으로 삼각관계의 틀을 상정하고 냉전의 부분체제인 한·미·일 삼각안보체제의 역동성을 분석함으로써, 한편으로는 복잡성을 감축·관리하면서 다른 한편으로는 복잡계가 보여주는 특성을 고찰하고자 했다.

이러한 점에서 이 책은 복잡계 이론과 동아시아 국제관계 연구를 결합하려는 시도라고 볼 수 있다. 민병원은 메타이론으로서의 약점

---

14 M. Leffler, "Bringing It Together: The Parts and the Whole", Westad ed., 2000, p.56.
15 Cronin, 1996, 'Intro'를 보라.
16 Jervis, 1997, ch.1을 참조하라.

에도 불구하고 복잡계 이론이 기존의 국제정치이론에 대한 보완적 틀이 될 수 있다고 보면서 다음과 같이 주장했다.

기존의 냉전적 사고방식과 결정주의적 패러다임이 설명해낼 수 없는 격변의 현상들을 이해하기 위해서는 무언가 새로운 설명이 필요한데, 복잡계 이론은 이러한 취지에 잘 부합되는 훌륭한 대안이라고 할 수 있다. 국제정치라는 거대한 '시스템' 속에서 일어나는 비선형 관계들, 그리고 상식을 초월하는 복잡한 변화와 예측을 불허하는 격변의 모습들이야말로 복잡계 이론에서 다루는 주요한 관심 대상이기 때문이다.[17]

홀랜드(Holland)는 이 이론에 대한 개론적 문헌에서 복잡계의 유형을 복잡물질체계(complex physical system)와 복잡적응체계(complex adaptive system)로 구분했는데, 이 책에서 다룬 한·미·일 삼각 안보체제는 후자에 속한다. 홀랜드는 복잡적응체제의 특성을 다음과 같이 설명했다.

복잡적응체계에서 요소들은 적응적인 주체(adaptive agent)들이며, 주체들이 적응을 하게 되면 요소들 자체가 변화한다. 이와 같은 체계의 분석은 훨씬 더 어렵다. 특히 적응적인 주체들 사이의 변화하

---

17 민병원, 『복잡계로 풀어내는 국제정치』, 삼성경제연구소, 2005, p.35. 그 효용성에 대해서는 논쟁의 여지가 있으나 웬트의 양자이론에 의한 새로운 존재론의 논의도 이와 같은 보완적 노력으로 볼 수 있을 것이다. A. Wendt, *Quantum Mind and Social Science: Unifying Physical and Social Ontology*, Cambridge: Cambridge University Press, 2015를 참조하라.

는 상호작용은 단순하게 부가적인 것은 아니다. 이러한 비선형성은 대부분의 경우에서 편미분방정식의 사용을 배제한다. 사회과학과 같은 복잡적응체제를 포함하는 대부분의 분야에는 주체들의 상호작용에 대한 분석(analyzing)은 물론이고 기술(describing)의 표준적인 도구도 없기 때문에 어려움이 배가된다.[18]

따라서 정치학과 역사학, 즉 이론적 논의와 경험적 사례 연구를 연결함으로써 한·미·일 관계에서 나타나는 '요인'과 '단위' 사이의 복잡한 상호작용과 그 결과를 설명하고 이해하려는 노력이 요구된다. 요인은 다시 분석 수준과 영역으로 나눌 수 있는데, 즉 한 국가의 대외적·대내적 수준의 구분과 안보적·경제적 영역의 구분이 그것에 해당한다. 이 책에서 검토한 한·미·일 삼각안보체제의 형성, 영향, 전환의 양상은 이와 같은 분석 수준, 영역, 단위 사이에 존재하는 복잡성, 위계성, 복합성의 측면을 보여준다. 여기에서 '복잡성'은 현상 자체의 복잡함을, '복합성'은 복잡적응체제에 적응적 주체의 역할이 더해지는 경우, 즉 복합화의 결과물을 지칭한다.[19]

먼저 분석 수준의 측면을 살펴보면, 냉전기와 탈냉전기 한·미·일 관계의 분석은 국제적 수준과 국내적 수준의 복잡한 인과관계의 예를 제공한다. 냉전기의 사례가 대외적 변수의 내재화 과정을 주로 보여준다면, 탈냉전기의 사례는 대내적 변수의 외연화 과정을 상

18 J. Holland, *Complexity: A Very Short Introduction*, New York: Oxford University Press, 2014, p.11.
19 신욱희, "체제, 관계, 복잡성/복합성, 삼각관계", 서울대학교 국제문제연구소 편, 『세계정치 26: 복잡성과 복합성의 세계정치』, 사회평론, 2017을 보라.

대적으로 잘 나타내준다. 즉, 2장 후반부에서 서술한 지정학적 변수의 국내정치적·경제적 영향과 5장에서 다룬 민주화 이후 사회세력의 대외정책에 대한 영향은 각각의 시기에 대외적 차원과 대내적 차원이 가졌던 변수적 위계성을 드러낸다. 또한 6장에서 언급한 체제전환기 국가 주체성의 양면적 속성은 양 차원이 갖고 있는 복합성의 양상을 잘 보여준다고 할 수 있다.

두 번째로 영역의 측면 역시 위계적 또는 상호적·수평적 인과성의 예를 제공한다. 냉전기 동아시아 국제관계의 사례는 안보적 영역의 우위를, 탈냉전기의 사례는 경제적 영역의 우위를 보여주는데, 이는 냉전에 대한 체제적 논의에서도 마찬가지로 등장했다. 핵의 존재와 이에 따른 균형의 논리는 냉전체제를 전략적 양극성이 지배하는 독특한 국제체제로 만들었는데, 개디스는 소위 '긴 평화(long peace)'를 가능하게 한 냉전체제의 특성을 다음의 다섯 가지로 설명했다.

첫째, 상대방의 영향력의 영역을 존중한다.
둘째, 직접적인 군사적 충돌을 피한다.
셋째, 핵은 단지 최후의 수단으로만 사용한다.
넷째, 예측 불가능한 합리성보다 예측 가능한 비정상성을 선호한다.
다섯째, 다른 편의 리더십을 손상시키려고 하지 않는다.[20]

그러나 냉전의 종언은 상위정치와 하위정치가 연계되는 통상적 근대국제체제로의 복귀 논의를 가져왔으며,[21] 이는 이후 상대적으로

20 Gaddis, 1987, ch.8을 보라.
21 Mearsheimer, 1990을 참조하라.

경제적 영역의 우위로 묘사되었다. 버그스텐(Bergsten)은 「경제의 우월성(The Primacy of Economics)」이라는 논문에서 다음과 같이 말했다.

미국의 새로운 대외정책을 형성하는 주요 임무는 우선순위를 정하고 중요한 주제를 선택하는 것이다. 이와 같은 선택은 미국의 국가이익으로부터 도출되어야 하며, 이는 급격하게 경제적인 방향으로 움직이고 있다. (…)

또한 미국의 대외정책은 외부적 환경에 따라 좌우될 터인데, 이역시 경제의 방향으로 빠르게 이동하고 있다.[22]

해리스(Harris)도 탈냉전기 아시아·태평양 지역의 안보가 갖는 '경제적' 측면의 문제를 다음과 같이 열거했다.

첫째, 한 나라의 경제력 증진과 군사력 강화 사이의 관계
둘째, 경제적 경쟁(예를 들어 통상마찰이나 자원 확보와 같은)과 군사적 충돌의 관련성
셋째, 사회경제적 불균형과 국가 간의 갈등의 관계
넷째, 국가체제 내의 안보 부문과 경제 부문의 구조적 연계
다섯째, 경제-안보 연계에 영향을 미치는 국제제도의 문제[23]

---

22 C. F. Bergsten, "The Primacy of Economics", *Foreign Policy,* 87, 1992, pp.4-5.
23 S. Harris, "The Economic Aspects of Pacific Security", *Adelphi Paper 275: Asia's International Role in the Post-Cold War Era,* Part I, 1993, p.16. 이와 관련된 미국의 아시아 정책에 대한 논의에 관해서는 R. Betts, "Wealth, Power, and Instability: East Asia and the United States after the Cold War", *International Security,* 18(3), 1993을 보라.

하지만 이른바 탈냉전의 종언이 거론되는 2010년대에 강조되고 있는 지경학 논의는 안보적 차원과 경제적 차원이 수평적으로 서로 연계되는 또 다른 양상을 보여준다. 루트워크(Luttwak)는 냉전 이후에 군사적 위협과 군사적 수단의 중요성이 감소됨에 따라 지정학적 논리가 지경학적 논리로 대체되었다고 지적하고, 국제정치는 여전히 갈등의 논리에 따라 작동하지만 국가들은 더 이상 군사적 수단이 아닌 경제적 수단을 활용하여 경쟁한다고 주장했다.[24] 이는 버그스텐이 주장한 경제의 우월성과는 다른 안보와 경제의 상호작용을 의미하는데, 비마(Vihma)는 2010년대 후반에 루트워크의 지경학 논의에 대한 비판지정학자들의 비판을 재비판하면서 중범위 이론으로서 지경학의 가능성을 제시했다. 그에 따르면, 지경학은 지정학과 밀접하게 연관되어 있지만 그 권력의 작동 방식에는 차이가 있기 때문에 지경학적 위협에 대한 행위자들의 차별적인 인식과 대응에 관해 경험적 검증이 가능한 가설을 만들 수 있다는 것이다.[25] 한 예로 이승욱과 다른 학자들은 그람시(Gramsci)의 논의를 원용하여 아시아에서 미중 사이의 지경학적 경쟁의 특성을 설명하고자 했다.[26] 냉전기와 탈냉전기는 안보와 경제 사이의 상반된 위계성을, 탈-탈냉전기는 양자 사이의 복합적인 관계를 나타낸다고 할 수 있다. 2장 후반부는

---

24 E. Luttwak, "From Geopolitics to Geoeconomics: Logic of Conflict, Grammar of Commerce", *The National Interest,* 20, Summer, 1990을 보라.

25 A. Vihma, "Geoeconomic Analysis and the Limits of Critical Geopolitics: A New Engagement with Edward Luttwak", *Geopolitics,* 23(1), 2018을 보라.

26 S-O Lee, J. Wainwright and J. Glassman, "Geopolitical Economy and the Production of Territory: The Case of U.S.-China Geopolitical-Economic Competition in Asia", *Economy and Space,* 50(2), 2017을 참조하라.

상대적으로 냉전기 안보 영역의 우월성 사례에 해당하고, 6장의 논의는 미국과 중국 사이의 지정학적·지경학적 경쟁구도에서 한국의 전략적 고려가 갖는 복합성의 측면을 보여준다.[27]

한·미·일 관계의 분석에서 마지막 복잡성의 양상은 단위 사이, 즉 구성 국가 사이의 위계성과 복합성에 대한 것이다. 이는 한·미·일 삼각안보체제를 구성하는 각각의 측면의 연계, 즉 미일관계, 한미관계, 한일관계의 위계성 부분과, 체제의 환경에 해당하는 중국을 포함한 지역체제 구상의 복합성 부분으로 나눌 수 있다. 2장은 한미관계의 위계성과 그 정치경제적 영향을, 3장은 미일관계의 복합적인 위계성을, 4장은 한·미·일 관계 내 한일관계의 위계성의 복합적인 양상을 각각 보여준다고 할 수 있다. 6장에서는 한·미·일 관계 내에서 위계성의 재구성에 대한 논의가 제시되었다.

냉전의 종언과 중국의 부상에 따른 지역체제의 재편 과정은 6장에서 언급한 것과 같이 단순한 양자관계의 조정만이 아닌 다자주의에 의한 미중 간 영향력의 영역 경쟁을 포함한다. 중국의 일대일로와 미국과 일본의 인도·태평양 이니셔티브 사이의 각축은 그 전형적인 형태라고 할 수 있다. 한국의 입장에서는 앞에서 하스가 지적한 대로 기존 샌프란시스코 체제가 중국을 포괄하는 광역의 지역협력체제로 전환되는 것이 보다 적절하지만, 미국과 중국이 대립하거나 서로 자기중심적 위계성을 주장할 경우의 딜레마에도 대비할 필요가 있다.[28] 그러한 의미에서 복잡적응체제로서의 한·미·일 삼각

---

27 따라서 이러한 고찰은 미중 사이의 균형 모색이나 안미경중(안보는 미국, 경제는 중국)과 같은 단순한 주장과는 차이가 있으며, 앞에서 언급한 것처럼 21세기의 글로벌 밸류 체인 내에서 한국이 차지하는 위치에 대한 엄밀한 분석을 요구한다.

안보체제의 재구성 방향이 중요한 의미를 갖는다고 할 수 있을 것이다.

저비스는 월츠의 체제이론과 그에 따른 단순한 세력균형 논의의 한계를 지적하면서 행위자의 인식, 선택, 결과에 대한 보다 중층적인 검토가 요구된다고 주장했다.[29] 실천적인 면에서는 국내와 국제체제 모두에서 행동하는 양면적 행위자인 국가에 의한, 안보와 경제 영역을 연결하는 국가 책략의 신중한 수행이 요구된다. 이를 위해서 우리는 국제정치, 비교정치, 정치경제를 포괄하는 통합적 접근으로 한·미·일 관계의 과거, 현재, 미래를 검토해야 한다. 또한 그것을 통해 삼각관계의 복잡성과 위계성을 이해하는 바탕 위에서, 한국의 국가가 추구해야 할 적절한 내부적 전환과 지역체제와의 공존적 복합화의 범주를 고려할 필요가 있는 것이다.

28　일본의 중국 전문가 다카하라(高原)는 두 이니셔티브 사이의 전략적 측면이 지정학적·지경학적 경쟁의 특성을, 경제적 측면이 경쟁과 협력 모두의 특성을 갖고 있는데, 미국과 중국이 경제적 측면에만 집중할 경우 양자가 중복되고 공존할 가능성이 있다고 말했다. 하지만 미국이 이를 받아들이겠는가 하는 질문을 아울러 던졌다. 다카하라 아키오, "BRI and FOIP: Constellational Concepts That Can Coexist", 서울대학교 중국연구소 세미나, 2019. 3. 27.

29　저비스는 체제 내의 긍정적 피드백과 그에 따른 행위자와 환경 양자 사이의 관계 변화의 가능성을 제시하고 대안적인 세력균형 논의의 필요성을 강조했다. 또한 체제이론의 종속변수로서 안정성 개념의 모호함을 지적하면서 오히려 체제적 전환의 용이함을 안정성의 기준으로 볼 수도 있다고 주장했다. Jervis, 1997, chs. 2, 3, 4를 참조하라. 이러한 점에서 일본의 헌법 개정이나 한국의 평화체제 구상과 같은 변화 모색이 가져오는 불안정성의 해소 문제가 한·미·일 삼각안보체제의 유지에 중요할 것으로 보인다.

참고문헌

1. 1차 자료

1) 국문

『경제백서』, 경제기획원, 1963.

『경제통계연감』, 한국은행.

『대한민국선거사』, 중앙선거관리위원회.

『주요통계지표』, 경제기획원, 1983.

『한국군 월남파병 관계 문헌집』, 외무부, 1973.

『한국경제개발약사』, 경제기획원, 1987.

『한국통계연감』, 경제기획원.

『한일회담백서』, 대한민국정부, 1965.

『한일회담약사』, 외무부, 1984.

박근혜 대통령 3·1절 기념사, 2013. 3. 1.

최광, 『재정통계자료집』, 한국개발연구원, 1983.

한일 일본군 위안부 피해자 문제 합의 검토 태스크포스, 『한일 일본군위안부 피해자 문제 합의(2015. 12. 28) 검토 결과 보고서』, 2017. 12. 27.

2) 영문

Department of Defense, "Annual Report to Congress: Military Power of the People's Republic of China 2010", 2010.

Department of State, *A Historical Summary of US-Korean Relations,* Department of State Publication 7446, 1962.

_____, *American Foreign Policy,* Department of State, Bureau of Public Affairs, 1950-1955, 1957, 1959, 1961, 1964, 1965, 1966.

_____, *Department of State Bulletin,* Jan. 1954; Jan 1956.

_____, *Foreign Relations of the United States,* 1947, Vol. 6; 1948, Vol. 1; 1948, Vol. 6; 1948, Vol. 7; 1969-1972, Vol. 17.

_____, *US Policy toward Korea,* 1968.

_____, "Intelligence Report: Korean International Relations", Bureau of Intelligence and Research, March 1, 1961.

National Archives, Central Decimal Files, RG 59.

_____, National Security Council Files.

_____, Lot Files, RG 59.

_____, *Public Papers of the Presidents of the United States: Dwight D. Eisenhower,* 1957.

_____, *Public Papers of the Presidents of the United States: John F. Kennedy,* 1962.

_____, Subject-Numeric Files, RG 59.

U.S. Congress, *Congress Quarterly Almanac,* 81st Congress, 2nd Session, 1950.

_____, *Economic Assistance to China and Korea: 1949-1950.*

_____, *United States Security Agreement and Commitments Abroad: Republic of Korea,* Part 6, 1970.

3) 일문

일본 외무성 외교사료관, "나카가와 대사가 외무대신에게 보낸 서한", 미국외교(대일관계), 분류번호 2015-1122.

_____, "본국외교정책/대아시아", 분류번호 2012-1484.

일본 외무성 정보문화국, 『세계의 움직임』, No. 275, 1973.

4) 인터뷰

김종필과의 면담, 1989년 8월 19일.

5) 연속간행물/사이트

『동아일보』

『마이니치신문』

『신동아』

『아사히신문』

『조선일보』; http://news.choson.cum

『중앙일보』

『한겨레』; http://www.hani.co.kr

『한국일보』

『Casa Living』, 2018년 10월호.

"한일 통화스워프 종료… 진짜 충격 없을까," 『연합인포맥스』, 2015. 02. 16. http://news. einfomax.co.kr/news/articleView.html?idxno=139692

"한중일 정상회의 종료… 박 대통령 '동북아 평화협력 새 시대 이정표 되길,'" 『조선비즈』, 2015. 11. 01. http://news.chosun.com/site/data/html_dir/2015/11/01/ 2015110101218.html

"헤이그 한미일 정상회담 마침내 열리다," 『허핑턴포스트』, https://www.huffingtonpost. kr/2014/03/26/story_n_5032759.html

6) 웹사이트

http://worldjpn.grips.ac.jp/index-PC-ENG.html

https://en.wikipedia.org/wiki/Nixon_Doctrine

7) 데이터베이스

SIPRI Military Expenditure Yearbook Database (http://milexdata.sipri.org/)

World Bank Database (http://data.worldbank.org)

2. 2차 자료

1) 국문 논문 및 단행본

강경자, "12·28 '위안부' 합의의 규범적 재조명: 국제 강행규범(jus congens)을 중심으로", 『일본연구』, 28, 2017.

강성철 편, 『주한미군』, 일송정, 1988.

국제문제연구소, 『한일회담에 대한 공산권 반향』, 국제문제연구소, 1974.

권헌익, "탈분업의 사회과학", 『대학신문』, 2016. 5. 23.

김경권, "제2공화국의 혁신세력 연구", 서울대학교 석사학위논문, 1985.

김남수·신욱희, "1972년 미중 데탕트에서 '미일동맹 문제' 처리의 의미와 한계", 『한국정치외교사논총』, 37(1), 2015.

김명섭, "샌프란시스코평화체제의 변동과 6자회담", 『국방연구』, 50(2), 2007.

김성환 외, 『1960년대』, 거름, 1984.

김양화, "미국의 대한원조와 한국의 경제구조", 송건호 외, 『해방 40년의 재인식 1』, 돌베개, 1985.

김준영·이현태, "일대일로 구상에서의 중국 동북-한국의 협력 평가와 시사점", 『현대중국연구』, 19(3), 2017.

김준형, "한국대외정책의 대미의존성의 고착화과정과 원인에 대한 분석", 『21세기정치학회보』, 19(2), 2009.

김창록 외, 『'위안부' 합의 이대로는 안 된다』, 경인문화사, 2016.

김흥규, "중국 일대일로 전략과 동북아 국제관계의 변화: 한계점과 전망", 『중소연구』, 40(3), 2016.

루만, 니클라스, 『사회의 사회 1, 2』, 장춘익 역, 새물결, 2012.

_____, 『체계이론 입문』, 디르크 베커 편, 윤재왕 역, 새물결, 2014.

미에다 아키라, 『한일 '위안부' 합의의 민낯』, 이선희 역, 창해, 2016.

민병원, 『복잡계로 풀어내는 국제정치』, 삼성경제연구소, 2005.

박건영, "유익하고 흥미로운 삼각관계 이야기: 신욱희 지음, 『삼각관계의 국제정치: 중국, 일본과 한반도』를 읽고", 『아시아리뷰』, 8(2), 2017.

박배근, "2015년 한일 '위안부' 합의의 국제법적 지위: 조약인가 비조약인가?", 『법학연구』, 59(2), 2018.

박선원, "냉전기 한미일관계에 대한 체계이론적 분석", 『한국정치외교사논총』, 23(1), 2001.

박영준, "한국외교와 한일안보 관계의 변용, 1965-2015", 『일본비평』, 12, 2015.

박종철, "한국의 산업화정책과 국가의 역할, 1948-1972", 고려대학교 박사학위논문, 1987.

_____, "1공화국의 국가형성과 농지개혁", 『한국과 국제정치』, 4(1), 1988.

배영자, "미중 패권 경쟁과 과학기술혁신", EAI 국가안보패널 연구보고서, 2017.

법과 사회 연구회, 『한미행정협정』, 힘, 1988.

서승원, "중국의 부상에 대응하는 한·일의 전략: 협력과 갈등", 현대일본학회 공개발표회, "한국과 일본의 지역전략과 한일협력에 대한 함의", 2017. 12. 8.

손열, "미중데탕트와 일본: 1972년 중일국교정상화 교섭의 국제정치", EAI 국가안보패널보고서, 2014.

_____, "위안부 합의의 국제정치: 불완전 주권국가 간 경쟁과 협력의 동학", 전재성 편, 『동아시아 지역질서 이론: 불완전 주권과 지역갈등』, 사회평론아카데미, 2017.

손영원, "분단의 구조: 세계사회적 계기의 내재화와 역사적 국가형성의 한 국면", 『국가이론과 분단한국』, 한울, 1985.

손호철, "한국전쟁과 이념적 지평", 『한국과 국제정치』, 6(2), 1990.

송인진, "제2공화국의 중립화 통일논쟁연구", 고려대학교 석사학위논문, 1986.

신욱희, "냉전기 미일동맹의 정치경제, 1954-1960: 일본의 역할", 문정인·오코노기 마사오 편, 『시장, 국가, 국제체제』, 아연출판부, 2002.

_____, "구성주의 이론", 우철구·박건영 편, 『현대 국제관계이론과 한국』, 사회평론, 2004.

_____, "압박과 배제의 정치: 북방정책과 북핵 1차 위기", 『한국정치외교사논총』, 29(1), 2007.

_____, 『삼각관계의 국제정치: 중국, 일본과 한반도』, 서울대학교출판문화원, 2017a.

_____, "체제, 관계, 복잡성/복합성, 삼각관계", 서울대학교 국제문제연구소 편, 『세계정치 26: 복잡성과 복합성의 세계정치』, 사회평론, 2017b.

_____, "중국의 부상과 샌프란시스코체제의 전환", 전재성 편, 『동아시아 지역질서 이론: 불완전 주권과 지역갈등』, 사회평론아카데미, 2017c.

_____. "한일관계의 양면 안보딜레마", 『아시아리뷰』, 8(1), 2018.

_____, "주체-구조 문제의 재검토: 구성적 권력과 복잡적응체계", 서울대학교 국제문제연구소 편, 『미래국가론: 정치외교학적 성찰』, 사회평론아카데미, 2019.

_____. "'한국조항'의 문제: 한미일 관계 속의 한일관계", 『한국과 국제정치』, 35(3), 2019.

_____. "위안부피해자 문제 합의와 한일관계의 양면 안보딜레마: 이명박 정부의 사례", 『아시아리뷰』, 9(1), 2019.

심지연, 『한국민주당연구』, 풀빛, 1982.

아브람즈, 필립, 『역사사회학』, 신용하 외 역, 문학과 지성사, 1986.

유상범, "미국 아시아태평양 중시정책의 내용과 함의: 미중 대결 가능성과 일본의 책임전가 역할을 중심으로", 『한일군사문화연구』, 18, 2014.

유지아, "전후 대일강화조약과 미일안보조약 과정에 나타난 미군의 일본주둔과 일본재군비 논의", 『일본학연구』, 41, 2013.

윤덕민, "미일 오키나와 반환협상과 한국외교: 오키나와 반환에서 보는 한국의 안보를 둘러 싼 한미일의 정책연구", 『국제정치논총』, 31(1), 1991.

이근, "환율정책과 국가권력: 아시아 금융위기, 국제통화력, 그리고 미국 행정부의 독자적 영역", 『국제·지역연구』, 9(4), 2000.

이대근, 『한국자본주의론』, 까치, 1984.

이리에 아키라, 『일본의 외교』, 이성환 역, 푸른산, 1993.

이면우 편, 『위안부합의와 한일관계』, 세종연구소, 2017.

이명찬, "센카쿠제도를 둘러싼 중·일 간 갈등과 동북아", 『국제정치논총』, 53(1), 2013.

이범석, "건군의 산고와 발육", 『사상계』, 6, 1968.

이상우, 『제3공화국 외교비사』, 조선일보사, 1985.

_____, 『박 정권 18년』, 동아일보사, 1986.

이상택·윤성석, "한국에 대한 중국위협론의 성립조건과 군사적 함의", 『동북아연구』, 31(1), 2016.

이성수, "무기이전의 국제정치학", 서울대학교 석사학위논문, 1986.

이성환, "일본의 독도정책과 한일관계의 균열: 2012년 이명박 대통령의 독도 방문을 중심으로", 『한국정치외교사논총』, 36(2), 2015.

이승주, "미중일 삼각구도와 한국의 전략적 대응: 환태평양경제동반자협정(TPP)과 역내포괄적경제동반자협정(RCEP)의 사례를 중심으로", 『미국학』, 36(2), 2013.

이원덕, 『한일 과거사 처리의 원점: 일본의 전후처리 외교와 한일회담』, 서울대학교출판부, 1996.

이지영, "일본군 '위안부' 문제를 둘러싼 한일 갈등의 해결 모색: 여성인권과 글로벌거버넌스", 『일본학』, 44, 2017.

이호철, 『일본경제와 통상정책』, 삼성경제연구소, 1996.

임반석, "TPP와 동아시아 RCEP의 경합과 보완의 가능성", 『한국동북아논총』, 70, 2014.

장노순, "'교환동맹모델'의 비교환성: 비대칭적 한미안보동맹", 『국제정치논총』, 36(1), 1996.

전재성, "1960년대와 1970년대 세계적 데땅뜨의 내부 구조: 지역적 주도권의 변화과정 분석", 『국제정치논총』, 45(3), 2005.

_____, 『동아시아 국제정치: 역사에서 이론으로』, EAI, 2011.

_____, "2008년 경제위기와 미중관계의 변화, 한국의 전략", 『한국과 국제정치』, 28(1), 2012.

정민정, "한일 정보호호협정의 체결행태에 관한 논란과 개선과제", 『국제법학회논총』, 57(4), 2012.

진덕규 외, 『1950년대의 인식』, 한길사, 1982.

차, 빅터, 『적대적 제휴: 한국, 미국, 일본의 삼각 안보체제』, 김일영·문순보 역, 문학과 지성사, 2004.

최상용, 『미 군정과 한국민족주의』, 나남, 1988.

최희식, "한미일 협력체제 제도화 과정 연구: 1969년 한미일 역할분담의 명확화를 중심으로", 『한국정치학회보』, 45(1), 2011.

하스, 리처드, 『혼돈의 세계』, 김성훈 역, 매일경제신문사, 2017.

하야사카 시게조우, 『다나카 가쿠에이 회상록』, 광제당, 2016.

하영선, "냉전과 한국", 『논문집』, 10, 1986.

하용출 편, 『북방정책: 기원, 전개, 영향』, 광제당, 2016.

핫토리 류지, 『중국과 일본의 악수: 1972년 국교정상화의 진실』, 서승원·황수영 역, 역락, 2017.

한명화, 『한미관계의 정치경제』, 평민사, 1986.

한병철, 『권력이란 무엇인가』, 김남시 역, 문학과 지성사, 2011.

한상일, 『일본전후정치의 변동: 점령통치에서 새 체제의 모색까지』, 법문사, 1997.

함재봉 외, 『팍스 아메리카나 3.0: 다시 미국이다』, 아산정책연구원, 2016.

현무암, "샌프란시스코 체제의 전환과 한미일 의사 동맹 관계", 『황해문화』, 83, 2014.

2) 영문 논문 및 단행본

Adelman, J. and C. Morris, *Society, Politics and Economic Development,* Baltimore: Johns Hopkins University Press, 1967.

Agnew, J. and J. Duncan eds., *The Power of Place: Bringing together Geographical and Sociological Imaginations,* Oxford: Routledge, 1989.

Ahn, B., "U.S.A and Korea-Japan Relations", G. L. Curtis and S. Han, *The US-South Korean Alliance: Evolving Patterns in Security Relations*, Lexington Books, 1983a.

_____, "Political Changes and Institutionalization in South Korea", *Korean Social Science Journal,* 10, 1983b.

Alavi, H., "The State in Post-Colonial Societies: Pakistan and Bangladesh", *New Left Review,* 74, 1972.

Albert, M. et al. eds., *Bringing Sociology to International Relations: World Politics as Differentiation Theory,* Cambridge: Cambridge University Press, 2013.

Anderson, P., *Lineages of the Absolutist State,* London: NLB, 1974.

Apter, D., *The Politics of Modernization*, Chicago: University of Chicago Press, 1965.

Aruga , T., "The Security Treaty Revision of 1960", A. Iriye and W. Cohen eds., *The United States and Japan in the Postwar World,* Lexington: The University Press of Kentucky, 1989.

Ayoob, M., "The Third World in the System of States: Acute Schizophrenia or Growing Pains?", *International Studies Quarterly,* 33, 1989.

Baldwin, D., *Economic Statecraft,* Princeton: Princeton University Press, 1985.

_____, *Power and International Relations: A Conceptual Approach,* Princeton: Princeton University Press, 2016.

Ban, S. et al., *Rural Development,* Cambridge: Harvard University Press, 1980.

Bardhan, P., *The Politial Economy of Development in India,* Oxford: Basil Blackwell, 1984.

Barnett, M. and J. Levy, "Domestic Sources of Alliances and Alignments: The Case of Egypt, 1962-73", *International Orgnization,* 45(3), 1991.

Barnett, R. and M. Whyte, "Dependency Theory and Taiwan: Analysis of a Deviant Case", *American Journal of Sociology,* 87(5), 1982.

Barone, C., "Dependency, Marxist Theory, and Salvaging the Idea of Capitalism in South Korea", *The Review of Radical Political Economics,* Spring, 1983.

Bennett, A. and J. Checkel eds., *Process Tracing: From Metaphor to Analytic Tool,* Cambridge: Cambridge University Press, 2015.

Benoit, E., *Defence and Economic Growth in Developing Countries,* Lexington: Lexington Books, 1973.

Bergsten, C. F., "The Primacy of Economics", *Foreign Policy,* 87, 1992.

Betts, R., "Washington, Tokyo, and Northeast Asian Security: A Survey", *The Journal of Strategic Studies,* 6(4), 1983.

_____, "Wealth, Power, and Instability: East Asia and the United States after the Cold War", *International Security,* 18(3), 1993.

Bix, H., "Regional Integration: Japan and South Korea in America's Asia Policy", Baldwin, F. ed., *Without Parallel: American-Korean Relationship Since 1945,* New York: Pantheon Books, 1973.

Blackwill, R. and J. Harris, *War by Other Means: Geoeconomics and Statecraft,* Cambridge: Belknap Press, 2016.

Block, F., "Economic Stability and Military Strength: The Paradox of the 1950 Rearmament Decision", *Politics and Society,* 10(1), 1980.

Bradford, C., "Trade and Structural Change: NICs and Next Tier NICs as Transitional Economies", *World Development,* 15(3), 1987.

Brawley, M., *Political Economy and Grand Strategy: A Neoclassical Realist View,* London: Routledge, 2010.

Bueno de Mesquita, B., *Principles of International Politics,* 5th ed., Washington D.C.: CQ Press, 2014.

Bull, H., *The Anarchical Society: A Study of Order in World Politics,* London: MacMillan, 1977.

Bullock, S. and G. Firebaugh, "Guns and Butter?: The Effect of Militarization on Economic and Social Development in the Third World", *Journal of Political and Military Sociology,* 13, Winter, 1990.

Buzan, B., "Security Strategies for Dissociation", J. Ruggie ed., *The Antinomies of Interdependence,* New York: Columbia University Press, 1983.

_____, "A Framework for Regional Security Analysis", B. Buzan and G. Rizvi ed., *South*

Asian Insecurity and the Great Powers, London: MacMillan, 1986.

_____, and R. Little, *International Systems in World History: Remaking the Study of International Relations,* Oxford: Oxford University Press, 2000.

Calder, K., "Japanese Foreign Economic Policy Formation: Explaining the Reactive State", *World Politics,* 40(4), 1988.

_____, "Securing Security through Prosperity: The San Francisco System in Comparative Perspective", *The Pacific Review,* 17(1), 2014.

Caporaso, J., "Introduction: The State in Comparative and International Perspective", Caporaso ed., *The Elusive State,* Newbury Park: Sage Publications, 1989.

Cardoso, F. and E. Falleto, *Dependency and Development in Latin America,* Berkeley: University of California Press, 1979.

Carlsnaes, W., "The Agency-Structure Problem in Foreign Policy Analysis", *International Studies Quarterly,* 36(3), 1992.

Carney, C., "International Patron-Client Relationships: A Conceptual Framework", *Studies in Comparative International Development,* 24(2), 1989.

Carnoy, M., *The State and Political Theory,* Princeton: Princeton University Press, 1984.

Carter, K., *The Asian Dilemma in US Foreign Policy,* Armonk: M. E. Sharp, 1989.

Cassidy, R., "Arms Transfer and Security Assistance to the Korean Peninsula: Impact and Implications", Unpublished MA Thesis, Naval Postgraduate School, 1980.

Cha, V., *Alignment despite Antagonism: The US-Korea-Japan Security Triangle,* Stanford: Stanford University Press, 1999.

_____, *Powerplay: The Origins of the American Alliance System in Asia,* Princeton: Princeton University Press, 2016.

Chan, S., "Growth with Equity: A Test of Olson's Theory for the Asian-Pacific Rim Countries", *Journal of Peace Research,* 24(2), 1987.

_____, *East Asian Dynamism: Growth, Order, and Security in the Pacific Region,* Boulder: Westview Press, 1990.

Chanse-Dunn, C., "Interstate System and Capitalism World Economy: One Logic or Two?", *International Studies Quarterly,* 25, Mar. 1981.

_____, "The Korean Trajectory in the World System", K. D. Kim ed., *Dependency Issues in Korean Development,* Seoul: Seoul National University Press, 1987.

Choi, J., "The Strong State and Weak Labour Relations in South Korea", K. D. Kim ed., *Dependency Issues in Korean Development,* Seoul: Seoul National University Press, 1987.

Clapham, C. ed., *Private Patronage and Public Power,* London: St. Martins, 1982.

Clark, C., "The Taiwan Exception: Implications for Contending Political Economy Paradigms", *International Studies Quarterly,* 31, 1987.

Cole, D. and P. Lyman, *Korean Development: The Interplay of Politics and Economics,*

Cambridge: Harvard University Press, 1971.

_____ and Y. Park, *Financial Development in Korea, 1945-1978,* Cambridge: Council on East Asian Studies, Harvard University, 1983.

Colomy, P., "Uneven Differentiation and Incomplete Institutionalization: Political Change and Continuity in the Early Amerian Nation", J. Alexander and P. Colomy eds., *Differentiation Theory and Social Change: Comparative and Historical Perspectives,* New York: Columbia University Press, 1990.

Cotton, J., "Understanding the State in South Korea", *Comparative Political Studies,* 24(4), 1992.

Cox, M., "From the Truman Doctrine to the Second Superpower Detente: The Rise and Fall of the Cold War", *Journal of Peace Research,* 27(1), 1990.

Cox, R., "Social Forces, States and World Orders: Beyond International Relations Theory", *Millennium,* 10(2), 1981.

Craig, G. and A. George, *Force and Statecraft,* New York: Oxford University Press, 1983.

Cronin, J., *The Word the Cold War Made: Order, Chaos, and the Return of History,* New York: Routledge, 1996.

Cumings, B., "American Policy and Korean Liberation", F. Baldwin ed., *Without Parallel,* New York: Pantheon Books, 1973.

_____, *The Origins of the Korean War: Liberation and the Emergence of Separate Regimes, 1945-1947,* Princeton: Princeton University Press, 1981.

_____, ed., *Child of Conflict: The Korean-American Relationship,* Seattle: University of Washington Press, 1983.

_____, *The Two Koreas,* New York: The Foreign Policy Association, 1984a.

_____, "The Origins and Development of the Northeast Asian Political Economy", *International Organization,* 38(1), 1984b.

_____, "World System and Authoritarian Regimes in Korea, 1948-1984", E. Winckler and S. Greenhalgh eds., *Contending Approaches to the Political Economy of Taiwan,* Armonk: M. E. Sharpe, Inc., 1988.

_____, "The Abortive Abertura: South Korea in the Light of Latin American Experience", *New Left Review,* 173, 1989.

David, S., *Third World Coups d'Etat and International Security,* Baltimore: Johns Hopkins University Press, 1987.

Dawisha, A., "Nation and Nationalism: Historical Antecedents to Contemporary Debates", *International Studies Review,* 4(1), 2002.

Deger, S., *Military Expenditure in Third World Countries: The Economic Effect,* London: Routledge & Kegan Paul, 1986.

Destler, I. et al., *Managing an Alliance: The Politics of U.S.-Japanese Relations,*

Washington D.C.: The Brookings Institution, 1976.

Deyo, F. ed., *The Political Economy of the New Asian Industrialism,* Ithaca: Cornell University Press, 1987.

Dittmer, L., "The Strategic Triangle: An Elementary Game-Theoretical Analysis", *World Politics,* 33(4), 1981.

Dodge, J., "Japan: Post-Treaty Relationship", G. Kolko, *Limits of Power,* New York: Harper and Row, 1972.

Dogan, M. and D. Pelassy, *How to Compare Nations,* Chatham: Chatham House Publishers, 1984.

Dong, W., "University Students in South Korean Politics", *Journal of International Affairs,* 40(2), 1987.

Eisenstadt, S. N. and L. Roniger, "Patron-Client Relations as a Model of Structuring Social Exchange", *Comparative Study of Society and History,* 22, 1980.

Etzold T. and J. Gaddis, *Containment: Documents on American Policy and Strategy,* New York: Columbia University Press, 1978.

Evans, P., *Dependent Development: The Alliance of Multinational,* State and Local Capital in Brazil, Princeton: Princeton University Press, 1979.

_____, "Transnational Linkages and the Role of the State", P. Evans et al. eds., *Bringing the State Back In,* Cambridge: Cambridge University Press, 1985.

_____, et al. ed., *States versus Markets in the World System,* Beverley Hills: Sage Publications, 1985.

_____, "Class, State, and Dependence in East Asia: Lessons for Latin Americanists", Deyo, F. ed., *The Political Economy of the New Asian Industrialism,* Ithaca: Cornell University Press, 1987.

Fearon, J., "Counterfactuals and Hypothesis Testing in Political Science", *World Politics,* 43, Jan. 1991.

Frank, C. et al., *Foreign Trade Regimes and Economic Development: South Korea,* New York: NBER, 1975.

Friedberg, A., "The Political Economy of American Strategy", *World Politics,* April 1989.

Friedman, G. and M. Lebard, *The Coming War with Japan,* New York: St. Martin's Press, 1991.

Gaddis, J. L., *The Long Peace: Inquiries into the History of the Cold War,* Oxford: Oxford University Press, 1987.

Gerschenkron, A., *Economic Backwardness in Historical Perspective,* Cambridge: Harvard University Press, 1962.

Giddens, A., *The Nation-State and Violence,* Berkeley: University of California Press, 1987.

Gonick, L. and R. Rosh, "The Structural Constraints of the World Economy on National

Political Development", *Contemporary Political Studies,* 21(2), 1988.

Gordon, A., *Postwar Japan as History,* Berkeley: University of California Press, 1993.

Goulden, J., *Korea: The Untold Story of the War,* New York: McGraw-Hill, 1982.

Gourevitich, P., "The Second Image Reversed: The International Sources of Domestic Politics", *International Organization,* 32(4), 1978.

Gowa, J., "Testing the Relationship between Alliances and Trade", Paper presented at the American Political Science Association meeting, Washington, D.C., 1991.

_____, and E. Mansfield, "Power Politics and International Trade", *American Political Science Review,* 87(2), 1993.

Gurr, T., "War, Revolution, and the Growth of the Coercive State", *Comparative Political Studies,* 21(1), 1988.

Haass, R., *A World in Disarray: American Foreign Policy and the Crisis of the Old Order,* New York: Penguin Books, 2017.

Haggard, S., *Pathways from the Periphery: The Politics of Growth in the Newly Industrializing Countries,* Ithaca: Cornell University Press, 1990.

_____, and C. Moon, "The South Korean State in the International Political Economy: Liberal, Dependent, or Mercantile?", J. Ruggie ed., *The Anatomies of Interdependence,* New York: Columbia University Press, 1983.

_____, and B. Simmons, "Theories of International Regimes", *International Organization,* 41(3), 1987.

_____, B. Kim and C. Moon, "The Transition to Export-Led Growth in Korea, 1954-1966", Harvard Monograph on Social Organization and Political Change, 1989.

Halliday, F., "State and Society in International Relations: A Second Agenda", *Millennium,* 16(2), 1987.

Halper, S., *The Beijing Consensus: How China's Authoritarian Model Will Dominate the Twenty-first Century,* New York: Basic Books, 2010.

Hamilton, C. and R. Tanter, "The Antinomies of Success in South Korea," *Journal of International Affairs,* 41(1), 1987.

Hamilton, N., *The Limits of State Autonomy,* Princeton: Princeton University Press, 1982.

Han, S., *The Failure of Democracy in South Korea,* Berkeley: University of California Press, 1974.

_____, "South Korea's Participation in the Vietnam Conflict: An Analysis of the U.S.-Korean Alliance", *Orbis,* 21(4), 1978.

_____, "South Korea: Politics in Transition", L. Diamond et al. eds., *Democracy in Developing Countries,* Vol. III, Asia, Boulder: Lynne Rienner, 1989.

_____, "Asian Security and the Cold War", Tokyo 1991: The Annual Meeting of the Trilateral Commission, 1991.

Handel, M., *Weak States in the International System*, London, Frank Cass, 1981.

_____, "Does the Dog Wag the Tail or Vice Versa?: Patron-Client Relations", *The Jerusalem Journal of International Relations*, 6(2), 1982.

Harris, S., "The Economic Aspects of Pacific Security", *Adelphi Paper 275: Asia's International Role in the Post-Cold War Era*, Part I, 1993.

Hart-Landsberg, M., "Export-led Industrialization in the Third World: Manufacturing Imperialism", *The Review of Radical Political Economics*, 11(4), 1979.

_____, *The Rush to Development: Economic Change and Political Struggle in South Korea*, New York: Monthly Review Press, 1993.

Hartman, J. and P. Walters, "Dependence, Military Assistance and Development: A Cross-National Study", *Politics and Society*, 14(4), 1985.

Havens, T., *From across the Sea: The Vietnam and Japan*, Princeton: Princeton University Press, 1987.

Hellmann, D., "Japanese Politics and Foreign Policy: Elitist Democracy within an American Greenhouse", T. Inoguchi and D. Okimoto eds., *The Political Economy of Japan 2: The Changing International Context*, Stanford: Stanford University Press, 1988.

_____, "The Imperative for Reciprocity and Symmetry in U.S.-Japanese Economic and Defense Relations", J. Makin and D. Hellmann eds., *Sharing World Leadership?: A New Em for America and Japan*, Washington D.C.: AEI, 1989.

Henderson, G., *Korea: The Politics of the Vortex*, Cambridge: Harvard University Press, 1968.

Hintze, O., "Military Organization and the Organization of the State", F. Gilbert ed., *The Historical Essays of Otto Hintze*, New York: Oxford University Press, 1975.

Hirschman, A., "The Political Economy of ISI in Latin America", A. Hirschman, *Bias for Hope*, New Haven: Yale University Press, 1971.

Hobden, S. and J. Hobson eds., *Historical Sociology of International Relations*, Cambridge: Cambridge University Press, 2002.

Hobson, J., *The State and International Relations*, Cambridge: Cambridge University Press, 2000.

Holland, J., *Complexity: A Very Short Introduction*, New York: Oxford University Press, 2014.

Hollis, M. and S. Smith, *Explaining and Understanding International Relations*, Oxford: Clarendon Paperbacks, 1991.

Hopf, T., *Reconstruction of the Cold War: The Early Years, 1945-1958*, New York: Oxford University Press, 2012.

Horowitz, I., *Beyond Empire and Revolution: Militarization and Consolidation in the Third World*, New York: Oxford University Press, 1982.

Hsiung, J., "The Age of Geoeconomics, China's Global Role, and Prospects of Cross-Strait Integration", *Journal of Chinese Political Science*, 14, 2009.

Hudson, V., *Foreign Policy Analysis: Classical and Contemporary Theory*, London: Rowman & Littlefield Publishes Inc., 2007.

Huer, J., *Marching Orders: The Role of the Military in South Korea's 'Economic Miracle', 1961-1971*, New York: Greenwood Press, 1989.

Huges, J., "On Bargaining", J. Triska ed., *Dominant Powers and Subordinate States*, Durham: Duke University Press, 1986.

Huntington, S., *The Common Defense*, New York: Columbia University Press, 1961.

_____, *Political Order in Changing Societies*, New Haven: Yale University Press, 1968.

Hurst III, C., "The United States and Korea-Japan Relations", C. Chung et al. eds., *Korea and Japan in World Politics*, Seoul: The Korean Association of International Relations, 1985.

Hyun, I., "Defence Burden-Sharing and Patterns of Clientele Defence Spending in Japan and South Korea", Paper presented at the Southern Political Science Association meeting, Nov. 1989.

Im, H., "The Rise of Bureaucratic Authoritarianism in South Korea", *World Politics*, 39(2), 1987.

Jervis, R., "The Impact of the Korean War on the Cold War", *Journal of Conflict Resolution*, 24(4), 1980.

_____, *System Effects: Complexity in Political and Social Life*, Princeton: Princeton University Press, 1997.

Johnson, P., "The Subordinate States and Their Strategies", J. Triska ed., *Dominant Powers and Subordinate States*, Durham: Duke University Press, 1986.

Kahler, M., "External Ambitions and Economic Performance", *World Politics*, 40(4), 1988.

Kaplan, M., "System Theory and Political Science", *Social Research*, 35(1), 1968.

Kapstein, E., *The Political Economy of National Security: A Global Perspective*, New York: McGrow Hill, Inc., 1992.

Keal, P., "On Influence and Spheres of Influence", J. Triska ed., *Dominant Powers and Subordinate States*, Durham: Duke University Press, 1986.

Kennan, G. *Memoirs, Vol. I: 1925-1950*, Little, Brown and Co., 1967.

Kennedy, P., *The Rise and Fall of Great Powers*, New York: Random House, 1987.

Keohane, R., *After Hegemony*, Princeton: Princeton University Press, 1984.

Khong, Y. F., "The American Tributary System", *The Chinese Journal of International Politics*, 6, 2013.

Kihl, Y., *Politics and Policies in Divided Korea*, Boulder: Westview Press, 1984.

Kil, J., "Development of Authoritarian Capitalism: A Case Study of South Korea",

Unpublished Ph.D. Dissertation, Yale University, 1987.

Kim, E., "Foreign Capital in Korea's Economic Development,1960-1985", *Studies in Comparative International Development,* 24(4), 1989.

_____, "The Changing State-Capital Relations in South Korea: The Weakening of a Strong Developmental State", Paper presented at the American Political Science Association meeting, Washington D.C., 1991.

Kim, H., *Revolution and Idol,* Part II, Upper Darby: Korean Independent Monitor, 1983.

Kim, J. A., *Divided Korea: The Politics of Development,* Cambridge: East Asian Research Center, Harvard University, 1975.

Kim, K. and M. Roemer, *Growth and Structural Transformation,* Cambridge: Harvard University Press, 1978.

Kim, K. B., *The Korea-Japan Treaty Crisis and the Instability of the Korean Political System,* New York: Praeger, 1971.

Kim, S., "South Korea's Involvement in Vietnam and Its Economic and Political Impact", *Asian Survey,* 10(6), 1970.

_____, *The Politics of Military Revolution in Korea,* Chapel Hill: University of North Carolina Press, 1971.

Kim, S. J., *The State, Public Policy, and NIC Development,* Seoul: Dae Young Munhwasa, 1988.

Kim, T., "The Origins of Japan's Minimalist Security Policy in Postwar Period: A Designed Strategy", Unpublished Ph.D. Thesis, The University of Chicago, 1997.

King, R., *The State in Modern Society,* London: MacMillan, 1986.

Klotz, A. and C. Lynch, *Strategies for Research in Constructivist International Relations,* Armonk: M. E. Sharpe, 2007.

Koh, B., *The Foreign Policy Systems of North and South Korea,* Berkely: University of California Press, 1984.

Krasner, S., *Defending the National Interest: Raw Material Investment and U.S. Foreign Policy,* Princeton: Princeton University Press, 1978.

_____, "Approaches to the State: Alternative Conceptions and Historical Dynamics", *Comparative Politics,* Jan. 1984.

_____, "Sovereignty: An Institutional Perspective", *Comparative Political Studies,* 21(1), 1988.

Krueger, A., *Liberalization Attempts and Consequences,* Cambridge: Ballinger Publishing Company, 1978.

_____, *The Developmental Role of the Foreign Sector and Aid,* Cambridge: Harvard University Press, 1979.

Kupchan, C., *No One's World: The West, The Rising Rest, and the Coming Global Turn,*

Oxford: Oxford University Press, 2012.

Kuznets, P., *Economic Growth and Structure in the Republic of Korea*, New Haven: Yale University Press, 1977.

Lake, D., *Hierarchy in International Relations*, Ithaca: Cornell University Press, 2009.

Landau, S., *The Dangerous Doctrine*, Boulder: Westview Press, 1988.

Lee, C., *Japan and Korea: The Political Dimension*, Stanford: Hoover Institution Press, 1985.

Lee, C. J. and H. Sato, *U.S. Policy toward Japan and Korea*, New York: Praeger, 1982.

Lee, S. H., "Military Expansion in South Korea", *Asian Perspective*, 11(2), 1987.

_____, *State Building in the Contemporary Third World*, Boulder: Westview Press, 1988.

Lee, S-O., et al., "Geopolitical Economy and the Production of Territory: The Case of U.S.-China Geopolitical-Economic Competition in Asia", *Economy and Space*, 50(2), 2017.

Lee, Y., "Legitimation, Accumulation, and Exclusionary Authoritarianism: Political Economy of Rapid Industrialization in South Korea and Brazil", Unpublished Ph.D. Thesis, Harvard University, 1990.

Leff, N., *Economic Policy-Making and Development in Brazil, 1947-1964*, New York: Wiley, 1968.

Leffler, M., "Bringing It Together: The Parts and the Whole", O. A. Westad ed., *Reviewing the Cold War: Approaches, Interpretations, Theory*, London: Frank Cass, 2000.

Lenway, S., "Between War and Commerce: Economic Sanctions as a Tool of Statecraft", *International Organization*, 42(2), 1988.

Levy, J., "Explaining Events and Developing Theories: History, Political Science, and the Analysis of International Relations", C. Elman and M. Elman eds., *Bridges and Boundaries: Historians, Political Scienctists, and the Study of International Relations*, Cambridge: The MIT Press, 2001.

Lewis, J., "Development Promotion: A Time for Regrouping", J. Lewis and V. Kallab eds., *Development Strategies Reconsidered*, New Brunswick: Transaction Books, 1986.

Lipset, S., "Some Social Requisites of Democracy", *American Political Science Review*, 53, 1959.

_____, "Social Conflict, Legitimacy, and Democarcy", W. Connelly ed., *Legitimacy and the State*, New York: New York University Press, 1984.

Liska, G., *Nations in Alliance: The Limits of Interdependence*, Baltimore: The Johns Hopkins University Press, 1962.

Lovering, J., "Militarism, Capitalism, and the Nation-State: Towards a Realist Synthesis",

Society and Space, 5, 1987.

Luttwak, E., "From Geopolitics to Geoeconomics: Logic of Conflict, Grammar of Commerce", *The National Interest,* 20, Summer, 1990.

Lyman, P., "Korea's Involvement in Vietnam", *Orbis,* 12(2), 1968.

Maddoff, H. *The Age of Imperialism,* New York: Monthly Review, 1969.

Makin, J. and D. Hellmann eds., *Sharing World Leadership?: A New Era for American and Japan,* Washington D. C.: AEI, 1989.

Mann, M., "The Autonomous Power of the State: Its Origins, Mechanisms, and Results", *European Journal of Sociology,* 25, 1984.

Mardon, R., "The State and the Effective Control of Foreign Capital: The Case of South Korea", *World Politics,* 43, Oct. 1990.

Mason, E. et al., *The Economic and Social Modernization of the Republic of Korea,* Cambridge: Harvard University Press, 1980.

Mastanduno, M. et al., "Toward a Realist Theory of State Action", *International Studies Quarterly,* 33(4), 1989.

_____, "Preserving the Unipolar Moment: Realist Theory and US Grand Strategy", *International Security,* 21(4), 1997.

Maxfield, S. and J. Nolt, "Protectionism and Internationalization of Capital: U.S. Sponsorship of ISI in the Philippines, Turkey and Argentina", *International Studies Quarterly,* 34(1), 1990.

Mearsheimer, J., "Back to the Future: Instability in Europe after the Cold War", *International Security,* 15(1), 1990.

Menkhaus, K. and C. Kegley, "The Compliant Foreign Policy of Dependent State Revisited", *Comparative Political Studies,* 21(3), 1988.

Meyer, J., "The World Polity and the Authority of the Nation-State", A. Bergesen ed., *Studies of the Modern World-System,* New York: Academic Press, 1980.

Migdal, J., "A Model of State-Society Relations", H. Wiarda ed., *New Directions in Comparative Politics,* Bounlder: Westview Press, 1985.

_____, *Strong Societies and Weak States: State-Society Relations and State Capabilities in the Third World,* Princeton: Princeton University Press, 1988.

Milner, H. and D. Baldwin eds., *The Political Economy of National Security: An Annotated Bibliograph,* Boulder: Westview Press, 1990.

Modelski, G., "Long Cycles of World Leadership", Thompson, 1983.

Mok, J., "Defence Enigma: The South Korean Trade-off over Guns or Butter", *The Proceedings of the World Conference of Korean Political Studies,* Seoul: Korean Political Science Association, 1989.

Moon, C., "South Korea: Between Security and Vulnerability", J. Katz ed., *The Implication of the Third World Military Industrialization,* Lexington: Lexington

Books, 1986.

_____, "Between Supporting and Spoiling: Military Alliance and Economic Competition between the United States and South Korea", Paper presented at the conference, "Beyond the Cold War in the Pacific", UC San Diego, June 1990.

_____, "International Quasi-crisis: Theory and A Case of Japan-South Korean Bilateral Friction", *Asian Perspective,* 15(2), 1991.

_____, and I. Hyun, "Muddling through Security, Growth and Welfare: The Political Economy of Defence Spending in South Korea", Paper presented at the International Studies Association convention, Washington, D.C., 1990.

_____, and S. Rhyu, "Rethinking Alliance and the Economy: American Hegemony, Path Dependence, and the South Korean Political Economy", *International Relations of the Asia-Pacific,* 10, 2010.

Morrow, J., "Alliances and Asymmetry: An Alternative to the Capability Aggregation Model of Alliances", *American Journal of Political Science,* 35(4), 1991.

Morse, J. and R. Keohane, "Contested Multilateralism", *The Review of International Organizations,* 9(4), 2014.

Muller, E., "Dependent Economic Development, Aid Dependence on the United States, and Democratic Breakdown in the Third World", *International Studies Quarterly,* 29, 1985.

Muller, H. and T. Risse-Kappen, "From the Outside In and from the Inside Out: International Relations, Domestic Politics, and Foreign Policy", D. Skidmore and V. Hudson eds., *The Limits of State Autonomy: Societal Groups and Foreign Policy Formulation,* Boulder: Westview Press, 1993.

Nagai, Y and A. Iriye eds., *The Origins of the Cold War in Asia,* Tokyo: University of Tokyo Press, 1977.

Nathanson, C., "The Militarization of the American Economy", D. Horowitz, ed., *Corporations and the Cold War,* New York: Monthly Review Press, 1969.

Ng-Quinn, M., "The Internationalization of the Region: The Case of Northeast Asian Regions", *Review of International Studies,* 12, 1986.

Niebuhr, R., *Moral Man and Immoral Society: A Study in Ethics and Politics,* New York: Charles Scribner's Sons, 1932.

Nordinger, E., *On the Autonomy of the Democratic State,* Cambridge: Harvard University Press, 1981.

Nye, J., *Bound to Lead: The Changing Nature of American Power,* New York: Basic Books, 1990.

Okimoto, D. and T. Inoguchi, "Introduction", T. Inoguchi and D. Okimoto eds., *The Political Economy of Japan 2: The Changing International Context,* Stanford: Stanford University Press, 1988.

Oye, K., "Beyond Postwar Order and New World Order: American Foreign Policy in Transition", Oye et al. eds., *Eagle in a New Sand: American Grand Strategy in the Post-Cold War Era,* New York: HarperCollins Publishers, 1992.

O'Donnell, G., *Modernization and Bureaucratic Authoritarianism,* Berkeley: Institute of International Studies, University of California, Berkeley, 1979.

O'Hearn, D., "The Road from Import-Substituting to Export-Led Industrialization in Ireland", *Politics and Society,* 18(1), 1990.

Park, Chung Hee, *The Country, the Revolution and I,* Seoul: Hollym Corporation, 1962a.

_____, *Our Nation's Path,* Seoul: Hollym Corporation, 1962b.

Park, S., "The Failure of Liberal Democracy in Korea", K. D. Kim ed., *Dependency Issues in Korean Development,* Seoul: Seoul National University Press, 1987.

Patrick, H., "The Phoenix Factor from the Ashes: Postwar Japan", J. Crowley ed., *Modern East Asia,* New York: Hartcourt, Brace and World, 1970.

Paul, T. V. et al. eds., *Status in World Politics,* Cambridge Unversity Press, 2014.

Payer, C., "Pushed into th Debt Trap: South Korea's Export 'Miracle'", *Journal of Contemporary Asia,* 5(2), 1975.

Phillips, C., *The Truman Presidency,* New York: MacMillan, 1966.

Phillips, J., "Economic Effects of the Cold War", D. Horowitz ed., *Corporations and the Cold War,* New York: Monthly Review, 1969.

Poitras, G., "Inter-American Clientelism: Pespectives on the Latin American Military in United States-Latin American Relations", *Pacific Coast Council on Latin American Studies,* 3, 1974.

Pollard, R. and S. Wells Jr., "1945-1960: The Era of American Economic Hegemony", W. Becker and S. Wells Jr. eds., *Economic and World Power,* New York: Columbia University Press, 1984.

Przeworski, A. and M. Wallerstein, "Structural Dependence of the State on Capital", *American Political Science Review,* 82(1), 1988.

Putnam, R., "Diplomacy and Domestic Politics: The Logic of Two-level Games", *International Organization,* 42(3), 1988.

Rasler, K. and W. Thompson, "Defense Burdens, Capital Formation, and Economic Growth", *Journal of Conflict Resolution,* 32(1), 1988.

Ravenhill, J., "East Asian Regionalism: Much Ado about Nothing?", *Review of International Studies,* 35, 2009.

Rice, C., "The Military as an Instrument of Inference and Control", J. Triska ed., *Dominant Powers and Subordinate States,* Durham: Duke University Press, 1986.

Ripley, B., "Psychology, Foreign Policy, and International Relations Theory", *Political Psychology,* 14(3), 1993.

Ripsman, N. et al., *Neoclassical Realist Theory of International Politics,* Oxford: Oxford

University Press, 2016.

Rosenau, J. ed., *Linkage Politics: Essays on the Convergence of National and International Systems,* New York: The Free Press, 1969.

Rousseau, D., *Identifying Threats and Threatening Identities: The Social Construction of Realism and Liberalism,* Stanford: Stanford University Press, 2006.

Russett, B., *What Price Vigilance?,* New Haven: Yale University Press, 1970.

Samuels, R., *The Business of the Japanese State: Energy Markets in Comparative and Historical Perspectives,* Ithaca: Cornell University Press, 1987.

Scalpino, R., "The U.S.-Japanese Alliance—Cornerstone or Trouble Zone?", L. Hollerman ed., *Japan and the United States: Economic and Political Adversaries,* Boulder: Westview Press, 1980.

Schilling, W. et al. eds., *Strategy, Politics, and Defense Budgets,* New York: Columbia University Press, 1962.

Schoppa, L., "Two-Level Games and Bargaining Outcomes: Why Gaiaisu Succeeds in Japan in Some Cases but Not Others", *International Organization,* 47(3), 1993.

Schurmann, F., *The Logic of World Power,* New York: Pantheon Books, 1974.

Scott, J., "Patron-Client Politics and Political Change in Southeast Asia", J. Scott et al. eds., *Friends, Followers and Factions: A Reader in Political Clientelism,* Berkeley: University of California Press, 1977.

Senghaas, D., "Militarism Dynamics in the Contemporary Context of Periphery Capitalism", A. Eide and M. Thee eds., *Problems in Contemporary Militarism,* London: Croom Helm, 1980.

Shin, W., "Structural Restriction on Modernization Process: The Case of Divided Korea", Mimeograph, Yale University, 1986.

_____, "Political Economy of the Korean War", Mimeograph, Yale University, 1988.

_____, *Dynamics of Patron-Client State Relations: The United States and Korean Political Economy in the Cold War,* American Studies Institute, Seoul National University, 1993.

_____, "The Political Economy of Security: South Korea in the Cold War System", *Korea Journal,* 38(4), 1998.

Shoemaker, C. and J. Spanier, *Patron-Client State Relationships,* New York: Praeger Publishers, 1984.

Skocpol, T., *State and Social Revolutions,* New York: Cambridge University Press, 1979.

_____, "Bringing the State Back In: Strategies of Analysis in Current Research", P. Evans et al. eds., *Bringing the State Back In,* Cambridge: Cambridge University Press, 1985.

Snyder, G., "The Security Dilemma in Alliance Politics", *World Politics,* 36(4), 1984.

Sohn, J., "Political Dominance and Political Failure: The Role of the Military in the

Republic of Korea", H. Bienen ed., *The Military Intervenes: Case Studeis in Political Development,* New York: Rusell Sage Foundation, 1968.

Sonn, H., "Towards a Synthetic Approach of Third World Political Economy: The Case of South Korea", Unpublished Ph.D. Dissertation, University of Texas, Austin, 1987.

Stauffer, R., "Great-Power Constraints on Political Development", *Studies in Comparative International Development,* 6, 1971.

Stein, A., "The Hegemon's Dilemma: Great Britain, the United States, and the International Economic Order", *International Organization,* 38(2), 1984.

Steinberg, D., "Foreign Aid and the Development of the Republic of Korea: The Effectiveness of Concessional Assistance", U.S. Agency for International Development, 1985.

Stepan, A., *The Military in Politics: Changing Patterns in Brazil,* Princeton: Princeton University Press, 1971.

Stockholm International Peace Research Institute(SIPRI), *World Armament and Disarmament: SIPRI Yearbook 1982,* London: Tayler and Francis, 1982.

Stuart, D., "San Francisco 2.0: Military Aspects of the U.S. Pivot toward Asia", *Asian Affairs: An American Review,* 39, 2012.

Suhrke, A., "Gratuity or Tyranny: The Korean Alliance", *World Politics,* 25(4), 1973.

Sunoo, H., *Japanese Militarism: Past and Present,* Chicago: Nelson Hall, 1975.

_____, *America's Dilemma in Asia,* Chicago: Nelson Hall, 1979.

Swenson-Wright, J., *Unequal Allies?: United States Security and Alliance Policy toward Japan, 1945–1960,* Stanford: Stanford University Press, 2005.

Szentes, T., "The Economic Impact of Global Militarization", *Alternatives,* 10, Summer, 1984.

Tetrault, M., "Autonomy, Necessity, and the Small State: Ruling Kuwait in the Twentieth Century", *International Organization,* 45(4), 1991.

The Supreme Council for National Reconstruction, *Military Revolution in Korea,* Seoul: Dong-A Publishing Co., 1961.

Thompson, W. ed., *Contending Approaches to World System Analysis,* Beverley Hills: Sage Publications, 1983.

_____, "Uneven Growth, Systemic Challenges, and Global Wars", *International Studies Quarterly,* 27(3), 1983.

_____, and D. Rapkin, "Collaboration, Consensus, and Detente: The External Threat-Bloc Cohesion Hypothesis", *Journal of Conflict Resolution,* 25(4), 1981.

Tilly, C., *Coercion, Capital, and European States, AD 990-1990,* Oxford: Basil Blackwell, 1990.

Tilly, C. ed., "War Making and State Making as Organized Crime", P. Evans et al. eds., *Bringing the State Back In,* Cambridge: Cambridge University Press, 1985.

_____, *The Formation of National States in Western Europe,* Princeton: Princeton University Press, 1975.

Trimberger, E., *Revolution from Above: Military Bureaucrats and Development in Japan, Turkey, Egypt, and Peru,* New Brunswick, Transaction Books, 1978.

Varshney, A., "Does Development Require a Minimal State?: State and Industrialization in India and South Korea", Mimeograph, Massachusetts Institute of Technology, 1987.

Vihma, A., "Geoeconomic Analysis and the Limits of Critical Geopolitics: A New Engagement with Edward Luttwak", *Geopolitics,* 23(1), 2018.

Wade, R., "East Asia's Economic Success: Conflicting Perspectives, Partial Insights, Shaky Evidence", *World Politics,* 44, Jan. 1992.

Wagner, H., "Economic Interdependence, Bargaining Power, and Political Influence", *International Organization,* 42(3), 1988.

Walker, R. B. J., "Only Connect: International, Political, Sociology", T. Basaran et al. eds., *International Political Sociology: Transversal Line,* London: Routledge, 2017.

Wallerstein, I., "The Rise and Future Demise of the World Capitalism System: Concepts for Comparative Analysis", I. Wallerstein, *The Capitalist World-Economy,* Cambridge: Cambridge University Press, 1979.

Walt, S., *The Origins of Alliance,* Ithaca: Cornell University Press, 1987.

_____, "Testing Theories of Alliance Formation: The Case of Southwest Asia", *International Organization,* 42(2), 1988.

_____, "Why Alliances Endure or Collapse", *Survival,* 39(1), 1997.

Waltz, K., *Theory of International Politics,* Reading: Addison-Wesley, 1979.

Weber, M., *Economy and Society,* Berkeley: University of California Press, 1978, p.241.

Wendt, A., "The Agent-Structure Problem in International Relations Theory", *International Organization,* 41(3), 1987.

_____, "The State System and Global Militarization", Unpublished Ph.D. Dissertation, University of Minnesota, 1989.

_____, "Anarchy Is What States Make of It: The Social Construction of Power Politics", *International Organization,* 26(2), 1992.

_____, *Quantum Mind and Social Science: Unifying Physical and Social Ontology,* London: Cambridge University Press, 2015.

Wested, O. A., "Introduction", O. A. Wested ed., *Reviewing the Cold War: Approaches, Interpretations, Theory,* London: Frank Cass, 2001.

Whiting, A., "Mao, China and Cold War", A. Iriye and Y. Nagai eds., *The Origins of the Cold War in Asia,* New York: Columbia University Press, 1977.

Winckler, E., "Contending Approaches to East Asian Development", E. Winckler and S. Greenhalgh eds., *Contending Approaches to the Political Economy of Taiwan,*

Armonk: M. E. Sharpe, Inc., 1988.

Woo, J., *Race to the Swift: State and Finance in Korean Industrialization,* New York: Columbia University Press, 1991.

Yusuf, S. and R. Peters, "Capital Accumulation and Economic Growth: The Korean Paradigm", *World Bank Staff Working Papers,* No. 712, 1985.

Zakaria, F., *The Post-American World,* New York: W. W. Norton & Company, 2008.

Zolberg, A., "Strategic Interactions and the Formation of Modern States: France and England", *International Social Science Journal,* 32(4), 1980.

＿＿＿, "Origins of the Modern World System: A Missing Link", *World Politics,* 33, Jan. 1981.

＿＿＿, "Beyond the Nation-State: Comparative Politics in Global Perspective", J. Berting and W. Blockmans eds., *Beyond Progress and Development,* Aldershot: Avebury, 1987.

3) 일문 논문 및 단행본

坂元一哉, "岸首相と安保改定の決斷," 『阪大法學』 45, 1, 1995.

李鍾元, 『東アジア冷戰と韓米日関係』, 東京大學出版會, 1996.

樋渡由美, "岸外交における東南アジとアメリカ," 近代日本研究會 編, 『協調政策の限界: 日米関係史, 1905-1960』, 山川出版社, 1989.

石井修, 『冷戰と日米開係』, ジャパン タイムズ, 1989.

菅英輝, "アメリカの戰後秩序構想とアジアの地域統合," 『米ン冷戰とアメリカのアジア政策』, ミネルウア書房, 1992.

4) 논평

손열, "한미일 정상회담 그 이후," 『허핑턴포스트』, https://www.huffingtonpost.kr/yul-sohn/story_b_5075388.html

이태환, "2014년 한중정상회담의 성과와 의미," 『인민망』, http://kr.people.com.cn/n/2014/0708/c203282-8752705.html.

장잉춘, "박근혜 대통령의 열병식 참석 의미," 『중국전문가포럼』, 2015. 09. 04. https://csf.kiep.go.kr/expertColr/M004000000/View.do?articleld=14941

조갑제, "박근혜 대통령이 중국 전승절 행사에 가지 말아야 하는 5가지 이유," 『조선pub』, 2015. 07. 29. http://pub.chosun.com/client/news/print.asp?cate=C03&mcate=m1001&nNews Numb=20150717952

5) 세미나

다카하라 아키오, "BRI and FOIP: Constellational Concepts That Can Coexist," 서울대학교 중국연구소 세미나, 2019. 3. 27.

서주석, 국제관계연구회 추계학술회의, 2015. 10. 23.

왕이저우, "동아시아 질서에 대한 인식", 한국학술좌담, 북경대학교 국제관계학원, 2018. 3. 31.

쟝루이핑, "'일대일로', 동북아 성장과 협력을 촉진하는 필수 전략", 제22차 한중미래포럼, 2017. 12. 13, 제주.

찾아보기

지은이

신욱희
서울대학교 정치외교학부 교수
서울대학교 외교학과 졸업
미국 예일대학교 정치학 박사
전공분야: 국제정치이론, 외교정책, 동아시아 국제관계
저서 및 논문: 『순응과 저항을 넘어서』, 『삼각관계의 국제정치』, 「구성주의 국제정
　　　치이론의 의미와 한계」, "Second Image Reconsidered: Quest for Unit Com-
　　　plexity in Northeast Asia" 등이 있다.